이유있는 바리스타

이유있는
바리스타

머리말

맛있는 커피를 손님에게 대접하기 위해 바리스타는 무엇을 알아야 할까?

커피 원두를 적절한 굵기로 분쇄하고 정량을 재서 뜨거운 물로 적절한 시간 동안 성분을 추출해야 한다. 이 작업은 그라인더와 에스프레소 머신이 있으면 어렵지 않게 익힐 수 있다. 카푸치노와 카페라테는 다소 손기술이 필요하지만, 고도의 기술을 요구하는 것은 아니다.

바리스타 자격증을 취득하기 위해 고생하는 분들이 많다. 돈과 시간을 투자하고 공을 들여도 시험에 떨어지는 경우가 적잖다 보니 바리스타 자격증을 따 낸 과정은 제법 근사한 무용담이 되기도 한다.

자격증이 반드시 있어야 바리스타가 되는 것이 아니다. 그럼에도 바리스타 자격증이 주목을 끄는 것은 체계적으로 교육을 받을 수 있다는 기대감 때문이다. 더욱이 시험을 통과해 얻게 되는 자격증은 자랑스런 성과물이 아닐 수 없다.

문제는 바리스타 자격증이 실익이 있냐는 점이다. 극단적으로 말해서, 자격증은 자신의 만족일 뿐 제도적으로는 별 소용이 없다. 막상 취득하고 나면 그다지 자긍심을 갖지 못하겠다고 토로하는 사람들도 없지 않다. 바리스타 자격증을 취득한 뒤 기술을 더 연마하려고 해도 고가의 머신이 없으니 자격증에 대한 효용성도 떨어지게 마련이다.

사정이 이렇다 보니 자격증을 취득하고 난 뒤에는 자격증 시험 과정에는 없는 핸드 드립 등 간단한 도구로 커피를 추출하며 위로를 삼을 뿐이다.

이런 표현이 자격증을 취득하신 분들에게 불편한 마음을 끼쳤다면 우선 용서를 구하고, 조금 더 들어 주시기를 청한다.

바리스타 자격증은 제빵기능사나 제과기능사처럼 국가에서 관리하는 국가자격증이 돼야 한다. 이 점에 대해 찬반이 격렬하겠다. 분명한 것은, 자격증을 취득하려는 국민 입장에서는 득이 되면 득이 됐지, 나쁠 게 하나도 없다. 바리스타가 국가기술자격이 된다고 해서 모든 커피 전문점이 반드시 바리스타 자격증을 취득한 사람을 고용해야 하는 것은 아니다.

바리스타가 국가자격증이 되면, 현재 벌어지고 있는 국가적인 낭비와 쓸데없는 외화 유출을 줄일 수 있다.

그 이유를 이렇게 설명하는 게 쉽겠다. 제과제빵은 국가기술자격으로 관리되고 있기 때문에 유사한 민간자격증이 없다. 제과제빵 민간자격증이 있다고 해도 국가자격증이 있기 때문에, 사람들이 굳이 많은 돈과 시간을 들여 그것을 취득할 필요성을 느끼질 않는다. 이 뿐만이 아니다. 빵으로 유명한 프랑스나 이탈리아, 영국의 민간자격증을 국내로 들여와 운용하는 것도 그리 매력적인 일이 못 된다. 커피는 지금 외국의 국제자격증이 남발되고 있다. 명칭을 봐서 국제적으로 인정하는 바리스타 자격증이라는 느낌을 주지만, 역시 외국의 민간단체가 운용하는 자격증이다. 미국과 영국에서 발급하는 이들 자격증을 받기 위해 많은 젊은이들이 돈과 시간을 낭비한다. SCA(스페셜티커피협회)의 바리스타 자격증을 따려면 100만원 정도가 든다. 여기에 로스터-브루잉-센서리까지 합쳐 모두 4개 분야에 16개의 자격증이 있는데, 단순한 계산만으로 16종을 취득하려면 최소 1600만원이 든다. 커피 생두의 품질을 감별하는 '큐그레이더(Q-grader)'라는 미국의 자격증은 취득하는 데 250만원~300만원이 든다. 세계적으로 큐그레이더가 5000여 명에 달하는데, 이 중 3000여 명이 한국인인 것으로 전해진다. 국제자격증이라는 미명 아래(그러나 그것도 현지에서는 커피전문점을 열기 위해서는 없어도 되는 민간자격증일 뿐인데) 해외로 나간 돈이 수 백억원에 달한다는 것을 당국자들은 알아야 한다.

바리스타가 우리나라의 국가기술자격이 되면, 금새 사그라질 거품들이다.

내부적으로도 기가 막힌 일들이 벌어지고 있다.

예를 들어, "집에서 가족이나 친지들과 나누기 위해 빵을 만드는 데도 '홈제과기능사 자격증 과정'을 개설한다"는 게 온당한가? 그러나 커피에서는 이런 일이 벌어지고 있다. 홈바리스타 자격증의 효용성이 과연 무엇일까?

또 있다. 바리스타 자격증을 1급과 2급으로 나눠 운용하는 것은 무슨 심보인가? 바리스타 2급이 진출할 수 있는 직종이 따로 정해져 있도록 사회적으로 합의가 이루어져 있는 것도 아닌데 말이다. 바리스타 2급을 취득한 사람들로 하여금 바리스타 1급을 취득해야겠다는 마음이 들도록 한다는 점 외에 바리스타 1급이라는 명칭의 자격증은 그 실효성을 찾기 힘들다.

A단체가 운용하는 바리스타 2급 자격증을 취득한 분에게 커피가루의 굵기를 조절해달라고 요구했더니, "그것은 1급에서 배우는 것이기 때문에 모른다"는 답변이 돌아왔다.

이게 무슨 일인가? 바리스타 2급 자격증은 자동그라인더를 사용하고, 또 버튼을 하나만 누르도록 다른 것은 모두 가려둔다고 한다. B단체가 운용하는 바리스타 2급 자격증 실기시험은 커피 가루의 굵기를 조절하지 못하도록 그라인더를 고정시켜 둔다고 했다. 응시생이 추출한 에스프레소의 맛도 보지 않고 잘 추출됐는지 안 됐는지를 판단한다. 카푸치노와 카페라테 역시 맛을 보지 않고 거품의 두께와 깊이만을 보고 통과 여부가 결정이 난다.

이렇게 하는 이유는, 바리스타 2급이기 때문이란다. 커피 가루의 굵기를 조절하고 추출된 커피의 맛을 구별을 하는 능력은 바리스타 1급 과정에서 가르친다. 그렇다면, 바리스타 2급 과정은 없어져야 한다. 그 자격증 취득자를 바리스타라고 인정해 줄 순 없는 노릇이다.

이러한 현실을 한탄하는 마음이 우리로 하여금 책을 쓰도록 만들었다. 책을 읽는 분들은 바리스타가 알아야 할 지식과 기술의 범위가 어디까지이며, 그 깊이는 어느 정도가 돼야 하는지를 알 수 있다. 바리스타가 기본적으로 해야 할 기술과 동작을 소개했고, 왜 그런 행동을 해야 하는지 이유를 밝혔다. 이 점에서 제목을 〈이유있는 바리스타〉로 정했다.

1장에서 바리스타가 갖추어야 할 덕목과 직무 범위를 설명했다. 커피비평가협회가 만든 바리스타 선서는 바리스타라면 누구나 지녀야 할 다짐이 아닐 수 없다. '히포크라테스 선서'와 맥이 닿아 있는데, 바리스타가 추구해야 할 가치와 정신을 담았다.

2장과 3장은 에스프레소 추출과 커피의 맛에 큰 영향을 끼치는 물에 관한 내용이다. "크레마에 흰색 무늬가 생기면 어떻게 해야 하나" "왜 끓는 물은 추출에 좋지 않은가" "태핑을 권하지 않는 이유" 등 무심코 지나칠 수 있는 사안들을 끄집어내 일일이 이유를 밝혔다.

4장과 5장은 에스프레소 머신과 그라인더를 올바로 다룰 수 있도록 부품과 장치의 원리를 설명하는 데 중점을 두었다. "머신을 뜯고 내부를 볼 줄 알아야 바리스타이다" "스팀 밸브가 새면 왜 전기소모가 많아지는 것일까" '일체형 보일러의 히터를 바리스타가 원할 때 작동시키는 방법' '그라인더 칼날의 회전속도와 모터의 주파수의 관계' 등 바리스타라면 반드시 알아야 할 것들을 정리했다.

6장~8장은 우유 스티밍과 에스프레소를 기본으로 한 다양한 메뉴를 만드는 방법을 다뤘다. 바리스타 기술에서 난이도가 높은 것으로 꼽히는 우유 스티밍을 완성도 있게 수행하기 위해선 거품을 곱게 만들 수 있는 원리를 이해하는 것이 중요하다. 우유 성분의 무엇이 고운 거품을 내는 데 중요한 역할을 하는지를 알고, 동시에 온도가 끼치는 영향을 고려하면서 작업을 한다면 보다 빠르게 기술 습득의 목표를 달성할 수 있다.

9장과 10장은 에스프레소 머신을 사용하지 않고 커피를 추출하는 방법들을 소개했다. 흔히 '핸드드립'이라고 말하는 추출에서 저울과 초시계를 사용해 일관성을 높이는 방법을 권했다. 추출을 표준화하고 일관성을 높여야 사용하는 커피의 품질을 구별할 수 있다. 버큠포트(사이폰), 제즈베, 모카 포트, 콜드브루, 프렌치프레스, 융드립, 에어로프레스, 핀 드리퍼, 케멕스 등 9가지 도구를 사용하는 법을 상세하게 설명하고 역사와 원리도 풀어냈다.

11장 커피산지와 12장 로스팅과 맛은 커피를 추출하는 현장에서 바리스타가 알아야 할 기본을 다뤘다. 커피를 재배하는 25개국 커피의 역사와 품종, 맛의 특징을 알 수 있다. 로스팅은 커피의 향미를 표현하는 출발점이다. 이에 대한 기본적인 이해 없이 커피 음료를 제대로 제조할 수 없다. 여기에선 로스팅의 많은 영역 가운데 추출과 관련된 변수들을 집중적으로 살폈다. 곧 출판될 〈이유있는 커피로스터〉에서 보다 깊이 있는 내용을 자세하게 다룰 것이다.

13장과 14장은 커피의 향미 및 평가와 밀접한 관계가 있다. 제 아무리 멋져 보이는 음료라도 맛이 없으면 아무 소용이 없다. 커피의 맛을 제대로 살리기 위해선 수율과 농도를 맞춰야 한다. 한 잔에 담긴 커피의 향미가 좋은 지 나쁜 지를 알려면 테이스팅(Tasting) 법을 익혀야 한다. 다른 전문가들과 커피 맛에 대해 토론하고 싶다면 공통적으로 사용하는 향미 단어를 익혀야 하고, 향미 평가법도 익혀야 한다. 이에 대한 궁금증을 풀어줄 것이다.

15장 커피 디저트는 창업할 바리스타에게 특히 요긴한 내용이다. 커피 메뉴와 어울리는 디저트를 만드는 법과 향미적으로 어울리는 이유를 알기 쉽게 설명했다. 해외의 유명한 스페셜티 커피전문점들 중에서 커피만 파는 곳은 단 한 곳도 없다. 커피가 있는 곳에 반드시 간편하게 곁들일 디저트가 있다. 커피의 품격을 떨어뜨리지 않는 건강한 디저트, 맛있는 디저트를 소개했다.

16장과 17장은 커피 매장 관리와 고객 서비스에 관한 이야기이다. 바리스타가 민간자격증으로 운용되는 현 상황에서 상대적으로 소홀하게 여겨지는 부분이다. 위생과 안전, 친절은 매우 중요하다. 단적으로 말해, 바리스타가 국가자격증이 되면 출제 빈도가 많게 될 부분이다. 그만큼 바리스타가 작업하는 현장에서 중요하다는 의미이다.

끝으로, 부록에서 커피애호가라면 호기심을 가질 만한 커피의 역사를 연대기로 담았으며, 커피비평가협회가 운용하는 바리스타 필기 및 실기 시험을 소개했다. 그렇다고 이 책이 커피비평가협회가 운용하는 바리스타 자격증을 대비하는 시험서는 결코 아니다. 바리스타에 삶을 건 많은 분들이 알아야 할 이론과 기술을 체계적으로 정리하고, 왜 그런지에 대해 답을 주는 책이다.

커피가 여러분과 함께(Coffee be with you).

2024년 7월 16일
서울 가산동 CCA 트레이닝센터에서
저자 대표 박영순

차 례

1장 바리스타(Barista) — 12
- 1 | 바리스타란 무엇인가? — 12
- 2 | 바리스타가 갖추어야 할 5가지 덕목 — 13
- 3 | 바리스타 기술, 무엇부터 익힐까? — 15

2장 에스프레소(Espresso) — 19
- 1 | 에스프레소라는 용어는 어디에서 왔을까? — 19
- 2 | 에스프레소가 되기 위해 갖추어야 할 조건 — 20
- 3 | 에스프레소와 드립 커피와는 무엇이 다를까? — 20
- 4 | 에스프레소 한 잔의 구조 — 21
- 5 | 에스프레소를 뽑는다고 말하는 이유 — 22
- 6 | 에스프레소를 잘 추출하기 위한 4가지 요소 — 23
- 7 | 에스프레소가 한 잔에 담기는 고단한 여정 — 23
- 8 | 크레마를 보면 에스프레소의 품질을 알 수 있을까? — 27
- 9 | 성분 과소 추출과 성분 과다 추출의 미학 — 28

3장 물(Water) — 33
- 1 | 물에 따라 커피 맛이 달라지는 이유 — 33
- 2 | 물의 순도를 측정하는 이유와 방법 — 35
- 3 | 원두의 상태에 따라 추출수의 온도를 다르게 하라 — 37

4장 에스프레소 머신(Espresso Machine) — 39
- 1 | 부품의 역할을 알아야 머신이 보인다 — 40
- 2 | 에스프레소 머신을 뜯고 내부를 볼 줄 알아야 바리스타 — 43
- 3 | 추출수의 온도를 스스로 설정하라 — 50
- 4 | 추출 압력은 모터에 연결된 펌프를 조작하라 — 52
- 5 | 추출 버튼마다 추출수의 양을 기억시켜라 — 52
- 6 | 머신 상태를 체크하는 8대 포인트 — 53
- 7 | 머신의 청결 상태가 바리스타의 근면성을 보여 준다 — 57
- 8 | 소모품 교체시기를 예측해야 진정한 바리스타 — 60

Contents

5장 커피 그라인더(Coffee Grinder) — 66
1 | 바리스타에겐 머신보다 소중한 존재 '그라인더' — 66
2 | 반자동 그라인더에만 있는 도저의 기능은 무엇일까? — 69
3 | 바리스타의 숙련도를 따지지 않는 자동 그라인더의 매력 — 72
4 | 로스팅 정도에 따라 분쇄도를 다르게 세팅하는 이유 — 73
5 | 로스팅 정도에 따라 굵기를 어떻게 조정하나? — 75
6 | 습도에 따라 커피가루의 굵기를 달리해야 하는 이유 — 76
7 | 신선도에 따라 분쇄도를 달리 해야 하는 이유 — 77
8 | 추출도구에 따라 분쇄도를 다르게 하는 이유 — 78
9 | 그라인더를 청소하려면 먼저 구조를 익혀라 — 79

6장 우유 스티밍(Milk Steaming) — 82
1 | 음료에 맞게 스팀피처를 골라 사용해야 하는 이유 — 82
2 | 거품을 내기 위한 공기 주입의 한계온도 '섭씨 37도' — 83
3 | 우유를 스티밍할 피처가 차가울수록 좋은 이유 — 85
4 | 스티밍을 통해 우유는 다시 태어난다 — 88
5 | 우유 사용의 첫 걸음은 신선도 확인 — 89
6 | 칭찬받는 바리스타가 스팀 노즐을 청소하는 법 — 90

7장 에스프레소 베리에이션(Espresso Variation) — 93
1 | 에스프레소 추출 시간을 바꾸면 맛이 바뀐다 — 93
2 | 다양한 에스프레소 응용 메뉴 — 94

8장 라테아트(Latte Art) — 111
1 | 라테아트의 기원지가 세계적으로 곳곳에 있는 이유 — 111
2 | 완벽한 라테아트를 만들기 위해 필요한 3박자 — 112
3 | 라테아트의 완성도를 평가하는 6가지 지표 — 113
4 | 우유 거품의 종류를 알고 라테아트에 임하라 — 114
5 | 라테아트를 위한 에칭과 푸어링의 세계 — 115
6 | 에칭을 이용해 라떼아트를 마치 그림처럼 그리자 — 116
7 | 마술처럼 그림을 떠오르게 하는 푸어링 — 117

9장 핸드드립(Hand Drip) — 123

- 1 | 중력 이외에 그 어떤 힘도 작용하지 않도록 하라 — 123
- 2 | 불림과 물 붓기가 얼마나 커피의 맛을 다르게 할까? — 124
- 3 | 드리퍼의 물리적 구조를 파악하고 향미를 추측하라 — 125
- 4 | 드립에 사용하는 모든 도구를 예열하라 — 127
- 5 | 드리퍼에 상관없이 추출을 똑같게 하는 이유 — 129
- 6 | 물이 커피의 성분을 추출하는 메커니즘 — 130

10장 커피 브루잉(Coffee Brewing) — 136

- 1 | 버큠포트(Vacuum Pot) — 136
- 2 | 터키식 커피 '제즈베(Cezve)' — 140
- 3 | 모카포트(Stove-Top Pot, Moka Pot) — 142
- 4 | 콜드브루(Cold Brew) — 144
- 5 | 프렌치프레스(French Press) — 148
- 6 | 융 드립(Flannel drip, 천 브루어/Cloth Brewer) — 150
- 7 | 에어로프레스(Aeropress) — 153
- 8 | 핀 드리퍼(Phin Dripper) — 155
- 9 | 케멕스(Chemex) — 157
- 10 | 클레버(Clever) — 158

11장 커피 산지(Coffee Regions) — 160

- 1 | 브라질(Brazil) — 160
- 2 | 콜롬비아(Colombia) — 161
- 3 | 멕시코(Mexico) — 162
- 4 | 과테말라(Guatemala) — 163
- 5 | 파나마(Panama) — 164
- 6 | 코스타리카(Costa Rica) — 165
- 7 | 엘살바도르(El Salvador) — 166
- 8 | 페루(Peru) — 167
- 9 | 자메이카(Jamaica) — 167
- 10 | 에티오피아(Ethiopia) — 169
- 11 | 케냐(Kenya) — 172
- 12 | 르완다(Rwanda) — 172
- 13 | 부룬디(Burundi) — 173
- 14 | 인도네시아(Indonesia) — 174
- 15 | 인도(India) — 175

Contents

16 | 베트남(Vietnam)   176
17 | 하와이(Hawaii)   177
18 | 예멘(Yeman)   178
19 | 탄자니아(Tanzania)   179
20 | 온두라스(Honduras)   179
21 | 니카라과(Nicaragua)   179
22 | 파푸아뉴기니(Papua New Guinea)   179
23 | 우간다(Uganda)   180
24 | 짐바브웨(Zimbabwe)   180
25 | 잠비아(Zambia)   180

12장 로스팅과 맛(Roasting & Flavor)   185

1 | 과학 이성과 예술 감성의 접점 '커피로스팅'   185
2 | 고가의 색도계가 반드시 필요하지 않은 이유   186
3 | 로스팅 8단계마다 실현되는 향미의 마술   187
4 | 맛을 만들어 내는 로스팅의 원리   190
5 | 날아가지 못한 이산화탄소가 벌이는 심술 '거친 맛'   192
6 | 한 잔의 완성된 커피를 총평하는 커피테이스팅   193
7 | 로스팅 너머로 또 한 번 펼쳐지는 마술 '커피블렌딩'   194

13장 커피테이스팅(Coffee Tasting)   201

1 | 한 잔의 완성된 커피의 면모를 파악한다는 것   201
2 | 'CCA 커피포인트'가 85점을 넘으면 스페셜티 커피   202
3 | 5대 지표가 서로 중복되지 않도록 배타적으로 평가하라   203
4 | 한 잔에 담긴 커피의 품질을 가늠하는 방법은 무엇일까?   205
5 | 좋은 커피의 향미는 타고 나는 걸까 만들어지는 걸까   207
6 | 커피의 향미를 제대로 묘사하기 위해 알아야 할 것   209
7 | 좋은 커피는 쓴맛으로 우리를 괴롭히지 않는다   211
8 | 신맛이 나야 고급커피가 될 수 있다는 어설픈 상술   212
9 | 쓴맛과 떫은맛을 똑같이 취급하는 오류에서 벗어나라   214

14장 커핑과 수율(Cupping & Yield)   218

1 | 올바른 커핑을 위해 준비해야 할 이것저것   219
2 | 평가 절차마다 체크해야 할 지표에 집중하라   221
3 | 커핑의 지표마다 서로 다르게 점수 내는 법   223
4 | 수율과 농도는 서로 차원이 다른 이야기   226

15장 커피 디저트(Coffee Desserts) — 236

    1 | 에스프레소와 화이트초코 판나코타 — 237
    2 | 아메리카노와 뉴욕치즈케이크 — 238
    3 | 카푸치노와 아몬드 비스코티 — 240
    4 | 카페라테와 오렌지파운드케이크 — 242
    5 | 플렛화이트와 캐러멜 견과류 타르트 — 243
    6 | 카페 마키아토와 아메리칸 쿠키 — 245
    7 | 라테 마키아토와 레몬마들렌 — 246
    8 | 캐러멜 카페 마키아토와 통밀쿠키 — 248
    9 | 카페 비엔나와 그리시니 — 249
    10 | 깔루아 커피와 티라미수 — 251
    11 | 아포카토와 브라우니 — 253
    12 | 핸드드립 커피와 스콘 — 254

16장 매장 관리(Coffee Shop Management) — 258

    1 | 커피매장 위생관리 — 258
    2 | 위생 관리를 위한 체크리스트 — 261
    3 | 커피매장 영업 준비 — 262
    4 | 매장 기물관리 — 267
    5 | 매장 안전관리 — 268
    6 | 바리스타 자가진단 — 269

17장 고객 서비스(Customer Service) — 272

    1 | 고객서비스와 매너에 대한 이해 — 272
    2 | 커피음료 주문 받기와 계산 — 276
    3 | 매장 정리정돈 — 280
    4 | 고객의 불평불만에 대응하기 — 283

    참고문헌 — 288
    부록 — 294

01 바리스타(Barista)

1 | 바리스타란 무엇인가?

바리스타(Barista)는 "볶은 커피 원두에서 성분을 추출해 한 잔의 완성된 커피음료를 제공하는 직업인"이다. 커피비평가협회(Coffee Critics Association; 이하 CCA)는 커피 분야에서 전문인을 ①재배자(grower) ②개발자(developer) ③생두 품질 감별사(Quality-grader) ④바리스타(barista) ⑤로스터(roaster) ⑥테이스터(taster) 등 6가지로 나눈다. 이 기준에 따르면 바리스타는 커피 로스터가 볶은 커피 원두를 잘 선별해 그 원두가 지닌 긍정적 특성이 제대로 표현되도록 적정 수율에 맞게 커피를 추출하는 전문가이다.

국가직무능력표준(National Competency Standards; 이하 NCS)은 바리스타가 갖추어야 할 수행능력으로 ①커피매장 관리 ②커피 원두 선택 ③커피기계 운용 ④커피 그라인더 운용 ⑤커피 추출 ⑥커피음료 우유 스티밍 ⑦커피매장 고객 서비스 ⑧커피매장 경영 ⑨에스프레소 커피음료 제조 ⑩라테아트 등 10가지를 제시했다.

이들 능력을 모두 갖추어야만 국가가 인정하는 바리스타가 된다는 뜻은 아니다. 바리스타 자격증은 흔히 말하는 '국가자격증'이 아니라 모두 '민간자격증'이다. 이 말은 커피전문점에서 바리스타로 일하기 위해 바리스타 자격증이 반드시 필요한 것이 아니라는 의미이다. 누구나 바리스타로 일할 수 있고, 자신의 건

커피비평가협회(CCA)의 바리스타 자격증

강상태를 증명하는 보건증을 보건소에서 발급 받으면 커피음료를 제조해 판매할 수 있다. 바리스타 자격증이 없어도 카페나 커피전문점을 운영할 수 있는 것이다.

그럼에도 바리스타 자격증을 취득하기 위해 사람들이 몰리는 것은 아마도 둘 중 하나일 것이다. 국가가 자격증을 부여하지 않는 상황에서 민간자격증이라도 취득해 전문성을 인정받는 징표로 활용하고자 하는 마음일 것이고, 다른 하나는 바리스타 자격증이 있어야만 취업할 수 있다거나 일할 곳을 찾는데 유리할 것이라는 생각을 하기 때문일지도 모른다.

후자인 경우라면 안타까운 일이다. 국가적으로도, 개인적으로도 소모적인 게 아닐 수 없다. 이 때문에 NCS가 탄생했다고 봐도 좋겠다. 서민들이 많은 돈과 시간을 투자해 민간자격증을 취득하지 않아도 NCS가 정한 10가지의 수행능력을 익히고 소정의 과정을 밟으면 교육이수증을 받을 수 있다. 특히 NCS 교육은 실직자나 재취업자를 지원하는 프로그램도 다채로워 서민들로서는 교육비용을 줄일 수 있다.

2 | 바리스타가 갖추어야 할 4가지 덕목

'바리스타'는 사전적인 의미로는 '바에서 일하는 사람'을 뜻하는 이탈리어 말이다. 바리스타는 남성과 여성을 모두 지칭한다. 남자 바리스타는 '바리스티(Baristi)', 여자 바리스타는 '바리스테(Bariste)'라고 부른다.

바리스타는 영어권의 '바텐더(Bartender)'와 같은 뜻을 지닌다. 하지만 바리스타와 바텐더는 역할이 다르게 분화, 발전하고 있다. 바리스타는 커피 추출, 바텐더는 칵테일 제조가 각각 주된 업무인 것으로 받아들여진다. 이탈리아에서는 바리스타가 커피와 칵테일을 모두 제공하는 것이 일반적이다.

하지만 한국의 경우, 바텐더는 "각종 술에 향신료, 과일, 크림 등을 혼합해 칵테일 또는 기타 음료를 만드는 직업인"으로서, 바리스타와는 별개의 직업군으로 자리를 잡았다. 또한 직업으로서 바리스타와 직결된 국가자격증은 없으나, 바텐더와 관련해선 '조주기능사'라는 국가기술자격증이 있다.

바리스타는 자칫 '커피를 추출하는 사람들'로만 성격이 한정될 수 있다. 사실 많은 바리스타들이 이렇게 규정짓는 것에 대해 별다른 거부감을 보이지 않는 듯하다.

미국 '스텀프타운 커피 로스터스'의 바리스테(Bariste)

바리스타가 이러한 사회적인 인식을 해소하기 위해선 스스로 직무에 엄격해야 하는 동시에 갖추어야 할 전문성과 교양의 범위를 넓혀야 한다.

바리스타의 직무 범위는 결코 커피를 추출하는 일에 그치지 않는다. 아래 4가지 덕목이 바리스타에게 새롭게 요구되고 있다.

첫째, 바리스타는 사용하는 커피의 산지와 품종을 명확하게 확인할 줄 알아야 한다. 커피 맛을 보고 산지와 품종을 구별하지 못할 지라도 원두를 제공하는 측에게 물어서라도 그것을 확인해야 한다는 의무감을 스스로 지녀야 한다. 다시 말해 바리스타는 출처가 분명한 커피만을 추출해야 하는 것이다.

둘째, 바리스타는 로스팅 과정에서 문제가 있는지를 맛으로 구별할 줄 알아야 한다. 추출 조건을 일관되

멕시코의 칼루아(Kahlua)가 운영하는 칵테일학교의 수석바텐더

게 하더라도 로스팅 상태에 따라 커피의 맛은 달라지게 마련이다. 바리스타는 로스팅 상태에 따라 추출 조건에 변화를 주며, 원두가 지닌 장점을 최대한 이끌어 내야 한다.

셋째, 바리스타는 로스팅 후 보관 과정에서 문제가 있는지를 맛으로 가려낼 줄 알아야 한다. 산화로 인해 한 잔에 담기는 커피의 신맛이 찌르는 듯 날카로워 불쾌하게 하는데도, "커피는 신맛이 나야 좋은 것"이라며 손님에게 권해서는 안 된다. 바리스타는 원두가 바뀌면 예비 추출을 통해 맛으로 커피의 상태를 판단할 수 있어야 한다.

넷째, 바리스타는 친절해야 한다. 스타벅스 제국을 구축한 하워드 슐츠는 "바리스타를 선발할 때, 잘 웃는 사람을 우선 택한다"고 말한 바 있다. 그는 기술이야 가르치면 되지만, 상대방의 입장에서 배려하고 직업인이기에 앞서 사람으로서 매사 친절해야 하는 것은 쉽게 가르칠 수 없는 것이라고 했다. 커피를 추출해 손님에게 제공하는 것은 배고픈 사람의 허기를 달래는 것 이상의 무엇이다. 그것은 문화에 관한 것이고, 행복에 관한 것이다. 친절을 담지 않은 커피는 아무리 맛이 좋다고 해도 본질이 빠진 것이다. 친절하지 않은 바리스타는 떠나라!

바리스타의 5대 직무

① 커피 음료 제조
② 커피 생두의 원산지 확인
③ 로스팅과 맛의 연관성 이해
④ 원두의 변질 여부 구별
⑤ 친절한 고객 서비스

3 | 바리스타 기술, 무엇부터 익힐까?

이른바 'NCS 바리스타'로서 인정받기 위해 수행능력 10가지를 모두 갖추어야만 하는 것은 아니다. 아르바이트, 매니저, 카페 창업 등 직업인으로서 처한 상황에 따라 갖추어야 할 기술의 우선 순위가 다르다. 바리스타로 입문하기 위해 최소한 어떤 기술을 갖추어야 하는지에 대해 대체로 합의가 이루어진 듯하다.

바리스타의 첫 걸음은 마땅히 에스프레소 추출 기술을 익히는 것이다. 이를 위해선 에스프레소 머신과 그라인더를 작동할 줄 알아야 한다. 항상 일정하게 에스프레소를 추출할 수 있게 되면, 다음으로 에스프레소 머신의 스팀 노즐을 이용해 거품을 내고 데우는 법을 익힌다. 카푸치노를 제조하기 위해선 고운 우유 거품을 내는 것과 거품 낸 우유가 섭씨 70도를 넘지 않으면서도 섭씨 65도~70도 구간에 들어가도록 데워야 한다. 에스프레소 추출과 우유 거품내기를 안정적으로 할 수 있다면, "바리스타에 이름을 올렸다"고 자평을 해도 좋겠다.

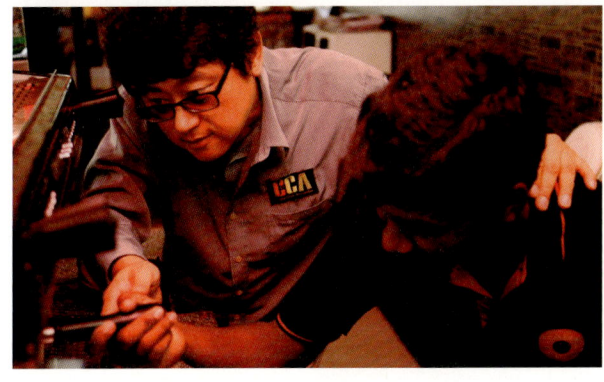

바리스타가 익혀야 할 기술로 우선 꼽히는 것이 에스프레소 추출이다. 일정한 맛을 이끌어내기 위해 바리스타의 동작은 일관성을 유지해야 한다.

이제 본격적으로 바리스타의 기술을 익힐 이른바 심화단계이다.

그 어느 것보다 앞서 집중해야 할 대상은 커피 그라인더이다. 커피 원두를 분쇄하는 그라인딩은 바리스타에게 가장 중요한 작업이다. 바리스타를 한마디로 '커피가루의 굵기를 조절하는 사람'이라고 표현할 정도로, 바리스타에게 그라인더는 요리사에게는 '셰프의 칼(Chef's knife)'같은 존재이다. 커피를 추출하는 단계에서 맛을 좌우하는 요인은 커피 가루의 굵기이다.

커피의 굵기를 지배하는 바리스타가 커피의 맛을 지배한다. 사실 이유는 간단하다. 커피가 한 잔에 담기는 추출과정에서 맛을 좌우하는 요인들은 대체로 ①물의 온도 ②물의 성질(경도와 알칼리도) ③물과 커피가루의 비율 ④물과 커피가루의 접촉 시간 ⑤커피 가루의 굵기 ⑥커피 가루의 모양 ⑦커피 가루 굵기의 분포 ⑧추출 압력 ⑨필터링(여과) 여부와 여과지의 재질 ⑩보온(추출된 커피의 온도 유지) 등을 꼽을 수 있다. 이들 요소 가운데 커피 원두가 다른 것으로 바뀔 때, 맛을 좋은 수준으로 계속 유지하기 위해, 바리스타가 조작해야 하는 것이 커피 가루의 굵기와 관련된 것들이기 때문이다.

우유 거품내기와 데우기와 관련해, 바리스타가 심화단계에서 익혀야 하는 것은 '원리에 대한 이해'이다. 바리스타는 자신이 하는 동작의 이유를 분명히 알아야 한다. 스팀 노즐로 거품을 내기 위해 공기를 주입할 때, 우유의 온도가 섭씨 37를 넘지 않도록 해야 하는 이유를 알고 있는가? 우유 거품을 낸 뒤 스팀 노즐을 우유 액에 담가 데우는 과정을 우유의 온도가 섭씨 65~70도 구간을 넘지 않도록 해야 하는 이유를 알고 있는가?

바리스타는 우유 거품의 형성과 유지에 온도가 어떤 영향을 주는지를 알아야 자신의 동작을 방향성 있게 해 나갈 수 있다. 아울러 우유 거품을 형성하는 데 중요한 역할을 하는 것이 어떤 성분인지를 아는 것도 중요하다. 이 지식을 토대로, 바리스타는 지방의 함량을 따져 제조에 사용할 적절한 우유를

바리스타는 항상 새로움을 탐구하는 자세가 필요하다.

선택할 수 있다. 온도에 따라 우유 향미가 어떻게 변화하는지를 알아야 능동적으로 우유 데우기의 동작을 제어하며 향미 좋은 음료를 만들 수 있다.

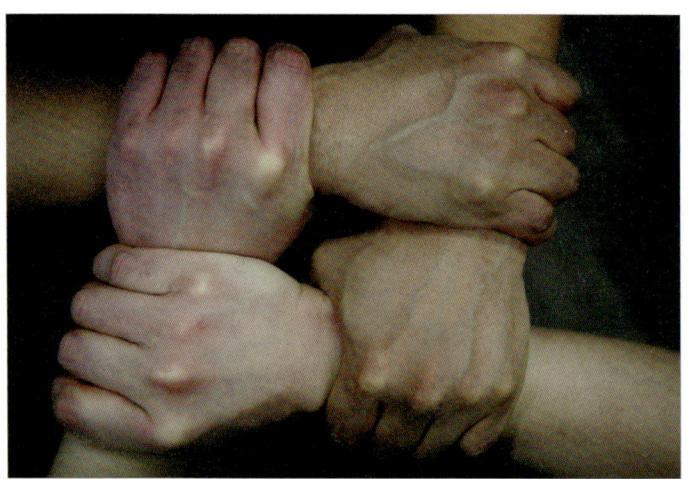

바리스타는 홀로 우뚝 서는 게 아니다. 함께 만들고 나누는 행복한 직업이어야 한다.

바리스타 선서

바리스타 일원으로서 인정받는 이 순간에,

나는 일생을 커피에 바칠 것을 엄숙히 서약합니다.

나를 가르친 트레이너들에게, 마땅히 그 분들이 받아야 할 존경과 감사를 드립니다.

나의 전문성을 양심을 저버리지 않고 품위를 지키면서 펼쳐 나가겠습니다.

나는 커피를 즐겨 마시는 사람들의 건강을 가장 우선적으로 고려하겠습니다.

좋은 커피는 향미뿐만 아니라 건강에도 좋아야 한다는 사실을 잊지 않겠습니다.

나는 모든 것을 걸고 커피 추출의 고귀한 전통과 명예를 지켜내겠습니다.

나는 바리스타 동료들을 형제처럼 여기겠습니다.

나는 나이, 장애, 종교, 인종, 성별, 국적, 정치적 입장이나 사회적 신분 등 그 어떤 요인을 초월하여 오직 커피 애호가들에 대한 나의 의무를 다하겠습니다.

나는 인간의 삶, 특히 커피의 향미를 즐기려는 욕구에 대한 깊은 존경심을 잃지 않겠습니다.

나는 어떤 위협이 닥칠지라도 나의 지식을 인류애에 어긋나게 쓰지 않겠습니다.

나의 명예를 걸고 이를 지킬 것을 엄숙하게 서약합니다.

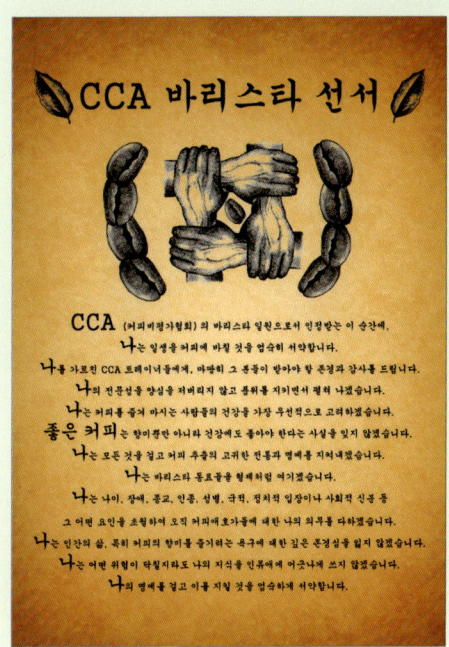

바리스타 선서(국문)

Oath of Barista

At the time of being admitted as a Barista:

I solemnly pledge to consecrate my life to coffee;

I will give to trainers the respect and gratitude that is their due;

I will practice my profession with conscience and dignity;

The health of coffee lovers will be my first consideration;

I will never forget that a good cup of coffee must be good for human health as well as the flavor.

I will maintain by all the means in my power, the honour and the noble traditions of the coffee brewing;

My barista colleagues will be my sisters and brothers;

I will not permit considerations of age, disability, creed, ethnic origin, gender, nationality, political affiliation, social standing or any other factor to intervene between my duty and coffee lovers;

I will maintain the utmost respect for human life, particularly for the desire to enjoy the flavor of the coffee;

I will not use my knowledge to violate humanity, even under threat;

I make these promises solemnly, freely and upon my honour.

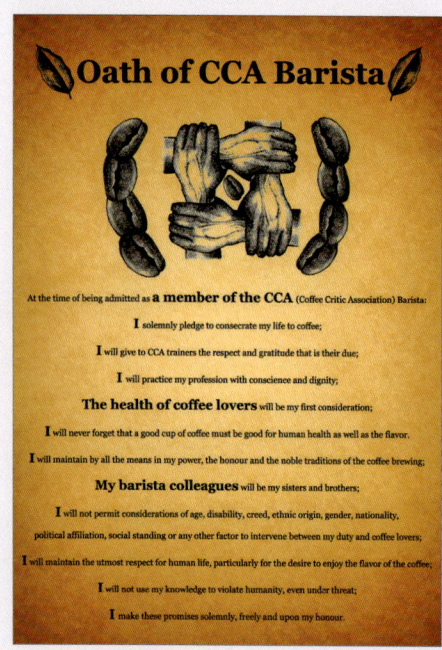

바리스타 선서(영문)

02 에스프레소(Espresso)

1 | 에스프레소라는 용어는 어디에서 왔을까?

에스프레소의 어원(Etymology)에 대해선 두 가지 견해가 엇갈린다. 에스프레소를 발명한 이탈리아 측에서는 '추출이 빠르다(Express)'는 의미를 담고 있다고 단언하는 반면, 최대 커피 소비국인 미국 쪽에서는 '압력을 가해 짜내다(Press-out)'는 뜻에서 유래했다고 주장하는 사람들이 적지 않다.

이탈리아 밀라노에 살던 루이지 베제라(Luigi Bezzera)가 1901년 증기압을 이용한 에스프레소 머신을 만들어 특허를 따내고, 1906년 밀라노 박람회에서 이를 선보였다. 베제라는 이 때 자신의 발명품을 홍보하기 위한 포스터에 커피를 빠르게 추출하는 기계라는 의미를 담아 '카페 익스프레스(Caffé Express)'라고 적었다.

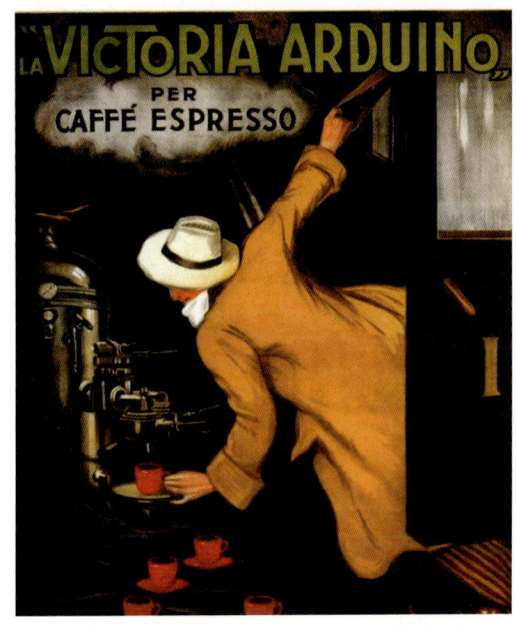

이탈리아의 빅토리아 아르두이노(Victoria Arduino) 회사가 1922년 커피를 빠르게 추출할 수 있음을 강조하기 위해 제작한 포스터

반면 'Espresso'의 라틴어 뿌리를 설명하는 앵글로-아메리칸 사전(Anglo-American dictionary)에는 '힘껏 눌러 성분을 끄집어내다'라고 적혀 있다. 또 영어사전을 보면 'Express'가 '빨리'라는 뜻과 함께 '오직 당신만을 위한(Just for you)'이라는 의미도 담고 있음을 알 수 있다. 에스프레소 머신을 사용해 커피를 추출하는 과정을 살펴보면, '빠르다'거나 '압력을 가한다'거나 '당신만을 위한 맞춤형'이라는 뜻을 모두 비유해서 사용할 수 있겠다.

2 | 에스프레소가 되기 위해 갖추어야 할 조건

에스프레소를 정의하면, '뜨거운 물에 압력을 가해 커피가루를 통과시켜 추출한 농축된 커피 음료(A concentrated coffee beverage brewed by forcing hot water under high pressure through coffee)'이다.

이 때 물은 끓고 있는 뜨거운 물이어서는 안 되며, 압력은 9기압(atm) 또는 9바(bar)이어야 한다. 가루의 굵기는 분말(Powder) 보다는 굵으면서도 가는(직경 0.2~0.3mm) 상태이어야 하며, 주의할 것은 가루의 굵기가 일정해야 한다는 점이다.

커피 가루의 굵기를 나타낼 때, '메시(mesh)'를 사용한다. 메시는 '가루의 입도측정에 쓰이는 체(sieve)의 구멍'을 뜻한다. 가로와 세로 각각 1인치(25.4mm)에 들어 갈 수 있는 입자가 1개인 크기라면 1메시이다. 30메시란 '64.5㎟에 30개의 구멍을 낼 수 있는 굵기의 입자'인 것이다. 에스프레소를 추출하기에 적절한 메시는 42이다.

바스켓의 타공 구멍은 미분이 통과할 수 있는 크기이다. 구멍의 개수는 제조사에 따라 650~800개인데, 모양의 균일성도 추출되는 커피 맛에 영향을 준다.

※ 기압(Atmospheres of pressure) : 지구를 둘러싸고 있는 대기에 의한 압력을 말하며, 단위는 'atm'이다. 1기압은 지상의 기압은 높이 76cm의 수은주가 밑면에 미치는 압력과 같다. 이는 높이 10m 가량의 물기둥이 밑면에 미치는 압력과 같아서 10m 정도 깊이의 물속에 들어갔을 때 받는 압력과 같다고 할 수 있다.

※ 바(Bar) : 1바는 1㎡에 10만 뉴턴의 힘이 가해질 때의 압력이다. '1바=0.987기압'이고, '1기압=1.013바'이므로, 커피를 공부할 때는 같은 값의 단위로 인식해도 크게 틀리지 않겠다.

3 | 에스프레소와 드립 커피는 무엇이 다를까?

에스프레소는 드립 커피(Drip coffee) 보다 농도가 짙고, 같은 양이라면 녹아 들어있는 고형물질(Dissolved solids)의 양도 드립 커피보다 많다. 고객에게 제공되는 음료의 양이 적다. 세는 단위는 샷(Shot)인데, 한 샷의 양은 30㎖(약 1 oz)이다. 에스프레소는 화학적으로 매우 복잡하고 온도가 떨어짐에 따라 산화하는 휘발성(Volatile) 물질들이 많다.

높은 압력을 가해 추출하기 때문에 향미와 화학성분들이 농축돼 있다. 카페인을 포함한 농축된 성분들 덕분에 우유나 생크림, 초콜릿 등과 혼합되는 베리에이션 음료에서도 향미를 내뿜을 수 있다.

에스프레소가 물과 만나는 시간이 짧으므로 다른 방식으로 추출되는 커피들보다 카페인의 함량이 낮을 것이라는 항간의 믿음은 잘못된 것이다. 에스프레소는 같은 부피라면 일반적인 브루잉 커피보다 카페인의 함량이 거의 2배에 달한다. 에스프레소 한 잔(30㎖)에 담기는 카페인의 함량은 40㎎이다. 다른 커피 음료보다 제공되는 커피의 양이 적기 때문에 카페인의 함량이 낮다는 오해를 낳고 있는 것이다.

카페인의 분자 구조

4 | 에스프레소 한 잔의 구조

한 잔에 담기는 에스프레소는 크게 하트(Heart), 바디(Body), 크레마(Crema) 등 3부분으로 나눌 수 있다.

에스프레소를 구성하는 바디(Body)는 추출과정에서 관찰된다.

- HEART = 에스프레소 샷의 바닥 부분이다. 보통 진하며 풍부한 갈색(Deep and rich brown)을 띤다. 쓴맛이 강한 부분인데, 크레마의 단맛과 향미의 균형을 이루는 역할을 한다.
- BODY = 에스프레소 샷의 중간층이다. 정상적인 샷은 이 부분이 캐러멜과 같은 색을 띤다.
- CREMA = 에스프레소 샷의 가장 윗부분을 이루는 층이다. 황갈색(Golden-brown)을 띠는 얇으면서 고운 거품층이다. 에스프레소 특유의 좋은 향기와 향미가 여기에 많이 들어있다. 크레마는 식물성 기름(Vegetable oils)과 단백질(Proteins), 설탕(Sugars) 등으로 이루어져 있다. 에스프레소가 추출될 때 원두 커피의 좋은 오일 성분들이 나오며, 거의 끝나갈 무렵에는 크레마 거품층 위에 하얀 색의 링이 형성되는 것을 볼 수 있다. 이 하얀 색의 물질은 맛이 쓴데다가 크레마의 외형을 떨어뜨리므로, 이것이 보인다 싶으면 추출을 끝내야 한다.

5 | 에스프레소를 뽑는다고 말하는 이유

에스프레소 한 잔을 추출하는 과정(Brewing process)을 '샷을 뽑는다(Pulling)'라고 표현한다. 이는 20세기 중반 선보인 레버식 에스프레소 머신(Lever espresso machine)에서 용수철이 장착된 피스톤을 움직일 때 핸들을 잡아 당기면서 에스프레소를 추출하던 동작에서 유래했다.

레버식 에스프레소 머신

에스프레소 한 잔을 만들려면 포터필터의 바스켓에 커피가루를 7~9g(더블 샷의 경우는 14~18g)을 담는다. 탬핑은 5~20kg 가량의 힘을 가하는 것으로 충분하다. 커피가루를 평평하게 만들기 위해 탬퍼를 수직으로 누른다. 뺄 때 그대로 빼거나 돌리면서 빼거나 하는 것은 바리스타의 취향에 따르는 것일 뿐 옳고 그름의 문제가 아니다. 수평을 맞추고 적절한 압력을 가한다면 다양한 스타일은 오히려 멋진 볼거리가 될 수 있다.

포터필터가 그룹헤드에 장착되면 추출버튼을 누른다. 섭씨 90~95도의 뜨거운 물이 가루에 고루 뿌려지면서 9바의 압력이 걸린 상태에서 에스프레소가 추출된다. 만약 물의 온도가 이보다 낮다면 시큼한 맛(Sourness)이, 높다면 쓴맛(Bitterness)이 두드러진다. 품질이 좋은 에스프레소 머신은 물의 온도 편차를 가능한 작게 유지한다.

잔에 담겨 고객에게 전해지는 에스프레소의 온도는 섭씨 60~70도이다. 추출액의 부피가 작기 때문에 쉽게 식는다. 에스프레소의 진수를 즐기기 위해서는 추출된 지 25~30초 이내에 마시는 것이 좋고, 적어도 3분 이내에 즐기는 것이 유익하다. 에스프레소가 이처럼 온도나 산화에 민감하기 때문에 예열해 둔 데미타세(Demitasse)나 샷 글라스(Shot glass)에 직접 받아 고객에게 제공하는 것이 좋다.

6 | 에스프레소를 잘 추출하기 위한 4가지 요소

에스프레소를 바르게 추출하기 위해선 여러 조건이 잘 맞아야 한다. 그 중에서 중요한 4가지를 꼽으면 아래와 같다.

- 원두(Beans): 에스프레소에 사용하는 커피 원두는 한 산지(Single origin)이거나 여러 산지의 것을 혼합(blend)해 사용한다. 같은 산지의 것이라도 로스팅 정도를 달리해 블렌딩하는 방식으로 다양한 맛을 만들어 낼 수도 있다.
- 분쇄(Grinder): 커피 원두를 미리 갈아 놓지 말고 사용할 때마다 바로 갈아서 사용하는 것이 더 많은 향을 보존할 수 있다. 그래서 커피 메뉴 제조 시 바로 원두를 갈아서 사용하는 것이 기본이다. 분쇄된 입자의 크기는 에스프레소 추출 시간과도 밀접한 관계가 있다. 에스프레소 한 잔을 추출하는 데 25±10초 걸린다. 추출 시간이 짧으면 입자가 굵다는 의미이고, 추출 시간이 길면 입자가 너무 가늘다는 의미이다.
- 기계(Machine): 에스프레소 머신은 뜨거운 물을 높은 압력으로 분쇄된 커피 사이로 통과시켜 성분을 추출한다. 열과 압력은 커피의 가용성 향 성분과 다양한 맛 성분을 빼낸다. 에스프레소 머신은 물의 온도가 섭씨 90 ~ 95도이어야 하고, 추출 압력도 9바 일정하게 유지해야 한다.
- 바리스타(Barista): 바리스타도 커피의 맛에 영향을 끼치는 요인이다. 바리스타는 완벽한 커피를 추출하기 위해 탐구하는 자세로 지식과 기술, 태도를 연마해야 한다.

7 | 에스프레소가 한 잔에 담기는 고단한 여정

① 그라인딩(Grinding): 원두를 그라인더의 호퍼에 담아 분쇄한다.

② 도징(Dosing): 분쇄된 원두를 14g 포터 필터에 담는다.

도징

③ 레벨링(Leveling): 포터필터에 담긴 커피가루를 고르게 편다.

레벨링. 음료가 될 커피가루에는 손이 닿지 않게 하는 것이 위생에 좋다.

④ **탬핑(Tamping)**: 포터필터에 담긴 가루가 수평이 되도록 적절한 힘으로 누른다.

- 1차 탬핑, 태핑, 2차 탬핑 순으로 진행한다. 바리스타에 따라 탬핑을 한 번만 한다. 태핑을 하면 커피 퍽(Puck)의 가장자리에 틈이 생겨 물길(채널, Channel)이 생길 우려가 있다.
- 5~20kg의 압력을 가한다. 너무 강하게 누르면 추출 속도가 너무 늦어진다.
- 탬핑을 완료한 뒤에는 포터 필터 날개와 상부 가장자리, 손잡이 연결부위 등에 묻은 커피 가루를 털어낸다. 이 작업은 넉 박스(Knock box) 위에서 진행하며, 스파우트(Spout)에 커피 가루가 묻어 잔에 담기지 않도록 주의한다.

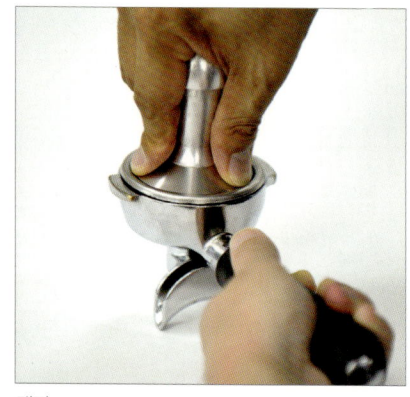

탬핑

바스켓 주변에 묻어 있는 커피를 털어내 그룹헤드의 오염을 막는다.

⑤ **플러싱(Flushing)**: 포터 필터를 머신에서 분리한 후 열수를 흘려준다. 그룹헤드로 연결되는 관에 고여 있는 열수는 온도가 과도하게 올라가 있을 수 있다. 열수 흘림의 시기는 포터 필터를 그룹헤드에 장착하는 패킹(Packing) 이전이나 이후에 어느 쪽도 상관이 없다. 열수를 과도하게 많이 흘리면 추출수의 온도가 내려가 에스프레소 추출에 나쁜 영향을 줄 수 있다.

열수 흘리기

⑥ 포터 필터를 그룹 헤드에 장착하고 추출한다.
- 그룹 헤드에 부딪치거나 충격이 가해지면 커피 퍽에 균열이 생기므로 주의한다.
- 에스프레소 잔을 포터 필터의 스파우트 아래에 놓는다.
- 25초에 25ml가 추출되도록 위의 절차를 반복하며 분쇄도를 맞춘다. 추출 속도가 빨라 양이 기준을 넘으면 입자가 굵어 '성분 과소 추출'이 발생하는 것이고, 너무 느리면 입자가 가늘어 '성분 과다 추출'이 일어나는 것이다.
- 정상 추출일 경우 추출되는 양과 시간에 따라서 에스프레소, 리스트레토, 룽고, 도피오 등의 메뉴로 구분할 수 있다.

포터필터를 그룹헤드에 장착할 때에는 충격을 받지 않도록 주의하고, 장착 한 뒤에는 최대한 빨리 추출버튼을 누른다.

에스프레소 추출액이 오롯이 담길 수 있는 위치에 잔을 놓는다.

⑦ 포터필터를 그룹 헤드에서 분리한다.
⑧ 포터필터 바스켓 내부의 커피찌꺼기를 제거한다.

바스켓 내부의 커피찌꺼기는 머신의 물을 사용하기보다는 솔과 행주를 사용해 깨끗하게 닦아낸다.

▶ 탬핑(Tamping)

탬핑은 포터필터에 담긴 커피가루를 일정한 힘으로 눌러 다져 주는 동작이다. 탬핑은 바스켓에 담은 커피 입자들의 밀도를 균일하게 만든다. 그렇게 해야 추출수가 입자 사이를 고르게 통과하며 커피 성분을 적절하게 추출할 수 있다. 탬핑하는 힘의 강도도 물의 통과시간에 영향을 주긴 하지만 커피 가루의 밀도를 고르게 하는 것이 더 큰 영향을 미친다. 따라서 바리스타는 탬핑을 할 때 수평이 이루어지도록 노력해야 한다.

탬핑은 통상 5~20kg의 압력을 가한다. 수평이 맞지 않으면 쓴맛이 두드러진다. 기울기가 낮은 쪽에서 채널이 형성됨에 따라 성분 과다 추출이 일어나기 때문이다. 탬핑을 할 때 포터 필터의 스파우트가 테이블에 닿지 않도록 주의한다. 커피액이 추출돼 잔에 담기는 부위이므로 청결에 각별히 신경을 써야 한다.

체중계를 이용해 탬핑 강도를 일정하게 유지하는 연습을 한다.

탬핑을 할 때 탬퍼(Tamper)를 사용한다. 포터필터에 커피를 담고 윗면을 수평으로 다질 때 사용하는 도구인 것이다. 탬퍼는 그라인더에 부착되어 있는 그라인더 일체형 탬퍼, 스테인리스와 나무 손잡이가 결합된 탬퍼, 알루미늄 탬퍼, 플라스틱 탬퍼 등으로 종류가 다양하다. 크기에 따라 지름이 58mm인 것과 64mm인 것으로 나누기도 한다.

탬퍼는 엄지와 검지를 펴준 상태에서 나머지 손가락으로 탬퍼를 감싸 안듯이 잡는다. 꼭 이렇게 잡지 않더라도, 각자의 상황에 따라 수평이 되도록 누를 수 있다면 문제가 되지 않는다. 탬핑은 반복되는 동작이기 때문에 손목에 무리가 가는 자세는 자칫 바리스타의 건강을 해칠 우려가 있다. 바리스타는 올바른 자세로 탬핑을 진행해 손목이나 팔, 어깨에 통증이 발생하지 않도록 주의해야 한다.

▶ 태핑(Tapping)

태핑은 '톡! 톡!' 치는 행동을 묘사하는 단어이다. 요령은 탬퍼 손잡이로 포터필터를 1~2회 부드럽게 두드려 주는 것이다. 탬퍼로 커피가 담긴 포터필터의 겉면을 태핑하는 이유는 포터필터의 안쪽 면에 묻은 커피가루를 떨어뜨리기 위한 것이다. 탬퍼의 지름은 포터필터의 지름보다 약간 작다. 이 때문에 탬핑을 할 때 커피가루가 탬퍼의 가장자리로 밀리며 올라가 포터필터의 안쪽 면에 붙게 된다.

태핑은 포터필터에 담기는 커피가루를 온전히 추출해 쓰이게 함으로써 한 잔에 담기는 커피가 일관성 있게 추출되도록 돕는다. 하지만 태핑을 할 때 커피 퍽에 미세한 균열이 발생할 수 있으므로, 태핑을 한 뒤에는 반드시 2차 탬핑을 실행해서 균열이 없도록 해야 한다.

그러나 2차 탬핑을 하더라도 커피 퍽에는 균열이 발생할 우려가 있으므로, 태핑을 실시하지 않는 것이 좋다는 쪽으로 의견이 모아지고 있다. 태핑을 하면, 2차 탬핑을 하더라고 커피 퍽이 포터필터의 안쪽 면에 밀착하지 못하고 미세한 틈이 발생할 우려가 크기 때문이다.

무분별한 태핑은 추출의 일관성을 떨어뜨린다.

▶ 폴리싱(Polishing)

탬핑을 한 뒤 탬퍼를 돌리는 동작을 폴리싱이라고 한다. 탬퍼를 돌리면서 탬핑하는 동작도 폴리싱이라고 부르기도 하는데, 이 때 커피 표면에 가해지는 힘이 배가 된다는 장점이 있다. 두 경우 모두 폴리싱을 너무 강하게 하면 표면에 일종의 막이 형성돼 추출수가 투과하는데 저항으로 작용하게 된다.

8 | 크레마를 보면 에스프레소의 품질을 알 수 있을까?

커피 추출의 발달 역사에서 9기압을 가하자 미세한 거품층인 크레마(crema)가 형성됐다. 이탈리아는 1940년대 크레마를 처음 경험하고, "에스프레소는 반드시 크레마가 있어야 한다"고 선언했다. 따라서 크레마 없이는 에스프레소가 될 수 없다. 크레마는 에스프레소에 더 부드럽고 더 풍성한 향미를 부여한다.

크레마는 신선한 에스프레소 커피에서 나오는 지방 성분과 아교질 성분이 결합하여 생성된 미세한 거품이다. 에스프레소를 추출할 때 4~5초 정도 커피를 우려내고(Infusion) 난 뒤 9바의 압력으로 밀어내는데, 이 때 생기는 황금색의 크레마가 형성된다. 아교질과 섬세한 커피오일의 결합체로 젤라틴(Gelatin)과 같은 교질(Colloid) 상태이다. 액체에 고운 입자들이 분산되어 커피 위에 떠 있는 것이다. 크레마는 농

크레마의 색상과 무늬, 정도 등을 보고 추출 상태를 가늠할 수 있다.

도가 짙고 촉감이 부드러워야 한다. 두께는 3~4ml가 적절하다. 잘 추출된 에스프레소의 크레마는 검은 줄무늬 패턴을 가진다. 크레마의 색깔이나 지속력, 두께 등의 상태로 에스프레소를 평가할 수 있다.

크레마는 단열층의 역할을 하여 커피가 빨리 식는 것을 막아 준다. 커피의 향을 함유한 지방 성분이 많아 풍부하고 강한 향을 느낄 수 있게 한다. 그 자체가 부드럽고 상쾌한 맛, 단맛 등을 지니고 있다.

크레마는 추출 후 점차 없어지는데, 2분 이상 크레마가 유지되는 것이 잘 만들어진 에스프레소이다. 일반적으로 빛깔이 연하고 크레마의 밀도가 낮으면 추출된 커피 양이 적은 것이고, 너무 어둡거나 밀도가 높으면 추출된 커피 양이 많은 것이다.

커피 표면에 3~4ml의 크레마가 있어야 잘 추출된 에스프레소라고 할 수 있다. 설탕 한 스푼을 넣었을 때 바로 가라앉지 않고, 크레마 위에 잠시 얹혀 있다가 떨어지면 적당한 것이다.

9 | 성분 과소 추출과 성분 과다 추출의 미학

한 잔의 완벽한 에스프레소를 만들기 위해선 커피 가루에 들어 있는 유익한 성분을 가장 적절하게 이끌어내야 한다. 커피의 성분이 이 보다 덜 추출됐다면 '과소 추출(Under-extraction)', 나오지 말아야 할 성분까지 추출됐다면 '과다 추출(Over-extraction)'이라고 한다.

커피의 성분이 기준 범위를 벗어나 과소 또는 과다 추출됐는지는 크레마의 상태와 맛 평가를 통해 알 수 있다.

주의할 것은 추출된 에스프레소의 양을 보고 과소/과다 추출을 판단하는 성급함을 자제해야 한다는 사실이다. 많은 커피 입문자들이 같은 조건에서 에스프레소가 기준보다 적게 추출되면 '과소추출', 기준보다 많은 양이 추출되면 '과다 추출'이라고 말한다.

과소/과다 추출은 단순히 추출된 분량을 보고 판단하는 게 아니라 완성된 한 잔의 커피에 원하는 성분들이 적절하게 들어 있는지를 판단하는 용어이다. 따라서 이러한 혼선을 막기 위해 용어 앞에 '성분'을 붙여 '성분 과소 추출', '성분 과다 추출'이라고 명명하는 것이 바람직하다.

'성분 과소 추출'은 추출한 에스프레소 한 잔의 성분이 이상적인 에스프레소와 비교할 때 부족하게 추출된 경우이다. 추출수의 온도, 추출 압력, 추출 시간이 기준에 부합하는 상황에서 성분 과소 추출 현상이 빚어지는 것은 커피 가루의 분쇄도가 기준보다 굵기 때문이다.

추출수가 분쇄도가 굵은 커피 가루 사이를 통과하는 것은 물이 자갈밭을 통과하는 것에 비유할 수 있다. 물이 가루층을 통과하는 속도가 너무 빨라 성분을 제대로 추출하지 못하게 된다. 따라서 바리스타는 커피 가루의 분쇄도를 가늘게 조절함으로써 추출의 수율을 높여야 한다.

'성분 과다 추출'은 이와 반대로 물이 진흙을 통과하는 것에 비유할 수 있다. 바리스타는 이런 현상이 나타나면 분쇄도를 굵게 조절해 수율을 적절하게 낮춰야 한다.

커피의 성분을 이끌어내는 것은 '커피가루와 물의 사랑이야기'라고 할 수 있다. 물이 커피 가루 사이를 적절한 속도로 흘러가며 속삭이듯이 커피가 지닌 성분을 적정 수율(18~22%)만큼 추출해야 커피의 향미가 좋다. 무심하게 빨리 흐르면 커피의 성분이 제대로 나오지 못해 성분이 과소 추출이 되고, 반대로 집착하듯 커피가루에 오랜 시간 달라붙어 있으면 성분이 과다 추출되는 것이다.

▶ **원두 사용량과 탬핑 강도 조절의 함정**

커피를 추출할 때 사용하는 원두의 양과 탬핑을 가하는 강도를 조절하면서 맛을 제대로 표현할 수 있는 포인트를 찾는 것은 바람직한 접근법이 못 된다. 추출에 변화를 주는 간편한 방법이지만, 이렇게 임기응변식으로 추출에 변화를 주는 것은 일관성과 재현성이 떨어지는 행동이다.

이유는 간단하다. "추출수의 온도에 따라 원두 사용량을 달리하라"는 주장은 추출수의 온도를 일정하게 유지하도록 하는 것이 더 합리적이다. 또 "에스프레소를 추출할 때 커피층을 통과하는 물의 흐름이 빠르면 탬핑을 좀 강하게 하라"고 주장하는 것은 커피가루의 굵기를 조절함으로써 근본적으로 해결을 해야 할 사안이다. 바리스타가 측정하지 않고 상황에 따라 탬핑을 강하게 하거나 약하게 하는 것은 일관성과 재현성이 떨어지는 행동이다. 일관되지 않고, 동작을 재현할 수 없는 동작은 바리스타에게는 아무런 의미가 없는 행위이다.

에스프레소를 추출할 경우, 물의 온도가 섭씨 90~95도일 때 원두의 향기 성분과 좋은 성분이 빠르게 추출된다. 온도가 기준보다 낮으면 향미가 약하고, 너무 높으면 떫은맛이 부각된다. 추출하는 동안 물의 온도가 일정한 것이 좋은 향미의 커피를 만든다. 물이 커피층을 투과할 때의 속도도 맛에 영향을 준다. 물이 커피층을 적시고 균일하게 투과될 때 가용성 성분이 잘 용해되고 균형 잡힌 맛이 난다. 불균일하게 투과되면 커피맛이 약하고 균형을 상실하게 된다.

따라서 바리스타는 추출수의 온도와 커피가루의 굵기를 일정하게 맞추는 노력을 해야 한다.

추출에서 물의 성분은 온도와 커피의 품질만큼이나 중요하다. 심한 경수나 연수는 커피 맛에 나쁜 영향을 주고 스케일 생성을 부추긴다. 나트륨 이온을 활용해 용해된 무기질을 치환하는 연수 처리는 알칼리도를 높여서 커피 맛에 좋지 않은 영향을 준다. 물이 통과하는 시간이 지연돼 성분 과다 추출 현상으로 인한 쓴맛이 증가될 수 있다.

탬핑의 강도가 추출에 끼치는 영향은 일반인들이 생각하는 것보다 크지 않다. 탬핑 강도가 5~20kg인 범위에서는 스파우트를 통해 추출되는 에스프레소의 물줄기 모습과 맛이 서로 큰 차이가 나지 않는다. 문제는 탬핑을 심할 정도로 강하게 할 때 더 두드러지는데, 이런 현상은 탬핑을 극단적으로 할 때 비로소 관찰할 수 있을 정도로 '어려운 작업'이다. 다른 조건이 일정할 때, 탬핑의 강도보다는 커피 가루의 굵기가 추출에 더 드라마틱한 영향을 준다.

바리스타는 적절한 추출을 위해 탬핑의 강도를 조절해 임기응변을 대처하기 보다 커피 가루의 굵기를 조절하는 근본적인 처방을 해야 한다.

탬핑의 목적은 바스켓에 담긴 커피의 수평을 맞추는 것이다. 수평을 맞추지 않고 탬핑을 하면 커피가루가 적게 눌린 쪽의 밀도가 상대적으로 낮아져 그 부분으로 물길이 나는 채널링(Channeling) 현상이 빚어진다. 이렇게 되면 커피의 맛을 일관되게 재현할 수 없게 된다.

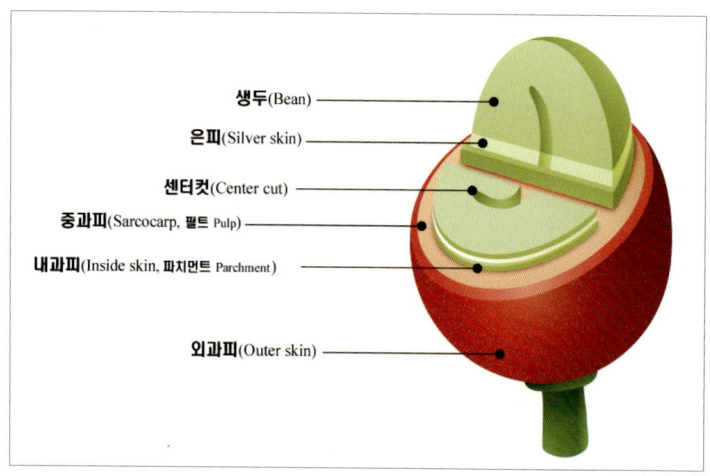

커피 열매의 구조

도징 & 탬핑 다이어그램

고르게 담김 (Even Distribution)
- 균형잡힌 추출(even extraction)이 이루어짐

고르지 않음 (Uneven Distribution)
- 성분이 제대로 추출되지 않는 커피가루 발생

과도하게 담김 (Over-Packed)
- 채널(Channel)이 생기기 쉬움
- 가루에 가해지는 압력이 달라짐
- 추출액이 너무 진함

담긴 양이 부족함 (Under-Dosed)
- 추출량이 지나치게 많아짐
- 커피퍽(Puck)이 축축하게 젖음
- 추출액의 맛이 떫고 자극적임

채널링 (Channeling)
- 물이 한쪽 통로로 흘러 성분과다, 성분과소 추출이 한 바스켓에서 동시에 발생함

봉인이 깨짐 (Broken Seal)
- 물이 벽쪽으로 빠져나감
- 바스켓이 충격을 받으면서 발생함

에스프레소 추출 변수(Parameters of espresso)

에스프레소를 반드시 이렇게 만들어야 한다는 하나의 권위적인 정의(authoritative definition)가 있는 것은 아니다. 그러나 사용하는 에스프레소 머신과 수행 조건들은 일정 범위에 있다.

변수 1. 커피 사용량(Coffee Dose)
    8±1g: 에스프레소 1잔을 만드는 양
    7~9g: 싱글 포터필터(Single portafilter)에 담기는 양
    14~18g: 더블 포터필터(Double portafilter)에 담기는 양

변수 2: 물 온도(Water temperature)
    섭씨 90~95도: 커피 가루를 통과하는 물의 온도

변수 3: 추출 압력(Extraction Pressure)
    9bar = 130 psi
    ☞1바(bar): 해면에서 100m 지점에 가해지는 대기압 = 100Kpa = 0.986기압
    1기압(atm): 표준 중력, 0도에서의 수은주 760㎜가 부여하는 압력 = 0.98bar = 101Kpa
    1psi(Pound per Square Inch): 1평방인치 당 1파운드가 가해지는 압력

에스프레소 베리에이션

변수 4: 추출 시간(Extraction time)
    4~5초 프리인퓨전(Pre-infusion)
    25초 추출(Extraction)
    30초 (이를 초과하면 향미가 떨어진다)

변수 5: 컵에 담기는 양(Volume in The Cup)
    25±5ml: 에스프레소 한 샷(Single shot of espresso)
    20ml: 리스트레토(Ristretto, restricted espresso)
    30ml: 에스프레소(Completely extracted espresso)
    2x 20ml: 더블 리스트레토(Double ristrettos)
    2x 30ml: 더블 에스프레소(Double espressos)

추출수의 온도를 정기적으로 점검해야 한다.

03 물(Water)

커피 한 잔에서 물이 차지하는 비중은 95~98%이다. 따라서 물은 커피의 최종적인 향미에 심대한 영향을 미친다. 커피비평가협회(CCA)는 모든 커피매장의 물을 여과해 사용할 것을 권고한다. 특히 상수도가 제공되지 않는 지역에서 물 여과는 필수적이다. 물의 질은 지리적인 상황에 따라 다양하기 때문에 완벽한 커피 추출을 원한다면 적절한 물로 만들어 써야 한다. 수돗물은 불순물이 많기 때문에 필터로 걸러내야 커피의 맛을 보다 맑고 경쾌하게 즐길 수 있다. 물을 역삼투(Reverse osmosis)해 사용하면 스케일을 방지할 수 있고, 커피추출에도 이상적이다. 고장이 난 머신 10대 중 9대가 그 원인이 스케일과 관련이 있다.

1 | 물에 따라 커피 맛이 달라지는 이유

바리스타는 커피를 추출하기에 적합한 물을 선택할 줄 알아야 하며, 사용하는 물의 상태에 따라 커피의 맛이 어떻게 달라지는 지 설명할 줄 알아야 한다. 같은 커피 원두를 사용한다고 해도 지역에 따라 맛이 다르게 되는 가장 큰 이유는 지역마다 물의 성격이 다르기 때문이다.

수돗물은 수원지로부터 집수된 뒤 화학적인 정수, 소독 과정을 거친다. 따라서 커피 추출에 사용하기에는 적절하지 않다. 다만 사용할 수밖에 없는 상황이라면 끓인 후 사용하는 것이 좋다. 염소 성분이 없는 정수물이나 냄새와 불순물이 없는 물이 좋다. 광물질을 여과하는 것이 연수기이다. 연수는 삼킨 후에 입 안쪽에서 미끈거리고 끈적임이 느껴진다. 무기물은 물이 커피 입자 사이를 흐르는 것을 막거나 수용성 성분이 추출되는 것을 방해한다.

커피 한 잔에서 물이 차지하는 비중은 95~98%이다.

핸드드립 추출에 사용할 물은 전기포트에 한 번만 끓인 후 사용한다. 연수나 중연수의 물을 2~3번 끓이면 이산화탄소가 많이 손실돼 커피 맛이 좋지 않게 된다. 커피의 쓴맛 성분은 연수보다는 경수에서 잘 용해되기 때문에 마일드한 커피를 추출할 때는 연수로, 강한 쓴맛을 즐기기 위해선 이보다 경도가 다소 높은 경수를 추출수로 사용하기도 한다. 그렇다면 경수, 연수란 무엇인가?

1) 경수(Hard Water)

경수는 칼슘(Ca)과 마그네슘(Mg) 이온을 중탄산염[Ca, Mg(HCO3)2], 염화물(Ca, MgCl2), 황산염(Ca, MgSO4) 등의 형태로 다량 포함한 '센물'을 일컫는다. 이런 이온이 많은 물은 경도(water hardness)가 높다. 물에 포함된 칼슘과 마그네슘의 양을 탄산칼슘($CaCO_3$)으로 환산해 1㎎/ℓ를 1경도라 한다. 석회암지대, 내륙 분지의 호수나 지하수는 경수가 많다. 경수를 사용해 추출한 에스프레소는 무미건조하고 약간 쓴맛이 난다.

물의 경도

PPM(mg/L)	분류		맛
0~60	연수	Soft	미끈한 감촉
60~120	중연수	Moderately Hard	볼륨감과 쓴맛
120~180	경수	Hard	거친쓴맛
180~	고경수	Very Hard	거친쓴맛

출처: WHO (한글 표기는 환경부 기준)

한국의 수도법은 음료수의 수질기준을 총경도 300ppm 이하로 규정했다. 경수는 에스프레소 머신의 보일러와 관에 스케일을 형성하게 만든다. 경수로 세탁을 하거나 목욕을 하면 거품이 잘 일지 않고 뻣뻣한 느낌을 준다. 끓이면 연수가 되는 일시 경수와 끓여도 연수가 되지 않는 영구경수가 있다. 독일, 프랑스, 유럽 등지에는 석회암지대가 많아 경수가 대부분이라 일찍부터 맥주 공업이 발달되고, 경수가 많은 중국에서는 차를 마시는 습관이 생겨났다.

2) 연수(Soft water)

연수는 칼슘이나 마그네슘이온의 함유량이 적은 물이다. 경도(硬度) 50이하의 물을 일컫는다. 증류수는 경도 0인 단물이다. 일반적으로 빗물이나 수돗물을 단물이라고 말한다. 물 100cc 속에 산화칼슘(CaO) 1mg이 들어 있으면 경도 1이다. 또 마그네슘은 산화칼슘으로 환산한다 (1.4MgO=1CaO).

만약 자신이 사는 곳에 경수가 공급되는지 의심스럽다면, 사용하는 주전자 내부에 석회자국이 끼는지 확인해야 한다. 그 흔적이 있다면 물을 여과해 써야 한다. 연수가 제공되는 지역에서는 맛을 좋게 하기 위해 카본 필터(Carbon filter) 등으로 여과를 사용하는 게 좋다. 커피 추출에는 가능한 경수도 연수도 아닌 중성적인 물을 사용하는 게 좋다. 스페셜티 커피 협회(SCA)에서는 68mg/ℓ를 목표 경도로 두고 19~85mg/ℓ 경도가 커피를 추출하기에 적절하다고 기준점을 잡았다.

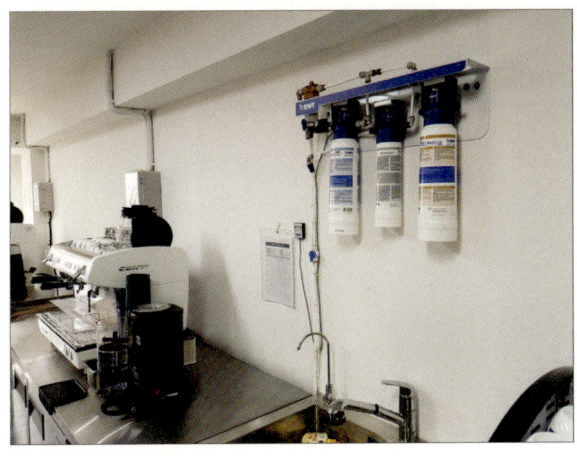

에스프레소 머신과 연결되는 정수필터 장치

물의 종류에 따른 커피의 향미 변화

금속 성분이 많은 물: 페놀과 결합한다. 향미가 다소 손실된다.
칼슘이 포함된 경도 높은 물: 유기산과 결합한다. 신맛이 손상된다.
염소가 포함된 수돗물: 염소가 약 0.3ppm 이상. 향기 성분이 거의 소실된다.
철분이 많은 미네랄 생수: 탄닌과 결합한다. 변질된 맛이 난다.

2 | 물의 순도를 측정하는 이유와 방법

전문가들은 '총용존고형물(TDS, Total Dissolved Solids)'의 개념을 응용해 물의 순도를 잰다. TDS는 물에 있는 유기 또는 무기 불용성 물질로, 보통 미네랄·금속·염류 등을 지칭한다. TDS는 순수한 물에는 들어 있지 않다. 불순물은 물의 향미에 영향을 미치고, 따라서 커피의 향미에도 영향을 끼친다.

굴절률을 이용한 물의 순도 측정

TDS의 단위는 ppm(100만분율)으로서, 수치가 낮을수록 순도가 높음을 의미한다. 수돗물의 TDS는 500ppm이다. SCA가 커피추출에 적절하다고 제시한 75~250ppm을 훨씬 초과하는 수준이다. 또한 많은 스페셜티커피숍들에서 역삼투압 필터시스템(Reverse Osmosis Filtration System)으로 만들어내는 물의 TDS가 제로(0)라는 점에 비쳐봐도 너무 높은 수치인 것이다.

보다 밝고 좋은 맛을 즐기고 싶다면 병에 담아 파는 생수를 쓰거나 수돗물에 정수기를 장착해 사용한다. 생수는 TDS가 낮고 중성이어서 커피 추출에 알맞다. 정수시스템을 갖춘 에스프레소 머신을 사용하면 커피전문점에서 파는 커피에 가까운 맛을 낼 수 있다.

정수한 물을 사용함으로써 얻는 또 하나의 이점은 장비 보호이다. 불순물이 함유된 수돗물을 그냥 사용하면 머신의 보일러와 배관 내부에 석회성 스케일(관석)이 발생한다. 머신 고장 원인의 70% 가량이 스케일로 인해 유발되는 것으로 보고됐다.

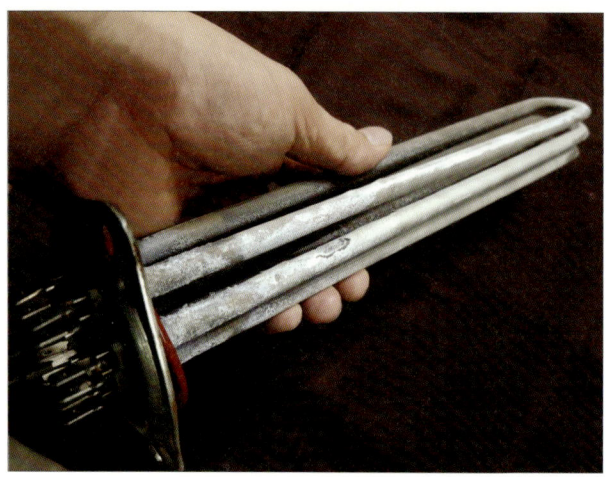

스케일로 인해 고장이 난 보일러 히터(Heater)

1. 추출할 때마다 신선한 물을 사용하면 에스프레소 머신이나 포트에 물때가 끼지 않는다.
2. TDS가 75~250mg/ℓ인 물을 사용한다.
3. 수돗물을 사용할 때는 정수를 통해 불순물을 제거하라.
4. 집에서 커피를 추출할 때는 생수를 사용하면 보다 좋은 커피 향미를 즐길 수 있다.

3 | 원두의 상태에 따라 추출수의 온도를 다르게 하라

물과 관련해 경도와 함께 고려해야 할 점이 온도이다. 머신을 구입할 때 얼마나 신속하게 물을 끓이고 온도를 잘 유지하는지를 살펴봐야 한다. 에스프레소 추출수는 대체적으로 섭씨 95도를 유지하는 게 좋다. 그러나 추출수의 온도는 사용하는 원두의 상태에 따라 달라진다. 어떤 원두는 높은 온도로, 어떤 것들은 이것보다 낮은 온도로 추출할 때 더 멋진 향미를 자아낸다.

좋은 장비를 갖추고 있으면 유리하겠지만, 커피의 향미를 좋게 만드는데 가장 중요한 요인은 결국 바리스타의 탐구력이다. 커피 맛을 좋게 하는데 최고의 커피머신과 그라인더만으로는 부족하다. 바리스타는 "기술이 없는 사람이 장비 탓을 한다(Poor workman always blaming their tools.)"는 격언을 명심해야 한다. 커피 맛을 좋게 하는 최선의 길은 커피의 성질을 잘 파악해 보다 맛있게 추출하는 법을 계속 시도해 경험치를 쌓아가는 것이다.

포터필터를 차갑게 해 추출 온도가 향미에 미치는 영향을 탐구할 수도 있다.

커피와 물

커피 한 잔의 95~98%를 차지하는 물.
지구의 물 97.5%가 바닷물, 나머지 2.5%가 마실 수 있는 물.
마실 수 있는 물 중 69.6%가 빙설, 나머지 30.4%가 강이나 하천의 물.
실제 마실 수 있는 물은 지구 전체 물의 1%도 안 될 정도로 소중.

■ 커피 추출수의 3대 조건

① 냄새가 없어야 한다.
② 이물질 없이 맑아야 한다.
③ 염소 성분이 전혀 없어야 한다.

※ 염소: 병원성 미생물을 살균할 목적으로 수돗물에 넣는 염소는 소독약 냄새의 원인이 된다. 물을 끓이면 염소는 거의 대부분 휘발된다. 하지만 물을 끓이는 과정에서 물 속에 들어 있는 산소도 날아간다. 산소는 커피 맛에 생동감을 주기 때문에 커피 추출에서는 되도록 한번 끓인 물을 재사용하지 않는 게 유익하다.

※ 정수기: 숯과 같은 작용을 하는 카본(Carbon) 필터로 염소와 같은 불순물을 여과해 낸다. 원수에 압력을 가하여 삼투막을 통과시킴으로써 불순물을 제거하는 역삼투압(Reverse Osmosis) 방식도 있다. 아울러 전기분해를 이용해 수돗물을 산성, 강알칼리, 약알칼리 등 3가지 성격의 물로 만들어주는 정수기도 있다.

■ 미네랄과 추출

미네랄이 너무 많으면 향미 성분들과 결합하면서 추출을 방해.
미네랄이 너무 많으면 쓴맛, 너무 적으면 밋밋한 맛 유발.
미네랄 조절은 물의 산도를 적정 수준으로 만들어 주는 것.
연수기는 센물(경수)을 단물(연수)로 바꿔주는 장치.
이온화 수지를 이용한 연수기는 전하의 힘을 이용해 특정 미네랄을 걸러내는 방식.
미네랄 성분들이 걸러지지 않으면 에스프레소 머신에서 스케일 생성.
스케일은 보일러와 수로를 막아 효율을 떨어뜨리고 온도 센서에 침착돼 오작동 유발.

■ 미네랄과 맛

인산염: 지나치면 쓴맛을 만드는 마그네슘 제거.
칼륨, 칼슘, 규소: 단맛을 내는데 기여. 칼륨이 지나치게 많으면 단맛보다 짠맛이 두드러짐.
마그네슘, 황산염: 과도하면 쓴맛이 우세.
칼슘이 많고 마그네슘이나 염소, 황산의 성분이 적은 물이 추출에 적합.
산소와 이산화탄소가 적절하면 청량감이 돋보여.
일반 물보다 육각수는 물의 구조가 조밀해 맛의 지속성이 좋음.

■ pH농도와 맛

pH농도: 물에 녹아 있는 수소 이온의 농도(순수한 물은 섭씨 25도에서 pH7로 중성).
pH가 7보다 낮을 경우에는 산성, 높을 경우에는 알칼리성.
물이 산성이면 시큼한 맛, 강한 산성일 경우에는 신맛보다는 쓴맛이 우세.
수돗물의 pH는 보통 7.2~7.5.

04 에스프레소 머신(Espresso Machine)

바리스타는 커피의 좋은 향미를 최대한 이끌어내기 위해 에소프레스 머신과 그라인더 등 장비를 잘 다룰 줄 알아야 한다. 장비의 상태를 확인하면서 최적의 추출 조건을 맞추어야 한다. 아울러 이상이 생겼을 때 원인을 파악해 적절한 조치를 내릴 줄도 알아야 한다. 바리스타는 평소 장비의 작동 원리를 파악하고, 상태를 확인하면서 세척하고 소모품을 교체하는 등 올바르게 관리해야 한다.

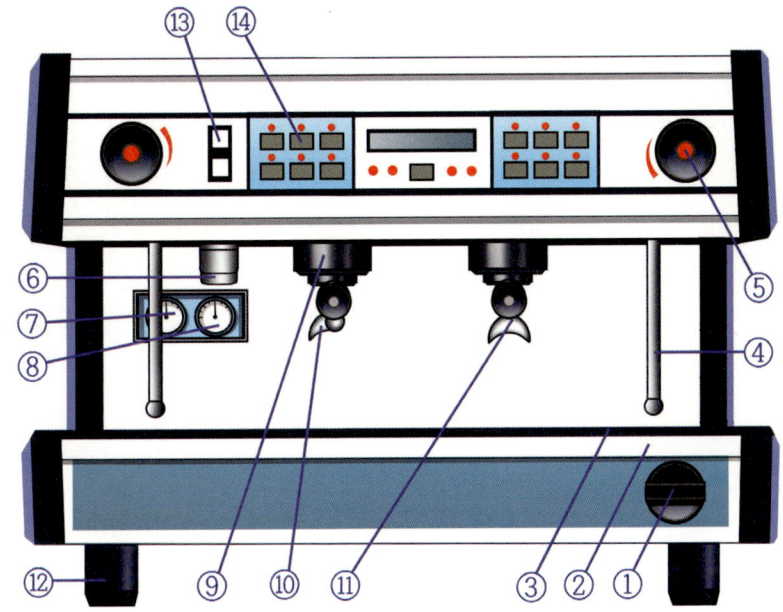

에스프레소 머신의 구조와 명칭

① 메인 스위치(Main switch): 머신에 전원을 공급하는 스위치
② 드립 트레이(Drip tray): 머신에서 떨어지는 물을 받아 배수로 보내는 받침대
③ 드립 트레이 그릴(Drip tray grill): 커피 추출 시 컵을 놓는 받침대
④ 스팀 파이프(Steam pipe): 스팀이 나오는 노즐
⑤ 스팀 밸브(Steam valve): 스팀이 나오도록 열어 주는 밸브
⑥ 핫워터 디스펜서(Hot water dispenser): 온수가 나오는 추출구

⑦ 워터 프레셔 마노미터(Water pressure manometer): 커피 추출 시 펌프의 압력을 표시해 주는 게이지

⑧ 보일러 프레셔 마노미터(Boiler pressure manometer): 보일러의 압력을 표시하는 게이지

⑨ 디스펜싱 그룹 헤드(Dispensing group head): 포터필터를 장착해 커피를 추출하는 부위.

⑩ 원 컵 필터 홀더(One-cup filter holder): 한 잔 추출용 포터필터(6~7g 사용)

⑪ 투 컵 필터 홀더(Two-cup filter holder): 두 잔 추출용 포터필터(12~14g 사용)

⑫ 어드저스터블 풋(Adjustable foot): 커피 머신 받침대(받침발)

⑬ 핫워터 디스펜싱 버튼(Hot water dispensing buttons): 온수 추출 버튼

⑭ 커피 컨트롤 버튼(Coffee control buttons): 커피 추출 버튼

1 | 부품의 역할을 알아야 머신이 보인다

(1) **메인 스위치**: 전원을 공급하고 차단하는 스위치. 'O'에 맞추면 'OFF' 상태이고, '1'에 맞추면 'ON' 상태이다.

(2) **드립 트레이**: 머신에서 나오는 물을 받아 배수관으로 흘려 보내기 위한 받침대이다. 드립 트레이 밑에 있는 배수통은 커피 찌꺼기가 흘러 내려가는 곳이므로 찌꺼기가 쌓여 관이 막히지 않도록 수시로 청소해야 한다.

(3) **드립 트레이 그릴**: 컵을 올려 놓는 곳으로, 수시로 행주로 닦고 마감할 때에는 분리해 물로 깨끗이 씻는다. 드립 트레이 그릴에 이물질이 많이 묻어 있으면 커피 잔 밑에 자국이 남는다.

메인 스위치

(4) **스팀 파이**: 스팀이 통과하는 노즐이다. 우유에 담기는 부분이므로 청결상태에 각별히 신경을 써야 한다. 노즐 안에 들어간 우유를 빨리 제거하지 않으면 안에서 굳어 스팀이 약해지고 위생상 문제도 일으킨다. 사용할 때마다 스팀 노즐에 묻어 있는 우유를 젖은 행주로 깨끗이 닦고 우유를 배출하기 위해 잠시 스팀을 분사한다. 이렇게 하는 것을 '퍼징(Purging)'이라고 한다.

(5) **스팀 밸브**: 스팀을 배기하고 닫을 때 작동시키는 밸브. 머신마다 작동을 위한 유격이 다르므로 유의한다.

(6) **핫워터 디스펜서**: 뜨거운 물이 나오는 추출구이다.

스팀 파이프

(7) **워터 프레셔 마노미터**: 커피 추출수의 압력을 표시하는 게이지이다. 일반적으로 0~15의 숫자가 표시돼 있으며, 적절한 범위가 대체로 녹색으로 표시되어 있다. 정상 범위보다 높을 경우(바늘이 적색으로 갈 때)에는 다른 부품에 영향을 줄 수 있으므로 정상 범위로 조절해야 한다. 에스프레소 머신이 멈추어 있는 상태일 때가 아니라 작동될 때 표시되는 수치가 정상적인 펌프의 압력이다.

마노미터

(8) **보일러 프레셔 마노미터**: 스팀 보일러의 압력을 표시하는 게이지이다. 0~3의 숫자가 표시되어 있다. 머신이 멈춘 상태에서는 바늘이 '0', 정상적으로 가동될 때는 '1~1.5'를 가르친다. 바늘이 적색 범위에 놓이면 압력이 너무 높다는 표시이므로 정상 범위로 조정해야 한다.

(9) **디스펜싱 그룹 헤드**: 추출수가 통과하는 그룹 헤드이다. 온도를 일정하게 유지하는 게 매우 중요하다. 그룹의 내부 구조는 통상 ①독립 보일러 방식 ②강제 가열 방식 ③간접 가열 방식 등 세 가지로 구분된다. 그룹의 크기는 52~58mm 등으로 다양하며, 재질은 동(Copper)이다. 동은 열전도가 잘 되고 열을 품는 성질이 강하지만 공기 접촉에 의해 부식이 일어나기 쉽다. 따라서 동으로 만든 그룹은 크롬으로 도금을 해서 부식을 방지한다.

※ **그룹헤드의 구조**: 커피 추출 시 압력이 밖으로 새는 것을 막아 주는 그룹 개스킷(Group gasket)과 크롬 바디 그룹(Chrome body group)에서 한 줄기로 나온 물을 여러 가닥으로 나뉘어 떨어지게 하는 샤워 홀더(Shower holder)로 되어 있다. 샤워 홀더는 물줄기를 포터 필터에 담겨 있는 커피 표면 전체에 골고루 분사시켜 주도록 더 나누어 주는 샤워 스크린(Shower screen)과 이를 고정하는 나사로 되어 있다.

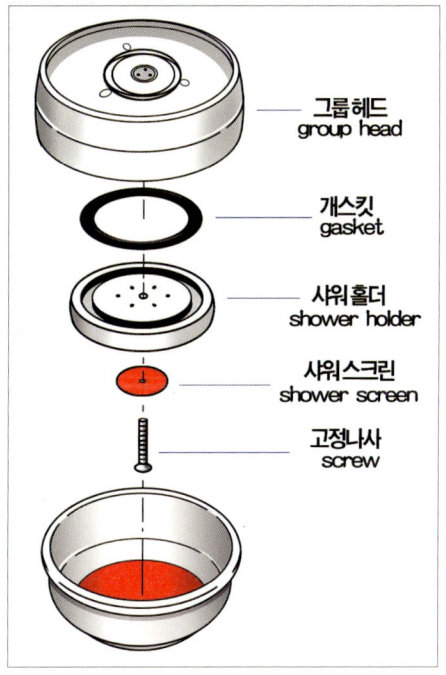

그룹헤드의 구조

(10) **원 컵 필터 홀더**: 한 잔 분량의 커피 추출용 포터필터이다.

(11) **투 컵 필터 홀더**: 두 잔 분량의 커피 추출용 포터필터이다.

필터 홀더와 스파우트

> **용어정리**
>
> - 필터 홀더(filter holder) : 열을 유지하기 위해 일반적으로 동으로 만들어진다. 동은 열을 유지하는 성질은 강하나 부식 위험 때문에 크롬으로 도금한다.
> - 필터 홀더 노브(filter holder knob): 포터필터 손잡이
> - 필터 홀더 스프링(filter holder spring): 필터 고정 스프링
> - 원컵 필터(One-cup filter): 한 잔 추출용 필터
> - 투컵 필터(Two-cup filter): 두 잔 추출용 필터
> - 원컵 스파우트(One-cup spout): 한 잔 추출용 추출구
> - 투컵 스파우트(Two-cup spout): 두 잔 추출용 추출구
> - ※ 스파우트(Spout): 최종적으로 에스프레소가 나오는 곳이므로 항상 청결히 사용해야 한다. 포터필터를 사용해 커피를 추출하는 작업은 깨끗한 곳에서 수행하고, 그룹에서 분리해 둘 때에는 스파우트가 드립 트레이 그릴이나 바닥에 닿지 않도록 주의해야 한다.

(12) **어드저스터블 푸트**: 머신을 지탱하는 발이다. 기계의 높이와 수평이 맞지 않는다면 발을 돌려 높이와 수평을 맞출 수 있다.

(13) **핫워터 디스펜싱 버튼**: 온수 추출 버튼이다.

(14) **커피 컨트롤 버튼**: 커피 추출 버튼이다.

2 | 에스프레소 머신을 뜯고 내부를 볼 줄 알아야 바리스타

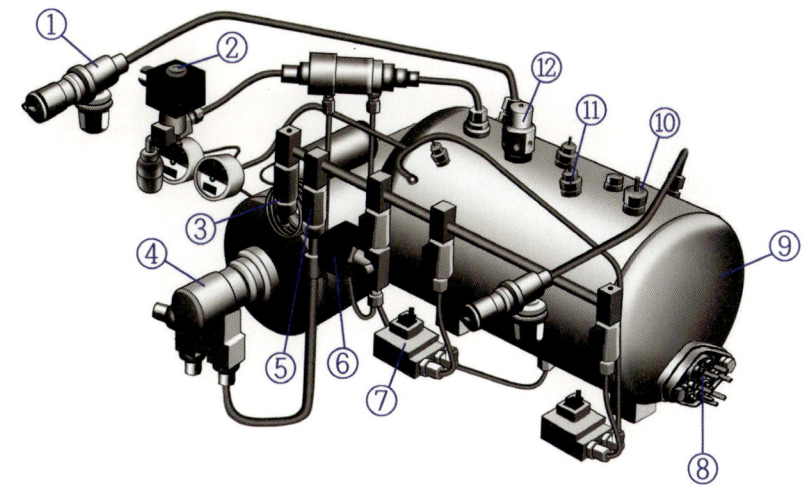

에스프레소 머신 내부 구조

① 스팀 밸브(Steam valve)

② 온수 전자 밸브(Electronic Hot Water valve)

③ 과수압 방지 밸브(Relief valve)

④ 펌프모터(Pump motor)

⑤ 역류 방지 밸브(Check valve)

⑥ 물 공급 전자 밸브(Solenoid valve 2way)

⑦ 플로미터(Flow meter)

⑧ 히터(Heater; Heating element)

⑨ 보일러(Boiler)

⑩ 진공 밸브(Vacum valve)

⑪ 수위 감지봉(Water Level probe)

⑫ 과압력 방지밸브(Safety valve, pressure relief valve)

1. **스팀 밸브**: 스팀의 개폐를 담당한다. 스팀 밸브 손잡이를 돌리면 스팀이 나오기 시작한다. 버튼식과 레버(Lever) 방식이 있으나, 돌리는 손잡이(Knob) 방식이 비교적 많이 머신에 적용되고 있다. 많이 돌릴수록 스팀이 세게 나오고, 조금 돌리면 약하게 나온다. 일정 이상 돌리면 스팀의 세기는 일정하다. 스팀의 세기는 스프링에 의해 조절된다. 스팀 밸브 손잡이를 시계 반대 방향으로 돌리면 스프링이 당겨지면서 밸브가 열리고, 시계 방향으로 돌리면 스프링이 늘어나면서 밸브가 잠긴다. 스팀 밸브가 마모되면 밸브를 완전히 잠근 상태에서도 스팀이나 물이 샌다. 이런 상태가 지속되면 머신을 작동하지 않을 때에도 스팀이 새기 때문에 보일러에 압력이 떨어지게 되고, 압력이 떨어지면 보일러가 작동되므로 전기소모가 많아진다.

스팀 밸브

2. **온수 전자 밸브**: 온수를 사용할 때만 작동하며, 전자석의 원리가 적용된다. 온수 버튼을 누르면 밸브의 코일에 전기가 공급돼 안에 있는 추가 당겨지면서 온수를 통과시킨다. 전기를 차단하면 다시 스프링에 의해 원위치하여 온수를 차단한다. 코일에 전기를 공급하면 전자력이 생겨 유동추를 움직이게 한다. 코일은 8~9W의 전력이 소요된다. 작동하지 않을 때는 코일이 불량인지 살펴 교체한다. 온수는 물량 감지 센서에 의해 작동되는 것이 아니라 메인 컨트롤 보드에서 시간을 입력시켜 작동하게 된다. 따라서 보일러의 압력에 따라 온수의 양이 약간 차이 날 수 있다.

온수 전자 밸브(2방향 솔레노이드 밸브)

3. **커피 추출 전자 밸브**: 커피 추출 그룹에 장착되어 있으며, 전자석 원리에 의해 작동한다. 이 밸브는 세 방향으로 연결된다. 한쪽은 보일러에, 한쪽은 그룹에, 한쪽은 배수로에 연결되어 있다. 온수 전자 밸브는 한 방향으로 되어 있지만 커피 추출 전자 밸브는 커피 추출이 끝나면 남아 있는 압력과 물을 배출하기 위해 세 방향으로 되어 있다.

커피 추출 전자 밸브
(3방향 솔레노이드 밸브)

4. **과수압 방지 밸브:** 급수의 과수압을 방지해 주는 안전 밸브이다. 만일 공급되는 수압이 너무 높게 물이 흐르면, 통상 9바 정도를 유지하는 전자 밸브를 강제 작동시킴으로써 보일러 및 물과 관련된 부품들이 고장 나기 쉽다. 이 밸브는 과수압이 공급될 때만 작동하고 평상시에는 대기 상태에 있다. 과수압 방지 밸브에 불량이 생기면 펌프 모터가 작동할 때마다 배수통(Drain tank)으로 연결된 관에서 물이 계속 나온다. 과수압 방지 밸브가 불량인 상태에서 커피를 추출하면 커피 추출 속도가 늘어진다. 이러한 증상이 생기면 임의로 밸브의 압력을 조절하거나 분해하지 말고 전문가에게 의뢰해야 한다. 이를 고치는 것은 바리스타의 영역을 벗어나는 것이다.

과수압 방지 밸브

5. **펌프모터:** 에스프레소 추출에 필요한 압력을 만들어 준다. 에스프레소의 맛과 향을 결정하는 중요한 요소는 일정한 압력(9바)과 일정한 온도(섭씨 90~95도)이다. 그 중 하나인 압력을 만들고 유지해 주는 게 펌프모터이다. 수돗물의 압력은 보통 1~2bar인데 이 정도의 압력으로는 크레마를 만들 수 없다. 펌프모터는 1~2바의 수돗물을 8~10bar의 압력으로 승압시켜 주는 역할을 한다.

펌프모터

6. **역류 방지 밸브:** 보일러의 물이 역류하는 것을 막아 준다. 펌프에서 나온 찬물은 통과하지만 보일러에서 데워진 물은 역으로 통과하지 못하도록 한다. 역류 방지 밸브에 이상이 생기면 기계 작동을 5분 이상 멈춘 후에 다시 작동을 했을 때 첫 잔만 양이 다르게 추출된다. 그 이후에는 제대로 추출된다. 이 증상을 방치하면 펌프에 무리를 가해 수명이 단축되고 첫 번째 추출된 에스프레소를 버리게 된다. 바리스타는 이런 증상이 감지되면 머신 기술자에게 연락한다. 이를 고치는 것은 바리스타의 영역을 벗어나는 것이다.

역류 방지 밸브

4장 에스프레소 머신 | 45

7. **스팀온수 보일러 물공급 전자밸브:** 스팀 온수 보일러에 물을 공급하고 차단하는 역할을 한다. 스팀 온수 보일러에 물을 공급할 때 작동하며 냉수를 통제한다. 스팀 온수 보일러에 물이 부족하면 전원이 공급되면서 밸브가 열려 냉수가 유입된다. 보일러에 물이 차면 밸브에 전원이 차단되면서 물 공급이 중단된다.

    스팀 온수 보일러 물공급 전자밸브에서 일어날 수 있는 고장은 밸브의 코일이 불량인 경우와 유동 추가 오염되는 경우이다. 코일이 불량하면 물이 공급되지 않으므로 코일을 교체해야 한다. 유동 추가 오염되었을 때는

스팀온수 보일러 물공급 전자 밸브

기계가 작동되지 않더라도 계속해서 보일러로 물이 공급된다. 밸브에서 물을 완전히 차단해 주지 못하기 때문에 차단되지 않는 약간의 틈으로 냉수가 계속 공급되어 보일러에 물이 가득 차게 된다. 이때는 수도 밸브를 잠그고 기술자에게 연락해야 한다. 수도가 잠기지 않으면 계속해서 물이 공급되므로 기계의 전원과는 무관하게 작동하게 되어 보일러에서 물이 넘치게 된다.

8. **플로미터:** 에스프레소 추출 시 물의 양을 감지하는 센서이다. 에스프레소 추출 시 입력된 물의 양을 감지한다. 플로미터에 이상이 감지되면 바리스타는 분해하지 말고 이상 증상을 기술자에게 알린다. 물이 흘러가는 부분이므로 임의로 분해하면 안전에 문제가 생길 수 있다.

플로미터

9. **히터:** 보일러의 물을 끓이는 역할을 한다. 머신 보일러에는 물속에서 발열하는 수식 히터를 사용한다. 이 히터는 물 밖에서는 부식이 일어나기 때문에 항상 보일러의 수위를 확인해야 한다.

    히터의 재질은 동이다. 히터는 물속에 잠겨 있기 때문에 스케일이 많이 낄 수 있다. 따라서 연수기 청소나 정수기 필터 교환으로 스케일이 끼는 것을 최대한 억제해야 한다. 1~2년에 한 번씩 보일러를 청소할 때 히터의 스케일도 함께 제거해 주어야 한다. 히터에 스케일

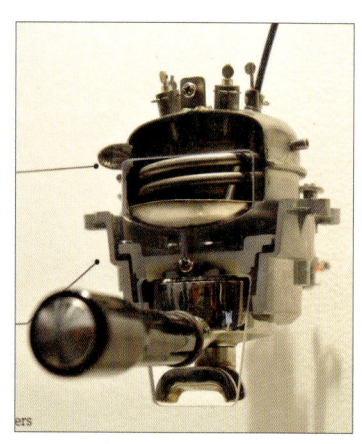

독립형 보일러용 히터

이 많이 끼면 발열하는 데 장애가 생긴다. 히터의 용량은 1~6kW짜리가 많이 사용된다. 한 그룹의 경우에는 1~3kW인 히터를 주로 사용한다. 2그룹 이상은 3~6kW인 세 개짜리 히터를 사용한다. 히터 세 개가 한 조를 이루기 때문에 하나가 끊어져도 물이 데워진다. 히터 또한 기술자에게 의뢰해 교환해야 안전하다.

10. **보일러:** 뜨거운 추출수와 온수, 스팀을 생산하는 부품이다. 보일러의 구조는 크게 두 가지 형태로 이루어진다. 추출수와 온수가 같이 붙어 있는 일체형과 분리되어 있는 독립형이 있다. 일체형과 독립형 보일러는 각각 온도를 제어하는 방식이 다르다.

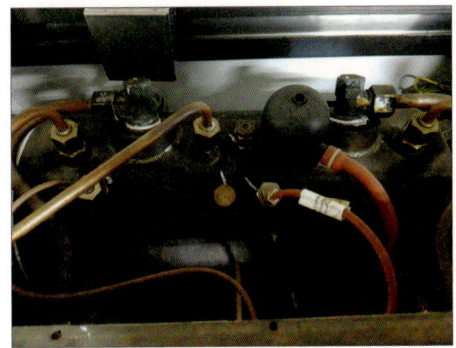

머신 내부에 장착된 보일러

(1) 일체형 보일러

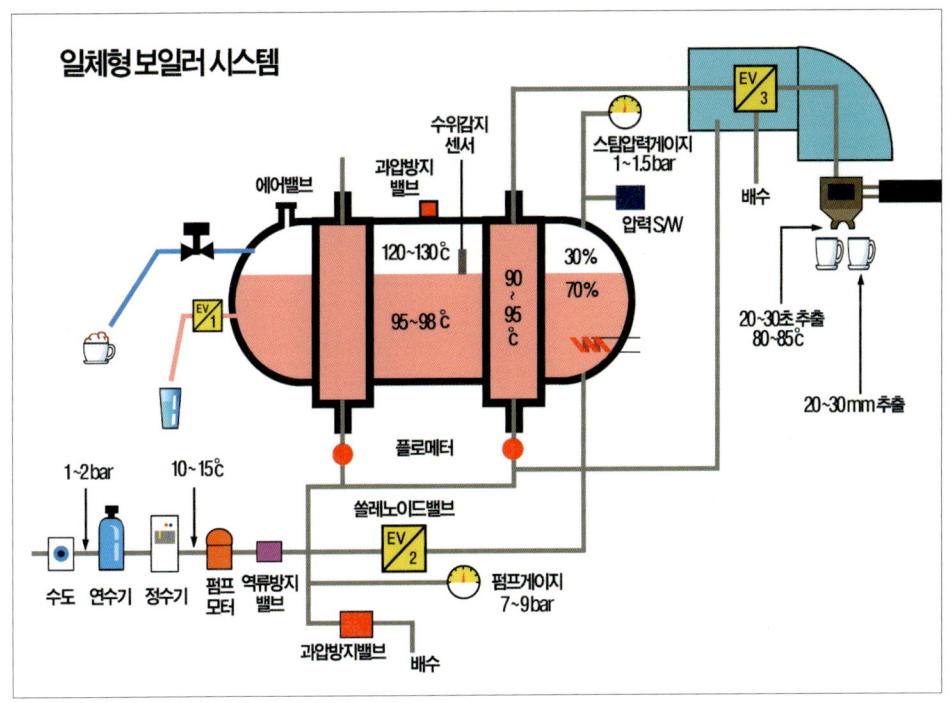

일체형 보일러 시스템

일체형 보일러는 스팀 온수 보일러와 커피 보일러가 같이 있다. 보일러의 내부는 스팀과 온수를 제공하는 보일러와 커피 추출수를 공급하는 보일러로 나뉘어 있다. 보일러 내부의 70%는 물로 채워져 있고 30%는 빈 상태이다. 커피추출에 사용되는 물이 저장되는 관(열교환기)이 그룹당 한 개씩 내장되어 있다. 70%의 공간에는 온수가 저장되고 나머지 공간에 스팀이 저장된다. 이때 스팀의 압력은 1~1.5bar, 온도는 섭씨 120~130도를 유지하게 된다. 일체형 보일러는 보일러에 열교환기라는 관을 설치해 간접적으로 커피 추출수의 온도를 높이는 형태이다.

이 방식은 1960~1970년대에 개발된 방식으로 이탈리아에서 로부스타 원두를 많이 사용할 때 개발되어 현재까지 사용되고 있다. 일체형은 스팀과 온수를 사용할 때 커피 추출 온도가 떨어지기 쉬운 단점이 있다. 일체형 보일러는 스팀의 압력에 따라 히터가 작동하기 때문에 스팀을 많이 사용하면 압력이 떨어지는데, 히터가 작동하여 물을 가열하기 때문에 온수의 온도가 상승하고 이때 물의 온도 또한 상승한다. 온수를 많이 사용하면 냉수의 유입으로 온수 보일러의 물 온도가 떨어져 추출수의 온도가 내려갈 수 있는 여지가 있다.

일체형 커피 보일러는 온수 보일러에 의해 간접적으로 데워지므로 커피 보일러는 히터가 필요 없다. 간접적으로 데워진 물은 섭씨 90~98도에서 밀어내기 방식으로 보일러에 들어간 만큼 빠져 나오게 된다. 일체형 커피 보일러는 간접적으로 커피 물을 데우는 방식을 사용하기 때문에 스팀 온수 보일러의 용량이 큰 것을 사용해야 안정된 온도를 얻을 수 있다.

(2) 독립형 보일러

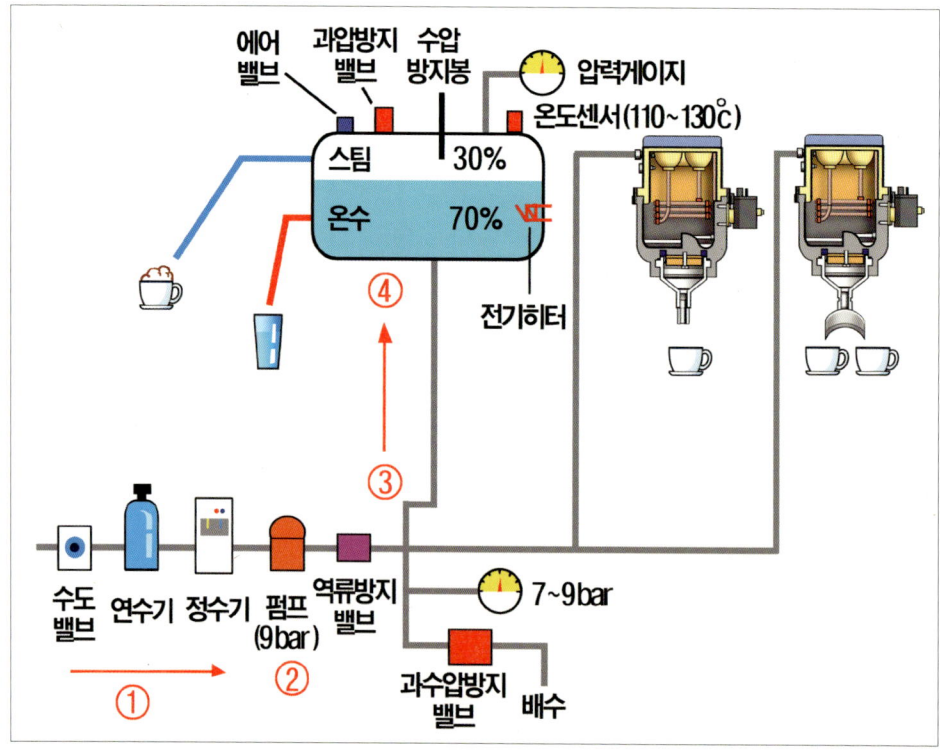

독립형 보일러 시스템

1990년대 이후 아라비카 원두의 사용이 늘어나면서 에스프레소 머신에도 변화가 일기 시작했다. 온도에 따라 맛의 변화가 생기므로 안정적인 온도 유지가 필요했다. 이런 이유로 일체형 보일러의 내부에 장착되어 있던 커피 보일러를 분리시켜 독립적으로 온도를 제어하는 방식인 독립형 보일러 방식의 기계가 탄생했다. 스팀 온수 보일러와 커피 보일러가 따로 되어 있는 형태이다. 독립형 보일러는 일체형과 달리 커피 보일러에 히터가 부착되어 히터에 의해 직접적으로 물이 데워지는 방식을 택한다. 온도 센서에 의해 온도를 제어하기 때문에 안정된 온도에서 커피 물을 공급한다. 입력된 온도를 유지하기 때문에 안정적으로 커피를 추출할 수 있다.

11. **진공 밸브**: 보일러의 공기를 빼는 역할을 한다. 머신의 전원을 꺼 압력이 0이 된 후 다시 기계를 가동할 경우 보일러 속의 공기를 빼주는 역할을 한다. 공기를 빼 주지 않으면 공기가 열을 받아 팽창하면서 압력 스위치(Pressure switch)를 작동하게 되고, 그렇게 되면 정상적인 온도를 유지할 수 없게 된다. 이런 현상을 없애기 위해 물이 데워지면서 조금씩 뜨거운 공기가 진공 밸브를 통해 빠져나가게 된다. 보일러에 뜨거운 공기가 너무 많이 차 있으면, 진공 밸브에서 다 처리하지 못하므로 수동으로 제거해 줄 필요가 있다. 기계를 작동한 뒤 20분쯤 후에 스팀 밸브를 열어 공기를 빼 주면 된다.

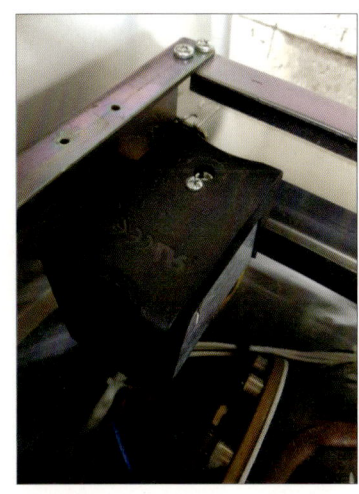

압력 스위치

진공 밸브의 구조는 간단하다. 보일러가 데워지면서 압력에 의해 막아 주는 시스템이다. 압력이 새지 않도록 고무 오링(O-ring)이 차단하는 역할을 한다. 진공 밸브에서 계속 스팀이 샌다면, 보일러의 압력이 떨어지고 다른 부품에 영향을 미치므로 즉시 교환해야 한다.

보일러에 장착된 진공 밸브

12. **수위 감지봉**: 온수나 스팀 사용 시 수위가 내려갈 때 이를 감지하여 물을 보충하도록 신호를 주는 역할을 한다. 스팀 온수 보일러의 70%는 항상 물로 채워져 있어야 한다. 수위 감지봉이 제대로 작동하지 않으면 70%의 온수와 30%의

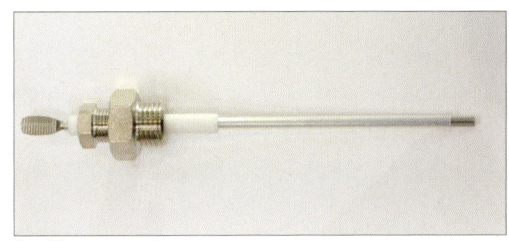

수위 감지봉

스팀 공간을 확보할 수 없다. 수위 감지봉은 물에 닿기 때문에 스케일이 낄 수 있다. 스케일이 끼면 감도가 떨어지게 된다. 이럴 경우에 대비해 수시로 수위 표시기를 통해 이상 유무를 확인해야 한다. 바리스타는 정상적인 수위를 항상 숙지하고 체크해야 한다. 보일러 수위 표시기가 있는 기계도 있고 없는 기계도 있다. 없는 기계들은 전자적으로 감지하기 때문에 기계 자체에서 에러 표시를 한다.

13. **과압력 방지 밸브**: 스팀 온수 보일러의 압력이 과하게 올라가지 않도록 작동하는 안전장치이다. 이 밸브는 단지 과압이 생길 때만 작동하고 평상시에는 변화가 없어야 한다. 밸브는 1.7~2바의 압력에서 작동한다. 밸브가 작동한다면, 머신을 끄고 기술자에게 연락해야 조치를 받아야 한다. 뜨거운 압력이 차 있어 위험하므로 전문가의 도움을 받는 게 좋다.

과압력 방지 밸브

밸브는 스프링의 간격에 따라 압력의 세기가 결정된다. 과압력 방지 밸브에서 압력 차단 고무판이 경화되거나 케이스가 부식되면 스팀이 샌다. 고무판이 망가지면 고무판만 교환해 주면 되지만 케이스가 망가지면 전체를 바꿔야 한다. 스팀이 새면서 옆에 있는 부품을 부식시킬 수 있기 때문에 이상이 발견되면 빨리 조치하는 게 좋다. 바리스타는 스팀이 새는 지를 수시로 확인해야 한다.

3 | 추출수의 온도를 스스로 설정하라

1) 일체형 보일러 온도 설정하기

일체형 보일러는 따로 온도를 설정할 수 없기 때문에 머신의 온도를 조절하는 법을 숙지해야 한다. 일체형 보일러가 장착된 머신은 대기 상태에서 물의 온도가 더 상승하고, 많이 사용할수록 온도가 내려가므로 수시로 온도를 확인해야 한다. 사용하는 커피에 따라 온도를 내릴 때와 온도를 올릴 때를 판단해야 한다. 그룹 헤드의 물을 충분히 빼 주거나 포터 필터를 식혀 사용하면 추출온도를 낮출 수 있다. 반대로 온도를 올리려면 스팀을 틀어서 압력을 내려 주면 히터가 작동해 온도를 상승시킨다. 이 작업을 여러 번 반복해 주면 추출수의 온도가 상승하는 효과를 거둘 수 있다.

일체형 보일러의 단면

2) 독립형 보일러 온도 설정하기

독립형 보일러는 온도 설정이 되므로 원하는 커피 맛을 이해하고 사용하는 원두의 상태를 확인하여 온도를 설정해야 한다. 디지털 장치로 온도를 보면서 설정하면 된다.

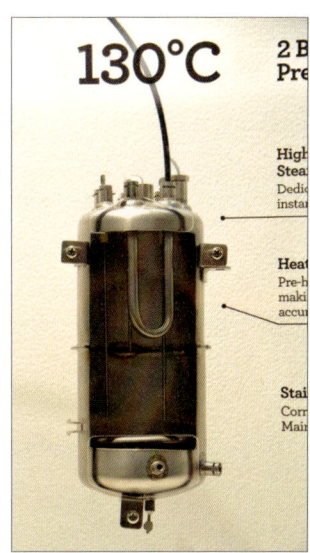

독립형 보일러의 단면

> **추출 온도 설정**
>
> ① 커피 잔존 가스 량 상태 확인: 예비 추출을 통해 잔존 가스 량을 확인한다. 추출되는 줄기가 가늘게 끊김이 없이 떨어지면 가스가 적고, 굵게 끊어져서 추출되면 가스가 많은 것이다.
> ② 추출 온도 확인: 추출 버튼을 눌렀을 때, 일체형 보일러 스팀 소리가 나면서 스팀처럼 물이 나오는 시간이 길면 길수록 추출 온도가 높다. 독립형 보일러는 온도가 숫자로 표시된다.
> ③ 원하는 온도 설정: 잔존 가스량이 많은 원두를 높은 온도의 물로 추출하면 부풀림이 많아진다. 일체형 보일러는 스팀을 빼 주면 온도가 높아지고, 그룹의 물을 빼주면 온도가 낮아진다. 그룹에서 나오는 물의 온도가 너무 높다면 물을 많이 빼 주고, 온도가 낮으면 스팀을 열어줌으로써 히터를 작동시킨다. 추출된 커피의 맛을 보면서 온도를 조절한다.

4 | 추출 압력은 모터에 연결된 펌프를 조작하라

커피 기계는 추출 압력이 9바 가해지도록 설정돼 있다. 유입되는 수압에 따라 압력의 변화가 생길 수 있으므로 바리스타는 항상 게이지를 점검하면서 적정 압력을 유지해야 한다. 펌프의 압력 조절부를 시계 방향으로 돌리면 압력이 높아지고 반대 방향으로 돌리면 낮아진다. 압력을 조절할 때는 그룹을 자동으로 놓고 압력 게이지를 보면서 펌프 압력을 조절한다. 일반적으로 추출 압력이 높으면 진하게, 추출 압력이 낮으면 연하게 추출된다.

압력을 조절하는 펌프의 일자형 나사

> **펌프 압력 설정**
> ① 그룹의 버튼을 눌러 펌프 게이지의 압력을 확인한다. 9바가 적절하다.
> ② 펌프가 있는 부분의 커버를 연다.
> ③ 펌프의 조절 나사 고정 너트를 푼다. 반시계 방향으로 돌리면 풀린다. 손으로 풀리지 않으면 몽키 스패너를 사용한다.
> ④ 추출 버튼을 누르고, 게이지를 보면서 펌프의 압력 조절 나사를 조절한다. 반시계 방향으로 돌리면 압력이 줄어들고, 반대쪽으로 돌리면 올라간다.
> ⑤ 버튼을 눌러 압력이 올바로 설정됐는지 확인한다.
> ⑥ 고정 너트를 시계방향으로 돌려 고정시킨다.
> ※ 커피 머신을 설정할 때는 뜨거운 온도와 전기에 노출되므로 주의해야 한다. 스팀 압력과 추출 압력은 사용 범위를 과도하게 벗어나지 않도록 신경을 써야 한다.

5 | 추출 버튼마다 추출수의 양을 기억시켜라

커피 기계는 물의 양을 입력하지 않고 사용하는 방식과 입력을 해 놓고 사용하는 방식이 있다. 매장에서는 대체로 물의 양을 입력시켜 놓고 사용한다. 물의 양을 설정할 때는 커피가루를 넣고 포터필터를 장착 한 후에 실시하는 게 정확하다. 물의 흐름이 커피가 있을 때와 없을 때가 다르기 때문이다. 사용하고자 하는 입자의 크기에 맞게 물 양을 입력하는 것이 좋다. 일반적으로 리스트레토는 20ml, 에스프레소는 30ml, 룽고는 40ml가 추출되도록 메뉴 버튼을 설정한다. 물의 양은 커피 상태에 따라 변할 수 있으므로 수시로 점검해야 한다.

추출 버튼

6 | 머신 상태를 체크하는 8대 포인트

바리스타는 에스프레소 머신을 다루면서 펌프의 압력, 보일러의 압력, 추출수의 온도, 그룹헤드와 포터필터의 예열 상태 등을 확인하고 적절하게 조절할 수 있어야 한다.

1) 펌프 모터 압력게이지의 추출 압력을 확인

펌프는 수돗물의 압력(1~2바)을 9바로 올리는 역할을 한다. 펌프의 압력이 높거나 낮다면 에스프레소의 향미가 떨어지므로 펌프의 압력을 게이지를 통해 수시로 확인해야 한다. 펌프의 압력은 수압에 따라 변할 수 있다. 머신이 멈춘 상태에서는 게이지의 눈금이 일반적으로 가해지는 수압을 가르키고 있다. 작동하면 9바로 압력이 높아진다. 압력이 틀릴 경우 펌프의 압력 조절부를 시계 방향으로 돌리면 압력이 높아지고, 시계 반대 방향으로 돌리면 압력이 줄어든다. 압력을 조절할 때에는 기계를 작동시켜 놓고 조절한다.

2) 보일러 압력 게이지의 스팀 압력 확인

보일러 압력 게이지는 보일러 내 스팀의 세기를 나타낸다. 스팀 압력이 낮으면 우유를 데우거나 거품을 내기 어렵다. 보일러 압력 게이지는 항상 1~1.5바에 있어야 한다. 에스프레소 머신을 켤 때마다 보일러의 압력을 확인하는 습관을 길러야 한다.

3) 온수 온도 확인

온수의 온도는 전자적 방식이 아니라 기계적 제어 방식으로 제어된다. 보일러에서 데워진 물이 스팀 압력에 의해 추출되는 경우와 보일러에서 데워진 물과 냉수가 희석되는 두 가지 방식이 있는데, 모두 보일러의 압력과 온도의 영향을 받는다. 보일러에서 직접 추출하는 방식은 보일러의 온도와 압력이 정상적이면 추출구(Hot water dispenser)에서 온수가 강하게 분사가 되고, 온도가 낮으면 차분하게 떨어진다. 온수의 온도가 낮다면 스팀 밸브를 열어 수동으로 보일러의 압력을 낮추면 히터가 작동돼 온도가 올라간다. 냉수와 혼합해서 추출되는 방식은 육안으로 확인이 힘들기 때문에 온도계로 추출수의 온도를 잰다.

4) 커피 추출용 물온도 확인

추출수의 온도는 커피의 맛과 밀접한 관계가 있으므로 수시로 확인해야 한다. 특히 일체형 보일러 머신은 온도 설정이 되지 않기 때문에 더욱 신경을 써야 한다. 독립형 보일러는 온도가 표시되므로 원하는 커피의 맛에 맞춰 온도를 조절하기 용이하다. 반면 일체형 보일러는 많이 사용하면 온도가 내려가고, 사용량이 적으면 온도가 올라가기 때문에 조절에 어려움이 있다. 온도가 낮으면 스팀을 배출하여 온도를 올리고, 높으면 그룹 헤드에서 추출수를 흘려 보내며 낮춘다.

이탈리아 전통 추출에서의 온도 기준

5) 커피 머신 예열 상태 확인

그룹의 예열 상태는 육안으로 확인하기 힘들다. 추출 조건은 모두 정상적인데 추출 속도가 빠르다면 그룹 온도가 낮은 것이다. 추출 조건이 모두 정상적인데 크레마가 옅은 경우도 그룹 온도가 낮은 경우이다.

독립 보일러방식과 강제 가열 방식은 빠른 시간에 예열이 이루어지지만 간접 예열 방식은 시간이 좀 걸리는 편이다. 그룹이 예열되지 않으면 에스프레소 추출수의 열기를 빼앗아 추출할 때의 온도가 떨어진다. 그룹의 온도를 빨리 높여야 할 상황이라면, 보일러에 물이 데워지면 추출수를 흘려 보내면서 예열한다.

6) 그룹 개스킷 훼손 여부 확인

그룹 개스킷은 커피 추출 시 압력이 밖으로 새는 것을 막는 역할을 한다. 개스킷이 훼손되면 커피에 가해지는 압력이 떨어져서 양질의 에스프레소를 얻기 힘들다. 개스킷은 포터필터를 그룹에 장착했을 때 탄력이 느껴지지 않거나 추출 시 물이 새면 교환할 때가 된 것이다. 포터필터를 장착했을 때 정면에서 너무 많이 우측으로 돌아가는 경우도 개스킷 가운데에 홈이 생겨 교환시기가 된 것이다.

교체시기를 넘긴 개스킷

7) 포터필터 온도 확인

포터필터의 예열 상태는 손으로 확인할 수 있다. 포터필터는 그룹이 먼저 예열된 뒤 진행된다. 포터필터의 온도를 항상 높게 유지하기 위해 매장 운영 시에는 그룹헤드에 장착해 둔다.

8) 보일러에 유입된 공기 제거

일체형 보일러는 공간의 70%를 온수가 차지하고 나머지를 수증기가 채운다. 온수에는 커피 추출에 직접 사용되는 물을 저장하는 관(열교환기, Heat exchanger)이 한 그룹당 한 개씩 들어 있다. 일체형 보일러의 온도 조절은 온도 센서에 의해 이루어지는 게 아니고 압력 스위치에 의해 제어되는 방식이다. 보일러에 공기가 차 있으면 히터가 가동될 때 공기가 팽창하여 압력 스위치를 작동하게 된다. 공기가 열을 받아 압력 스위치를 작동하면 온수는 데워지지 않았는데 보일러 압력 게이지는 1~1.5바가 된다. 이렇게 되면 온수의 온도와 커피 추출수의 온도가 낮아진다. 온도계로 측정해 추출수의 온도가 낮은데도 보일러 게이지가 1~1.5바를 나타내면, 스팀 밸브를 열어 공기가 있는지를 확인해야 한다. 스팀 밸브를 열었을 때 압력 게이지가 정상 범위에 있다면 공기가 없는 상태이다. 만일 공기가 있다면 압력 게이지는 0바로 내려가고, 히터가 가동되면서 다시 물이 데워지기 시작한다.

에스프레소 머신 상태 확인

1. 펌프 모터 압력 게이지의 추출수 압력 확인
① 추출 버튼을 작동한다.
② 펌프 압력 게이지가 9바인지 확인한다.
③ 그룹에서 떨어지는 물줄기가 골고루 떨어지는 정상 상태인지 확인한다.

2. 보일러 압력 게이지의 스팀 압력 확인
① 스팀 밸브를 개방한다.
② 보일러 압력 게이지가 1~1.5바인지 확인한다.
③ 스팀 노즐의 스팀 세기가 압력에 맞는 정상 상태인지 확인한다.
④ 스팀 밸브를 닫는다.

3. 온수 온도 확인
① 온수 추출 버튼을 작동하거나 온수 밸브를 열어 온수를 추출한다.
② 온도계를 이용해서 정상적인 온도인지 확인한다.

개스킷 교체

4. 추출용 물의 온도 확인

① 일체형 보일러의 온도 확인
    (1) 추출 버튼을 작동한다.
    (2) 그룹에서 추출되는 추출수의 상태를 확인한다.

② 독립형 보일러의 온도 확인
    (1) 온도 표시 상태로 전환 한다.
    (2) 자막에 표시된 온도를 확인한다.

5. 추출 그룹의 온도 확인

① 포터 필터에 커피를 담는다.
② 그룹에 장착한다.
③ 추출 버튼을 작동한다.
④ 추출된 커피를 확인한다.

6. 개스킷 훼손 여부 확인

① 포터 필터를 장착해서 그룹 개스킷의 탄력이 있는지를 확인한다.
② 포터 필터 장착 시 그룹에 장착되는 각도를 확인한다.
③ 추출 시 그룹 옆으로 물이 새는지를 확인한다.

7. 포터필터 온도 확인

① 포터필터에 커피를 담는다.
② 그룹에 장착한다.
③ 추출 버튼을 작동한다.
④ 추출된 커피를 온도계를 이용하거나 음용을 통해 확인한다.

8. 보일러에 유입된 공기 제거

① 보일러 압력 게이지가 1.5바인지 확인한다.
② 스팀 밸브를 열어 공기를 빼 준다.
③ 보일러 압력 게이지가 '0'으로 떨어진다.

- 펌프의 압력은 수압의 변동이 있을 경우 설정된 압력이 바뀌므로 수시로 점검할 필요가 있다.
- 온도계를 이용해 온수 온도를 측정할 때에는 편차를 고려해 많은 양의 온수를 추출해서 측정해야 한다.
- 일체형 보일러는 온수와 추출수의 온도가 수시로 변하는 점을 고려한다.

7 | 머신의 청결 상태가 바리스타의 근면성을 보여 준다

바리스타는 에스프레소 머신과 그라인더 등 관련 장비를 청결하게 관리해야 한다. 더불어 부품에 따라 어떤 세제제를 사용해야 하며 어떻게 청소해야 양질의 에스프레소를 추출할 수 있는지 숙지하고 있어야 한다.

1) 오염도 확인

① 그룹의 오염: 그룹은 커피를 추출하는 곳으로 커피의 오일 성분과 찌꺼기들이 통과하는 부위이다. 커피를 한 잔이라도 추출하면 오염되므로 매일 확인하고 청소해야 한다.

② 포터필터의 오염: 포터필터는 최종적으로 커피가 추출되어 흘러가는 부위이다. 포터필터는 분해가 용이하므로 자주 청소한다.

세척 전과 후의 포터필터

2) 배수 장치 청소

커피 기계에서 버려지는 물은 드립 트레이를 거쳐 배수통으로 흘러간다. 드립 트레이는 분리해서 청소한다. 배수통과 배수관은 분리가 힘들다. 매일 영업 마감 때에 배수통과 배수관을 청소해 찌꺼기가 쌓여 굳지 않도록 한다.

3) 그룹 분해 청소

그룹을 청소하는 방법은 자동 세척 방법과 분해 청소 방법이 있다. 분해 청소는 육안으로 모든 곳이 보이므로 더 깨끗이 청소할 수 있다.

4) 전용 세정제를 이용한 그룹 청소

에스프레소 머신 전용 세정제는 식물의 추출물을 이용한 것으로 인체에 무해하다. 반자동 머신은 자동 청소 기능을 작동시켜 매일 마감 시 청소한다. 자동 청소를 할 때는 알 세정제를 쓰는 것이 좋다. 자동 청소 기능이 없는 머신은 그룹을 분해해서 세정제를 푼 물에 넣어 청소한다.

5) 전용 세정제를 이용한 포터필터 청소

전용 세정제를 이용한 포터필터 청소 방법은 두 가지가 있다. 첫 번째는 커피 기계 전용 세정제를 첨가한 물에 포터 필터를 분리해서 담가 두는 방법이다. 이 때는 스파우트도 함께 분리해 청소한다. 두 번째는 전용 세정제를 녹여서 액체를 만든 다음, 매일 마감 시 포터필터에 뿌려서 청소를 하는 방법이다.

세정제와 포터필터

6) 청소 후 잔존 세제 제거

세정제로 청소할 경우 기계에 남아 있는 세정제를 완전히 제거해야 한다. 세정제가 남아 있으면 다음날 커피 추출 시 세정제 냄새로 인해 커피의 맛을 망치게 된다. 세정제를 제거하는 방법은 물로 많이 헹궈내는 것이다.

요약: 에스프레소 머신 부품 세척

1. 커피기계의 오염도 확인
① 공구를 이용해서 그룹 샤워 고정 나사를 푼다.
② 그룹 샤워와 샤워 고정 뭉치를 그룹에서 분리한다.
③ 그룹의 오염 정도를 확인한다.
④ 포터필터에서 추출 필터를 분리한다.
⑤ 포터필터에서 스파우트를 분리한다.
⑥ 포터필터의 오염 정도를 확인한다.

2. 커피기계의 배수 장치 청소
① 드립 트레이를 분리한다.
② 드립 트레이를 청소한다.
③ 배수통에 뜨거운 물을 붓는다.
④ 행주로 배수통을 깨끗이 닦는다.

3. 커피기계의 세척을 위해 추출 그룹 분해
① 그룹 샤워 고정 나사를 푼다.
② 그룹 샤워와 샤워 고정 뭉치를 그룹에서 분리한다.

4. 전용 세정제를 이용한 추출 그룹 청소
1) 자동 세척
① 포터 필터의 추출 필터를 제거한다.
② 포터 필터에 청소용 필터를 결합한다.
③ 포터 필터에 커피기계 전용 세정제를 투입한다.
④ 포터 필터를 기계에 장착한다.
⑤ 청소 기능으로 전환하여 청소한다.
⑥ 자동 청소가 끝나면 포터 필터를 분리한다.
⑦ 추출 버튼을 작동하여 포터 필터를 깨끗이 씻어 준다.
⑧ 그룹에 장착했다가 분리하는 동작을 반복적으로 20 ~ 30회 하여 세제를 제거한다.

알약 세정제

2) 분해 청소
① 공구를 이용해서 그룹 샤워 고정 나사를 푼다.
② 그룹 샤워와 샤워 고정 뭉치를 그룹에서 분리한다.
③ 통에 분말 세정제를 담고 물을 받는다.
④ 분해한 샤워, 샤워 고정 뭉치, 샤워 고정 나사를 함께 넣어 둔다.
⑤ 30분 뒤 물로 깨끗이 세척한다.
⑥ 분해한 샤워, 샤워 고정 뭉치, 샤워 고정 나사를 함께 공구를 이용해서 조립 한다.

5. 전용 세정제를 이용한 포터필터 청소
1) 분해 청소
① 추출 필터를 분리한다.
② 스파우트를 분해한다.
③ 통에 커피기계 전용 세제를 담고 물을 받는다.
④ 분해한 포터 필터를 세제를 푼 통에 넣는다.
⑤ 30분 뒤 물로 깨끗이 세척한다.
⑥ 조립한다.

2) 잔존 세제 제거
① 포터 필터를 그룹에서 분리한다.
② 그라인더에서 커피를 담는다.
③ 탬핑을 한다.
④ 그룹에 장착을 한다.
⑤ 추출 버튼을 작동하여 추출한다.
⑥ 추출된 커피는 버린다.
⑦ 포터 필터의 커피를 버린다.
⑧ 그룹을 청소한다.
⑨ 매일 청소하는 것이 좋고, 최소한 일주일에 한 번은 해야 한다.

8 | 소모품 교체시기를 예측해야 진정한 바리스타

바리스타는 에소프레소 머신과 그라인더 등 음료 제조와 관련된 장비가 항상 잘 작동되도록 상태를 점검해야 한다. 평소 일지작성을 통해 소모품 교체 시기를 예상하면서 관리해야 한다. 소모품 교체는 직접 수행할 수 있어야 한다. 다만 바리스타의 업무 범위를 벗어나 안전사고가 우려되는 부분은 전문 기술자에게 의뢰해야 한다.

1) 그룹 개스킷 교체

개스킷은 소모품이므로 바리스타는 교체 시기와 방법을 알고 있어야 한다. 커피 추출 시 물이 새거나 포터필터 장착 시 개스킷의 탄력이 느껴지지 않는다면 교체할 시기가 된 것이다. 개스킷이 마모되거나 가운데 홈이 패여 과도하게 돌아가는 경우에도 교체해야 한다.

2) 스팀 완드 교체

스팀 완드는 나사 부분이 풀릴 수 있고 마모가 될 수도 있으며, 고무 오링이 닳을 수도 있다. 그러므로 이상이 생길 때마다 조치하거나 교체해야 한다. 마모가 우려되는 부위에 식용 윤활유를 자주 바르는 게 좋다.

3) 샤워 필터 교체

샤워 필터가 마모되면 물이 고르게 분사되지 않아 양질의 에스프레소를 얻기 힘들다. 자주 찌그러지거나 홈이 생겼는지 점검해서 교체한다.

4) 추출 필터(바스켓, basket) 교체

추출 필터는 커피 추출액이 잔에 떨어지기 직전에 최종 통과하는 부품이다. 추출 필터가 마모되면 추출 속도가 빠르게 진행되어 추출된 잔에 찌꺼기가 과도하게 떨어지고 맛이 거칠게 된다.

샤워 필터 교체

5) 정수기 필터 교체

정수기는 물에 들어 있는 이물질이나 소독약 냄새를 제거하고 살균하는 역할을 한다. 정수기의 교환 시기는 사용량에 따라 다르다. 정수기에 표기되어 있는 사용량을 숙지하고 하루 동안 매장에서 사용하는 정수물의 양을 계산해서 교환 시기를 결정한다.

정수기 필터 교체

요약: 에스프레소 머신 소모품 교체

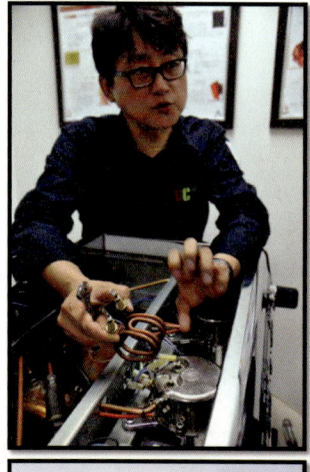

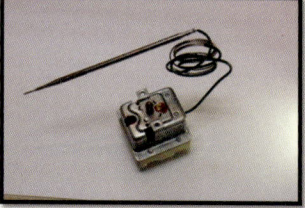

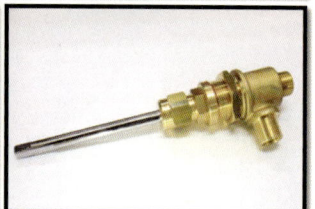

소모품 관리

1. 개스킷 교체

① 샤워스크린 고정 나사를 푼다.
② 샤워스크린과 고정 뭉치를 제거한다.
③ 송곳을 이용해 흠이 생기지 않도록 유의하며 개스킷을 분리한다.
④ 새 개스킷을 끼운 뒤 역순으로 원위치 한다.

2. 스팀 완드 교체

① 몽키 스패너로 스팀 완드를 푼다.
② 고무 오링이나 스팀 완드를 교체한다.
③ 몽키 스패너로 스팀 완드를 고정한다.

3. 샤워 필터 교체

① 그룹 샤워 고정 나사를 푼다.
② 샤워 필터를 제거한다.
③ 새 샤워 필터를 고정 나사로 고정시킨다.

4. 정수기 필터 교체
① 물을 잠근다.
② 정수기 필터를 분리한다.
③ 새 필터로 교체한다.
④ 수도를 열어 물을 빼 준다.

※ 주의사항
① 뜨거운 부위가 많으므로 화상에 주의한다.
② 분해 조립 순서를 기억하고 나사를 잃어버리지 않도록 주의한다.
③ 정수기 필터 교환할 때에는 반드시 수돗물을 잠근다.

하이엔드 에스프레소 머신(High-End Espresso Machine)

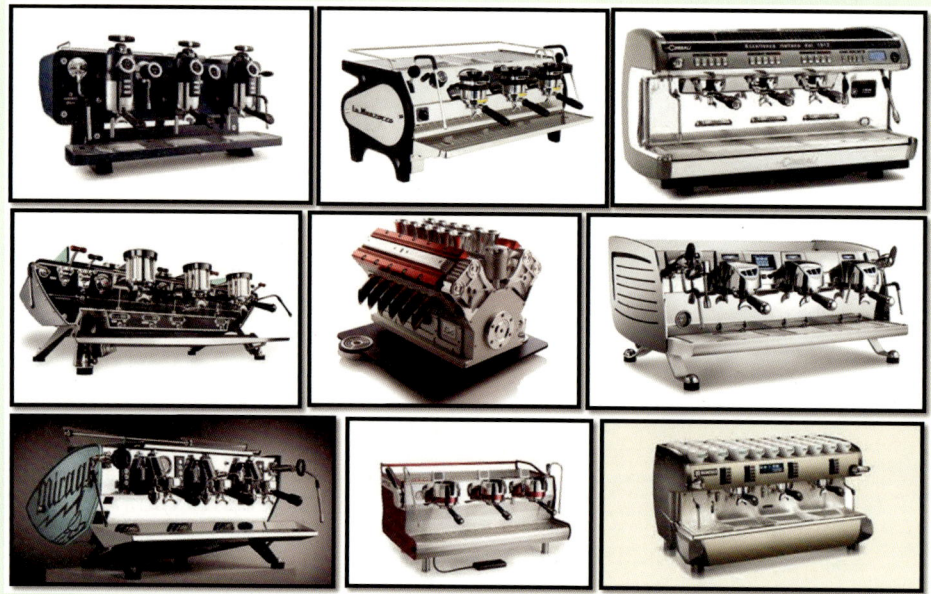

하이엔드 에스프레소 머신

1. 빅토리아 아르두이노 블랙이글 388 (Victoria Arduino 388 Black Eagle)
- 제작사: 누오바 시모넬리(Nuova Simonelli)
- T3 보일러: 독립보일러에 '중간보일러' 추가, 물이 빠져 나감과 동시에 히팅
- 물과 커피의 추출비율 (Brew Ratio)을 기반으로 한 추출 셋팅 기능
- 총 추출양을 입력하면 머신이 자동으로 그 무게를 인지해 추출을 멈추는 기능
- SIS(Soft Infusion System):
  · 투입된 커피의 부피를 인식해 추출 초반 압력을 유지한 채로 소량의 물을 투입하는 기능 탑재
  · 추출 전 커피입자를 모두 물에 잠기게 함으로써 탬핑의 불균형이과 입자의 불균일성으로 인한 문제를 해결
- 추출 초반 이산화탄소 배출과 안정적인 추출을 위해 낮은 압력으로 커피퍽을 적심

2. 스피릿 (Spirit)
- 제작사: 키스반더웨스턴(Kees Vander Westen)
- '거위넥' 그룹헤드: 커피에 닿는 물의 양이 상대적으로 많아 추출 중 온도 유지력 우수
- 그룹헤드별로 독립보일러에 차가운 물이 유입되지 않도록 스팀보일러에 열교환기 장착
- 그룹헤드별로 로터리펌프 장착해 개별 압력변화 셋팅 가능
- 패들이 아닌 레버를 통해 적은 동력으로 가변압 가능
- 압력 수치를 초단위로 세팅

3. 오페라 (Opera)
- 제작사: 산레모(Sanremo)
- 그룹별 독립보일러와 개별 기어 펌프 탑재
- 뛰어난 온도 유지력과 가변압 기능

- 블랙이글처럼 Brew Ratio(물과 커피의 추출비율) 기반 추출 가능
- 6가지가 넘는 추출 레시피 저장 가능: 원두의 산화도에 따라 달리 적용

4. 슬레이어 (Slayer)
- 제조사: 미국 슬레이어
- 추출 중 압력 변화시켜 커피 맛의 증진시키는 가변압 메커니즘 첫 적용
- 단순히 압력에 따라 유량이 변하는 가변압 방식을 넘어 커피가 물에 닿는 양을 조절
- 그룹헤드마다 레시피 별도 저장
- 그룹헤드마다 로터리 펌프를 외장형으로 따로 장착
- 그룹헤드별 독립보일러에 물을 조달하는 별도의 추출보일러 장착

5. MVP 하이드라 (MVP Hydra)
- 제작사: 시네소(Synesso)
- '괴물'이라는 별명이 붙을 정도로 강력한 펌프 장착
- 그룹별 외장형 로터리 펌프에 바이패스 펌프와 워터 펌프까지 탑재
- 정확성과 재현성 좋은 가변압 기능
  - 추출 중 적용될 압력과 적용될 시간을 4번까지 조절가능

6. M100
- 제작사: 라심발리(Lacimbali)
- 그룹헤드마다 독립보일러와 기어 펌프가 따로 장착
- 스마트 보일러: 추출후 온도가 떨어질 것 같으면 외부 온수의 유입을 한동안 막아주어 고온을 자동으로 유지
- 추출 후 온도가 다시 정상적으로 차오르는 시간이 짧고, 추출 중 온도 유지력도 뛰어남
- 하이드라처럼 추출단계마다 적용시간과 적용압력을 설정
- 오페라처럼 그룹당 2개의 압력 프로파일을 저장

7. 스트라다 MP (Strada MP)
- 제작사: 라마르조꼬(La Marzocco, 패들을 통한 가변압, 듀얼 보일러의 원조)
- 독자적인 형태의 침출형 그룹헤드 '거위넥': 물이 이동거리가 길고 얇아 추출 중 온도손실이 큰 침출형 그룹헤드의 단점을 극복
- 패들이 돌아갈수록 압력이 높아지는 클래식한 패들 구조
- 독립보일러: 뛰어난 온도 유지력과 온도설정 기능
- 보일러에 물이 유입되기 전, 1차적으로 유입될 물을 히팅하는 장치 또한 머신 내 장착

  ☑ 3대 체크포인트
  - 보일러: 용량, 개수, 히터의 성능 체크
    - 싱글보일러, 열교환보일러, 듀얼보일러, 독립보일러 등 4종
  - 펌프: 가변압 장치의 내구성과 비용 체크
    - 바이브레이션 펌프, 로터리 펌프, 기어 펌프 등 3종
  - 그룹헤드: 추출시 여과와 침출의 비율을 결정짓는 요소,
    - 일반형, E61, 거위넥 등 3종

05 커피 그라인더(Coffee Grinder)

바리스타는 커피를 맛있게 추출하기 위해 커피가루의 적절한 굵기와 사용량을 맞출 줄 알아야 한다. 이를 위해 커피 그라인더의 작동 원리를 이해하고, 분쇄도와 사용량이 한 잔에 담기는 커피의 향미에 어떤 영향을 끼치는지 늘 탐구해야 한다. 바리스타는 이와 함께 그라인더를 사용한 후 남은 가루가 향미에 악영향을 주지 않도록 청결하게 관리해야 한다.

1 | 바리스타에겐 머신보다 소중한 존재 '그라인더'

커피가루의 굵기를 적절하게 맞추는 것은 커피의 맛과 향을 한 잔에 잘 담아내는 데 매우 중요한 요소이다. 바리스타에게는 커피원두를 분쇄하는 것은 커피를 제대로 추출하기 위한 필수 관문이다.

그라인더(grinder)의 사전적 의미는 '분쇄기(粉碎機)'이다. 볶은 커피를 분쇄하는 데 사용하는 도구는 다양하다. 초기에는 절구 형태의 도구가 사용됐다. 농경생활에서 곡식을 잘게 부수는 데 사용했던 절구는 커피를 분쇄하는 데에도 유효했다.

중세 이후에는 커피 분쇄 도구로 크고 작은 핸드밀(hand mill)이 널리 사용됐다. 절구와 핸드밀은 커피를 으깨는 도구이다. 그

▲ 수동식 핸드밀

라인더는 맷돌식, 수동식 핸드밀, 전동식 등 여러 종류가 있다. 터키나 아프리카 등지에서는 지금도 절구로 커피를 빻는 경우가 있으며, 중동 지방에서는 맷돌 형태의 그라인더를 쓰기도 한다. 흔히 핸드밀이라고 부르는 수동식 그라인더는 가정에서 핸드드립 커피를 마실 때 즐겨 사용되고 있다.

수동식 핸드밀은 상대적으로 가격이 저렴하지만 분쇄 정도가 균일하지 않고 속도도 느리다. 커피 전문점에서는 대체로 원하는 굵기로 빠르게 분쇄하는 전동식 그라인더를 사용한다.

1) 그라인더에 따라 분쇄에 작용하는 힘이 다르다

커피원두를 분쇄하는데 작용하는 응력은 '압축 응력(Compressive stress: 양측에서 밀어붙이는 것과 같은 힘)'과 '전단 응력(Shearing stress: 가위 자르듯 절단하는 힘)'이 있다. 커피원두는 탄성체이기 때문에 한계치에 달하면 균열이 생기고 퍼져 나가 조각이 난다. 분쇄의 첫 단계는 균열 이후 파괴되어 조각이 나는 것이다. 2단계는 이런 조각들을 원하는 크기로 분쇄하는 것이다. 분쇄에 작용하는 힘은 마쇄(Trituration)보다는 절삭(Cutting)이 낫다. 마쇄하면 열이 발생하면서 향기 성분이 날아가고 탄내를 남기기 쉽다.

커피원두를 분쇄하는 방법에는 다음과 같이 충격식과 간극식이 있다.

(1) 충격식 분쇄기(Impact Grinding): 쌍을 이룬 칼날이 고속 회전하면서 원두에 충격을 가하여 부수는 원리이다. 입자의 크기를 미리 세팅할 수 없다. 분쇄도의 조정은 칼날을 얼마나 오랫동안 회전시키느냐에 따라 좌우된다.

충격식 분쇄기

(2) 간극식 분쇄기(Grap Grinding): 일정한 간격을 두고 돌아가는 칼날 사이로 원두를 통과시켜 분쇄하는 방식이다. 칼날의 형태에 따라 두 가지로 분류한다.

① 플랫 그라인더(Flat grinder): 전동식 그라인더에서 많이 채택하는 칼날로, 분당 1400~1600rpm 회전한다. 쌍을 이루는 칼날이 대부분 수평을 이루고 있다. 회전수가 많고 고른 분쇄가 가능하다. 그러나 마찰열이 많아 향미 손실이 상대적으로 크다. 플랫 그라인더는 다시 그라인드 방식과 커팅 방식으로 나뉜다.

- 그라인드(Grind) 방식: 절구형 커팅 방식으로 평면 날에 돌출한 톱니가 원두를 자르면서 으깨는 방식이다. 드립용 원두를 분쇄하는데 주로 쓰인다.
- 커팅(Cutting) 방식: 원두를 자르는 방식으로, 분쇄도가 가장 균일하다. 주로 상업용으로 많이 쓰이며, 드립용과 에스프레소용이 있다.

플랫형 칼날

② 원뿔형(Conical) 그라인더: '코니컬 그라인더'라고 하며, 고정된 암날 안으로 숫날이 회전하며 분쇄하는 구조이다. 톱니바퀴처럼 맞물려 돌면서 커피를 분쇄할 수 있도록 고안됐다. 분당 400~600rpm 회전하므로 마찰열이 적다. 분쇄된 커피 입자가 플랫형에 비해 고르지 못하다. 드립용과 에스프레소용이 있다. 회전 속도는 플랫날보다 느리지만 시간당 보다 많은 커피를 분쇄할 수 있다.

코니컬형 칼날

※ 커피원두를 분쇄하는 데 영향을 주는 요소는 밀도, 볶음 정도 및 수분의 함량이다. 고지대에서 재배한 마일드종 커피는 밀도가 커서 볶아도 덜 팽창하므로 분쇄하는 데 시간이 더 걸린다. 강하게 볶은 커피원두는 조직이 많이 팽창하여 보다 쉽게 분쇄된다.

2) 그라인더의 성능은 얼마나 균일하게 분쇄하느냐에 달렸다

그라인더 날은 통상 위쪽 날과 아래쪽 날 한 쌍으로 이루어진다. 위쪽 날은 간격을 조절하며 입자 크기를 결정한다. 반면, 아래쪽 날은 회전을 하면서 커피원두를 분쇄하는 역할을 담당한다. 매장용 그라인더 날의 지름은 보통 64mm와 75mm짜리가 있다. 커피 사용량이 적은 곳은 64mm, 많은 곳은 75mm를 사용한다. 그라인더 날의 품질은 원두를 얼마나 균일하게 갈아내느냐에 달렸다. 균일한 입자를 얻기 위해서는 그라인더 날의 마모 정도를 수시로 점검해야 한다.

64mm 날은 통상 원두를 800kg정도 분쇄한 시점에 교환해 주는 것이 좋다. 그라인더 날이 마모되면 고른 분쇄가 어렵고 마찰열의 증가로 인해 향기 성분을 잃게 된다. 그라인더 날의 마모 정도는 분쇄 입자의 크기나 추출 상태, 커피 맛의 변화 등을 통해 가늠할 수 있다. 그라인더 날을 분리한 후 손톱으로 밀어 손톱에 자국이 생기면 날이 서 있는 상태이고, 자국이 생기지 않으면 마모가 된 상태라고 판단할 수 있다. 만일 그라인더 날이 마모되었다면 즉시 교환해야 한다. 교환할 때는 아래쪽 날과 위쪽 날을 한번에 교환해야 한다. 맞물려 빠르게 돌아가는 그라인더는 날의 각도가 정확하게 맞아떨어져야 하기 때문이다.

64mm & 75mm 플랫형 칼날

그라인더 날은 고속 회전을 하면서 원두 커피를 분쇄하는 부품이기 때문에 사용 시간에 따라 불가피하게 열이 발생한다. 발생하는 열은 회전수나 시간당 분쇄되는 양에 따라 다르므로 그라인더 날의 형태나 크기에 따라 달라진다. 따라서 그라인더 날의 크기를 상황에 맞게 잘 결정할 필요가 있다. 기계에 따라 다소 차이는 있지만, 같은 양을 분쇄할 경우에는 대개 날이 클수록 분쇄 면적이 넓어지면서 열이 적게 발생한다. 만일 크기와 형태, 1일 원두 커피 사용량 등 조건이 맞지 않아 그라인더 날이 열을 받게 되면 분쇄되는 커피에도 열이 전달된다. 그러면 커피를 추출할 때에도 더 높은 온도에서 추출이 이루어지기 때문에 에스프레소 맛이 떨어진다.

만일 1일 평균 2kg 이상의 원두 커피를 소모한다면 75mm날이 장착된 그라인더 제품을 고르는 것이 좋다. 그라인더 날의 온도를 식히기 위해서는 사용 시간의 두 배를 쉬게 해 주어야 한다. 1분을 분쇄했다면 2분 정도 식혀야 한다. 열을 받는 시간보다 식는 시간이 길기 때문이다. 그라인더 날은 원두 커피와 직접 닿아 깊고 날카로운 홈에 찌꺼기와 기름기가 축적될 가능성이 높다.

2 | 반자동 그라인더에만 있는 도저의 기능은 무엇일까?

커피 전문점에서 사용하는 전동 그라인더의 구조와 명칭은 다음과 같다. 그 중에서 가장 중요한 4대 구성 요소는 그라인더 모터(Grinder motor), 호퍼(Hopper), 그라인더 날(Blade), 도저(Doser) 등이다.

반자동 그라인더

① 호퍼(Hopper): 원두를 담는 통으로, 대개 2kg 내외의 용량이다.
② 원두 투입 도어(Bean Hopper Door): 안으로 밀면 투입 레버가 안으로 들어가 닫히고, 밖으로 당기면 열려 커피원두가 투입된다.
③ 분쇄 입자 조절판(Grinder disc): 그라인더에 표시된 숫자가 커지면 분쇄된 커피 입자가 굵어진다.
④ 원두 투입량 조절 레버: 도저 안에서 포터 필터로 떨어지는 원두 투입량을 조절하는 레버로, 시계 방향으로 돌리면 양이 줄어들고, 시계 반대방향으로 돌리면 양이 늘어난다.
⑤ 도저(Doser): 분쇄된 원두를 보관하는 통으로, 제품에 따라 계량을 위한 칸막이가 설치되어 있다.
⑥ 분쇄 커피 배출 레버: 도저에 장착된 레버로, 앞으로 당기면 분쇄된 커피가 배출된다.
⑦ On/Off 스위치: 스위치를 1로 놓으면 켜지고, 0으로 위치시키면 꺼진다.(1/0 대신 On/Off로도 표시함)

1) 도저

도저는 여섯 개의 칸으로 나누어져 있다. 한 칸은 3.5~8g까지 커피가루를 담을 수 있다. 스프링을 돌려 위의 판을 올리고 내리면서 담기는 양을 조절한다. 원두 투입 조절 레버는 시계 방향으로 돌리면 양이 줄어들고, 시계 반대 방향으로 돌리면 양이 늘어난다.

도저의 레버를 앞으로 잡아당기면 시계 방향으로 돌아가면서 분쇄된 커피가루가 밑으로 떨어진다. 너무 천천히 레버를 당기면 작업을 할 때마다 양이 변한다. 레버를 당길 때 스피드를 일정하게 당겨야 떨어지는 양의 변화가 적다. 빠르게 앞으로 당긴 후 놓아 주면 리턴 스프링에 의해 자동으로 복귀하게 된다. 그러나 너무 심하게 다루면 스프링이 파손되기 쉽다.

6개 공간으로 나뉘어진 도저

도저는 분쇄된 커피가루를 보관하는 부분이다. 따라서 미세한 커피 입자와 오일이 뒤섞여 내벽에 붙는다. 도저 내부에 낀 채로 커피가루가 산패되면 좋지 않은 냄새가 발생할 뿐만 아니라 계량되는 커피의 양도 점점 줄어들게 된다. 에스프레소의 품질을 위해 도저를 수시로 청소해야 한다. 도저 청소는 그라인더 날 청소가 끝난 후에 실시하는 게 좋다.

2) 모터

커피를 분쇄할 때 아래쪽 그라인더 날을 회전시키는 역할을 한다. 모터의 용량은 그라인더 날의 크기에 따라 차이가 난다. 일반적으로 지름 64mm 날을 사용할 경우에는 0.4마력(hp) 용량의 모터를 사용하고, 75mm 날을 사용할 경우에는 0.6마력 정도의 모터를 사용한다. 1hp는 약 746W의 전력을 소비한다. 이때 회전수는 대개 800~1200rpm 정도가 보통이다. rpm은 1분 동안에 모터가 회전하는 회전수를 의미한다.

모터는 그라인더 날을 회전시키는 동력원이다. 주파수 (헤르츠, Hz)에 따라 회전수가 바뀐다. 세계적으로 많이 사용하는 주파수는 60Hz와 50Hz이다. 50Hz의 그라인더를 60Hz에 사용하면 회전수가 빨라진다. 모터의 회전수가 빨라지면 커피가 더 빨리 분쇄되는 반면, 날의 열 또한 높아질 수 있다. 한국에서는 주로 60Hz를 사용하고 있다. 만일 50Hz 그라인더를 사용하고 있다면 그라인더를 사용한 후 약간의 휴식 시간을 주는 것이 좋다.

모터에는 콘덴서(Condenser)가 장착돼 있다. 콘덴서는 그라인더의 스위치를 작동하는 순간 가지고 있던 전기에너지를 모두 모터를 돌리는데 사용하고 방전된다. 모터가 돌아가면 콘덴서는 다시 충전된다. 콘덴서가 충전과

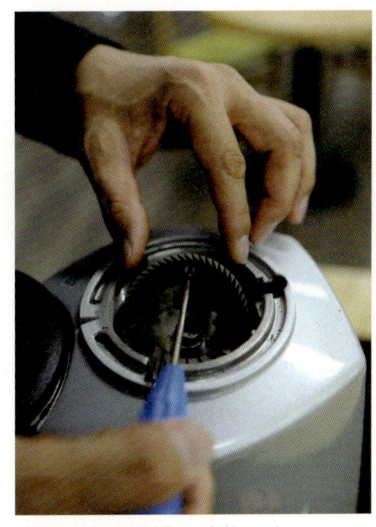

모터에 장착된 칼날을 분해하는 모습

방전을 제대로 수행하지 못하면 그라인더 모터는 작동하지 않는다. 콘덴서가 불량일 경우 커피는 갈리지 않고 "웅"하는 소리만 들린다. 모터가 불량일 경우에는 아예 작동하지 않는다.

3) 호퍼

호퍼는 통과 뚜껑, 원두 투입 레버로 이루어져 있다. 커피 전문점에서는 2kg 용량을 주로 사용한다. 뚜껑은 그라인더를 작동할 때 항상 호퍼에 결합해 습기와 공기의 접촉을 최대한 차단해야 한다. 호퍼에는 커피 오일이 많이 묻기 때문에 청소에 신경을 써야 한다. 커피 기름이 묻은 채로 일주일 이상 두면 시각적으로 보기가 좋지 않을 뿐만 아니라 커피 맛을 망치게 된다.

호퍼

> **반자동 그라인더 사용법**
> ① 그라인더의 스위치를 작동시켜 모터의 작동 여부를 확인한다.
> ② 커피원두를 호퍼에 넣는다.
> ③ 그라인더 전원 스위치를 작동시킨다.
> ④ 도저에 떨어진 커피원두의 입자를 확인한다.
> ⑤ 분쇄 배출 레버를 앞으로 잡아당겨 포터필터 바스켓에 분쇄된 커피를 담는다.
> ⑥ 원두 투입량 조절 레버를 조절하여 포터필터 바스켓에 담기는 커피량을 조절한다.

3| 바리스타의 숙련도를 따지지 않는 자동 그라인더의 매력

자동 그라인더는 버튼을 누르면 원하는 만큼 커피를 분쇄한다. 미리 설정해 놓은 굵기로 원두가 분쇄되는지를 확인한 후, 버튼을 누르면 포터필터 바스켓에 원하는 양만큼 분쇄된 커피를 담을 수 있다. 따라서 바리스타의 숙련도와 상관없이 버튼만 누르면 가루를 내고 정량을 담을 수 있다. 그라인더의 모터가 돌아가는 시간을 초 단위로 설정해 놓음으로써 커피가루를 매번 일정한 양 담을 수 있게 한 것이다. 원하는 만큼 커피를 분쇄해 바스켓에 담기 위해서는 사전에 초시계와 저울을 사용해 한 잔 또는 두 잔 분량의 버튼을 세팅해야 한다.

자동 그라인더

1) 자동 그라인더 작동

① 커피원두를 호퍼에 넣는다.
② 그라인더 전원 스위치를 작동시킨다.
③ '손가락 표시 버튼'을 눌러 커피원두를 분쇄한 뒤 입자 크기를 확인한다.
④ 타임스위치를 눌러 적절하게 설정한다.

2) 자동 그라인더 세팅

① 메뉴(menu) 버튼을 3초 정도 길게 누르면 설정을 알리는 표시가 깜박거리면서 숫자가 지워지고 설정모드인 '- - - -' 표시가 뜬다.
② '- - - -' 표시가 나오면 한 잔 모양 또는 두 잔 모양의 버튼을 누른 후 오른쪽 상단의 (+), (-) 버튼을 눌러 0.5초 단위로 원하는 시간을 설정한다.
③ 다시 메뉴 버튼을 3초 가량 눌러 새로운 값을 저장한다.
④ 한 잔 또는 두 잔의 용량 표시 버튼을 눌러 원두를 분쇄한다.
⑤ 포터필터 바스켓에 담긴 분쇄된 원두가 원하는 분량인지 저울로 확인한다.

자동 그라인더 계기판

⑥ 예비 추출을 통해 커피가루의 굵기가 적절한 지 확인한다.

⑦ 가루의 굵기가 적절할 때까지 굵기를 조절하면서 시간설정을 다시 진행한다.

※ 시간 창: 설정시간을 네 자리로 표시한다. 설정 시엔 '– – – –' 표시로 변한다.
※ (+), (–) 표시는 설정값을 올리거나 내릴 때 사용되는 버튼이다.
※ 손가락 표시 버튼: 설정값이 적용되지 않고 누르고 있는 동안 원두가 분쇄되는 연속 버튼이다.
※ 한 잔 표시 버튼: 포터필터 바스켓 한 잔 분량, 통상 7~8g이 분쇄되도록 설정한다.
※ 두 잔 표시 버튼: 포터필터 바스켓 두 잔 분량, 통상 14~16g이 분쇄되도록 설정한다.

4 | 로스팅 정도에 따라 분쇄도를 다르게 세팅하는 이유

바리스타는 커피원두의 볶음(로스팅) 정도를 판단해 그라인더로 입자 크기를 조절할 수 있어야 한다. 로스팅 정도에 따라 커피가루의 굵기를 달리해 추출하는 이유를 알기 위해 로스팅의 원리와 과정에 대해서도 올바로 숙지하고 있어야 한다.

1) 커피 생두가 볶일 때 어떤 현상이 벌어지나?

커피 생두(Green bean)에 열을 가하면 다양한 화학적 물리적 반응을 거쳐 700~800가지의 향미성분이 만들어진다. 생두는 수분과 성분이 일부 공기 중으로 날아가면서 무게가 줄어든다. 또 내부 조직은 수증기, 이산화탄소, 일산화탄소 등 여러 종류의 기체가 생성되면서 팽창한다. 이로 인해 부피가 증가하고 조직은 무르게 된다. 이런 물리적 변화 덕분에 물로 용이하게 커피 성분을 추출해 낼 수 있다. 커피 생두 볶음을 일본식으로 '배전(焙煎)'이라고도 한다. 배(焙)는 '불에 쬐다', 전(煎)은 '달이다', '졸이다'라는 뜻이다. 하지만 배전은 커피가 볶이는 현상을 올바로 표현하지 못한 용어라는 의견이 많다. '커피 볶음', '커피 로스팅'이라고 표현하는 것이 더 적절하다.

2) '수분 날림–볶음–식힘' 등 로스팅 3단계

① **수분 날림(Drying)**: 생두가 열을 흡수하면서 수분이 수증기로 변해 운동량이 증가한다. 이 현상 덕분에 생두의 곳곳으로 열이 퍼진다. 생두의 내부 온도가 물의 끓는점(100℃)을 넘어서면 노란빛을 띠기 시작한다. 이 때 향은 풋내에서 빵 굽는 냄새로 변하기 시작한다. 생두는 이 단계에서 수분의 70~80%를 날려보낸다.

② **볶음(Roasting)**: 생두가 노란색으로 바뀌고 난 뒤 본격적인 로스팅이 시작된다. 통상 생두의 온도가 섭씨 150도에 달하면서 메일라드 반응(갈변반응)이 왕성하게 진행돼 생두는 갈색을 띠고 점차 진해진다. 생두의 온도가 섭씨 180도에 다가가면서 마이야르 반응과 함께 당분의 캐러멜화가 빠르게 진행돼 커피 특유의 향기가 뚜렷해진다. 생두 안에서 벌어지는 다양

한 화학반응과 기체의 생성으로 1차 크랙이 발생하고, 계속 열을 가하면 섭씨 210도쯤에서 생두의 세포벽에 균열이 생기고 오일성분이 빠져나오면서 2차 크랙이 진행된다. 로스팅을 할 때 열 조절과 볶는 시간을 적절하게 조절하지 못하고 과하게 진행하면 생두의 조직이 탄다. 생두를 적절하게 볶으면 무게는 12~25% 감소하고, 부피는 50~80% 증가한다.

③ **식힘(cooling):** 원하는 정도로 커피를 볶은 뒤에 해야 할 일은 생두가 더 이상 볶이지 않도록 하는 것이다. 이를 위해 볶은 원두를 로스터기에서 배출하자마자 되도록 빨리 식혀야 한다. 이 때 볶은 원두의 분량이 많은 경우 물을 뿌리기도 하고, 이를 퀀칭(quenching)이라고 한다. 물을 분사하는 것이 찬 공기를 공급하는 것보다 냉각 효과가 좋기는 하지만 자칫 물이 원두에 남게 되면 급속한 산패나 부패의 원인이 되므로 주의해야 한다.

식힘(cooling)

3) 로스팅 과정에서 커피 성분들은 어떻게 변하는가?

① **단백질:** 로스팅에서 다양한 향미 성분을 만들어내는 메일라드 반응(maillard reaction)을 진행하기 위해 단백질은 필수적이다. 단백질(아미노산)이 탄수화물(카르복실기)과 결합해 향미가 다양한 갈색의 물질들을 만들어낸다.

커피 볶기 전과 후

② **탄수화물:** 단당류는 메일라드 반응과 캐러멜화 반응을 거치며 갈색 물질로 바뀐다. 탄수화물은 연속적인 열 반응을 거쳐 단당류와 다양한 형태의 원자 결합 상태가 된다. 온도가 섭씨 180도를 넘으면 단당류들이 대체로 분해된다. 이 때문에 커피를 일정 범위를 벗어나게 볶으면 단맛이 되레 떨어진다는 말을 한다.

③ **지방 및 휘발성 성분:** 섭씨 170도 정도에서 커피의 특성을 갖는 휘발성 기름이 생성된다. 섭씨 220도 정도에서 진한 휘발성 커피 향이 형성되며, 너무 온도가 높아지면 향의 품질이 떨

어진다. 로스팅이 끝나면 원두에는 오일 성분이 8~15% 남게 된다. 커피 오일 중 일부분만이 음료로 추출된다.

④ **산:** 생두의 성분들이 로스팅을 거치면서 다양한 형태의 산을 만들어낸다. 수많은 휘발성 산 중에서 단지 0.5% 정도가 인간의 감각에 의해 감지된다. 생두의 온도가 섭씨 160도 정도일 때 산의 생성이 왕성한 것으로 보고됐다. 생두의 온도가 섭씨 190도에 이를 때까지 산의 생성은 점진적으로 증가하다가 2차 크랙 지점에 다가갈 즈음 급격히 감소한다. 로스팅 과정에서 클로로겐산(chlorogenic acid)의 분해 작용으로 생성된 물질은 직간접적으로 커피의 맛과 향에 긍정적인 역할을 한다. 하지만 클로로겐산은 신맛과 함께 부분적으로 떫은맛을 내기도 한다.

⑤ **카페인과 다른 알카로이드:** 카페인은 로스팅 과정에서 승화되지만, 로스팅이 끝난 커피에도 일부 포함되어 있다. 강하게 로스팅할수록 카페인이 줄어든다.

5 | 로스팅 정도에 따라 굵기를 어떻게 조정하나?

커피 생두가 진하게 볶일수록 조직이 잘 부서지게 된다. 그라인더의 입자 조절 수치를 같게 맞추어도 진하게 볶인 원두일수록 가늘게 갈아지거나 미분이 많이 생기는 현상이 빚어진다. 따라서 바리스타는 커피를 분쇄할 때 원두가 어느 정도로 볶였는지를 살펴야 한다.

① **시티 로스팅:** 원두에서 기름기가 배어 나오기 시작한 시점에 배출한 것이다. 신맛이 적어지고 쓴맛과 달콤한 향기가 나는 것이 특징이다. 이 시점에 배출한 커피를 '저먼(german) 로스트'라고도 한다. 맛과 향의 발현에서 볼 때 '표준'으로 받아들여지며 드립용으로도 애용된다. 맛을 보고 쓴맛이 약하고 신맛이 강하게 나타나면 분쇄를 가늘게 조절한다.

② **풀시티 로스팅:** 원두의 표면 전체에서 기름기가 돌기 시작한다. 신맛은 거의 사라지고, 쓴맛과 진한 커피 맛이 정점에 달하는 단계이다. 아이스커피 메뉴의 용도로 애용된다. 크림을 가미하여 마시는 유럽 스타일의 커피이며, 에스프레소 커피를 만드는 로스팅으로서는 표준에 해당한다.

③ **프렌치 로스팅:** 기름기가 원두 전체에 번져 흐르고 색상은 검게 된다. 쓴맛, 진한 맛에 중후한 맛이 두드러진다. 아이스커피에 주로 사용된다. 풀시티에서 프렌치 로스트 상태가 되기까지는 수초밖에 걸리지 않는다. 생두가 지닌 품종 고유의 특징이 줄어 들고 바디감이 강해진다. 쓴맛이 강하고 신맛이 약하게 나타나면 가루를 굵게 조절한다.

> **로스팅 8단계 분류법**
>
> 라이트(Light) 밝고 연한 황갈색 신향, 강한 신맛
>
> 시나몬(Cinnamon) 연한 황갈색 다소 강한 신맛, 약한 단맛과 쓴맛
>
> 미디엄(Medium) 밤색 중간 단맛과 신맛, 약한 쓴맛, 단향
>
> 하이(High) 연한 갈색 단맛 강조, 약한 쓴맛과 신맛
>
> 시티(City) 갈색 강한 단맛과 쓴맛, 약한 신맛
>
> 풀 시티(Full-city) 진한 갈색 중간 단맛과 쓴맛, 약한 신맛
>
> 프렌치(French) 흑갈색 강한 쓴맛, 약한 단맛과 신맛
>
> 이탈리안(Italian) 흑색 매우 강한 쓴맛, 약한 단맛

6 | 습도에 따라 커피가루의 굵기를 달리해야 하는 이유

바리스타는 날씨에 따라, 실내 습도에 따라 커피가루의 굵기를 적절하게 조절할 줄 알아야 한다. 습도는 커피원두의 수분 흡수와 관련이 크다. 커피 생두가 로스팅 과정을 거치면 9%~12%에 달했던 수분의 함량이 0.5%~5%로 줄어든다. 이 때문에 볶인 원두는 공기 중의 수분을 쉽게 빨아드린다. 더욱이 원두가 분쇄되면 공기와 닿는 표면적이 15배 이상 넓어지면서 습기를 흡수하는 정도가 훨씬 커진다. 가루로 만든 커피원두에 수분이 흡수되면 오일 성분과 함께 뭉치면서 추출 중 물의 흐름이 방해를 받는다. 같은 조건이라면 커피가루와 물이 접하는 시간이 길어지면서 성분 과다 현상이 빚어지게 되는 것이다.

커피가루의 굵기 조절

비 오는 날은 대기 중에 수분이 많아져 습도가 높아지므로 원두의 입자를 굵게 조절한다. 반대로 날씨가 건조하면 입자를 작게 조절한다. 하루 중에도 습도를 염두에 두고 입자의 굵기를 조절한다. 아침에는 습도가 상대적으로 높으므로 원두의 입자를 약간 굵게 조절하며, 햇빛이 있는 낮에는 아침보다 작게 조절한다. 저녁에는 다시 습도가 높아지므로 원두의 입자를 굵게 조절할 필요가 있다.

평소 화창한 날씨의 습도를 미리 파악하여 기준점으로 맞추어 놓을 필요가 있다. 봄, 가을이 평균적인 기준점이 된다면 여름철에는 습도가 높은 날이 많으므로 습도를 낮추어 줄 제습기를 사용하고, 겨울철에는 상대적으로 건조하므로 가습기 등을 이용하여 습도를 올려 준다. 실내에 냉방기를 가동할 때에도 습기를 고려해 입자의 굵기를 조절하는 게 좋다.

> **습도계의 종류**
>
> 습도는 1입방미터의 공기 중에 포함된 수증기의 양(g)으로 표시한다. 이것을 '절대 습도'라고 한다. 특정 장소의 특정 시각에 대기 중 수증기량을 그때의 기온에서 포함할 수 있는 최대 수증기의 양(포화 수증기량)으로 나누고, 이것에 100을 곱하여 백분율로 나타낸 것을 '상대 습도'라 한다. 흔히 습도는 상대습도를 일컫는다. 상대 습도 10%는 매우 건조한 상태이고, 상대 습도 90%는 매우 습한 상태이다.
>
> ① 건습구 습도계: 일반 온도계(건구)와 습구 온도계(젖은 거즈를 붙임)의 온도 차를 이용해서 습도를 측정한다. 습도가 낮으면 거즈의 물이 증발하면서 증발열을 빼앗기 때문에 습구 온도가 내려간다.
> ② 모발 습도계: 습도가 높으면 머리카락이 늘어나는 현상을 이용해 만든 습도계이다.
> ③ 전자 습도 센서: 습도에 따라 전기 저항 또는 정전 용량이 변하는 원리를 응용한 습도계이다.
>   ※ 모든 측정기기는 정확도를 높이기 위해 정해진 기간에 보정을 받아야 한다. 습도계의 경우 1년에 한 번씩 한국기기연구센터에서 보정을 받는 게 좋다.

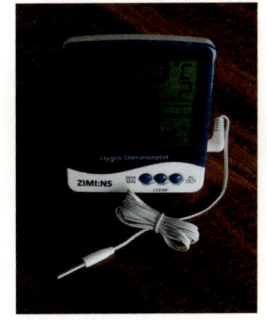

전자 습도계

7 | 신선도에 따라 분쇄도를 달리 해야 하는 이유

로스팅 과정을 거쳐 생성된 향미 성분들이 산화되지 않을수록 '신선한 커피'이다. 커피원두는 볶인 뒤 시간이 지나면서 이산화탄소와 일산화탄소 등 가스가 빠져나가고, 이렇게 해서 만들어진 이른바 '구멍이 난 자리'에 산소가 침투해 커피를 산화시킨다. 로스팅을 한 뒤 24시간 이내에 이산화탄소가 방출되고 공기 중의 산소가 원두와 반응한다. 72시간이 지나면 원두는 산패하기 시작하는데, 산패되기 전까지를 '신선한 원두'라고 할 수 있다. 포장을 하더라도 내부에 존재하는 산소로 인해 산패가 될 정도이니, 볶인 원두에게 산소는 가히 '치명적인 천적'이라 할 수 있다.

일반적으로 상대 습도가 100%일 때 3~4일, 50%일 때 7~8일, 0%일 때 3~4주부터 산패가 진행된다고 말한다. 더불어 온도의 영향도 받는데, 섭씨 10도 상승할 때마다 2~3배씩 향기 성분이 소실된다. 로스팅을 진하게 할수록 원두 내부는 다공성 현상이 심해져 산소가 침투하기 쉬워진다. 원두가 분쇄되면 5배 가량 산패가 빨리 진행되는 것으로 알려져 있다.

로스팅을 한 뒤 가스를 충분히 날려보내지 않으면 추출할 때 가스가 물의 흐름을 방해하기 때문에 굵기를 평소보다 굵게 한다. 볶은 뒤 가스를 적절하게 날려 보낸 시점을 지난 상황이 된다면 다소 산패가 진행돼 섬유질 경화되고 잔존 가스가 거의 없어 성분 추출이 잘 이루어지지 않는다. 또 산패된 커피 오일이 이 입자를 감싸 추출을 방해하기 때문에 평상시보다 가늘게 분쇄해 사용한다

신선도에 따라 같은 조건에서라도 커피 사용량을 달리한다. 로스팅 직후에는 휘발되는 잔존 가스량이 많기 때문에 통상 3일을 넘어서야 안정적인 추출이 이루어진다. 잔존 가스가 많은 경우, 추출이 원활하지 않기 때문에 원두 사용량을 줄인다. 로스팅한 뒤 시간이 흐를수록 커피 오일이 산패돼 추출이 방해를 받으므로, 이 경우도 원두 사용량을 적게 해서 추출하는 것이 바람직하다.

8 | 추출도구에 따라 분쇄도를 다르게 하는 이유

커피원두를 분쇄(Ggrinding)하는 이유는 '물과 만나는 면적을 넓혀 줌으로써 커피 성분을 원활하게 추출하기 위한 것'이다. 원두는 지름 0.1mm에서부터 지름 1mm까지 다양한 크기로 분쇄된다. 가루의 크기가 균일할수록 공간이 균일하게 퍼져 있게 되고, 그래야 뜨거운 물이 흐르면서 향미 성분을 고르게 녹여낼 수 있다.

그라인딩 단계는 매우 굵게(Extra coarse), 굵게(Coarse), 중간 굵기(Medium), 약간 가늘게(Medium fine), 가늘게(Fine), 매우 가늘게(Extra fine) 등으로 나뉘어진다. 곱게 분쇄할수록 온수가 커피 입자를 통과하는 시간은 길어져 진하고 풍부한 맛의 커피를 추출할 수 있다. 반면, 입자가 굵을수록 온수가 빠르게 통과해 전체적으로 밋밋한 맛이 느껴지게 된다.

추출 법에 따른 커피 입자 크기 비교

분류	굵기	비교	용도
매우 가늠 Extra Fine	약 0.1mm	밀가루	터키시
가늠 Fine	약 0.3mm	가는 소금	에스프레소 모카포트
약간 가늠 Medium-Fine	약 0.5mm	소금	에어로프레스 콜드브루
중간 Medium	약 0.6mm	모래	푸어오버 버큠포트
약간 굵음 Medium-Coarse	약 0.7mm	굵은 모래	메탈필터 케멕스
굵음 Coarse	약 0.8mm	바다 소금	퍼코레이터
매우 굵음 Extra Coarse	약 0.9mm	후추	프렌치프레스

출처: Ditting

커피가루를 너무 가늘게 분쇄하면 필터의 구멍이 막혀 추출 시간이 길어지고 커피가 너무 진해진다. 핸드드립용으로 분쇄한 원두를 에스프레소 머신으로 추출한다면 커피가 너무 묽어지면서 맛과 향이 반감될 것이다. 원두를 잘게 분쇄할수록 물과 닿는 면적이 넓어지면서 커피 쓴맛이 더욱 강조된다. 반면, 굵게 갈아 물을 빨리 통과시키면 신맛이 두드러진다.

커피의 농도는 분쇄한 커피의 양에 의해 좌우되기도 한다. 투입량이 많으면 농도는 진해지고 적으면 묽어진다. 또 원두의 로스팅 정도나 습도, 보관 기간에 따라서도 달라질 수 있다. 분쇄 정도는 사용하는 도구에 따라 다르게 조절해야 한다. 중간 분쇄는 주로 핸드드립이나 커피 메이커, 사이폰 등 자연적인 물 흐름에 의한 추출 방법에 적합하다. 기계의 압력을 이용해 순간적으로 추출하는 에스프레소 방식에서는 미세한 분쇄 방식을 사용한다.

용어정리

메시(Mesh)
분쇄 굵기를 측정하는데 쓰이는 체(sieve)의 구멍을 의미한다. 대개 1평방인치(64.5㎟)당 구멍의 수로 표시한다. 300메쉬는 64.5㎟ 내에 구멍 300개를 만들 수 있는 크기이다. 그라인더 입자 크기는 추출되는 에스프레소의 품질을 좌우한다. 입자가 굵고 거칠면 맛이 싱거워지면서 크레마의 농도도 옅어진다. 반대로 지나치게 고우면 추출이 잘 되지 않는다. 원두의 특성이나 상태에 따라서도 사용해야 할 가루의 굵기는 달라진다.

커피 분쇄도

9 | 그라인더를 청소하려면 먼저 구조를 익혀라

바리스타는 그라인더의 구조를 이해하고 적어도 청소를 위해 분해, 조립할 수 있어야 한다. 바리스타는 이와 함께 장비나 도구에 따라 적정한 세제를 선택해 사용할 줄 알아야 한다.

1) 그라인더 날 청소

그라인더 칼날 주위에 커피 찌꺼기가 끼고 기름때가 산화되면 좋지 않은 냄새가 발생한다. 그라인더 날은 매일 청소하는 것이 좋다. 적어도 일주일에 한 번씩은 분해해서 청소해야 한다. 칼날의 재질은 금속이기 때문에 물로 청소해서는 안 된다. 기름기를 닦아 내기 위해 세제나 물로 청소를 했다면 즉시 물기를 제거하고 잘 말려야 한다.

- 세정제를 활용한 커피 그라인더 청소 방법

    ① 호퍼를 분리한다.
    ② 원두 커피를 제거한다.
    ③ 세정제를 5~10알 넣고 그라인딩을 한다.
    ④ 세정제가 갈리면 그라인더를 청소한다.
    ⑤ 원두를 넣고 그라인딩을 한다.
    ⑥ 헹굼 과정이 끝나면 새로운 원두 커피를 넣고 사용한다.

그라인더 칼날 분리

2) 호퍼 청소

호퍼는 로스팅된 원두를 담아두기 때문에 오일이 많이 묻는다. 호퍼는 매일 씻어야 한다. 적어도 1주일에 1번은 세제로 닦아내야 오일 산화에 따른 향미 저하를 막을 수 있다. 호퍼의 벽면과 바닥에서 묻어나는 기름기는 행주로 잘 닦이지 않고 물로도 말끔하게 씻기지 않는다. 기름때를 제거할 때 전용 세제를 사용하는 것이 바람직하다. 호퍼와 함께 뚜껑도 세제로 청소해 주는 것이 좋다. 뚜껑에 묻어 있는 산화된 오일 냄새가 커피에 영향을 준다.

호퍼 청소에서 중요한 것은 건조이다. 원두에 습기가 배면 오일 성분과 함께 뭉쳐 추출 중 물 흐름을 원활하지 못하게 만든다. 수분은 또 정전기와 관련되어 커피의 입자에 영향을 미친다. 정전기는 분쇄 시 칼날과 원두의 마찰에 의해 발생한다. 커피 입자는 부도체이므로 음의 전하를 지니고 양의 전하를 띤 그라인더 분쇄 공간, 출구, 외부몸체, 기타 금속성 벽체에 달라 붙는다. 이렇게 되면 커피 입자는 제대로 배출되지 못하고 특정 장소에 몰려 있게 된다. 이대로 방치하면 커피 입자 내의 지방 성분이 불쾌한 냄새를 유발하게 된다. 호퍼는 로스팅된 원두를 담아두는 곳이므로 원두커피 표면의 오일이 많이 묻는다. 따라서 청소를 자주 하기 마련인데, 이때 수분이 남지 않도록 주의해야 한다.

- 호퍼 청소 방법

    ① 호퍼를 분리한다.
    ② 중성 세제를 사용하여 청소한다.
    ③ 깨끗한 물로 헹군다.
    ④ 마른 행주로 닦아 준 후 완전히 건조한다.

세척제의 구분

① 1종 세척제: 사람이 먹을 수 있는 야채, 과일, 식기 등을 세척한다. 커피 그라인더의 세척제로 사용
② 2종 세척제: 식기, 조리 도구 등의 기구를 세척한다.
③ 3종 세척제: 식품의 제조 장치, 가공 장치 등 제조 가공용 기구를 세척한다.
  ※세척제를 용도에 맞지 않게 사용하면 식품위생법에 따라 처벌을 받는다.

성분 과소추출과 성분 과다추출(Under extraction & Over extraction)

■ 과소 추출된 에스프레소 Under-extracted Espresso
– 25초에 30ml 이상 추출
– 크레마 층이 얇고 색상이 엷다.(A pale color with a thin layer of crema)
– 바디감 약하고 자극적인 신맛(An acidic flavor with a lack of body)

원인 1. 커피가루가 기존보다 굵다.
원인 2. 커피를 갈아 둔지 오래됐다.
원인 3. 잔이 예열되지 않았다.
원인 4. 추출압력이 기준보다 약하다.
원인 5. 추출수의 온도가 기준보다 낮다.
원인 6. 커피가루가 14g보다 적게 담겼다.

■ 과다 추출된 에스프레소 Over extracted Espresso
– 크레마에서 하얀 점들과 함께 검은 얼룩이 보인다.(A dark blotchy color with white spotting)
– 물이 너무 느리게 통과해 30ml를 받는데 30초를 넘긴다.(It takes much longer than 30 seconds to deliver 30ml of liquid.)
– 심한 경우 포터필터에서 방울만 떨어진다.(In extreme cases an over extracted espresso will often drip from the portafilter outlets.)

원인 1. 커피가루를 14g을 넘게 많이 담았다.
원인 2. 커피가루가 너무 가늘다.
원인 3. 샤워스크린이나 필터가 더럽거나 막혀 있다.
원인 4. 추출 압력이 너무 높다.
원인 5. 추출수의 온도가 너무 높다.

과소 추출(왼쪽) & 과다 추출된 에스프레소

	과소추출(Under-extraction)	과다추출(Over-extraction)
입자의 크기	너무 굵다	너무 가늘다
탬핑 강도	기준보다 약함	기준보다 강함
커피 사용량	기준보다 적음	기준보다 많음
물의 온도	기준보다 낮음	기준보다 높음
추출 압력	기준보다 낮음	기준보다 높음
추출 시간	너무 짧음	너무 김
바스켓 필터	구멍이 너무 큼	구멍이 막힘
지배적인 맛	신맛	쓴맛

06 우유 스티밍(Milk Steaming)

바리스타는 우유를 에스프레소 머신의 스팀노즐을 사용해 고운 거품을 낼 줄 알아야 한다. 거품을 곱게 하고 섭씨 70도를 넘지 않는 범위에서 높은 온도로 데워야 향미가 좋은 에스프레소 베리에이션(Variation) 메뉴를 만들 수 있기 때문이다. 바리스타가 얼마나 고운 우유거품을 만들어내는지는 바리스타의 숙련도를 가늠하는 하나의 지표이다.

1 | 음료에 맞게 스팀피처를 골라 사용해야 하는 이유

바리스타가 우유를 잘 데우고 거품을 내기 위해서는 만들고자 하는 음료가 무엇이냐에 따라 스팀 피처를 적절하게 선택할 줄 알아야 한다. 만들어야 하는 커피 음료의 잔 수를 고려해 적당한 용량의 스팀 피처를 선택해야 한다.

스팀피처(Steam pitcher)는 유리, 플라스틱, 스테인리스 등 열전도율이 높아 우유의 온도를 제어하기 용이한 재질로 만든다. 용량은 300ml, 350ml, 600ml, 750ml, 900ml, 1,000ml 등 다양하다. 일반적으로 300ml는 한 잔, 600ml는 두 잔, 900ml는 서너 잔용으로 사용된다.

다양한 모양과 재질의 스팀피처(Steam pitcher)

1) 우유가 남지 않도록 정량을 측정해 사용하라

스팀 피처를 상온에 보관하여 사용하거나 한 번 데운 우유를 재사용하는 것은 음료의 품질에 좋지 않다. 적당한 크기의 스팀 피처를 사용해 우유를 남겨 두는 일이 없도록 한다. 스팀 피처 안에 기존에 데웠던 우유를 버리지 않은 채 새로운 우유를 추가로 넣어 사용하는 경우도 품질이 떨어진다

우유를 넣어 공기를 주입하고 데우는 데 사용한 피처는 냉장온도로 보관한 것이 좋다. 냉장 보관한 신선한 우유를 차가운 스팀 피처에 담아 스티밍(Steaming) 해야 온도가 올라가는 속도가 늦어져 고운 우유거품을 내는 시간을 상대적으로 여유 있게 진행할 수 있다.

① **사용할 우유를 선택한다.**

섭씨 4~5도의 냉장 상태인 신선한 우유를 사용한다. 우유의 온도가 상온이면 공기 주입을 완료해야 하는 섭씨 37도까지 빠르게 도달하기 때문에 고운 거품을 만들기 어렵다. 주변 상황이나 고객의 요구에 따라 멸균우유, 저지방우유, 유당분해우유를 쓰기도 한다.

② **제조할 음료의 용기 크기와 수량에 맞춰 스팀 피처를 선택한다.**

우유의 양이 적으면 메뉴를 완성하지 못하고, 너무 많으면 데우기가 어렵거니와 낭비이다. 카페라테 1잔을 만들 때, 우유는 통상 300㎖, 두 잔에는 600㎖, 서너 잔에는 900㎖를 각각 사용한다. 저지방 우유를 사용할 때에 지방과 단백질의 분리가 일반 우유보다 빨라지므로, 상대적으로 재질이 두꺼운 피처를 사용해 우유에 열이 가해지는 속도를 느리게 하는 것이 고운 우유거품을 내는데 유리하다.

③ **차가운 스팀피처를 준비한다.**

스팀을 처리하기 전에 우유를 담는 피처는 냉장 상태에 보관해 온도를 낮은 상태로 유지한다. 이렇게 하면 우유거품을 낼 때 공기주입이 완료되기 전까지 온도가 올라가는 속도를 조금이나마 줄일 수 있다.

④ **차가운 스팀피처에 신선한 냉장 우유를 적정량 붓는다.**

우유 데우기에 있어서는 스팀피처의 70~80%의 높이까지도 가능하나, 스팀피처의 코 아랫부분까지 담아서 사용하는 것이 일반적이다.

2 | 거품을 내기 위한 공기 주입의 한계온도 '섭씨 37도'

바리스타가 에스프레소에 거품 낸 우유를 넣어 카페라테를 제조할 때, 어려운 것이 우유에 공기를 주입하는 기술(Foaming 또는 frothing)이다. 19세기 중반 에스프레소 머신이 나온 뒤 우유에 미세하게 거품을 내고 데우는 데에는 수증기의 압력을 활용한다. 바리스타는 머신의 보일러와 연결된 스팀밸브(Steam valve)를 이용해 우유의 온도가 섭씨 65~70도 범위에 들게 하면서도 크림처럼 고운 거품을 내야 한다. 우유 거품이 고울수록 에스프레소와 잘 섞이며 농밀하면서도 부드러운 맛을 표현해 낼 수 있다.

스팀노즐을 우유에 담그는 적절한 깊이

스팀 노즐을 우유에 너무 깊이 넣으면 공기가 빨려 들어가지 않고, 표면에서 너무 가까우면 거친거품이 생성된다. 공기주입 작업을 할 때 주위에 다른 냄새가 나면 우유 속에 빨려 들어가 음료의 품질을 떨어뜨리므로 주의한다.

1) 스팀 밸브(Steam Valve)

스팀 밸브는 보일러 내부 공간의 30%를 차지하는 수증기를 배출하거나 닫는 장치이다. 대체로 손잡이처럼 돌리는 '스팀 노브(Knob)'와 위아래로 작동하는 '스팀 레버(Lever)' 방식이 있다. 레버식은 레버를 올리거나 내리면 스팀이 분출한다. 손잡이식은 반시계 방향으로 돌리면 스프링이 당겨지면서 밸브가 열린다. 밸브를 일정 각도까지 돌릴수록 강하게 나온다 스팀의 강약은 스프링 작동에 의해 조절된다.

스팀노즐에서 분출되는 수증기

스팀 밸브를 열면 스팀 파이프(Steam pipe)를 통해 수증기가 분사된다. 스팀 파이프는 노즐과 끝부분의 팁으로 구성되며, 스팀 완드(Wand)라고 부르기도 한다. 스팀 피처가 클수록 노즐에 난 구멍의 개수가 많은 것을 사용하는 것이 유익하다. 통상 600ml까지는 구멍이 세 개짜리, 그 이상의 용량은 구멍 네 개짜리를 쓴다. 스팀 노즐은 우유가 닿는 부분으로 찌꺼기가 상하지 않도록 늘 청결하게 관리해야 한다. 스팀 노즐로 우유거품을 낸 뒤에는 스팀을 분출해 노즐 구멍에 낀 우유를 빼야 한다. 우유가 안에서 굳으면 위생문제와 함께 스팀이 점점 약해지기도 한다. 스팀 밸브를 닦는 행주는 깨끗한 것으로 별도로 지정해 사용한다. 이때 행주는 젖은 상태여야 노즐 겉면에 붙은 우유찌꺼기가 잘 닦여진다.

우유에 공기를 주입하기 위해서는 노즐의 끝부분을 우유의 윗면에 마치 수상스키를 타 듯 접촉시켜야 한다. 반쯤 우유에 잠기게 하면서 치직, 치칙 소리가 나도록 강하면서도 빠르게 공기를 주입해야 한다. 노즐의 팁이 우유액에 잠기지 않으면 수증기가 우유를 밀쳐내면서 우유가 주변으로 튀고 거품이 아니라 큰 방울이 만들어 진다. 반대로 노즐의 팁이 우유에 아예 잠겨 버리면 우유의 온도만 높아질 뿐 공기가 주입되지 않아 거품이 형성되지 않는다.

공기주입은 우유의 온도가 섭씨 37도가 되기 전에 마쳐야 한다. 이 온도를 넘어 주입되는 공기는 잘게 부숴지지 않아 우유 용액에 고르게 퍼지지 않게 된다. 따라서 공기 주입이 완료돼 우유의 온도가 섭씨 37도에 달하면 노즐을 우유 용액 속으로 담가 우유 용액을 회전시키며 온도를 섭씨 65~70도로 높여야 한다.

3 | 우유를 스티밍할 피처가 차가울수록 좋은 이유

카페라테를 몇 잔 제조하는지에 따라 사용하는 우유의 양이 달라지고, 그에 맞는 용량의 피처를 사용한다. 우유를 담는 피처의 온도는 차가울수록 좋다.

- **적당 용량의 피처를 사용해야 하는 이유:** 피처가 너무 커서 우유의 깊이가 낮아지면 스팀 노즐이 바닥을 과도하게 가열시킬 위험성이 있다. 반대의 경우에는 뜨거운 우유가 끓어 넘을 수 있어 화상을 입을 우려가 있다.
- **스팀 피처에 넣을 우유의 적당량:** 스팀 피처의 내부를 보면 따르는 부위를 만들기 위해 돌출된 곳이 있다. 이 부위를 '코'라고 부르는데, 바로 그 아랫부분까지 담아 사용하는 것이 일반적이다.
- **스팀 피처가 차가워야 하는 이유:** 우유의 온도가 섭씨 37도를 넘기 전까지만 공기를 주입해야 한다. 피처와 우유가 차가울수록 공기를 주입하는데 상대적으로 시간적 여유를 가질 수 있다.

1) 우유 스티밍 순서

우유 스티밍은 직역하면 '수증기로 우유를 데우는 것'을 말하지만, 대체로 공기를 주입하는 단계까지 아우르는 용어로 사용된다.

우유 스티밍 순서(왼쪽 위에서 시계방향)

① 스팀 밸브를 열어 노즐에 응결된 물을 제거한다.

② 스팀 노즐을 피처의 한가운데에 위치시킨다.
이때 스팀 노즐의 끝부분은 우유에 완전히 잠겨야 한다. 스팀 노즐을 너무 깊이 넣으면 우유의 온도가 너무 빨리 상승한다. 통상 우유 표면에서 1~2cm 깊이이다.

③ 스팀 파이프를 직각으로 세운다.
우유 표면과 스팀 노즐은 되도록 직각을 이루는 것이 좋다. 노즐 구멍에서 나오는 스팀의 세기가 똑같기 때문에 비스듬하거나 한쪽으로 치우치면 피처 벽면까지의 거리가 달라 골고루 데워지지 않는다. 스팀이 피처 벽면의 특정 부위를 온도를 과도하게 올림으로써 우유의 온도가 빠르게 올라간다.

④ 스팀 밸브를 열어 가열을 시작한다.
- 가열 시 우유의 온도: 우유는 통상 섭씨 65도~70도 범위를 넘지 않도록 한다. 섭씨 70도를 넘으면 우유에 피막이 형성되고 비릿한 냄새가 나기 시작하며 영양소도 파괴된다. 바리스타는 스티밍을 할 때 손으로 피처의 바닥이나 벽면의 온도를 감지해 적절한 온도에서 멈출 수 있도록 해야 한다. 물론 항상 온도계를 사용하는 것이 바람직하다.

- 가열 시 스팀 피처를 잡는 방법: 한 손은 피처의 손잡이를 잡고 다른 손은 옆면에 대고 온도를 체크한다. 이 때 스팀 손잡이나 레버를 쥐고 있는 동작은 무의미하다. 옆면에 손을 대는 동작을 통해 피처를 안정되게 고정시키는 효과도 거둔다.

⑤ 우유의 온도가 목표치에 달하면 노브나 레버를 조작해 스팀 분출을 멈춘다.

⑥ 스티밍을 완료한 뒤에는 트레이 쪽으로 스팀을 분출해 파이프에 남은 우유를 제거한다. 스티밍을 마치고 밸브를 잠그면 기압 차로 인해 우유가 스팀 파이프 안으로 빨려 올라가 있기 때문이다. 이 때는 반드시 분출되는 우유가 주변으로 튀지 않도록 젖은 행주로 노즐을 감싼다.

⑦ 스팀 파이프 겉면과 스팀 팁에 묻어 있는 우유를 깨끗하게 닦아낸다. 항상 스티밍 전용 젖은 행주를 깨끗한 상태로 관리해야 한다.

⑧ 보조 피처를 사용해 거품을 낸 우유를 균등하게 나눠 사용하면 완성된 음료의 맛을 균일하게 만들 수 있다. 보조 피처는 반드시 뜨거운 물로 데워 사용해 우유의 온도가 급격하게 떨어지지 않도록 한다.

⑨ 스티밍에 사용한 피처는 깨끗하게 씻어 차가운 상태에서 보관한다. 우유가 남아 있게 하거나 따뜻한 상태로 두면 위생상 좋지 않고 음료의 품질도 떨어진다.

2) 카푸치노 스티밍

① 150~180ml 용량의 컵에 담아야 하므로 600cc 피처에 우유를 200ml 담아 사용한다.

② 스팀 노즐을 우유의 표면과 직각이 되게 담근다.

③ 스팀 밸브를 끝까지 돌려 치익, 치익하는 소리와 날카롭게 나도록 섬세하게 공기를 우유에 주입한다. 고압의 스팀이 우유 표면과 가까운 공기를 끌고 들어간다. 우유 표면과 스팀 노즐간의 거리가 거품의 고운 정도를 결정하는 중요한 요인이다.

④ 우유가 피처의 70~80%까지 차 오를 때까지 공기를 지속적으로 주입한다.

⑤ 우유를 피처 내부에서 회전(롤링)시킬 수 있는 위치에 노즐을 놓고 롤링을 진행한다. 롤링을 통해 크고

이탈리아 정통 카푸치노

거칠게 생성된 기포를 잘게 부수는 동시에 우유 전체의 온도를 균일하게 올릴 수 있다. 스팀 노즐을 너무 깊이 담그면 바닥 쪽의 우유만 회전해 균일한 스팀 밀크를 만들기 어렵다. 스팀 팁만 잠기도록 해서 우유의 회전을 원활하게 진행시킴으로써 전체적으로 균일한 스팀 우유가 되도록 한다. 롤링을 할 때 스팀 노즐이 피처 벽면이나 바닥에 너무 가깝게 위치하도록 해서는 안 된다. 스팀이 그 부위를 과도하게 데워 우유 전체의 온도가 기준보다 빨리 올라가게 한다.

⑥ 적당한 온도가 되면 스팀 손잡이를 돌려 밸브를 잠근 뒤 피처를 내려 스팀 노즐을 뺀다.

⑦ 피처를 두세 차례 바닥에 가볍게 쳐서 표면에 생긴 방울이나 거친 거품을 없앤다. 붓기 전까지는 피처를 돌리면서 우유와 거품층이 분리되지 않게 한다.

3) 카페라테 스티밍

- 200 ~ 250ml 컵으로 제공할 경우, 600cc 피처에 우유를 200ml 정도 담아 스티밍한다.
- 카페라테와 카푸치노는 같은 컵에 제공되는 경우가 많은데, 이탈리아 정통 카푸치노의 양은 카페라테보다 작다.
- 카푸치노에 비해 우유 거품의 양을 적게 만든다.

4) 아이스 메뉴용 우유 스티밍

- 에스프레소 머신 이용: 따뜻한 거품 만들기 때보다 빠르게 공기주입을 끝낸다. 우유의 온도가 많이 상승하기 전에 충분히 공기를 주입해야 한다.
- 거품기 또는 프렌치 프레스 사용 : 거품기는 그 물망이 촘촘할수록 좋다. 프렌치 프레스는 손잡이를 잡고 위아래로 뻑뻑한 느낌이 들 때까지 위아래로 왕복한다.

프렌치 프레스로 우유 거품 내기

4 | 스티밍을 통해 우유는 다시 태어난다

우유에 들어 있는 지방과 단백질이 거품 형성과 관련이 있다. 원유는 가만히 두면 지방구가 위로 떠올라 표면에 크림층이 형성된다. 시유는 이런 현상이 일어나지 않도록 지방구를 작게 만들어 크림 분리가 일어나지 않도록 균질화해 가정에서는 관찰하기 힘들다.

1) 지방

우유는 물보다 표면 장력이 낮다. 섭씨 30도 이상으로 가열하면 표면 장력이 더 낮아짐으로써 기포가 생성된다. 이 기포들은 지방과 결합해 상당 시간 형태를 유지한다.

① **스티밍을 제대로 하지 못했을 경우:** 지방구들이 크기가 고르지 않게 분리돼 기포들이 고르지않다. 큰 지방구와 결합된 기포는 위로 뜨고 표면이 거친 느낌을 주는 원인으로 작용한다.

우유를 스티밍하면 단맛과 부드러움이 더 두드러진다.

② **스티밍을 제대로 했을 경우:** 균일한 크기로 분산된 지방구들이 기포들과 결합해 고르고 부드러운 모양의 거품층을 형성한다. 이러한 형태의 거품이 상대적으로 더 오래 지속된다.

2) 단백질

우유를 가열하면 수분이 증발하면서 성분이 농축된다. 단맛도 강해진다. 그러나 너무 높은 온도가 되면 우유 표면에 단백질이 응고되고 좋지 않은 냄새를 풍긴다.

① **우유를 적당한 온도로 가열한 경우:** 우유의 온도가 섭씨 70도일때까지는 고소함과 바디감을 준다. 스팀 노즐을 적절한 깊이로 담가 우유를 회전시키는 과정을 통해 지방과 단백질이 고루 섞여 품질 좋은 거품우유가 된다.

② **우유를 과도하게 가열했을 경우:** 우유의 신선함이 사라지고 좋지 않은 비린내가 난다. 스팀 노즐을 너무 깊게 담그면 피처의 바닥면이 너무 빠르게 온도가 상승해 그 부위에 닿는 우유의 온도가 빠르게 올라가면서 단백질과 지방의 덩어리가 생긴다.

5 | 우유 사용의 첫 걸음은 신선도 확인

바리스타가 우유를 사용할 때 간과하기 쉬운 것이 냉장고에서 꺼내는 순간 우유의 상태를 확인해야 한다는 사실이다. 냄새와 육안 확인을 통해 우유의 신선도가 떨어지지는 않았는지 매번 점검해야 한다. 밤새 냉장고가 멈췄을 수 있고, 냉장고 안에서 우유가 다른 냄새에 오염될 수도 있기 때문이다. 그 다음으로 바리스타가 갖출 덕목은 우유의 종류와 성분을 명확히 알고 고객의 요구에 맞게 우유를 사용할 줄 알아야 한다는 점이다.

1) 우유의 종류

① **시유:** 일반적으로 마시는 흰 우유를 말한다.

② **가공유:** 시유에 다른 성분을 첨가하는 등 가공한 제품이다.

- 강화 우유: 우유에 무기질 및 비타민 성분을 첨가한 제품이다. 예) 칼슘 강화 우유, 비타민 D 강화 우유 등.
- 유음료: 우유 및 유제품에 과일즙, 색소 또는 향료 등을 첨가하여 맛을 개선시킨 제품이다. 예) 바나나 우유, 초코 우유 등
- 특별 우유: 웰빙 및 특별한 목적에 맞게 생산되는 제품이다.
  - 저지방 우유: 우유의 유지방을 부분 제거한 우유.
  - 유당 분해 우유(저유당 우유): 유당분해효소로 유당을 분해한 우유.
  - 멸균우유: 미생물을 없앰으로써 유통기한을 늘린 우유.

2) 우유의 성분

우유는 비타민 C와 철분을 제외하고 모든 영양소가 골고루 들어 있는 질 좋은 식품이다.

① 수분(물): 우유에서 약 88%를 차지한다.

② 단백질(protein): 유단백질은 우유의 약 3%를 차지한다. 단백질의 82%는 카제인(Casein)이고, 나머지는 유청단백질(Whey protein)이다. 우유를 과하게 가열할 때 표면에 형성되는 막이 유청단백질이다.

③ 지방(Milk fat): 유지방은 우유의 약 3.5%를 구성한다. 저지방 우유는 일반적으로 지방 함유량이 1% 정도이다.

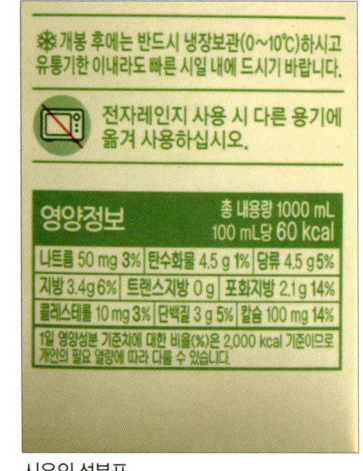

시유의 성분표

④ 탄수화물(유당, Lactose): 유당은 우유에 약 4.6% 들어 있다. 유당분해효소가 없어 유당 불내증(Lactose intolerance)을 겪는 사람들을 위한 유당분해우유(Lactose free)가 있다.

⑤ 비타민: 우유에는 거의 모든 종류의 비타민이 들어 있다.

⑥ 무기질: 우유에는 많은 종류의 무기질이 들어 있다. 특히 Ca의 함량이 높으며, 성장과 신진대사에 중요한 역할을 한다.

⑦ 기타: 우유에는 40여 종의 효소도 들어 있다.

6 | 칭찬받는 바리스타가 스팀 노즐을 청소하는 법

바리스타는 우유 스티밍을 실시한 후 스팀 파이프 안과 겉면에 있는 우유를 제거해야 한다. 상황에 따라 스팀 노즐 팁을 분해해 깨끗하게 청소를 할 줄 알아야 한다. 스팀 노즐은 스팀 밸브, 스팀 파이프, 스팀 노즐 팁으로 구성된다. 우유 스티밍을 한 후 청소하면 위생 문제를 예방할 수 있고, 머신의 수명도 늘릴 수 있다.

① 우유 스티밍을 마친 후 스팀 밸브를 열어 스팀 파이프 안에 들어 있는 우유를 제거한다. 스팀 파이프를 닦을 수 있게 깨끗한 젖은 행주를 별도로 준비해둔다. 우유를 빼낼 때 주위에 튈 수 있으므로 젖은 행주로 가볍게 감싸고 진행한다.

② 스팀 파이프 속의 우유를 제거한 뒤 바로 깨끗한 젖은 행주로 스팀 파이프와 스팀 팁에 묻어 있는 우유를 깨끗이 닦아 낸다. 우유는 미생물에 오염되기 쉬우므로 방치하면 위생에 좋지 않다.

③ 스팀 노즐 팁 분해 및 스팀 파이프 청소: 스팀 파이프를 잡고 스팀 팁을 반시계 방향으로 돌려 분해한다.

④ 스팀 파이프(Steam pipe) 안은 가늘고 긴 솔을 이용해 청소한다.

⑤ 스팀 팁도 치간 칫솔처럼 가는 솔로 닦는다. 금속 재질로 된 기구로 청소하면 노즐의 구멍이 커질 수 있으므로 유의한다.

⑥ 영업을 끝낸 뒤 스팀피처에 뜨거운 물을 담아 스팀 파이프를 담가 두는 것도 좋은 방법이다.

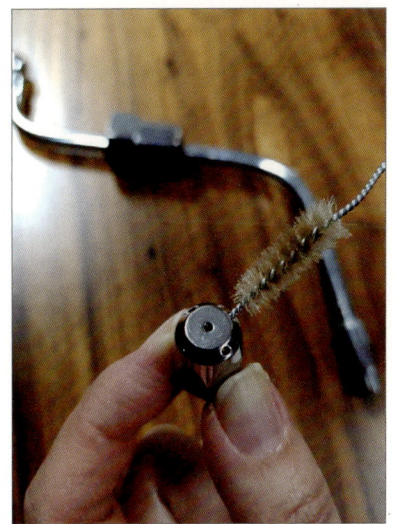

스팀노즐의 팁 청소

Note 6

카푸치노(Cappuccino)

– 거품 우유를 올린 이탈리아 커피 음료(an Italian coffee drink topped with foamed milk).
– 거품 우유(Steamed milk) 125 ml + 에스프레소 1샷

- 우유 100ml로 거품을 낸 125ml 거품우유를 에스프레소 1샷에 섞는다.
- 한 잔의 양 = 150~180ml
- '라테(카페라테)'보다 같은 양의 우유를 사용하면서도 거품이 더 많다.
  Traditionally a cappuccino has more foam and less milk compared to the latte(aka "caffè latte").

☞ 이탈리아 국립에스프레소연구소(NIIE), 2007년 정통 카푸치노의 기준 제시
"반드시 25ml의 에스프레소에 거품을 낸 우유 125ml(우유 100ml)를 섞어 도자기 잔에 담아 제공한다. 카푸치노는 액체보다 거품 부분이 많아 단 몇 초안에 마실 수 있어야 한다. 마신 뒤 컵 바닥에는 우유 지국이 남아 있어야 하고, 마신 뒤 입에 콧수염 모양의 우유거품 자국이 남아야 한다."

☞ WBC(World Barista Championship)의 카푸치노에 관한 규정
"정통 카푸치노의 용량은 5oz~6oz(150㎖~180㎖)이며, 에스프레소 1샷(30㎖)에 스팀우유를 섞되 우유 거품 층이 약 1㎝가 되도록 한다. 설탕이나 향신료, 기타 파우더 등을 섞어서는 안 된다."

■ **우유 거품내기 Milk steaming**

- 거품내기 Foaming : 섭씨 37도 이전 공기 주입 완료
- 데우기 Steaming : 섭씨 65~70도에서 데우기 완료
- 스팀피처 Steam pitcher 1. 냉장온도로 준비
- 스팀피처 Steam pitcher 2. 되도록 섭씨 60도에 가깝게 준비
- 적절한 우유 : 단백질 3.2%, 지방 3.5% 함유(냉장 보관; 섭씨 4도)

■ **카페 라테 용어 Caffè Latte Terminology**

　　*플랫화이트(Flat white)　　*라테 마키아토(Latte Macchiato)　　*마키아토(Macchiato)
　　*라테 아트(Latte Art)　　*카페 오레(Café au Lait)　　*브리브(Breve)
　　*끼아로(Chiaro)　　*커피 프라페(Coffee Frappe)　　*카페 마로끼노(Caffè Marocchino)

07 에스프레소 베리에이션
(Espresso variation)

1 | 에스프레소 추출 시간을 바꾸면 맛이 바뀐다

에스프레소를 추출하는 방식에 약간의 변화를 주면 다양한 맛을 즐길 수 있다. 에스프레소에 우유, 크림, 초콜릿, 캐러멜 등 여러 가지 재료를 가미해 서로 다른 맛을 낼 수도 있다. 이렇게 에스프레소를 기본으로 삼고 향미에 변화를 준 음료를 음악 용어인 변주곡(Variation)을 붙여 '에스프레소 베리에이션(Espresso variation)'이라고 부른다.

왼쪽부터 룽고, 에스프레소, 리스트레토.

에스프레소 추출 시간과 양을 달리하면서 만들 수 있는 메뉴를 소개하면 아래와 같다.

① **에스프레소(Espresso)**: 에스프레소는 25~30ml를 추출해 60~90ml 용량의 잔에 제공한다.

② **리스트레토(Ristretto)**: 에스프레소보다는 적은 15~20ml를 짧은 시간에 추출해 에스프레소 잔에 제공한다. 진하면서도 부드러운 맛이 특징이다.

③ **룽고(Lungo)**: 에스프레소보다 많은 35~45ml를 추출한다. 부드러움과 쓴맛이 특징이다.

④ **도피오(Doppio):** 영어로는 더블(Double)이다. 두 배의 추출을 의미하기 때문에 도피오는 에스프레소와 리스트레토, 룽고 모두 가능하다. 룽고 도피오를 제외한 에스프레소, 리스트레토, 도피오는 모두 에스프레소 잔에 직접 받아서 제공한다.

2 | 다양한 에스프레소 응용 메뉴

다음은 에스프레소에 다양한 재료를 가미해 만든 메뉴들이다.

1) 아메리카노(americano)

에스프레소의 농도를 낮춘 커피이다. 에스프레소와 물의 비율은 1 대 4로 해서 맛을 본 뒤 기호에 따라 농도를 조절한다. 어떤 에스프레소이든 물을 이 비율로 섞은 것을 기준으로 삼아 경험을 축적하면 아메리카노의 맛을 보고도 원두의 상태를 가늠할 수 있다.

아메리카노

① 용량 180~270ml인 잔에 에스프레소 25ml을 추출한다.

② 뜨거운 물 100ml에 추출한 에스프로세를 붓는다.

③ 맛을 보고 기호에 따라 물의 양을 조절한다. 에스프레소 뿐 아니라 리스트레토, 룽고, 도피오를 추출해 다양한 농도의 아메리카노를 만들 수 있다.

> **용어정리**
>
> **롱블랙(long black):** 롱 블랙은 카페 아메리카노의 만드는 순서를 바꿔 뜨거운 물을 먼저 잔에 받고 그 위에 에스프레소를 추출해 넣는다. 이렇게 하면 크레마가 더 잘 유지된 상태의 음료를 만들 수 있다. 그러나 아메리카노도 물을 먼저 잔에 받고 에스프레소를 넣는 방식으로 제조하는 경우가 많다. 따라서 롱블랙은 제조 방식을 떠나 호주와 뉴질랜드에서 아메리카노를 부르는 명칭으로 이해하는 것이 옳다. 이 지역에서 숏블랙(short black)은 에스프레소를 의미한다.

2) 카푸치노(cappuccino)

에스프레소에 곱게 거품을 내고 데운 우유를 섞은 음료이다. 이탈리아 정통 방식의 카푸치노는 에스프레소 25ml에 우유를 4배인 100ml를 혼합한다. 다만 우유를 피처에 담아 에스프레소 머신의 스팀 노즐로 거품을 내고(foaming) 데워(steaming) 사용한다. 이렇게 되면 우유의 양이 거품까지 합해 125ml가 된다. 따라서 완성된 카푸치노 한 잔의 분량은 150ml 가량이 된다.

> **이탈리아 정통 카푸치노 만들기**
> ① 자기로 만든 180~200ml 잔을 2잔 준비한다.
> ② 커피 가루를 14g 담아 25초에 에스프레소 25ml(크레마 포함) 씩을 두 잔에 받는다.
> ③ 에스프레소를 추출하는 동안, 피처에 우유 200ml를 담아 거품을 내고 데운다.
> ④ 거품을 낸 우유를 또 다른 피처에 같은 양을 나눠 담아 각각 잔에 붓는다.
> ⑤ 이렇게 만든 카푸치노는 에스프레소와 우유, 우유 거품의 비율이 1 대 4 대 1이 된다.

3) 카페라테(Caffè Latte)

에스프레소에 곱게 거품을 낸 우유를 넣어 만드는 음료이다. 흔히 카페라테는 거품이 곱고 카푸치노는 거품이 거칠고 풍성하며 시나몬 가루를 뿌리는 것으로 구별한다. 그러나 이탈리아 정통 카푸치노를 보면 일반적으로 말하는 카페라테와 구별이 어려울 정도로 비슷하다.

1971년 스타벅스가 시애틀에 문을 열면서 카페라테를 주 메뉴로 선을 보이며 대중화했는데, 점차 거품의 상태에 따라 카푸치노와 카페라테가 분화된 것으로 보인다. 유럽과 미국의 스페셜티 커피전문점에서는 카푸치노를 도자기 재질의 잔에, 카페라테를 유리잔에 담아내는 경우가 많다. 두 음료가 서로 다른 문화를 만들어 가고 있는 것이다.

한국에서 흔히 볼 수 있는 카페라테의 제조법을 소개하면 아래와 같다. NCS(국가직무능력표준)가 제시하는 제조법은 다음과 같다.

① 카페라테는 용량 180~270ml 잔에 제공한다. 에스프레소:우유:거품의 비율은 1 : 5 : 1이다.
② 스팀 피처에 찬 우유 170ml를 준비한다.
③ 270ml 잔에 에스프레소를 추출한다.
④ 준비된 우유를 스티밍한다.
⑤ 추출한 에스프레소에 우유와 우유 거품을 부어 카페라테를 완성한다.

▶ **바닐라(또는 캐러멜) 라테**
바닐라(또는 캐러멜) 시럽을 10~20ml 잔에 먼저 넣고 에스프레소를 추출해 받는다. 나머지 순서는 카페라테 제조법을 따른다.

▶ **카푸치노와 카페라테**
카푸치노와 카페라테의 제조법은 국가나 지역에 따라 제 각각이어서 어느 한 기준이 옳다 그르다고 할 수 없게 된 실정이다. 하지만 에스프레소 원조국인 이탈리아가 정한 규정이 있어, 이런 혼선이 있을

카푸치노와 카페라테

때는 하나의 기준이 될 만하다. 이탈리아국립에스프레소연구소(NIIE)는 2007년 정통 카푸치노에 대해 "우유 100ml를 가지고 25ml가량 거품을 낸 거품우유 125ml를 에스프레소 25ml에 부어 용량 150ml잔에 담아낸다. 이 때 잔의 재질은 도자기이면 더욱 좋다"고 규정했다.

카페라테는 이탈리아 정통의 경우에는 우유를 거품내지 않고 데워 붓는 것이지만, 세계적으로는 카푸치노보다 거품이 적은 만큼 액체상태의 우유가 상대적으로 많다. 카페라테는 보다 부드러운 에스프레소의 맛을 내는 음료인 것으로 통용된다.

플랫화이트는 카푸치노와 카페라테와 사용하는 에스프레소의 양(25ml)이 같다. 반면 잔의 용량이 120ml 정도여서 섞이는 우유의 양이 적다. 따라서 자연스레 에스프레소의 맛이 더 부각된다.

카푸치노와 카페라테를 8oz(237ml) 쯤에 제공하는 커피전문점이 많은데, 이 경우 플랫화이트는 통상 5.5온oz(163ml)짜리 잔에 담아낸다. 플랫화이트를 처음 만든 곳을 두고 뉴질랜드와 호주가 경합을 벌인다. 그 시기에 대해선 1980년대인 것으로 의견이 모아지고 있다.

시간이 흐르면서 플랫화이트는 점점 더 에스프레소의 향미를 강하게 풍기면서도 우유의 맛 또한 끈적임을 연상케 할 정도로 농밀한 쪽으로 진화한다. 이에 따라 플랫화이트에는 에스프레소보다 향미가 더 농축된 리스트레토 더블 샷을 넣는 것으로 자리를 잡게 됐다.

또 다른 키워드는 '도자기잔(Ceramic cup)'이다. 카푸치노는 도자기잔, 카페라테는 유리잔, 플랫화이트는 도자기잔에 담아내는 것이 관습으로 굳어지고 있다. 일각에서는 유리잔에 마이크로폼 우유를 먼저 담고 그 위에 리스트레토 더블 샷을 부어 플랫화이트라고 제공하기도 한다.

진한 갈색의 커피가 마치 연기처럼 우유 사이를 퍼지나가는 모습이 멋들어지긴 하지만, 이는 플랫화이트가 아니라 라테 마키아토라고 부르는 것이 더 적절하다. 플랫화이트를 호주에서는 세라믹 머그잔(200ml)에, 뉴질랜드에서는 튤립모양의 컵(165ml)에 담아내는 경우가 많다.

4) 플랫화이트(Flat White)

우유를 스티밍할 때 거품을 거의 만들지 않고 에스프레소가 담긴 잔에 따른다. 아주 얇은 거품을 올렸다는 것을 보여주기 위해 국내에서는 주로 유리잔에 담아 제공한다.

플랫화이트가 호주 혹은 뉴질랜드에서 만들어져 세계에 퍼지기 시작한 지 어느새 30년이 훌쩍 넘었다. 플랫은 '평평하다', 화이트는 '하얀빛 우유'를 각각 의미한다. 에스프레소에 스팀으로 데운 우유를 섞어 만드는 방식은 카푸치노나 카페라테를 꼭 닮았다.

이름을 따라 모양을 떠올려보면, 컵 위로 불룩하게 거품이 쌓인 카푸치노가 아니라 윗면이 평편한 카페라테가 그려진다.

플랫화이트의 기원과 관련해 뉴질랜드 웰링턴에서는 재미있는 이야기가 전해진다. 한 바리스타가 카푸치노를 만들려고 했는데 우유 거품이 풍성하게 만들어지지 않아 손님에게 내놓지 못했다. 버리기가 아까워 자신이 마셨더니 에스프레소의 맛이 강하게 드러나고 질감도 매력적이었다. 그가 이 맛을 재현해 손님들에게 주었더니 반응이 더욱 좋았다고 한다. 한 마디로 실패한 카푸치노에서 플랫화이트가 탄생했다는 스토리이다.

플랫화이트

우유 거품이 평평하기는 카페라테도 비슷한 데, 플랫화이트는 무엇이 다른 것일까? 두 메뉴를 두고 혼선이 빚어지기는 미국, 영국, 호주, 대만 등 외국도 마찬가지이다. "무엇이 진짜 플랫화이트냐"를 두고 진행된 글로벌 인터넷 투표에는 수 천 명이 몰리기도 했다.

플랫화이트를 카페라테나 마키아토, 카푸치노와 구분 짓는 데는 대체로 네 가지의 키워드가 꼽힌다. 다시 말해 '플랫화이트의 4대 특징'이다.

첫째, '벨베티(Velvety)'이다. 에스프레소에 우유가 섞인 질감이 벨벳처럼 부드러우면서도 농밀한 느낌을 주어야 한다. 이를 위해선 곱게 우유 거품을 내고(Foaming), 데우는(Steaming) 바리스타의 능숙한 기술이 필요하다. 섭씨 100도를 훌쩍 넘으면서, 더욱이 강렬하게 분출되는 스팀으로 미세하게 우유에 공기를 주입하기란 결코 쉽지 않다.

찬 우유가 섭씨 37도를 넘기 전에 공기주입을 완료해야 하고, 그 이상의 온도부터는 공기가 들어가지 않도록 하면서 섭씨 65도~70도까지 우유를 데워야 한다. 우유가 섭씨 37도를 넘어선 상태에서 공기가 주입되면 거품이 거칠어지고, 섭씨 70도 이상이 되도록 우유를 데우면 유지방과 유단백질의 변성으로 인해 우유 비릿내 등 불쾌한 냄새가 나기 때문이다.

벨베티한 우유 거품은 라테아트를 하기에 좋아 흔히 에스프레소 윗면에 모양을 만들긴 하지만, 플랫화이트에 반드시 라테아트를 해야만 하는 것은 아니다. 대표적인 것이 스타벅스의 플랫화이트이다. 스타벅스의 플랫화이트는 윗면만 보면 카페 마키아토처럼 작은 동그란 모양만 있다.

둘째, '마이크로폼(Microfoam)'이다. 우유 거품이 벨베티한 느낌을 갖기 위해선 우유가 섭씨 37도가 되기 전에 섬세하게 공기를 주입함으로써 미세한 마이크로폼이 만들어지도록 해야 한다. 우유와 우유를 담는 피처를 냉장고에 보관해 섭씨 4도 안팎이 되도록 낮게 유지해도, 뜨거운 스팀으로 공기를 주입할 때 우유가 섭씨 37도가 되는 데에는 5~7초 밖에 걸리지 않는다.

그야말로 순식간에 벌어지는 일이다. 우유 거품이 마이크로 폼을 이루지 못하면 에스프레소와 잘 섞이지 않고 위로 뜨면서 카푸치노처럼 컵 위로 불룩 솟아오르게 된다. 이렇게 해선 윗면이 평편한 플랫화이트라고 할 수 없다. 플랫화이트의 거품은 매우 미세하게 만들어 액체 위로 뜨지 않고, 에스프레소와 우유가 섞여 이루게 되는 용액 속에 고르게 퍼져 있도록 만들어야 한다.

그렇게 해야 커피와 우유가 입안에서 하모니를 이룬다. 동시에 두 가지의 맛이 느껴져야 한다. 우유 거품, 우유용액인 듯한 느낌, 에스프레소의 정체성 등이 각각 따로 감지된다면 마치 홍시주스처럼 입에 감기는 듯한 플랫화이트의 매력적인 질감을 감상할 수 없다.

5) 카페 마키아토(Caffè Macchiato)

카페 마키아토는 에스프레소에 우유 거품을 올리는 음료이다. 에스프레소 잔(데미타스)을 사용한다. NCS(국가직무능력표준)가 제시하는 제조법은 아래와 같다.

① 300ml 스팀 피처에 우유 100ml를 따른다.
② 데미타스 잔에 에스프레소를 추출한다.
③ 스팀을 이용해 우유 거품을 만든다.
④ 우유 거품을 스푼으로 떠 에스프레소 위에 올린다. 거품을 올릴 때는 카푸치노처럼 가장자리 원이 유지되도록 중앙에 올린다.

※ 에스프레소 30ml, 우유 30ml, 우유 거품 30ml가 되면서 카푸치노에 비해 진한 맛과 향을 즐길 수 있다.

카페 마키아토

6) 라테 마키아토(Latte Macchiato)

시각적으로 보기 좋고 우유의 농도를 높여 만드는 메뉴이다. 240ml의 손잡이가 있는 유리잔을 이용해 층(Layer)이 형성되는 것을 볼 수 있게 한다. NCS(국가직무능력표준)가 제시하는 제조법은 아래와 같다.

① 설탕 시럽 20ml를 잔에 담는다.
② 100ml 정도의 우유를 스티밍한다.
③ 우유와 우유 거품 100ml 가량을 붓는다.
④ 시럽, 우유, 우유 거품이 잘 섞이도록 저어 준다.

라테 마키아토

⑤ 남아 있는 우유와 우유 거품을 부어 준다.

⑥ 에스프레소 1잔을 벨크리머에 추출한다.

⑦ 에스프레소를 잔의 중앙에 층이 만들어지도록 천천히 붓는다. 에스프레소, 우유, 우유 거품이 1 : 1 : 1의 비율로 층을 형성하면 좋다.

※ 응용 메뉴: 캐러멜, 바닐라, 헤이즐넛 라테 마키아토 캐러멜, 바닐라, 헤이즐넛 라테 마키아토는 각각의 시럽을 설탕 시럽 대신 넣어 만들면 된다. 고객이 설탕 시럽을 요구하면 작은 잔에 따라 줘 직접 농도를 맞추도록 하는 것이 좋다.

7) 캐러멜 카페 마키아토(Caramel Caffè Macchiato)

에스프레소에 우유, 우유 거품, 캐러멜 소스를 첨가하여, 캐러멜향과 소스의 단맛을 즐기는 음료이다. 200~250ml 정도의 잔을 사용한다. 일반 커피잔, 머그잔, 유리잔 모두 좋다. 우유는 거품을 얹고 캐러멜 소스로 드리즐(Drizzle)해야 하므로 곱게 스티밍 한다. 우유 거품은 1~1.5cm 생성시킨다. 에스프레소 추출량은 리스트레토, 에스프레소, 룽고, 도피오를 사용해서 다양한 맛을 만들 수 있다. 에스프레소는 크레마를 포함해 30ml를 기준으로 한다. NCS(국가직무능력표준)가 제시하는 제조법은 아래와 같다.

캐러멜 카페 마키아토

① 350~600ml 용량의 스팀 피처에 찬 우유 90~120ml를 따른다.

② 준비된 잔에 캐러멜 소스 15~20ml를 넣는다.

③ 벨크리머에 에스프레소 30~40ml를 추출해 담는다.

④ 스팀 밸브를 이용해 고운 우유 거품을 낸다.

⑤ 잔에 에스프레소를 붓고 바 스푼으로 잘 혼합한다. 유리잔일 경우, 캐러멜 소스 위로 에스프레소와 우유가 섞인 층이 보기 좋으므로 혼합하지 않는다.

⑥ 피처 안의 스티밍된 우유를 거품 스푼으로 막고, 잔의 상부에서 1~1.5cm 아래까지 우유액을 따른다.

⑦ 거품 스푼으로 거품을 떠서 잔 가장자리 부분부터 돌려 얹으며 잔 전체를 덮는다.

⑧ 캐러멜 소스로 드리즐 한다.

8) 카페모카(Caffè Mocha)

에스프레소에 우유, 초콜릿, 휘핑크림을 첨가해 초콜릿의 달콤한 맛과 휘핑크림의 부드러움을 즐기는 음료이다. 용량 200~250ml인 잔을 사용한다. 일반 커피잔, 머그잔, 유리잔 모두 적절하다. 휘핑크림을 얹지 않을 경우 곱게 스티밍을 해 만든 우유 거품을 얹는다. 휘핑크림을 얹을 경우 우유를 카페 라테용 수준으로 스티밍한다. 초콜릿은 소스 형태와 파우더 형태, 또는 생 초콜릿을 녹여 사용한다. NCS(국가직무능력표준)가 제시하는 제조법은 아래와 같다.

카페모카

① 350~600ml 스팀 피처에 찬 우유 90~120ml를 따른다.
② 준비된 잔에 초콜릿 파우더 15~20ml를 넣는다.
③ 에스프레소 30~40ml를 추출해 벨크리머에 담는다.
④ 스팀 밸브를 이용해 우유를 스티밍한다.
⑤ 잔에 에스프레소를 붓고 바 스푼으로 초콜릿 파우더가 잘 섞이도록 젓는다.
⑥ 스티밍한 우유를 잔의 상부에서 1~1.5cm 아래 선까지 따른다.
⑦ 휘핑기를 이용해 크림을 잔 내벽을 따라 원형을 그리며 쌓아 올린다.
⑧ 초콜릿 소스를 드리즐 한다.

9) 카페 콘 파나(Caffè Con Panna)

에스프레소에 휘핑크림을 첨가해 에스프레소의 쓴맛과 휘핑크림의 달콤한 맛을 동시에 즐기는 음료이다. 용량 60~90ml인 에스프레소 잔을 사용한다. 도피오 잔을 사용하기도 한다. NCS(국가직무능력표준)가 제시하는 제조법은 다음과 같다.

카페 콘 파나

① 티스푼과 잔 받침을 준비한다.
② 에스프레소 30ml(크레마 포함)를 추출해 잔에 담는다.
③ 휘핑기를 이용해 크림을 잔 내벽을 따라 원형으로 그리며 쌓아 올린다.
　※ 에스프레소는 휘핑크림의 양을 고려해 20~25ml를 추출하기도 한다. 스푼으로 에스프레소와 휘핑크림을 함께 떠서 즐긴다.

10) 카페 비엔나(Caffè Vienna)

에스프레소에 온수, 시럽(설탕), 휘핑크림을 첨가해 달콤함과 부드러움을 즐기는 음료이다. 용량 180~250ml인 잔을 사용한다. 커피잔, 머그잔, 유리잔을 사용하기도 한다. 에스프레소와 온수의 비율은 1 대 3 정도이며, 온수 대신 우유를 넣기도 한다. NCS(국가직무능력표준)가 제시하는 제조법은 다음과 같다.

① 준비된 잔에 시럽 10~20ml(설탕 5g)를 넣는다.
② 에스프레소 더블 샷(50~60ml)을 추출해 잔에 담는다.
③ 잔의 상부 1.5~2cm 아래까지 온수를 붓는다.
④ 휘핑기를 이용해 크림을 내벽을 따라 원형으로 그리며 쌓아 올린다.

카페 비엔나

11) 깔루아 커피(Kahlua Coffee)

에스프레소에 얼음, 우유, 깔루아를 첨가한 커피 칵테일 형태이다. 알코올과 달콤함을 즐길 수 있다. 용량 250~300ml인 유리잔을 사용한다. 에스프레소와 깔루아의 비율은 기호에 따라 2 대 1, 3 대 1, 4 대 1로 한다. 깔루아는 사탕수수를 재료로 만들며, 칵테일에서 많이 사용되는 리큐어(liqueur)이다. 단맛이 강하지만 알코올 도수가 20%이다. NCS(국가직무능력표준)가 제시하는 제조법은 다음과 같다.

깔루아 커피

① 벨크리머에 에스프레소 더블 샷(50~60ml)을 추출한다.

② 준비된 잔에 깔루아 30~40ml를 붓는다.

③ 얼음을 잔에 가득 채운다.

④ 잔에 우유 100ml를 붓는다.

> ※ 잔에 추출한 에스프레소를 붓는다. 에스프레소를 얼음 위로 부어 두터운 층(gradation)이 형성되게 한다. 우유에 부으면 그라데이션이 잘 형성되지 않는다.

12) 아이스 에스프레소

에스프레소에 얼음을 첨가하여 차갑게 만든 음료이다. 다음은 필요한 도구들이다.

① 스탠다드 쉐이커(Standard shaker): 얼음을 넣어 액체와 함께 흔들어 주면서 냉각시키는 도구이다. 캡(Cap), 스트레이너(Strainer), 보디(Body)의 세 부분으로 구성된다. 대체로 스테인리스 재질이다.

② 보스턴 쉐이커(Boston shaker): 스트레이너가 장착되지 않아 별도의 스트레이너가 필요하다. 믹싱 틴(Mixing tin)과 믹싱 글라스(Mixing glass)으로 이루어진다.

③ 스트레이너(Strainer): 믹싱 글라스에서 만든 음료를 잔에 따를 때 얼음이나 얼음 조각이 들어가지 않도록 거름망 역할을 하는 도구이다. 스프링 부분이 믹싱 틴의 안으로 들어가도록 장착해 사용한다.

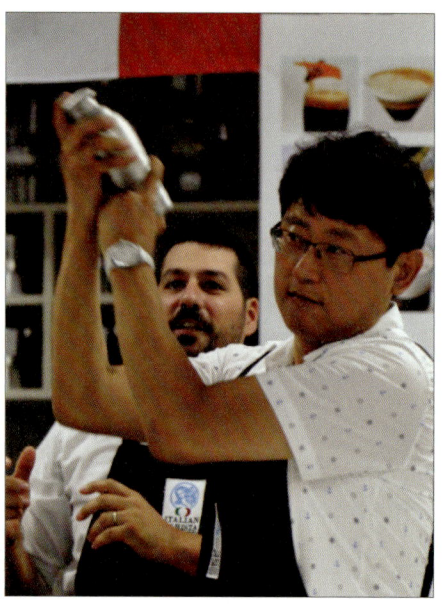

쉐이커를 사용해 아이스 에스프레소를 제조하는 모습.

④ 바 스푼(Bar spoon): 재료를 혼합하기 위해 저어주는 도구이다. 한쪽은 스푼, 다른 쪽은 포크 형태이다.

⑤ 샴페인 글라스(Champagne glass): 아이스 에스프레소를 담는데 사용하는 컵이다.

아이스 에스프레소 제조

① 에스프레소 더블샷(도피오)을 추출한다.
② 쉐이커에 플레인 시럽을 10~20ml 넣는다. 시럽을 미리 넣지 않으면 쉐이킹 과정에 발생하는 거품 때문에 당분이 잘 녹아 들어가지 않는다.
③ 쉐이커에 에스프레소 도피오를 넣는다.
④ 쉐이커에 얼음 6~7개를 담는다.
⑤ 쉐이커 캡을 검지로 누르고, 나머지 손가락은 쉐이커 몸통을 잡아 15~20회 힘차게 흔든다. 쉐이커가 없으면 바 스푼으로 충분히 젓는다.
⑥ 쉐이커 캡을 열어 잔에 붓는다.
⑦ 냉각을 유지하기 위해 잔에 얼음을 1~2개 넣는다.

13) 아이스 아메리카노(Iced Americano)

아메리카노에 얼음을 넣어 차갑게 만든 음료이다. NCS(국가직무능력표준)가 제시하는 제조법은 아래와 같다.

① 450ml(15oz) 아이스 잔에 얼음 1을 가득 채운다. 테이크아웃용 플라스틱 컵(14oz)에는 12~14개의 얼음이 들어간다.
② 차가운 물 120g을 잔에 붓는다.
③ 에스프레소 2잔을 벨크리머로 추출해 받는다.
④ 추출한 에스프레소를 물을 넣은 잔에 붓는다. 진한 커피를 원할 때는 2잔을 모두, 약한 커피를 원할 때는 1잔을 붓는다.

아이스 아메리카노

14) 아이스 카페라테(Iced Caffè Latte)

카페라테를 차갑게 즐기는 음료이다. 아이스 아메리카노에서 물을 차가운 우유로 바꾸어 제조하면 된다. NCS(국가직무능력표준)가 제시하는 제조법은 아래와 같다.

① 450ml(15oz) 잔에 얼음을 가득 채운다. 테이크아웃용 플라스틱 컵(14oz)에는 얼음 12~14개가 들어간다.
② 차가운 우유 120g을 잔에 붓는다.
③ 에스프레소 2잔을 벨크리머에 추출해 담는다.
④ 에스프레소를 우유가 담긴 잔에 붓는다. 진한 커피를 원할 때는 2잔을 모두, 약한 커피를 원할 때는 1잔을 붓는다.

15) 아이스 카푸치노(Iced Cappuccino)

아이스 카페라테보다 풍부한 우유 거품과 진한 에스프레소를 즐길 수 있는 음료이다. NCS(국가직무능력표준)가 제시하는 제조법은 아래와 같다.

① 450ml(15oz) 아이스 잔에 얼음 1을 가득 채운다. 테이크아웃용 플라스틱 컵(14oz)에는 얼음 12~14개가 들어간다.
② 차가운 우유 70g을 거품기(프렌치 프레스)에 따른다.
③ 설탕 시럽 10ml를 추가해 생우유의 비릿함을 잡고 달콤함을 높인다.
④ 에스프레소 2잔을 벨크리머에 추출해 담는다.
⑤ 우유 거품을 낸 뒤 냉동고에 30초 정도 넣어 안정시킨다.
⑥ 얼음을 넣은 잔에 차가운 우유 90g을 붓고 에스프레소 1잔을 넣는다.
⑦ 냉동고에 넣어 둔 거품기를 꺼내 위쪽에 있는 거친 거품을 제거한다.
⑧ 매끄러운 우유 거품 50ml를 에스프레소를 넣은 잔에 올려 준다.
⑨ 남은 에스프레소 1잔을 잔 중앙에 붓는다. 에스프레소를 나누어 넣는 것이 번거롭다면 한 번에 넣는 경우도 있다. 그러나 나눠 넣는 것이 완성됐을 때 보기에 좋다.

아이스 카푸치노

16) 블렌디드 카페모카(Blended Caffè Mocha)

카페모카를 아이스로 즐기는 메뉴이다. 취향에 따라 생크림을 올린다. NCS(국가직무능력표준)가 제시하는 제조법은 아래와 같다.

① 블랜더 컨테이너에 각얼음 12~14개를 넣는다.
② 블랜더 컨테이너에 초콜릿 소스 30ml 또는 초콜릿 파우더 3스푼을 넣는다.
③ 블랜더 컨테이너에 에스프레소 2샷을 추출해 넣는다.
④ 차가운 우유 150ml를 추가한다.
⑤ 컨테이너의 뚜껑을 닫고 블랜더를 작동시켜 얼음을 간다.
⑥ 450ml의 유리잔이나 플라스틱 컵을 초콜릿 소스로 장식한다.
⑦ 컨테이너에서 잔으로 옮겨 담아 제공한다. 보기 좋게 생크림과 초콜릿 장식을 하기도 한다.
　※ 바닐라 아이스크림을 한 스쿱 넣으면 얼음량이 줄고 더 달콤하고 진한 맛을 낸다.

17) 아이스 캐러멜 카페라테(Iced Caramel Caffè Latte)

에스프레소에 얼음, 우유, 캐러멜 시럽을 첨가한다. 캐러멜향과 시럽의 단맛을 즐길 수 있다.

① 300~450ml 용량의 잔을 준비한다.
② 캐러멜 시럽을 20~30ml 넣는다. 브랜드마다 농도와 당도가 다르므로 맛을 보고 사용량을 정한다.
③ 잔에 얼음을 가득 채운다.
④ 우유 100ml을 붓는다.
⑤ 바 스푼으로 시럽과 우유를 잘 섞는다.
⑥ 벨크리머에 에스프레소를 추출해 더블샷을 붓는다. 에스프레소는 크레마를 포함해 30ml를 기준으로 삼는다.

　※ 에스프레소를 얼음 위로 조심스럽게 부어 층(Gradation)이 형성되게 한다. 우유에 부으면 그라데이션이 잘 형성되지 않을 수 있다.
　※ 바닐라, 헤이즐넛, 토피넛, 마카다미아 등 시럽의 종류에 따라 다양한 맛의 아이스 카페라테를 만들 수 있다.

18) 아이스 캐러멜 카페 마키아토(Iced Caramel Caffè Macchiato)

에스프레소에 얼음, 우유, 우유 거품, 캐러멜 소스를 첨가한다. 잔은 용량 300~450ml짜리를 준비한다. 캐러멜 소스는 20~25ml 사용한다. 에스프레소 한 잔은 크레마를 포함해 30ml로 한다. 우유 거품을 1~1.5cm 두께로 올린 뒤 그 위에 캐러멜 소스로 드리즐(drizzle)해야 한다. 따라서 우유 거품을 미세하게 스티밍한다.

① 벨크리머에 에스프레소 도피오(더블 샷)를 추출한다.
② 에스프레소가 추출되는 동안 스팀 피처에 찬 우유 90~120ml를 따라 둔다.
③ 준비된 잔에 캐러멜 소스 20ml를 넣는다.
④ 잔에 추출된 에스프레소 도피오를 붓고, 바 스푼으로 소스와 잘 혼합한다.
⑤ 잔 상부의 1.5~2cm 아래까지 얼음을 채운다.
⑥ 계량컵으로 찬 우유 80~90ml을 측정해 잔에 붓는다.
⑦ 우유를 스티밍하거나 프렌치프레스를 이용해 곱게 거품을 낸다.
⑧ 우유 거품을 스푼으로 떠서 잔 가장자리부터 돌려 얹으며 잔 전체를 덮는다.
⑨ 캐러멜 소스를 보기 좋게 드리즐한다.

19) 아이스 카페모카(Iced Caffè Mocha)

에스프레소에 얼음, 우유, 초콜릿, 휘핑크림을 첨가한다. 초콜릿의 달콤한 휘핑크림의 부드러움이 매력적인 음료이다.

용량 300~450ml짜리 잔을 준비한다. 소스량은 20~25ml를 사용한다. 에스프레소의 양에 따라 사용하는 소스의 양이 달라진다. 초콜릿 소스 대신 초콜릿 파우더를 사용해도 된다. 에스프레소 한 잔의 양은 크레마를 포함해 30ml이다. 휘핑크림은 휘핑기나 프렌치 프레스로 만들 수 있다. 휘핑크림 대신 곱게 만든 우유 거품을 1~1.5cm 얹어도 좋다.

아이스 캐러멜 카페 마키아토

① 벨크리머에 에스프레소 도피오(더블 샷)를 추출한다.
② 추출되는 동안 준비된 잔에 초콜릿 소스 20ml를 넣는다.
③ 잔에 에스프레소를 붓고 바 스푼으로 소스와 잘 섞는다.
④ 얼음을 잔의 상부 아래 1.5~2cm 선까지 채운다.
⑤ 찬 우유 80~90ml를 잔에 붓는다.
⑥ 휘핑기를 이용해 잔 안쪽의 내벽을 따라 원형으로 그리며 쌓아 올린다.
⑦ 초콜릿 소스를 드리즐한다.

20) 아이스 카페 콘 파냐(Iced Caffè Con Panna)

에스프레소에 얼음과 휘핑크림을 첨가해 에스프레소의 쓴맛과 휘핑크림의 달콤한 맛을 어우러지게 한 음료이다. 용량 150~250ml인 유리잔을 준비한다. 머그잔을 사용하기도 한다. 휘핑크림은 휘핑기나 프렌치 프레스를 사용해 만든다. 에스프레소 한 잔의 양은 크레마를 포함해 30ml로 한다.

① 벨크리머에 에스프레소 도피오를 추출한다.
② 준비된 잔에 얼음 5~8개를 넣는다.
③ 잔에 에스프레소를 붓고 잘 젓는다.
④ 휘핑기를 이용해 잔 내벽을 따라 원형으로 돌리며 크림을 쌓아 올린다.

21) 아이스 카페 비엔나(Iced Caffè vienna)를 만든다.

에스프레소에 얼음, 냉수, 시럽, 휘핑크림을 첨가해 달콤함과 부드러움을 즐기는 음료이다.

용량이 250~300ml인 커피잔이나 머그잔, 유리잔을 사용한다. 에스프레소와 냉수의 비율은 1대 3으로 한다. 냉수 대신 우유를 사용해도 좋다.

① 벨크리머에 에스프레소 도피오(50~60ml)를 추출한다.
② 잔에 얼음을 가득 담고 냉수 60~90ml를 붓는다.
③ 잔에 에스프레소 도피오를 붓는다
④ 잔에 시럽 15~20ml를 넣은 후 잘 젓는다.
⑤ 휘핑기를 사용해 잔 내벽을 따라 원형을 그리며 크림을 쌓아 올린다.

22) 아포가토(Affogato)

아포가토는 아이스크림에 에스프레소를 얹어 떠먹는 커피이다. 용량 200~250ml인 유리잔을 사용한다. 아이스크림보다 농밀한 젤라또를 사용하는 것이 더 전통적이다.

① 아포가토 전용 에스프레소 샷잔(유리잔)에 농축된 리스트레또 도피오 30~40ml를 추출한다.
② 스쿱으로 아이스크림을 떠 유리잔에 담는다.
③ 아이스크림 위에 소스(캐러멜, 초콜릿 등) 또는 견과류를 얹기도 한다

※ 스쿱이 약간 미지근한 상태이면 아이스크림을 쉽게 떠낼 수 있다.

아포가토

에스프레소 커피 음료의 부재료

1. 설탕 시럽(Simple syrup)

차가운 음료에 설탕이 녹이기 힘들기 때문에 시럽을 사용한다. 설탕을 녹여 플레인 시럽을 만들 수 있는데, 크게 2가지 방법이 있다.

1) 불을 사용하는 방법
① 설탕과 찬물을 1 : 1 비율로 냄비에 넣는다.
② 약한 불에서 가열하며, 설탕이 완전히 녹을 때까지 나무 수저로 저어 준다.
③ 3~5분 가열하면서 생기는 막을 제거하고, 막이 생기지 않으면 가열을 끝낸다.
④ 완전히 식힌 후 밀폐 용기에 붓고 냉장고에 보관한다.

2) 불을 사용하지 않는 방법
① 사용 전날 설탕과 찬물을 2 : 1 비율로 사용할 용기에 넣고 잘 흔들어서 놓아 둔다.
② 다음날 완성된 시럽을 사용할 수 있다.

음료 부재료를 구입할 때 조성과 유통기한을 면밀히 따져봐야 한다.

2. 시럽(Syrup)

시럽은 향이 강하고 단맛이 난다. 소스보다 점도가 약하다. 커피음료 뿐 아니라 에이드, 과일주스, 모히토(mojito), 빙수, 아이스티 음료 등에 사용된다. 바닐라, 캐러멜, 헤이즐넛, 토피넛, 아몬드, 메이플, 홍차, 딸기, 키위, 레몬, 사과, 복숭아, 수박, 블루베리, 자몽, 라즈베리, 체리 시럽 등 종류가 다양하다.

3. 소스(Sauce)

시럽보다 점도가 강해 걸쭉한 소스는 커피음료와 스무디, 라테 음료 등에 사용된다. 생산업체에 따라 과일의 함량과 성분(농축액, 과즙, 과육 등)이 다르므로 잘 선택해야 한다. 냉장 보관해야 하거나 유통기한이 짧은 제품도 있으니 유의해야 한다. 소스 역시 시럽만큼이나 종류가 다양하다.

4. 파우더(Powder)

파우더는 미세한 분말 가루로 액체에 잘 녹아야 한다. 습기에 약하므로 밀봉해 보관해야 한다. 주로 커피음료와 스무디, 빙수, 라테 음료 등에 사용된다. 초콜릿, 자바칩, 캐러멜, 민트 초콜릿, 바닐라, 블루베리, 녹차, 레몬, 복숭아, 망고, 딸기, 바나나, 고구마, 오곡, 홍차, 요거트 파우더 등 종류가 다양하다.

5. 휘핑크림(Whipping cream)

휘핑크림은 크게 우유 지방으로 만든 동물성 크림(유크림)과 팜유, 식용유, 야자유 등 식물성 유지에서 추출된 식물성 크림(가공유크림)으로 나뉜다. 일반적으로 휘핑크림은 지방 38%, 물 62%로 이루어진다. 무가당 휘핑크림은 시럽을 넣어야 단맛을 충분히 낼 수 있다.

크림 휘핑기(Cream whipper)

휘핑기는 헤드, 스텐홀더, 고무링, 고무개스킷, 피스톤, 노즐홀더, 노즐(일자형, 튤립형), 가스홀더로 구성되어 있다. 휘핑기 몸체는 알루미늄, 스테인리스 재질로 이루어져 있다. 내부면은 코팅돼 있다. 용량은 250ml, 500ml, 1000ml 등이 있다.

휘핑기와 부품

1) 휘핑크림 만들기

① 휘핑기 헤드에 피스톤을 결합한다.
② 피스톤을 잡은 상태에서 노즐 홀더를 결합한다.
③ 메뉴에 따른 노즐(일자형, 튤립형)을 결합한다.
④ 차가운 휘핑크림을 휘핑기 용량의 70% 정도만 넣는다. 단맛이 나는 휘핑크림을 만들려면 시럽을 30ml 정도 첨가한다.
⑤ 휘핑기 헤드를 오른쪽으로 돌려 닫는다.
⑥ 가스 홀더를 휘핑기 입구에 잘 맞추어 빠르게 돌려 장착한다. "치익" 소리가 날때까지 압력을 가해 돌린다.
⑦ 휘핑기를 거꾸로 들고 강하게 위아래로 흔들며, 출렁거리는 소리가 들리지 않을 때까지 흔들어 준다.
⑧ 휘핑크림을 만든 후에는 반드시 냉장고에 보관한다.

2) 휘핑기 청소

① 휘핑기 안에 있는 휘핑크림을 모두 분출해 제거한다.
② 휘핑기에서 가스 홀더를 분리한다.
③ 휘핑기 뚜껑을 여는데, 잔존한 가스로 인해 휘핑크림이 튀지 않도록 천천히 가스를 제거하며 뚜껑을 분리한다.
④ 휘핑기 안을 세제와 온수를 사용해 세척한다.
⑤ 휘핑기 뚜껑 부분 안쪽의 스테인리스 홀더, 고무링, 고무개스킷, 피스톤, 노즐 홀더, 노즐(일자형, 튤립형)를 분리해 세척한다. 특히 피스톤에 크림이 끼어 있지 않도록 깨끗하게 씻어내야 한다.
⑥ 청소가 끝난 뚜껑의 부품들은 물기를 제거하고 건조시킨 후 조립한다.

에스프레소(Espresso)

에스프레소 추출 공식 Espresso's formula

- 1잔용 커피 용량 Dose by weight 7g ± 0.5
- 탬핑 강도 Tamping pressure 5~20kg
- 추출수 온도 Exit temp of water 섭씨 90~95도
- 적정 음용 온도 Temp of the drink 섭씨 65도 ± 3
- 추출 압력 Entry water pressure 9bar ± 1
- 추출 시간 Brew time 25sec ± 5
- 카페인 함량 Caffeine ≥100mg/cup
- 에스프레소 1잔 Result(including foam) 25ml ± 2.5

에스프레소 용어 Espresso Terminology

*포터필터(Portafilter) *필터바스킷(Filterbasket) *스파웃(Spout)
*네이키드 포터필터(Naked portafilter) *크레마(Crema) *바디(Body)
*하트(Heart) *도스(Dose) *도징(Dosing)
*디스트리뷰트(Distribute) *태핑(Tapping) *레벨링(Leveling)
*스톡플레스 동작(Stockfleths move) *스타우브 탬프(Staub tamp) *탬핑(Tamping)
*채널링(Channeling) *데미타스(Demitasse) *샷(Shot)
*퍽(Puck)

에스프레소 베리에이션 Espresso variation

에스프레소 Espresso: 14g / 25초 / 25ml
숏블랙 Short black: 호주의 에스프레소
리스트레토 Ristretto: 14g / 18~20초 / 20ml
룽고 Lungo: 14g / 30초 / 35~40ml
도피오 Doppio: Espresso + Espresso / Ristretto + Ristretto
아메리카노 Americano: Espresso 1(25ml) + Water 4(100ml)
롱블랙 Long black: 호주의 아메리카노
쿠바노 Cubano: 설탕을 넣은 에스프레소
로마노 Romano: 얇게 썬 레몬을 함께 제공하는 에스프레소
기예르모 Guillermo: 라임을 넣은 에스프레소
카페 크레마 Caffè crema: = 에스프레소 또는 스위스의 에스프레소

네이키드(naked) 포터필터를 거쳐 에스프레소가 추출되는 모습.

08 라테아트(Latte Art)

바리스타가 라테아트를 반드시 할 줄 알아야 하는 것은 아니지만 라테아트를 하는 능력은 바리스타의 전문성을 판단하는 지표가 될 만하다. 라테아트를 수행하기 위해서는 에스프레소 머신 운용과 그라인더 운용, 에스프레소 추출, 우유 스티밍, 크레마의 성질 이해, 에스프레소와 우유의 밀도 차이 이해 등 관련된 지식과 기술을 올바로 익혀야 하기 때문이다. 그러나 라테아트를 잘 구사하더라고 한 잔에 담기는 음료의 향미를 온전하게 표현해 내는 것이 중요하다. 겉보기에만 좋은 음료만을 만들어서는 안 된다.

1 | 라테아트의 기원지가 세계적으로 곳곳에 있는 이유

커피에 우유(라테)를 넣어 마시기 시작한 것은, 기록으로 전해지는 것만으로 치면 17세기 중반이다. 이 시기에 이탈리아, 프랑스, 영국 등 유럽 각국은 커피 대중화가 본격화하면서 카페가 성업을 이뤘다. 이쯤 베리에이션 메뉴가 탄생하기 시작했을 것으로 관측되는데, 1685년 프랑스 내과의사 시외르 모닌(Sieur Monin)이 위장장애를 호소하거나 쓴 커피를 주저하는 환자들에게 우유를 타 마실 것을 권했다는 기록이 있다.

라테아트는 바리스타의 숙련도를 나타내는 지표가 될 만하다.

차(茶)에 우유를 타 마신 것도 이쯤이다. 중국에서 유럽으로 홍차가 들어간 16세기에는 우유를 차에 넣어 마시는 사람들을 찾을 수 없었지만, 17세기 영국에서 홍차가 대중음료로 정착하기 시작하면서 우유를 홍차에 넣어 마시는 문화가 급속히 퍼졌다. 1655년 중국 황제가 영국 만찬회에 초청 받아 홍차를 마시고는 너무 떫어 우유를 넣어 마셨던 것이 기원이 됐다는 설도 있다.

커피가 우유를 만나 330여 년 간 어우러지면서 카푸치노, 카페라테, 에스프레소 마키아토, 라테 마키아토, 카페 사이공, 커피 프라페, 모카치노 등 다양한 베리에이션 메뉴를 잉태했다. 커피와 우유는 맛의 향연 뿐 아니라 '라테아트'라는 새로운 장르를 창조했는데, 커피가 우유를 받아들이는 순간 라테아트가 탄생하는 것이란 빛과 그림자처럼 숙명적이었다.

밤바다만큼이나 검은 커피용액에 우유가 하얗게 퍼져나가는 것을 보고 예술적 감성을 억누르기 어렵다. 하지만 우유가 커피보다 비중이 큰 탓에 연무(演舞)는 금세 '심연의 바다'로 가라앉는다. 커피 속에 우유로 무엇인가 표현해보고자 하는 원초적 욕구도 사라지는 아쉬움….

우유로 커피에 그림을 그리고 푼 마음을 달랜 지 270여년. 밀라노의 아킬레 가찌아(Achille Gaggia)가 피스톤의 원리를 응용한 레버식 에스프레소 커피머신을 개발, 추출압력을 9기압(bar)으로 올리면서 커피는 크레마를 갖게 됐다.

기체를 품은 작은 거품들로 이뤄진 크레마는 비중이 큰 우유를 커피 위로 뜨게 하는 일종의 부력을 제공한다. 여기에 머신의 스팀 덕분에 공기가 든 고운 거품들을 풍성하게 지닌 우유는 커피보다 비중이 작아지면서 마침내 커피를 도화지로 삼아 하트, 로제타, 튤립의 형상을 그려낼 수 있게 됐다.

카페 에스프레소를 토대로 한 라테아트를 누가 언제 시작했는지는 명확하지 않다. 1980년대 중반 미국 시애틀에서 유래했다는 주장이 있지만, 밀크폼을 커피에 따를 때 문양이 나타나는 것을 보고 스스로 라테아트를 깨우쳤다는 주장들도 세계 곳곳에서 넘쳐난다.

2 | 완벽한 라테아트를 만들기 위해 필요한 3박자

카페라테를 만들기란 녹녹하지 않다. 우유의 성분 중 지방은 거품 생성과 안정성에 중요한 역할을 한다. 지방함유량이 8%인지, 2%인지는 고운 거품뿐 아니라 커피 향미와의 조화에도 영향을 주는 요인이다. 또 스팀으로 거품을 내는 과정에서 커피의 단백질이 변성되지 않도록 작업을 섭씨 65~70도 이내에서 끝마쳐야 한다.

라테아트 - 하트(응용)

카페라테는 이처럼 에스프레소 추출(Brewing), 우유거품내기(Foaming), 붓기(Pouring) 등 3박자가 잘 맞아 떨어져야 하는 '종합예술'이다. 그러므로 카페라테는 더욱 엄격한 기준이 필요하다. 선명한 빛깔만을 염두에 두고 다크 로스팅한 원두만을 고집했다가는 향미의 밸런스가 깨지기 쉽다. 에스프레소 커피 위에 멋진 우유 문양이 그려진다 해도 맛이 없다면 소용이 없다. 향미가 제대로 된 카페라테가 아니라면 그것은 기만일 뿐이다. 영감을 피어 오르게 하는 향미를 잃지 않는 커피 본연의 역할을 오롯이 해내야 하는 것이다. 블렌딩을 통한 원두커피들의 하모니, 추출된 커피 오일성분의 에멀전(Emulsion), 고형성분 혼합체와 우유의 버터팻(Butterfat), 그리고 미세한 커피거품 속의 공기가 어우러진 콜로이드의 화학적-물리적 결합이 빚어내는 맛의 향연이야말로 우리가 라테에서 추구해야 할 가치이다. 겉보기에만 근사하고 우유 맛만 나는 밍밍한 카페라테는 천덕꾸러기일 뿐이다.

사실 라테아트를 만들기는 쉽지 않다. 에스프레소가 제대로 추출돼야 하고, 고운 우유 거품이 준비돼야 하며, 크레마를 안정시키며 잘 부어야 한다. 커피의 단백질 성분이 로스팅을 통해 제대로 발현될 준비가 돼 있어야 추출시 거품이 잘 만들어지고, 동시에 탄수화물 성분도 채비를 잘 하고 있어야 크레마가 오래 지속될 수 있는 것이다. 이를 위해선 원두의 신선도를 꼼꼼히 따져야 하고 추출압력(8~9바), 적절한 분쇄도, 포터필터에 담는 커피의 양, 추출시간 등 여러 가지 요소가 맞아야 한다.

3 | 라테아트의 완성도를 평가하는 6가지 지표

라테아트가 잘 됐는지는 우선 외관을 보고 시각적으로 판단하게 된다. 에스프레소와 우유의 대조와 모양의 위치와 대칭성 등을 평가한다. 이와 함께 라테아트는 카페라테로서 지녀야 할 향미의 조건을 갖추어야 한다. 아트가 제 아무리 멋지게 그려졌다고 해도 한 잔에 담긴 음료의 맛이 좋지 않다면 아무 소용이 없다. 다음은 라테아트를 평가하는 6대 지표이다.

6가지 지표를 고르게 만족시키는 라테아트

① **색상 대조(Color Contrast)**: 갈색의 에스프레소와 흰색의 우유거품이 극적인 대조를 이룰수록 아트의 모양이 선명해서 보기에 좋다.

② **위치(Position)**: 아트가 잔의 정 중앙부에 형성돼 상하좌우가 치우침이 없어야 한다. 아트의 대칭선이 잔 손잡이의 연장선과 수직을 이뤄야 한다.

③ **대칭(Symmetric)**: 아트가 좌우 대칭이 잘 될수록 좋다.

④ **양(Volume)**: 잔을 넘쳐선 안 되며 표면이 잔의 아래로 내려와 푹 꺼진 듯 보여선 안 된다. 아트의 크기는 잔의 가장자리에서 0.5cm~1cm까지 가득 차도록 하는 게 좋다.

⑤ **반짝임(Shiny)**: 우유 거품이 미세하고 고울수록 형성된 아트는 빛을 많이 반사시킴에 따라 반짝여 더욱 멋스럽게 보인다.

⑥ **맛(Flavor)**: 에스프레소와 우유의 비율을 잘 조절하고 우유를 적절한 온도로 거품냄으로써 한 잔에 담긴 음료가 향미적으로 카페라테로서 향미의 면모를 잘 갖추어야 한다.

> **라테아트 유의사항**
> - 우유의 위생관리를 철저히 한다.
> - 스팀 행주의 위생관리를 철저히 한다.
> - 에스프레소 머신의 스팀 막대의 위생을 철저히 한다.
> - 사용할 잔의 온도를 유지하는 것에 유의한다.
> - 사용할 잔의 물기를 완전히 제거하는 것에 유의한다.
> - 막 거품을 낸 팀 우유의 온도는 섭씨 65~70도가 되도록 한다.

4 | 우유 거품의 종류를 알고 라테아트에 임하라

1) 기본 폼(Semi Form)

라테아트를 만들 때 가장 많이 사용한다. 이탈리아 정통 카푸치노에 사용되는 우유거품이다. 우유 100ml로 125ml의 거품우유를 만드는 정도이다.

2) 웨트 폼(Wet Form)

라테아트에서 많이 사용하는 거품이다. 플랫화이트에 사용하는 얇은 형태의 우유 거품도 웨트 폼에 속한다. 외관이 거품이라기 보다 크림과 같은 고운 느낌을 준다.

3) 드라이 폼(Dry Form)

거품이 많이 발생해 푸석푸석해 보이는 정도이다. 밀도가 낮고 건조한 느낌을 줘 카푸치노와 카페라테에 적절하지 않지만, 최근 차가운 음료에 사용하는 경우가 늘고 있다. 사용하는 우유량의 2배 정도의 거품량을 만든다.

라테아트를 하기에 적절한 우유거품

5 | 라테아트를 위한 에칭과 푸어링의 세계

에칭　　　　　　　　푸어링

1) 에칭(Etching)

에칭은 바늘처럼 뾰족한 도구를 이용해 문양을 만드는 기술이다. 우유를 부으면서 문양을 만드는 기법에 비해 표현할 수 있는 방법이 많고 훨씬 섬세한 문양을 만들 수 있다.

2) 푸어링(Pouring, 붓기)

푸어링은 우유를 에스프레소에 부으면서 일정한 패턴이 형성되도록 하는 기술이다. 우유를 붓는 높낮이를 조절(Top-down)하거나 좌우로 흔들어(Roll from side to side) 미세한 우유 거품을 밀어냄으로써 문양을 만들어 낸다.

① 중앙 모으기

　　푸어링 방식으로 라테아트를 하는데 가장 기본적인 기술이다. 거품을 낸 우유를 에스프레소에 부으면서 문양을 잔의 정중앙에 형성되도록 하는 것이다. 크레마와 우유 거품의 밀도가 같아지면서 문양은 표면에 형성될 수도 있고 가라 앉을 수도 있다. 문양이 뜨느냐 가라앉느냐는 우유를 붓는 높이와 붓는 속도에 따라 달라진다.

　　- 탑다운(Top-down)

　　거품 우유를 붓는 높이와 붓는 속도에 변화를 줌으로써 만들어지는 문양의 크기를 조절할 수 있다. 우유의 거품 상태에 따라 문양이 너무 크게 만들어지는 경우라면, 붓는 높이를 올리면서 붓는 줄기를 가늘게 하면 문양이 생기지 않고 가라앉는다. 문양을 키우고 싶으면 붓는 위치를 낮게 하고 붓는 속도를 높이면 크기가 커진다.

- 좌우 흔들기

거품 우유가 담긴 스팀피처를 좌우로 흔들면서 우유와 거품을 부으면 문양에 결이 생긴다. 이때에도 원을 중앙에 모으고 크기를 조절하는 이치는 탑다운과 같다.

6 | 에칭을 이용해 라테아트를 마치 그림처럼 그리자

혜성 만들기(푸어링 & 에칭)

1) 소스를 이용해 혜성 만들기

① 거품 우유로 원반을 만든다.
② 원형의 바깥쪽을 소스로 두른다.
③ 에칭 펜으로 원형의 중심에서 바깥쪽으로 직선을 긋는다.
④ 이 직선을 상하좌우로 서로 90도를 이루도록 4개를 긋는다.
⑤ 선과 선 사이에 바깥쪽에서 안쪽으로 직선을 긋는다.

2) 소스를 이용해 플라워1 만들기

① 우유 거품으로 중앙에 원반을 만든다.
② 소스로 원반 바깥 쪽에 2개의 원을 그린다.
③ 에칭 펜으로 상하좌우로 중앙에서 바깥쪽으로 선을 긋는다.
④ 선과 선 사이에 중앙에서 바깥쪽으로 선을 긋는다.
⑤ 모든 선 사이에 바깥쪽에서 중앙으로 선을 긋는다.

3) 소스를 이용해 플라워2 만든다.

① 우유 거품으로 중앙에 원반을 만든다.
② 소스로 원반 바깥 쪽에 2개의 원을 그린다.
③ 에칭 펜으로 원의 바깥에서 중앙으로 8개의 선을 긋는다.
④ 에칭 펜으로 바깥쪽 소스를 스프링 형태로 돌리며 문양을 만든다.

4) 나비 만들기

① 좌우 흔들기 방식으로 중앙에 큰 원반을 만든다.
② 에칭 펜으로 우유를 찍어 두 개의 더듬이를 만든다.
③ 에칭 펜으로 크레마 부분에서 안쪽으로 3개의 선을 긋는다.
④ 2개의 선을 안쪽에서 바깥으로 그어 나비 모양을 만든다.
⑤ 에칭 펜으로 크레마를 살짝 찍어 위쪽 날개에 점을 찍는다.

> **TIP**
> - 에칭에 사용하는 소스는 빨리 녹지 않는 것으로 엄선해 사용한다.
> - 에칭 펜의 굵기가 다른 것을 몇 종 준비하면 더 좋은 효과를 얻을 수 있다.

7 | 마술처럼 그림을 떠오르게 하는 푸어링

1) 하트 만들기

① 스팀 피처와 컵을 되도록 눈에 가까운 높이까지 올린다. 일반적으로 손의 팔꿈치를 거의 어깨높이까지 올리라고 하지만, 푸어링 상태를 눈으로 잘 확인할 수 있다면 어떤 높이라도 상관이 없다.
② 피처를 흔들면서 우유와 거품의 밀도를 확인한다.
③ 다른 손으로 든 잔을 45도 가량 기울여 피처의 스파웃(spout)이 들어갈 수 있는 공간을 확보한다.
④ 기울어진 잔에 담긴 에스프레소의 가장 깊은 곳에 우유를 떨어뜨린 뒤 피처를 잔과 멀어지도록 살짝 위로 올린다.
⑤ 이때 우유 거품이 에스프레소의 표면에서 보이지 않도록 우유를 고르게 붓는다.
⑥ 다시 피처를 아래로 내리며 우유를 붓는다. 문양이 올바른 방향이 되도록 잔의 손잡이와 피처의 스파웃이 90도를 이루도록 한다.

⑦ 표면으로 우유 거품이 떠오르기 시작하면 기울였던 잔을 천천히 바로 세우는 동시에 우유를 붓는 속도를 높인다. 이 기법으로 인해 문양의 크기가 커진다.

⑧ 잔을 세우면서 스팀 피처를 45도 각도로 세우면서 우유를 붓는다.

⑨ 이 기법으로 인해 우유를 붓는 쪽이 원형 안으로 들어가며 하트 모양이 형성된다.

2) 결하트 만들기

연인 만들기(결하트 & 에칭)

① 1~5번까지는 하트 만들기와 같다.

② 스팀 피처를 아래로 내리며 피처를 좌우로 흔들며 우유를 붓는다.

③ 우유 거품이 떠오르면 잔을 바로 세우면서 문양이 적당한 크기가 될 때까지 계속 좌우로 흔들며 우유를 붓는다.

④ 잔이 바로 세워지면 스팀 피처를 45도 높이로 상승시키면서 우유를 붓는다.

⑤ 이 기법으로 원형에 우유가 들어가는 부분이 생기면서 하트 모양이 형성된다.

1. 흔들기의 횟수와 속도에 따라 문양이 다양하게 형성된다.
2. 붓는 과정에서 흔들기를 언제 하느냐, 멈췄다가 하느냐에 따라 문양이 달리 형성된다.

3) 2단 튤립 만들기

푸어링에서 우유를 붓는 동작을 멈추었다가 다시 하는 것을 '끊는 기술'이라고 말한다. 우유 붓는 동작을 끊어 준 뒤 다시 부으면 앞서 형성된 문양에 또 다른 문양을 밀어 넣는 방식으로 다양한 패턴의 아트를 할 수 있다.

① 1~5번까지는 하트 만들기와 동일하다.
② 좌우 흔들기를 하면서 우유 거품이 떠오르면 붓는 동작을 정지한다.
③ 정지한 부분에서 1cm 정도 뒤에서 다시 하트 만들기를 시작한다.
④ 잔을 바로 세우면서 피처를 45도 높이로 상승시키면서 우유 거품을 붓는다.
⑤ 동작을 멈추기 전까지는 잎사귀, 동작을 다시 한 뒤에는 꽃의 문양이 각각 만들어진다.

4) 3단 튤립을 만들기

3단 튤립과 로제타

① 1~5번까지는 하트 만들기와 동일하다.
② 좌우로 흔들며 우유를 붓다가 거품이 떠오르면 붓는 동작을 멈춘다.
③ 정지한 부분으로부터 0.5cm 정도 뒤에서 푸어링을 짧게 한 뒤 또 멈춘다.
④ 정지한 부분으로부터 다시 0.5cm 정도 뒤에서 푸어링을 시작해서 45도 방향으로 피처를 올리며 붓기를 마무리한다.
⑤ 첫 번째와 두 번째 끊어 주기 동작 전 만들어진 부분은 잎사귀, 마지막 동작으로 만들어진 부분이 꽃의 문양을 각각 형성한다.

5) 로제타 만들기

로제타 문양을 만들기 위해선 푸어링과 '물러나기 기술(Go-back pouring)'이 필요하다. 물러나기는 피처를 흔들며 후진하며 붓다가 들어올리며 앞으로 전진하는 기법이다.

① 1~5번까지는 하트 만들기와 동일하다.

② 피처를 아래로 내리며 우유를 좌우로 흔들면서 붓는다. 이 때 후진할 수 있는 공간을 만들기 위해 문양을 피처가 진행하는 앞쪽에 형성되도록 한다.

③ 피처를 흔들며 후진하면서 잔을 바로 세운다.

④ 후진할 때 문양이 지그재그로 형성되도록 간격을 조절한다.

⑤ 피처가 잔의 끝부분까지 후진됐을 때 피처를 10cm 정도 수직으로 들어올린다.

⑥ 피처가 올려진 상태에서 지그재그로 난 문양의 정중앙으로 우유를 가늘게 떨어뜨리며 앞으로 전진하면서 마무리한다.

TIP
- 크레마와 우유 거품의 색상 대조를 극대화 하기 위해 에스프레소 상태에서 잔을 회전시켜 크레마의 밀도를 맞추는 이른바 '크레마 안정화 작업'을 진행한다.
- 평소 스팀 피처에 물을 담아 잔에 푸어링하면서 이미지 트레이닝을 한다.

Note 8 라테아트의 과학

- 핸들링(Handling)
  - 피처를 잡은 손목의 힘을 빼면서 좌우 반동으로 우유 무늬의 결을 만들어내는 동작.

- 푸어링에서 피처의 높이
  - 너무 높으면: 낙차에 의해 우유가 에스프레소 위로 다시 솟구쳐 올라 무늬와 바탕을 구분하는 경계의 선명도가 떨어진다.
  - 너무 낮으면: 우유 거품이 불규칙하게 위로 떠 무늬와 바탕을 구분하는 경계의 선명도가 떨어진다.

- 크레마 안정화(Stabilization)
  - 흔히 스티밍한 우유를 에스프레소에 부을 때 잔이나 물줄기를 돌리면서 크레마와 우유가 잘 섞이도록 하는 동작을 '안정화' 또는 '스테빌리제이션'이라고 한다. 이른바 문양이 그려질 바탕을 고르게 한다는 취지이다. 그러나 크레마 안정화는 우유를 붓는 단계가 아니라 에스프레소를 추출하는 단계에서 밀도 있는 크레마가 형성되도록 정성을 기울이는 것이 더 중요하다.
  - 크레마에 가스가 지나치게 많지 않도록 하고 점성을 좋게 추출하면, 라테아트를 할 때 굳이 안정화라고 부르는 작업을 할 필요가 없다. 이런 경우에는 우유를 돌리며 부을 필요 없이 잔을 채우는 '볼륨업(Volume up)' 작업만 수행하면 된다.

- 우유 종류와 스티밍 시간
  - 우유를 너무 오래 가열하면 단백질 변성으로 인해 이취가 발생하고 건강에 유익한 박테리아가 사라진다.
  - 과하게 스티밍한 우유: '마이야드 반응(Maillard Reaction)'으로 인한 탈수와 산화로 우유 맛이 떨어짐.
  - 우유의 단백질 함량은 스티밍 시간을 결정하는 요소.
  - 지방을 제거하지 않아 단백질 비율이 낮은 전지우유(Whole Milk)는 크림처럼 두꺼운 거품 생성.
  - 지방을 제거해 단백질 비율이 높은 탈지우유(Skim Milk)는 공기가 많은 거친 거품 형성.
  - 지방이 많으면 거품이 오래 유지되지 못함.
  - 전지우유는 탈지우유만큼 거품이 오랫동안 지속되지는 않음.
  - 탈지우유는 고온일 때 거품이 더 잘 생성.
  - 아몬드 우유와 같은 비유제품 우유는 단백질의 함량이 낮아 가벼운 거품이 생성.

- 3대 우유 살균법
  ① 저온 살균법(Low Temperature Long Time: LTLT): 섭씨 63~65도에서 30분간 가열.
     - 파스퇴르 살균법
     - 유해한 병원균만 제거해 우유 본래의 향이 남고 단백질 변성이 낮아 우유의 맛이 진하게 느껴짐.

② 고온 순간 살균법(High Temperature Short Time: HTST): 섭씨 72~75도에서 15~25초간 살균.
- 덴마크식 살균법
- 품질 변화를 최소화하고 대량 생산

③ 초고온 순간 살균법(Ultra-High Temperature: UTT): 섭씨 130~150도에서 1~2초간 살균.
- 높은 온도로 순간적 가공해 우유의 미생물을 완전히 살균.
- 유통기한이 길어지고 단백질 변성으로 고소한 맛.

- 우유거품이 만들어지는 메커니즘
  ① 스팀노즐에서 수증기가 강하게 분출된다.
  ② 수증기의 분출되는 힘에 주변의 공기가 딸려 들어와 우유에 들어간다.
  ③ 우유에 들어간 공기는 지방 성분들이 다시 밖으로 나가지 않도록 붙잡아 둔다.
  ④ 우유의 온도가 올라가면서 단백질의 구조가 풀리면서 극성이 나타난다.
  ⑤ 단백질의 친수성-친유성 성격에 따라 지방과 공기를 감싸면서 미세한 거품을 형성한다.
    -이에 따라 공기를 주입한 뒤 온도를 올리며 섞어주는 동작이 필요한 것이다.

곰 만들기(푸어링 & 에칭)

토끼 만들기(푸어링 & 에칭)

09 핸드드립(Hand drip)

커피 추출 방식들 가운데 '핸드드립'은 명칭을 두고 적잖은 논란을 불렀다. 요지는 "핸드드립은 일본식 용어로 바람직하지 않다"는 주장이다. 이런 의견을 나타내는 사람들은 "핸드드립을 브루잉(Brewing)이라고 해야 옳다"고 말한다. 진위를 떠나 많은 사람들이 오랫동안 사용해 굳어진 말을 그대로 부르며 사용하는 것이 미덕인 것은 분명하다. 더욱이 핸드드립을 브루잉이라고 부르는 것도 옳지 않다. 브루잉은 "커피를 추출한다"는 의미로 커피를 추출하는 모든 방식을 아우르는 용어이다.

1 | 중력 이외에 그 어떤 힘도 작용하지 않도록 하라

에스프레소 추출이 커피 추출의 대다수를 차지하자, 커피 추출법은 크게 에스프레소와 브루잉으로 나누는 것으로 정착됐다. 따라서 핸드드립을 브루잉의 하나로 받아들이는데 큰 거부감이 없게 됐다.

이런 전제에서 "핸드드립은 물을 커피가루 사이로 흘려 보내되 중력 이외에 다른 압력이나 힘은 작용하지 않도록 추출하는 방식이다"고 정의하는 게 적절하다.

핸드드립한 커피의 맛은 여러 요인에 의해 영향을 받는다. 추출 조건이 같을 경우, 물의 온도가 낮으면 신맛과 떫은 맛이 강해지고 높으면 쓴맛과 날카로운 맛이 두드러진다. 물의 온도는 로스팅 정도를 고려해 정하는 것이 바람직하다. 약하게 로스팅 됐다면 섭씨 89~92도, 중간 정도는 섭씨 85~88도, 강하게 로스

핸드드립에서는 추출수의 중력 이외에 다른 힘이 가해지지 않는다. 박성민 CCA 교육팀장이 드립 추출을 하고 있다.

팅된 경우는 섭씨 80~84도가 각각 적절하다. 추출수의 온도와 추출된 커피 용액의 온도는 섭씨 15~18도 차이를 보인다는 사실을 고려해 추출에 사용하는 물의 온도를 결정한다. 추출에서 온도를 되도록 높게 유지하기 위해 드리퍼를 서버에 올려놓고 뜨거운 물을 부어 예열한다. 서버를 예열한 물은 잔 예열에 사용한다.

추출 시간도 맛에 영향을 끼친다. 같은 조건에서 추출 시간이 기준보다 길어지면 성분이 과다 추출된다. 일반적으로 2잔은 3분 정도, 5잔은 5분 정도에 추출을 끝낸다. 짧은 시간에 추출된 커피는 밍밍하고 시간이 너무 길어지면 쓰고 텁텁한 맛이 부각된다.

2 | 불림과 물 붓기가 얼마나 커피의 맛을 다르게 할까?

드립용 주전자로 물을 흘릴 때 물줄기가 흔들리지 않도록 한쪽 손은 테이블에 올리고 몸이 움직이지 않도록 균형을 맞춘다. 아울러 주전자를 일정한 속도와 방향으로 움직이며 일관된 물줄기를 만들 수 있다. 주전자를 움직일 때에는 서버나 드리퍼에 닿지 않도록 주의한다.

핸드드립 추출은 아래와 같이 진행한다.

1) **불림(Blooming):** 1단계로 물을 흘려 커피가루를 불리는 작업이다. 모든 가루의 추출 출발점을 똑같게 하는 작업이다. 동시에 불림은 커피 성분이 원활하게 추출될 수 있도록 가루 전체를 골고루 적시는 조치이다. 물은 일단 물길이 나면 계속 그 길로만 가려는 성질이 있다.

불림

2) **물 붓기(Pouring):** 물줄기를 정 가운데에서 시작해 나선을 그리며 바깥으로 나갔다가 다시 출발점으로 돌아온다. 물 붓는 방식은 다양하지만 커피가루의 비율과 물의 온도, 접촉시간을 맞추면 물 붓는 방식이 맛에 변화를 주는 정도는 크지 않다. 다만 물을 부을 때 물줄기가 가루의 가장자리와 드리퍼의 면이 접한 부분에 닿지 않도록 한다. 가장 자리는 바로 드리퍼에 닿아 있어 물이 커피를 성분을 추출하지 못한 채 서버로 빠지게 된다.

추출에 사용하는 커피가루의 양은 몇 인분을 추출하느냐에 따라 달리한다. 기준점은 커피가루와 물의 비율을 1 대 15로 하는 것이다. 아래와 같이 기준을 잡고, 실제 추출해 맛을 보면서 조건을 바꿔나가면 된다.

물 붓기

- 1인분: 커피 10g에 150ml 붓기
- 2인분: 커피 20g에 300ml 붓기
- 3인분: 커피 30g에 450ml 붓기

3 | 드리퍼의 물리적 구조를 파악하고 향미를 추측하라

드리퍼(dripper)는 종이필터를 놓고 커피가루를 담는 기구이다. 형태와 구조에 따라 같은 커피를 사용해 추출했더라도 맛이 달라진다. 드리퍼 내부는 리브(Rib)가 결처럼 나 있는데, 모양과 길이에 따라 물의 흐름과 가스의 배출에 영향을 주면서 다양한 맛을 낸다. 플라스틱, 동, 도자기 등 재질에 따라 보온성이나 경제성, 편리성 등 장단점이 있다. 커피를 추출할 수 있는 양에 따라 1~2인용, 3~4인용, 5~6인용 등으로 구별하기도 한다.

드리퍼는 칼리타, 멜리타, 고노, 하리오 등 4종류가 널리 알려져 있다.

멜리타 　　　　 칼리타 　　　　 고노 　　　　 하리오

구멍의 개수, 리브의 길이, 외형 등이 서로 다른 드리퍼

① 멜리타(Melita) : 드리퍼 바닥 중앙에 추출구가 1개 있다. 구멍의 지름은 3mm 정도이다. 드리퍼가 사다리꼴이며 내부에 리브가 직선으로 나 있다. 물과 접촉하는 시간이 길어서 바디감이 상대적으로 묵직하게 느껴진다. 너무 오랜 시간 물과 접촉하면 텁텁한 맛과 쓴맛이 강하게 드러난다.

② 칼리타(Kalita) : 추출구가 3개이다. 구멍의 지름은 5mm 정도이다. 리브는 멜리타보다 길게 드리퍼의 위까지 나 있다. 멜리타에 비해 추출속도가 빨라 상대적으로 부드러운 맛을 연출한다.

③ 고노(Kono) : 멜리타와 칼리타보다 추출구가 큰 것(지름 15mm 정도)이다. 물 빠짐이 빨라 물 붓기로 추출 속도를 조절할 수 있다. 따라서 맛의 연출이 멜리타와 칼리타보다 자유롭다.

④ 하리오(Hario) : 리브가 나선형이며 드리퍼의 끝까지 나 있다. 추출구가 고노보다 좀 더 크다. 구멍의 지름은 18mm 정도이다.

1) 드립추출을 만들어낸 독일의 '멜리타'

커피 추출의 역사에서 종이필터에 거르는 '여과법(filtration)'은 1908년 독일의 멜리타 벤츠(Melita Bentz) 여사에 의해 시작됐다. 벤츠 여사는 소문난 커피애호가였는데, 위장이 약했다. 커피를 어떻게 하면 부드럽게 해서 즐길 수 있을까를 고민하다가 커피 추출액을 종이에 걸러 마시는 것을 깨우치게 됐다. 아이들이 잉크 글씨가 번지지 않도록 종이를 덧대는 것에서 아이디어를 얻었다고 전해진다. 그녀는 놋쇠

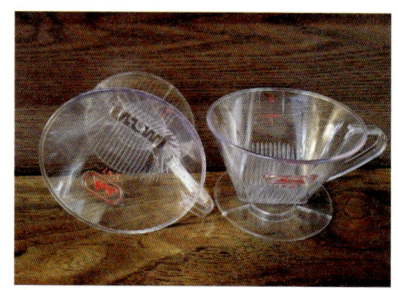

멜리타

그릇에 구멍을 뚫고 그 위에 종이를 올려 놓은 뒤 커피추출액을 종이 위에 부어 걸러 마셨다. 그렇게 했더니 속이 좀 더 편해짐을 느낄 수 있었다. 종이필터가 위장이 약한 사람들에게 통증을 유발할 수 있는 지방산 성분을 흡착한 덕분이었다.

2) '멜리타'를 흉내 낸 일본의 '칼리타'

칼리타는 멜리타가 탄생한 지 50년이 지난 1950년 일본에서 개발됐다. 구조가 멜리타와 비슷하다. 명칭도 '멜리타에서 따온' 또는 '멜리타를 흉내낸'이라는 의미를 지닌 '가라 멜리타(가짜 멜리타)'에서 유래한 것으로 전해진다. 그러나 칼리타 측은 커피의 독일어 표기(Kaffee)와 필터의 영어표기(Filter)를 조합해 만든 것이라고 주장한다.

칼리타

3) 원추형 드리퍼의 원조 '고노'와 '하리오'

고노는 원추형이다. 옆면이 사다리꼴인 멜리타나 칼리타와 모양이 확실하게 구별된다. 추출구가 1개이지만 새끼손가락이 들어갈 정도로 크다. 1925년 일본 도쿄에 ㈜커피사이폰을 설립한 고노 아키에서 딴 명칭이다. 개발시기를 보면 고노가 칼리타보다 20년 이상 앞선다.

하리오(왼쪽)와 고노

하리오는 고노와 비슷한 원추형이다. 추출구가 엄지손가락이 들어갈 정도로 고노보다 확실하게 크다. 내부 면에 돌출된 리브가 회오리를 연상케 하는 곡선형이며 윗면까지 형성돼 있어 종이필터가 밀

착되지 않는다. 그만큼 공기 흐름도 좋아 추출이 더 빨라진다. 일본어로 '유리의 왕'을 의미하는 하리오는 1921년 도쿄에 문을 연 유리제조회사의 명칭이다. 이 회사는 1964년부터 커피관련 용품을 유리로 만들었는데, 원추 모양의 각도가 60도를 이루어 'V60'로 명명된 하리오 드리퍼는 2004년에야 시판됐다.

> **드리퍼의 재질**
> - 플라스틱 드리퍼: 가격이 저렴하지만 보온성이 떨어진다.
> - 도자기 드리퍼: 보온성은 좋지만 열전도율은 낮아 예열이 중요하다.
> - 동 드리퍼: 보온성과 열전도율이 좋지만 비싸고 사용 후 잘 말려야 한다.
> - 융 드리퍼: 오일 성분을 종이만큼 흡착하지 않아 바디감이 좋고 부드럽다.

4 | 드립에 사용하는 모든 도구를 예열하라

1) 주전자

드립에 사용하는 모든 도구를 예열해야 향기를 최대한 한 잔에 담을 수 있다. 추출수의 온도가 도구를 만나 빨리 식을수록 향미는 빠르게 소실된다. 원두에 물이 어떻게 물리적으로 영향을 주느냐에 따라서도 커피의 맛이 달라지기 때문에 커피 포트의 형태는 일반 주전자와는 다르다. 가용성 성분을 잘 용해하려면 원두의 표면을 균일하게 적셔야 한다. 드립 포트의 배출구는 학의 목처럼 S자 모양이어서 '학구'라고 부르기도 한다. 배출구가 좁고 길어서 사용자가 물줄기를 조절하기 쉽다. 커피 포트의 재질은 스테인리스, 동, 법랑 등으로 다양하다.

커피의 향미를 잘 간직하도록 서버와 드리퍼를 예열한다.

2) 서버(Server)

서버는 드리퍼 밑에 놓고 추출된 커피 용액을 받는 용기이다. 약한 불에 직접 올려 보온을 할 수 있도록 내열 강화유리로 된 것이 많이 쓰인다. 1~2인용(300cc)부터 12인용(1200cc)까지 다양하다.

3) 계량스푼

커피 한 잔을 제공하기 위해 원두는 보통 10g을 사용해 150ml를 추출한다. 그러나 1인분이 정해져 있는 것은 아니다. 커피 10g으로 200ml를 추출하면 맛이 연할 것이고 100ml를 추출하면

진할 것이다. 취향에 맞게 커피 사용량과 추출량을 결정한다. 중요한 것은 매번 같은 방법으로 일관되게 해야 커피 사용량에 따른 맛의 방향성을 잡을 수 있다.

4) 종이필터

종이필터를 접는 이유는 접착제를 사용하지 않았기 때문이다. 접착제를 쓰면 추출과정에서 향미가 오염된다. 따라서 종이필터의 이음새는 압착돼 있다. 압착이 물에 풀리면 가루가 새기 때문에 종이필터를 접는 것이다.

드립용 종이필터 접기

① 멜리타 방식 필터 접기: 압착된 부분을 접는데, 밑부분부터 접고 옆부분은 그 반대방향으로 접는다.

② 하리오 방식 필터 접기: 고노와 하리오는 드리퍼의 밑면이 깔대기처럼 좁아진다. 깔대기의 모양을 한 종이필터에서 압착된 부분을 접는다.

5) 물 데우기

① 커피포트에 약경수의 물 혹은 정수물을 준비한다.

② 준비한 물을 100℃로 끓인 후 추출할 온도로 식힌다.

③ 커피포트의 물을 끓인 뒤 뚜껑을 열어둔 채로 30초 가량 두면 물의 온도가 섭씨 94~95도가 된다. 온도를 측정하면서 물이 식는 정도를 익혀 둔다.

물이 너무 뜨거울 때 식히는 방법

> **드리퍼와 서버 예열**
> ① 드리퍼를 서버에 올린다.
> ② 드립포트에 끓는 물을 붓는다.
> ③ 원하는 추출 온도(섭씨 88~90도)가 될 때까지 기다린다.
> ④ 드리퍼에 물을 부어 서버로 흘러 내려가게 하면서 두 도구를 예열한다.

5 | 드리퍼에 상관없이 추출을 똑같게 하는 이유

드리퍼의 종류에 따라 커피가루의 굵기와 물붓는 방식을 달리하는 경우가 많다. 그러나 드리퍼의 물리적인 구조에 따라 추출양상과 맛이 달라지는 것을 파악하기 위해선 항상 일정하게 추출하는 것이 유익하다. 드리퍼와 상관없이 커피가루의 분쇄도를 똑같게 하고 가루와 물의 비율도 1 대 15로 맞춘다. 추출시간도 3분~3분 30초로 맞춰 드리퍼에 따라 맛이 어떻게 바뀌는지를 아는 것이 핸드드립의 첫걸음이 돼야 한다. 이를 숙련한 뒤 아래와 같이 다음 단계로 넘어가는 게 좋다.

추출의 일관성을 지키기 위해 무게, 온도, 시간을 측정할 도구를 갖춰야 한다. 물의 온도를 측정해야 추출의 일관성을 지킬 수 있다.

바리스타는 에스프레소 뿐 아니라 핸드드립을 올바르게 수행할 수 있도록 커피를 적절하게 분쇄하고 물과 가루의 비율, 물의 온도, 추출시간을 조절할 줄 알아야 한다. 추출되는 커피의 맛은 추출수의 온도, 추출시간, 분쇄도 등에 따라 달라진다.

커피를 분쇄하면 물에 닿는 표면적이 넓어져 성분들을 보다 쉽게 추출할 수 있다. 어떤 드리퍼를 사용하느냐에 따라 적절한 커피가루의 굵기는 달라진다. 굵게 분쇄할수록 커피의 추출 시간은 길어진다. 에스프레소는 추출 시간이 25~30초인 반면 핸드드립은 3분 정도가 필요하다. 가늘게 분쇄한 커피가루는 자칫 추출 시간이 길어져 쓴맛이 강한 텁텁한 커피가 될 수 있다.

커피 가루의 굵기가 고를수록 가용성 성분이 고르게 추출돼 떫고 쓴맛을 줄일 수 있다. 입자의 크기가 너무 가늘거나 고르지 않으면 물이 커피 층을 통과하는데 시간이 오래 걸려 추출 속도가 늦어지고 쓴맛이 두드러진다. 원두를 미리 갈아놓으면 향기 성분이 날아가기 때에 추출하기 직전에 커피를 분쇄한다.

물이 커피 입자 사이로 스며들어 너무 오래 접해 있으면 성분을 과다하게 추출하게 되고, 그 결과 쓰고 텁텁한 맛이 두드러진다. 가루가 굵으면 물과 접하는 시간이 너무 짧아 성분이 적게 나오고(과소 추출), 밋밋하고 개성이 없는 커피가 추출된다.

6 | 물이 커피의 성분을 추출하는 메커니즘

커피 추출은 가루 입자 표면에 있는 성분을 씻어 내는 세정(Washing) 과정과 수용성 물질들이 입자 내부에서 표면으로 이동하는 확산(Diffusion) 과정을 통해 이루어진다. 세정은 뜨거운 물과 접촉하는 즉시 일어나지만, 확산은 일정한 시간이 경과한 후 진행된다.

그러나 커피 추출 용어는 침지, 침출, 여과, 투과, 우림, 달임, 가압 등 국가나 단체에 따라 다양하다.

추출수가 세정작용을 하는 사이 가스가 방출되고 있다.

1) 일본
- 세정: 표면에 있는 성분을 씻어 내는 과정
- 확산: 온수의 침투와 함께 내부에서 표면으로 성분이 이동하는 과정
- 용해: 성분을 녹이는 과정

2) 유럽
- 여과: 물을 흘러 내려가게 하고 나머지는 계류시켜 분리해 내는 과정
- 삼투: 고체 층에서 원하는 성분을 빼내는 과정

3) 미국
- 적심: 물을 넣어 커피 입자 사이의 공간에 있는 가스를 빼냄
- 추출: 수용성 향미 물질을 빼냄
- 가수분해: 비수용성 탄화수소 화합물이 물에 녹는 수용성의 작은 입자들로 분해되어 나옴.

Note 9

핸드드립에서 손맛이란?

커피를 추출하는 데 가장 중요한 요소는 '일관성(Consistency)'과 '재현성(Reproducibility)'이다. 이 덕목은 추출할 때마다 무게와 시간, 온도 등 모든 요인을 측정함으로써 달성할 수 있다. 추출할 때마다 측정하는 습관을 지니면 횟수가 늘어날수록 측정 도구로부터 자유로워질 수도 있다. 측정하지 않고 커피를 추출해 마시는 것을 긍정적으로는 '손맛을 즐긴다'고 표현한다.

그러나 핸드드립으로 대표되는 커피추출은 결코 '손맛'을 즐기는 게 아니다. 추출 조건을 똑같게 해서, 사용하는 커피가 어떻게 맛이 차이 나는지를 감상하는

손기술과 감에 의존하지 말고 측정 도구를 사용해야 한다.

것이 진정한 가치이다. 커피의 맛은 손맛이 아니라 어떤 커피를 사용했느냐에 따라 달라지는 것이다. 제 아무리 손놀림이 뛰어나다고 해도 품질이 좋지 않은 커피를 맛이 좋게 만들 순 없다. 그렇게 할 수 있다고 주장한다면, 그것은 기만이다.

같은 커피라도 시간의 흐름에 따라 변화는 미세한 맛을 알아채기 위해서는 추출 방법을 항상 같게 유지해야 한다. 이런 방식에 익숙해 지고 난 뒤, 추출법에 변화를 주면서 같은 커피 원두를 사용하더라도 다양한 면모를 즐길 수 있다. 아래의 내용들은 추출에 영향을 끼치는 사소한(?) 변수들이다. 굳이 '손맛'을 즐기고자 한다면 이런 요인들을 모두 고려해야 한다.

- **드립포트(주전자)의 모양**

  핸드드립에 사용하는 주전자는 물줄기가 안정적이며 일정하도록 디자인돼 있다. 물이 나오는 관(수출구)이 주전자 몸체의 아래쪽과 연결돼 있다. 또한 물이 나오는 관이 S자로 구부러져 있다. 이와 같은 구성은 물이 '확' 쏟아지는 상황을 줄여준다. 주전자를 돌리며 물을 부을 때 물줄기의 흔들림을 최소화하기 위한 것이기도 하다. 드립포트는 가뿐한 손놀림을 위해 가볍게 만든다. 따라서 두께가 얇은데, 이런 이유로 주전자 채로 열을 가하지 않고 다른 도구에서 물을 끓인 뒤 옮겨 담아 사용한다.

다양한 모양과 재질의 드립포트

- 일본식 물 붓기와 서구식 푸어오버(Pour Over)

  흔히 일본식 물 붓기는 "중력만 작용하도록 하는 것"이라고 설명한다. 물을 조심스레 자유낙하를 시켜야 하며, 그렇게 하지 않으면 물줄기가 뻗어 나가면서 커피 가루에 중력 이외의 힘을 작용시켜 추출이 왜곡된다고 보는 입장이다. 이런 관점에서 푸어오버 방식은 절대 해선 안 되는 행동이 된다. 물줄기가 뻗어 나가도 개의치 않고 편하게 붓는 푸어오버 방식을 수행하는 사람들은 물줄기가 뻗어나가는 힘이 커피 추출에 미치는 영향은 미미하다고 본다. 커피가루와 물의 비율(Brewing Ratio), 가루의 굵기(유속), 온도, 추출시간을 기준에 맞추면 물 붓기는 일부러 과하게 하지 않는 이상 큰 변수가 안 된다는 입장인 것이다.

  다만, 일본식 물 붓기를 하든 푸어오버를 하든 주전자를 너무 높이 올려 커피가루층이 깊게 패이거나 가루가 종이필터 윗부분까지 튀어 말라 붙게 하는 일은 없도록 해야 한다.

- "일본식은 '묵직한 맛', 푸어오버는 '가벼운 맛'"이라는 착각

  일본식으로 물을 부으면 '묵직한 맛'이 나고, 푸어오버 방식으로 부으면 '가벼운 맛'이 난다고 주장하는 것은 여러 측면에서 수정이 필요한 관점이다. 다른 추출 조건들을 같게 하면, 물 붓는 방식만을 달리 한다고 해도 이렇게 맛이 차이 나지 않는다. 묵직함과 가벼움은 상대적인 비교이다. 원두를 분쇄한 뒤 둘로 나눠 추출하면, 다시 말해 똑같은 원두를 같은 굵기로 분쇄해 추출하면 묵직함은 물과 가루가 더 오래 접촉하는 경우에 우세해진다. 추출수의 온도와 추출시간을 같게 할 경우, 맛의 묵직함과 가벼움에 끼치는 영향은 물 붓는 방식보다는 물이 커피가루 층을 빠져 나온 속도에 좌우된다. 결국 커피가루의 굵기가 완성된 한 잔의 커피의 향미에 더 많은 영향을 미치는 것이다.

- 드리퍼와 물 빠짐의 속도

  여타 추출조건이 같은 상황에서 물 빠지는 속도가 빠를수록 연하고 가벼운 커피, 느릴수록 진하고 묵직한 커피가 만들어진다. 유속은 드리퍼의 고유한 특징이다.

아로마 멜리타(왼쪽)와 칼리타는 리브의 형태가 서로 다르다.

하리오(왼쪽)는 회오리 모양, 고노는 직선형의 리브를 가지고 있다.

'리브(Rib)는 종이필터와 드리퍼 내부의 벽면 사이로 공기가 빠져나갈 수 있는 공간을 만들어 준다. 리브의 수가 많고 높이가 높을수록 커피층을 통과하는 물의 속도가 빨라진다. 리브가 없으면, 커피가 추출되는 속도가 눈에 띄게 떨어진다.

아랫면에 있는 추출구, 개수, 크기 등도 물 빠짐 속도에 영향을 준다. 미세하지만 드리퍼의 재질에 따라서도 보통 도기-금속-플라스틱 순으로 물 빠짐이 빠르다.

- 불림(Bloom)

핸드드립에서 첫 번째 물을 부을 때에는 커피가루가 전반적으로 젖게 만드는 '불림'을 진행한다. 흔히 '뜸들이기'라고 부르는데, 불림이 더 적절한 용어다. 커피 가루 1g이 2g가량의 물을 흡수하므로 사용한 커피 가루보다 2배 많은 질량의 물을 붓는다.

물로 가루 전체를 고르게 적신 뒤 추출하면, 우선 드리퍼에 들어 있는 커피 가루들이 고르게 추출될 수 있다. 다음으로 커피를 추출할 때마다 시작 상태를 똑같게 함으로써 일관성을 높일 수 있다는 장점이 있다. 이는 커피를 로스팅할 때 예열을 하는 목적과 같은 취지이다.

아울러 불림을 통해 가루 사이에 있는 가스를 차분하게 공기 중으로 날아가게 함으로써 가스가 추출에 미치는 영향을 매번 같은 정도로 제거할 수 있다. 결국 추출의 일관성을 위한 조치인 것이다.

일각에서는 불림 과정을 거치지 않으면 '싱거운 커피'가 된다고 주장하는데, 이는 잘못된 해석이다. 커피가 싱거운지 진한 지는 불림보다는 가루의 굵기, 물의 온도, 추출시간 등이 더 좌우한다. 따라서 불림은 추출에서 커피가루의 초기 상태를 똑같게 하고, 가루 사이에 있는 가스를 차분하게 제거함으로써 추출할 때마다 같은 조건을 만들기 위한 노력인 것으로 받아들이는 것이 바람직하다.

- "뜸들이다"는 2가지의 의미

"뜸을 들인다"는 것은 어떤 행동을 한 뒤 잠시 멈추는 것을 일컫는다. 이런 면에서 뜸들이기는 "물을 부은 뒤 아무 것도 하지 않고 기다리다"는 의미를 지닌다. 흠씬 열을 가한 뒤 뚜껑을 열지 않고 그대로 두어 속속들이 잘 익도록 하는 일도 뜸들인다고 한다. 이런 의미로 불림을 뜸들이기라고 하는 것은 잘못된 것이다.

- 린싱(Rinsing)

드리퍼에 장착한 종이필터를 뜨거운 물로 고르게 적시는 것을 뜻한다. 종이필터와 드리퍼 내부의 면을 밀착시키고 혹시 있을지 모를 종이 냄새를 제거하는 효과가 있다. 드리퍼와 서버를 예열하는 효과도 거둘 수 있다. 아울러 종이필터를 미리 적심으로써 커피 성분이 물과 함께 급작스럽게 빨려 종이로 빨려 들어가는 현상을 막을 수 있다.

- 필터 재질과 맛

필터의 재질에 따라 커피의 기름성분 흡착량과 물을 머금고 있는 시간이 달라지면서 맛에 영향을 끼친다. 기름 성분을 많이 흡착할수록 깔끔함이, 적게 흡수할수록 바디감과 촉감의 감도가 높아진다. 질감이나 두께에 따라 물을 머금고 있는 정도가 달라져 추출에 영향을 미친다.

융(Flannel)
- 많으면 100회까지 재사용하므로 관리가 중요하다.
- 천에 커피 찌꺼기나 이외의 냄새가 배어 커피의 향미를 떨어뜨릴 수 있다.
- 사용 후 세척을 해서 정수에 담아 보관하고, 보관 중 정수를 자주 교체해야 한다.
- 천을 꼭 짜서 밀봉한 다음 냉장고에 보관하기도 한다.

종이(Paper)
- 1908년 독일의 멜리타 벤츠(Melita Bentz) 여사가 착안.
- 백색은 표백을 했고, 갈색 필터는 표백을 하지 않음.
- 사용하기 전 이취가 있는지 체크.
※ 필터 종이를 접는 이유: 이음새가 접착제를 사용하지 않고 눌려 있는 것이므로 풀리지 않도록 하기 위한 조치이다.

콘(Cone)
- 스테인리스 스틸이나 티타늄 등의 금속 재질로 된 원추형 드리퍼
- 반영구적으로 사용할 수 있으나 비싸다.
- 추출 후 찌꺼기를 제거하고 청소하기가 불편하다.

콘 필터

- **바이패스(Bypass)는 기호에 따라**
  커피를 추출한 뒤 별도로 물을 넣어 희석하는 방식을 일컫는다. 농도가 진한 커피가 추출되므로 '엑기스 용법'이라고 말하기도 한다. 엑기스는 추출액(Extract)을 일본식으로 표현한 용어이다. 굳이 사용하려면 엑기스 대신 진액이라고 하는 게 옳다. 바이패스 추출법은 추출액의 농도를 높임으로써 우유를 섞는 메뉴를 만들 때 응용할 수 있다.

바이패스는 '희석법'이라 불리기도 한다.

- **교반(Stirring)의 효용성**

  물을 부어 불림을 하거나 추출을 할 때 막대를 이용해 커피가루를 저어 섞어주는(교반) 이유는 일관성과 재현성 때문이다. 불림에서 커피가루에 물에 뜨거나 빵처럼 부풀어 올라 물과 충분히 접촉하지 못함으로써 추출이 매번 일관되지 못하게 되는 것을 막기 위한 조치인 것이다. 물과 커피가루를 잘 섞어주면 가루를 충분히 적시고 물에 잠기게 도와 균일하게 추출하는 이점이 있다. 교반은 또한 드리퍼의 벽면에 붙어 추출에서 제외되는 가루들도 떨어뜨려 추출에 참여할 수 있도록 하는 동시에 바닥으로 가라앉아 추출을 방해하는 미분을 용액 전체로 흩어지게 함으로써 추출을 원활하고 일관되게 만든다.

- **물을 붓는 모양에 따라 맛이 달라진다는 과민함**

  일본식 물 붓기를 나선형으로 하는지, '8'자 형으로 하는지에 따라 맛이 달라진다고 주장하는 것은 과장이거나 과민함에 따른 것이라고 볼 수 있다. 물 붓는 모양이 중요한 것은, 그에 따라 맛이 달라져서가 아니라 일관성을 위한 하나의 장치일 뿐이다. 내릴 때마다 물 붓는 모양을 달리 하면 추출하는 커피에 대한 데이터가 쌓이지 않는다. 커피의 면모를 알 수 없다는 이야기이다. 추출하는 방법이 똑같아야 추출하는 콩을 구별할 수 있다.

물 붓기를 일관성 있게 만들어 주는 '더가비 마스터B'

- **드리퍼에 따라 추출법을 달리하는 '헛수고'**

  드리퍼마다 물리적인 구조가 다르다. 구멍의 개수와 크기, 리브의 개수와 길이, 경사각 등이 제 각각이다. 모양이 다르기 때문에 물을 붓거나 가루의 굵기를 다르게 해야 한다는 주장이 우세하지만, 잘 생각해보면 그런 노력은 조금 과장한다면 '헛수고'이다. 드러퍼의 모양에 맞춰 추출 조건을 달리하는 것은 한마디로 드리퍼의 구조에서 비롯되는 개성을 없애는 무모한 행동이다. 가루의 굵기, 물의 온도, 물 붓는 방식을 똑같게 해야 드리퍼의 물리적인 구조가 빚어내는 맛의 개성을 즐길 수 있다. 생김새가 다른 드리퍼의 쓰임새는 따로 있다. 예를 들어, 많은 분량을 추출해야 할 경우에는 멜리타보다는 물빠짐이 좋은 하리오를 선택하는 것이 바리스타 입장에서는 편리하다. 또 품종과 로스팅 정도를 고려할 때 산미가 두드러진 원두만 있는 상황에서 산미를 차분하게 만들어 마시고 싶다면 고노보다는 칼리타를 선택하는 것이 유리하다.

구조와 재질이 다양한 드리퍼

10 커피 브루잉(Coffee Brewing)

1 | 버큠포트(Vacuum Pot)

1) 탄생

① 1840년 스코틀랜드의 해양학자인 로버트 네이피어(Robert Napier)가 진공 여과식 용기(Vacuum-filled container)를 개발했다.

② 1842년 프랑스의 마담 배쉬(Madame Vassieux)가 상하 플라스크를 연결한 현재의 형태를 구상했다.

③ 1924년 일본의 고노 아키가 '사이폰(Syphon)'이란 명칭으로 대량 생산했다.

2) 원리

하부플라스크에 있는 물이 가열되면 수증기로 변하고, 수증기가 밀폐된 플라스크 속의 물에 압력을 가한다. 뜨거워진 물은 압력을 받아 로드를 통해 서서히 위로 올라간다. 상부플라스크에서 커피가루가 물을 만나 추출이 일어난다. 적절한 시간 뒤 열원을 제거하면 수증기의 압력이 사라지면서 커피성분을 추출한 액체가 로드를 따라 다시 아래로 내려온다. 이때 수증기가 사라진 하부플라스크에는 진공이 풀리면서 물을 보다 빠르게 아래로 떨어뜨리는 압력이 발생한다.

'버큠포트'에는 진공 압력이 작동하지 사이폰의 원리가 적용되는 것은 아니다.

3) 추출공식

커피가루 : 물 = 1 : 12 =(10g : 120ml)

추출 시간 = 40~60초

커피가루의 굵기 = 중간(Medium)(74쪽 표 참조)

4) 추출 순서

버큠포트(사이폰)

버큠포트 추출 순서

① 하부플라스크에 따뜻한 물을 담는다.
② 램프에 불을 붙여 하부플라스크를 가열한다.
③ 로드에 필터를 장착한다.
④ 물이 끓는 듯하면 로드를 하부플라스크에 연결한다.
⑤ 상부플라스크로 물이 올라가면 커피가루를 넣어 추출을 시작한다.
⑥ 스틱으로 커피가루를 저어 고르게 물과 접하도록 한다.
⑦ 열원을 제거한다.
⑧ 추출액이 하부플라스크로 내려갈 때 스틱으로 저어 벽면에 찌꺼기가 붙지 않도록 한다.

5) 추출 변수

① 스틱 사용에 따른 물리력
② 커피가루의 굵기(핸드드립보다 가늘게)
③ 추출 시간(대체로 1분 이내)
④ 필터의 재질(종이 또는 융)
⑤ 상부플라스크의 내면에 붙는 커피 찌꺼기

6) 특징

① 끓는 물로 성분이 추출돼 휘발성 향기들이 풍부하다.
② 추출이 끝난 뒤 필터에 남은 커피가루의 모양을 보고 추출과정을 평가할 수도 있다.
  - 벽면에 가루가 붙어 있지 않을수록, 쌓인 커피가루가 돔형으로 매번 일정한 모양을 이룰수록 추출의 일관성이 양호한 것이다.

③ 추출과정이 투명하게 보여 시각적으로 즐겁다.

7) 주의할 점

① 유리 재질이어서 깨지기 쉽다.

② 온도가 높게 올라가므로 화상에 주의한다.

③ 로드나 플라스크의 물기를 마른 수건으로 잘 닦아 가열시 깨지지 않도록 주의한다.

④ 사용한 융은 추출이 끝난 후 삶아서 커피의 오일성분을 제거하고 깨끗한 물을 넣은 밀폐용기에 담아 냉장 보관한다.

물이 끓기까지 상부플라스크를 걸쳐 둔다.

8) 추출 결과 평가

버큠포트 추출이 잘 진행됐는지를 판단할 수 있는 지표 중 하나가 '거품의 상태'이다. 거품은 휘발성 향미와 이산화탄소가 물과 만나면서 생성된다. 로드로 솟구친 물이 커피가루와 섞이고 계속 가열이 진행되면서 각종 가스가 액체의 표면으로 올라간다. 향기 성분은 대부분 이산화탄소에 결합되어 날아가므로, 거품이 적을수록 향도 부족하다고 볼 수 있다. 그러나 절대적인 것은 아니다. 커피가 어느 정도 볶인 것인지와 커피를 볶은 지 얼마나 지났느냐, 그리고 커피의 품종이 무엇이냐에 따라 거품의 생성 정도가 달라지기 때문이다.

9) 추출 응용

물이 끓어 로드로 올라갈 때 온도는 섭씨 95도 정도이다. 상부플라스크에 담기는 커피가루를 만날 때 물의 온도는 섭씨 90도 정도가 된다. 가볍게 볶은 원두를 사용할 때는 신맛이 상대적으로 두드러지므로, 물의 온도를 높이면 쓴맛을 좀 더 이끌어 낼 수 있다. 반대로 진하게 볶인 원두를 추출할 때는 물의 온도가 높아지면 쓴맛이 더욱 강조되므로 맛의 균형을 고려해 물의 온도를 조절해야 한다.

끓는 물이 로드를 통해 상부플라스크로 올라가 커피가루를 적실 때 찬물을 추가해 물의 온도를 낮추면 추출력을 낮춰 진한 맛을 줄일 수 있다. 하부플라스크의 물이 끓기 전에 로드를 플라스크에 연결해 물의 온도가 더 높아지기 전에 추출을 시작하는 것도 맛에 변화를 주는 방법이다. 물이 끓기 전에 로드를 연결하면 물이 올라가는 속도가 느리다. 이 때는 분쇄도를 상대적으로 굵게 하는데, 산미가 더 두드라지는 효과를 낼 수 있다.

스틱으로 젓는 이유?

커피 원두를 그라인더로 분쇄하면 통상 30% 가량만 크기가 같고 나머지는 크거나 작다. 상부플라스크에서 물과 섞인 커피 가루는 부력으로 인해 위로 갈수록 크다. 아래로 갈수록 입자의 크기가 작다. 특히 미분이 많으면 필터를 막아 추출 속도가 더욱 느려질 수 있다. 이렇게 되면 커피가루와 물이 만나는 시간이 기준보다 늘어지면서 떫은 맛과 잡미가 두드러진다. 따라서 커피 성분이 골고루 추출되도록 스틱으로 3~4차례(매번 횟수를 일정하게) 젓는다. 커피 가루가 물과 고르게 섞이도록 젓는 동작으로 인해 커피 가루의 찌꺼기는 원운동을 통해 돔형을 이루게 된다.

추출의 일관성을 위해 젓는다.

작은 쇠구슬의 역할은?

쇠구슬이 없으면 하부플라스크의 끓는 물이 폭발하듯 로드 위로 올라가 커피가루와 격렬하게 섞이게 된다. '로드'와 여과기를 고정하기 위해 사용한 속이 빈 쇠구슬 줄(넥타이핀에서 아이디어를 얻음)을 끓는 물에 길게 늘어뜨려 놓으면, 가열 시 속이 빈 쇠구슬 속에서 기포가 서서히 발생하기 때문에 폭발현상이 발생하지 않는다.

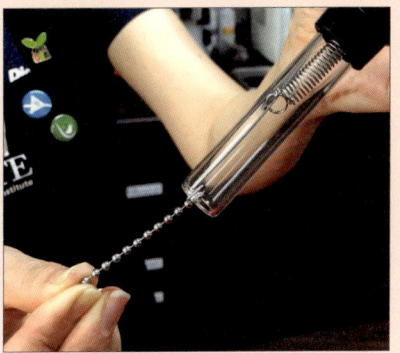

사이폰의 쇠구슬

2 | 터키식 커피 '제즈베(cezve)'

에티오피아에서 태어난 아라비카 커피는 예멘과 사우디 아라비아, 이집트, 이란 등을 거쳐 16세기 터키의 이스탄불에 도착했다. 이 때 커피는 더 이상 이슬람 수도승의 밤샘기도나 명상을 위한 종교음료에 머물지 않았다. 커피는 가정과 일터를 파고들면서 사람들을 불러모아 이야기꽃을 피우게 만드는 문화음료이자 기호음료로 승화했다. 커피의 대중화가 시작된 것이다.

당시 터키인들이 즐긴 커피 음용법은 500년이 다 되도록 오늘날까지 그대로 전승되고 있다. 유네스코는 2013년 '터키식 커피 문화와 전통(Turkish coffee culture and tradition)'을 인류가 보존할 가치가 있다고 판단해 인류무형문화유산으로 등재했다. 유네스코는 터키식 커피가 가장 오랫동안 사랑받고 있는 커피제조법이라는 점을 높게 평가했다. 터키 사람들은 지금도 제즈베(Cezve)라는 밑이 넓은 도구를 이용해 커피를 추출한다. 16세기 사람들이 커피를 추출하던 방식을 그대로 따르고 있다. 유네스코가 인정한 전통방식의 터키식 커피를 만드는 방법은 다음과 같다.

제즈베

"터키식 커피를 만들려면 매우 정교한 몇몇 단계를 거쳐야 하고 섬세한 기술이 필요하다. 우선 갓 볶은 품질 좋은 원두를 절구나 분쇄기를 이용해 매우 곱게 갈아야 한다. 다음으로 커피가루, 냉수, 기호에 따라선 설탕도 함께 제즈베에 넣고 불 위에 올려 표면에 거품이 생길 때까지 천천히 끓인다. 커피를 끓어오르게 하고 다시 불에서 멀리해 거품을 가라앉히는 것을 3차례 반복한다. 제즈베를 잠시 가만히 두어 물에 녹지 않는 가루를 가라 앉힌 뒤 잔에 따라 물 한 잔과 로쿰(Lokum, 과일 향이 나는 젤리에 설탕 가루를 입힌 것)과 함께 손님에게 낸다."

16세기 커피하우스가 터키의 작은 마을에까지 퍼지고 거의 모든 가정에도 제즈베 한 두 개씩은 장만해두고 늘 추출해 마실 정도로 커피가 유행했다. 제즈베 커피를 즐긴다는 것은 곧 오스만 사람들임을 나타내는 지표였다. 이 시기는 술레이만 1세(재위 1520~1566년)가 집권한 오스만 제국의 최대 전성기로 영토가 서아시아, 이집트, 이라크는 물론 발칸반도 일부와 북아프리카에까지 확장했다. 당시 이들 지역까지 마땅히 커피가 전해졌다.

제즈베 커피는 '이브릭(Ibrik) 커피'라고 불리기도 한다. 터키사람들은 제즈베와 이브릭은 다르다고 말한다. 이브릭은 주둥이의 모양이 새의 부리처럼 생긴 물병을 지칭하는 용어로 자주 쓰인다.

주둥이가 새의 부리처럼 생긴 이브릭

1) 추출공식

커피가루 : 물 = 1 : 10(10g : 100ml)
추출 시간 = 3~4분
커피가루의 굵기 = 매우 가늠(Extra Fine)

2) 추출 순서

1. 제즈베에 뜨거운 물(100ml)을 넣고 가열한다.
2. 커끓는 물에 커피가루(10g)를 넣는다. (설탕, 카르다몸, 정향 등을 함께 넣어도 좋다)
3. 커피가 끓어 오르기 전에 한 방향으로 세 번 저어준다.
4. 커피를 단순히 끓이는 것이 아니라 거품이 형성 되도록 가열을 하는 것이다. 거품이 끓어 오르면 제즈베를 불에서 들어 올리고 가라 앉히기를 3번 반복한다.

끓어 오르며 도구에 달라붙는 커피가루가 색다른 맛을 낸다.

5. 1~2분간 커피가루가 가라 앉히고 데미타스 잔에 조심스레 붓는다.

※ 터키 사람들은 데미타스에 남은 커피가루가 만드는 무늬를 보고 점을 치기도 한다.

잔에 남은 커피 자국으로 운명을 점치기도 한다.

※ 데미타스(Demitasse) : 작은 커피잔 또는 에스프레소와 같은 강한 향미의 커피를 일컫는다. 프랑스에서 온 말로 'Demi(반)'와 'Tasse(잔)'의 합성어이다. 보통 커피 잔(4oz, 120ml)의 반 정도이다. 이탈리아어로는 데미타쩨(demitazza)라고도 하는데, 에스프레소나 터키시 커피를 담는 잔이다.

※ 거품 가라앉히기 횟수가 4번이건 2번이건 중요치 않다. 일정하게 조건만 유지해 준다면 상관이 없지만 통상적으로는 전통을 따르기 위해 3번 해준다. 설탕 또는 파넬라(정제 되지 않은 원당), 카르다몸을 함께 넣어 끓이면 좀 더 풍성한 향미를 즐길 수 있다.

3 | 모카포트(Stove-Top Pot, Moka Pot)

1) 탄생

이탈리아의 알폰소 비알레띠(Alfonso Bialetti)가 1933년 개발해 '모카 익스프레스(Moka Express)'라는 명칭으로 대량 생산했다. 무카 익스프레스(Mukka Express)는 커피가 추출되면서 거품을 낸 우유와 섞이도록 구조를 수정한 모카포트이다. '비알레티 브리카(Bialetti Brikka)'는 상단부에 있는 추출구를 일정 압력에 달할 때까지 막아둠으로써 추출압력을 높인 도구이다. 에스프레소처럼 압력이 9바에 달하지 않지만 모카포트보다 크레마가 풍성하게 형성된다. 수증기의 압력은 모카포트에서는 1~2바, 브리카에서는 4~5바가 만들어진다.

다양한 형태의 모카포트

2) 원리

밀폐된 용기 안에서 물을 가열함으로써 수증기압을 형성하고, 이 압력이 커피가루 사이로 뜨거운 물을 밀어 올리면서 성분을 추출한다. 하단부에 담긴 물이 끓으면서 발생하는 수증기가 필터바스켓에 담긴 커피가루를 통과하면서 성분을 추출한다. 성분을 빼낸 물과 수증기가 상단부의 추출기 둥을 통해 위로 올라가고 압력이 풀리면서 액체와 거품 형태로 용기에 담긴다.

추출압을 높인 모카 익스프레스

3) 추출공식

커피가루 : 물 = 1 : 10(14g : 140ml) / 용기에 담을 수 있는 양이 정해져 있다.
추출 시간 = 4~5분
커피가루의 굵기 = 가늠(Fine)

4) 추출 순서

모카포트 추출 순서

① 물을 미리 끓인다. 물을 미리 끓이지 않으면 커피가 추출되는 것이 아니라 익게 된다. 그렇게 되면 쓴맛과 금속성 맛이 강해진다.
② 뜨거운 물을 모카포트의 압력용기 내부 선이 있는 데까지 붓는다.
③ 필터바스켓에 커피를 담고 장착한다.
④ 커피가루의 윗면을 편평하게 한다.
⑤ 상단부 용기를 돌려 잠근다. 마른 행주로 뜨거운 물이 들어 있는 아래 용기를 잡고 상단부 용기를 장착한다. 뜨거우므로 화상을 주의한다.

⑥ 스토브에 모카포트를 올린다. 화력을 너무 강하지 않게 한다. 뚜껑을 열어 두고 추출이 시작할 때까지 기다린다. 처음에는 가늘게 흐르다가 칙칙 소리를 내며 요란하게 추출액이 나오지만 곧 차분해진다. 추출액이 노란색을 띠면 뚜껑을 덮고 모카포트를 스토브에서 내려놓는다.

⑦ 아래 용기를 행주로 감싼다. 뜨거운 아래 용기를 마른 행주로 감싸 찬물에 담고고 추출이 멈출 때까지 기다린다. 좋은 향미를 유지하기 위한 조치이다.

⑧ 작은 컵에 조금만 따라 마신다. 양은 적지만 향미가 강하고 진하기 때문이다.

5) 특징

① 불에 끓이는 전통적인 방식으로 에스프레소 만큼이나 이탈리아를 상징하는 추출법이다.

② 끓는 물이 수증기로 바뀌어 커피가루를 지나면서 압력이 가해져 성분을 추출한 뒤 다시 액화된다.

③ 향미가 드립 커피보다 에스프레소에 가깝다.

④ 끓는 물과 함께 압력이 가해지면서 커피가루로부터 카페인과 향미 성분을 더 많이 뽑아낸다.

수증기압 덕분에 진한 성분이 추출된다.

4 | 콜드브루(Cold Brew)

콜드브루는 "찬물로 커피성분을 추출한다"는 의미다. 브루는 "와인이나 맥주를 양조하다"는 뜻으로 주로 사용하지만, "물로 커피나 차의 성분을 우려내다"는 쓰임새도 있다.

바리스타는 찬물로 커피 성분을 추출함으로써 부드러운 맛을 내는 더치커피의 제조법과 특징을 올바르게 실행하고 설명할 수 있어야 한다. 더치커피는 지방산의 추출을 줄임으로써 자극적인 느낌을 줄인 커피이다. 찬물에 잘 녹아 내리지 않는 카페인의 함량을 줄일 수 있다. 하지만, 커피가루와 물이 만나는 시간이 짧게는 3시간, 길게는 24시간까지 늘어지면서 한 잔에 담기는 커피의 카페인 함유량은 드립커피와 큰 차이를 보이지 않는다.

찬물로 추출하는 커피는 '콜드브루 커피(Cold brew coffee)'와 '더치커피(Dutch coffee)'로 나뉜다. 전자는 개발자의 이름 따 토디방식(Toddy cold brew), 후자는 개발된 일본의 지명을 따 교토방식(Kyoto cold brew)라고 부르기도 한다.

교토방식

1) 더치커피(Dutch Coffee)

더치(Dutch)는 '네덜란드의~'라는 형용사로, 더치커피를 직역하면 '네덜란드 사람들의 커피'가 된다. '비용을 각자 부담한다'는 뜻으로 통용되는 '더치페이(Dutch pay)'만큼이나 엉터리 표현이다. 네덜란드 사람들은 계산을 각자하는 인색함이 풍기는 표현에 자신들이 비유된다는 점을 몹시 황당해한다. 그 강도만큼이나 찬물로 똑똑 우려내는 커피의 명칭에 '더치'가 사용된 것도 의아하게 생각한다.

더치커피는 일본인들이 만든 조어다. 에도막부 시대(1603~1867)에 도쿠가와 이에야스가 그리스도교 포교를 금지한 탓에 영국·프랑스와 달리 종교색채가 없던 네덜란드는 혜택을 누렸다. 1700년경부터 나가사키에 진을 치며 독점적으로 무역을 했는데 이때 일본에 커피가 전해졌다는 주장도 있다.

네덜란드는 당시 식민지배를 하던 인도네시아 자바의 커피 밭에서 생두를 배에 실어 암스테르담으로 실어 날랐다. 선원들이 오랜 항해 기간 흔들리는 범선에서 안전하게 커피를 마실 묘안을 짜낸 것이 더치커피라는 게 일본인들 주장이다.

네덜란드 선원들이 큰 통에 커피가루를 담고 찬물을 부어 하루 동안 우려낸 뒤 마셨다는 것이다. 그런데 정작 네덜란드 사람들은 "더치커피를 알지 못한다"며 고개를 젓는다. 더치커피는 정확하게 말하면, 일본식 워터드립(Japanese cool water drip)이다. 찬물을 방울방울 떨어뜨리기 때문에 점적(點滴)식 또는 적하(滴下)식이라고 한다. 이 방식을 미국인들은 드립핑(Dripping)이라고 칭했다.

한 방울씩 추출되는 더치커피

더치커피를 유행시킨 일본커피체인점 '홀리스카페(Holly's Cafe)'가 교토를 거점으로 삼고 있었기 때문에 '교토커피(Kyoto coffee)'라고도 했다. 더치커피가 일본에서 발명돼 세계로 퍼져 '콜드브루'라는 새로운 영역을 구축했다고 보는 사람들이 적지 않다. 그러나 그런 관점은 재고의 여지가 많다. 교토의 홀리스카페가 문을 연 시점은 1979년 즈음이다.

2) 토디 콜드브루(Toddy Cold Brew)

미국 코넬대에서 화학을 전공한 토드 심슨(Todd Simpson)이 1962년 과테말라에 여행을 갔다가 힌트를 얻어 콜드브루를 개발했다. 그는 과테말라의 한 마을에서 농축된 커피추출액에 뜨거운 물을 부어 즉석에서 간편하게 커피를 대접하는 것을 보고 영감을 얻었다고 전해진다. 집으로 돌아온 그는 찬물에 커피가루를 3~4시간 담가두는 침적(浸積)식으로 커피농축액을 만들어 필요할 때마다 물을 부어 마셨다.

커피 추출에 쓰는 물이 차가우면 뜨거울 때보다 향미를 더 많이 액체에 담아둘 수 있다. 동시에 위장을 괴롭히는 오일(Oils)과 지방산(Fatty acids)이 우러나는 양이 줄어든다. 이 덕분에 토디의 커피는 향미가 부드럽고 속을 편안하게 해주는 커피로 환영을 받으며 널리 퍼졌고 '토디 콜드브루'라는 명성을 얻게 됐다.

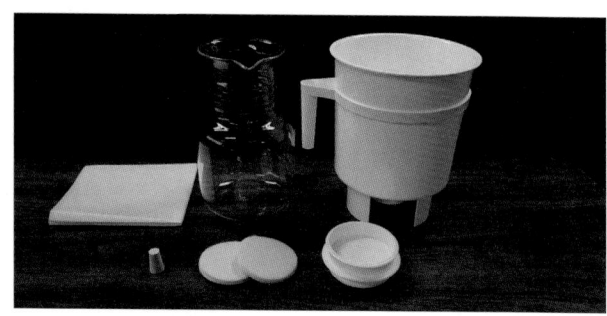

토디 콜드브루에 사용되는 도구

콜드브루 커피와 더치커피는 기원과 추출방식이 엄연하게 다르면서도, '찬물추출 커피' 또는 '냉침(冷浸) 커피'라는 공통점을 갖고 있다. 그 역사는 인스턴트커피의 개발(1901년)보다 반세기가 늦지만 여전히 진화하고 있다. 콜드브루 커피에 질소를 넣어 흑맥주처럼 마시는 '질소 커피(Nitro coffee)'가 좋은 사례이다.

3) 추출공식

〈더치 방식〉

커피가루 : 물 = 1 : 12(50g : 600ml)

추출 시간 = 3~24시간

커피가루의 굵기 = 약간 가늠(Medium Fine)

〈토디 방식〉

커피가루 : 물 = 1 : 4(300g : 1.2L)

추출 시간 = 3~24시간

커피가루의 굵기 = 약간 가늠(Medium Fine)

4) 추출 순서

〈더치 방식〉

교토방식 추출 순서

① 바닥에 필터를 깔고 커피 가루를 드리퍼에 넣은 뒤 수평을 맞추기 위해 탬핑을 한다.
② 커피가루의 2배 정도가 되게 물을 붓고 불림을 한다.
③ 떨어지는 물이 고르게 퍼지도록 가루 표면에 종이 필터를 덮는다.
④ 물이 떨어지는 속도를 2초에 한 방울(1분에 30~40방울) 정도로 맞춘다.
⑤ 원두가 볶인 정도와 가스 배출 정도에 따라 부풀림이 심한 경우가 있으니 수시로 커피가루의 불림 상태를 확인한다.
⑥ 물이 떨어지는 속도가 바뀔 수 있으므로 수시로 확인한다.

〈토디 방식〉

① 커피가루 300g 정도를 천 주머니에 담아 통에 넣고 물을 1.2리터 붓는다.
② 결과물의 맛에 따라 비율을 적절하게 바꾼다.
③ 이물질이 들어가지 않도록 뚜껑을 덮어 실온에서 추출한다.(냉장고에 넣고 추출할 경우에는 냄새가 스며들지 않도록 단단히 밀봉하고 추출한다. 온도가 낮을수록 추출력이 떨어져 시간을 길게 한다.)

토디 방식 추출

> **TIP** 점적식(點滴式)과 침출식(浸出式)
>
> 점적식은 추출수를 커피가루에 한 방울씩 떨어지게 하는 드리핑(dripping) 방식이다. 이 방식 때문에 '커피의 눈물'이라 불리기도 한다. 짧게는 3~4시간, 길게는 10~12시간 추출한다. 추출 시간을 제외하면 드립 방식과 유사하며 커피의 향미가 부드럽다. 쓴맛은 뜨거운 물로 추출할 때보다 줄어든다. 침출식은 용기에 담긴 커피가루에 물을 붓고 10~12시간 실온에서 추출하며 숙성시킨 뒤 찌꺼기를 걸러내는 스티핑(steeping) 방식이다. 찬물로 추출하기 때문에 뜨거운 물로 추출할 때보다 카페인의 함유량이 적다. 커피가 물에 접촉하는 시간에 비례해 카페인이 녹아 나오는 양이 많다. 그러나 찬물로 성분을 추출하기 때문에 뜨거운 물보다는 작용력이 떨어져 카페인이 적게 우러난다.

5 | 프렌치프레스(French Press)

1) 탄생

① 18세기 프랑스에서 커피 찌꺼기를 제거하기 위해 치즈를 감싸던 천이나 금속판에 막대를 달아 커피추출물을 눌렀던 전통 기구에서 아이디어가 시작되었다.

② 프랑스의 마이어와 델포지가 1852년 비슷한 시기에 각각 천필터를 활용한 방식으로 특허를 냈다.

③ 이탈리아의 아틸리오 칼마니(Attilio Calimani)가 1929년 금속과 고무필터를 사용해 밀폐성과 압축력을 높여 특허를 냈다.

프렌치프레스

④ 영국의 '하우스홀드 아티클스(Household Articles)'사와 덴마크의 '보덤(Bodum)'사가 1958년 각각 대량 생산한 제품이 유럽 전역에서 인기를 끌면서 프렌치프레스로 뿌리를 내렸다.

　※ 커피 플런저(Coffee plunger), 플런저 포트(Plunger Pot), 멜리어(Melior)라고도 불린다.
　※ 카페티에르(Cafetiere) : 매우 굵음(Extra Coarse)

2) 추출공식

커피가루 : 물 = 1 : 15(10g : 150ml)
추출 시간 = 4분
커피가루의 굵기 = 매우 굵음(Extra Coarse)

3) 특징

① 굵게 분쇄한 커피가루를 물에 잠기게 한 뒤 정확하게 4분을 기다린다. 필터를 아래로 누를 때까지 커피가 지닌 향미와 뉘앙스를 거의 모두 추출하는 방식이다.

② 미분을 많이 발생시키지 않는 질 좋은 그라인더가 필요하다.

필터 누르기

4) 추출 순서

① 포트에 커피를 담는다.

② 주전자에 물이 끓어오르면 바로 따른다. 물을 격렬하게 부어 커피가루가 잘 잠기게 한다. 물을 부을 때 신선한 커피일수록 팽창력이 좋고 거품이 풍성하게 생긴다. 이산화탄소가 빠져 나오기 때문인데, 이 모습이 꽃이 피어나는 것과 비슷하다고 해서 '블룸(Bloom)'이라고 부른다.

③ 초시계를 눌러 1분이 지난 뒤 가루를 저어 고르게 추출되도록 하고, 동시에 '블룸'을 중단시킨다.

④ 4분이 되면 뚜껑에 달린 필터를 아래로 눌러 커피가루를 가라앉힌다. 조심스레 눌러 가루가 물로 퍼져 나가지 않도록 한다. 커피 분쇄도를 굵게 하는 이유가 여기에 있다.

※ 4분의 법칙: 물을 부은 뒤 4분을 기다리는 것이 경험적으로 가장 좋은 향미를 이끌어 낸다.

⑤ 커피를 잔에 따른다. 용기에 남은 것도 별도의 병에 붓는다. 프레스 용기에 남아 있으면 계속 추출이 이루어져 쓰고 끔찍한 맛으로 변하게 된다.

※ 4분이 지나 필터를 아래로 누르기 전에 스푼을 사용해 떠 있는 커피가루를 제거한다. 보다 부드러운 맛을 즐길 수 있고 컵에 생기는 침전물을 줄일 수 있다.

떠 있는 가루 제거하기

6 | 융 드립(Frannel drip, =천 브루어/Cloth Brewer)

1) 탄생

천을 사용해 커피찌꺼기를 걸러내는 추출법으로, 역사는 17세기 프랑스까지 거슬러 올라간다. 플란넬 브루잉(Flannel brewing), 넬 브루잉(Nel brewing)이라고 부르기도 한다. 커피가루가 물을 머금고 축 늘어진 모습이 양말과 비슷하다고 해서 삭스 커피(Socks coffee) 또는 삭스 브루잉(Socks brewing)라고도 한다.

프랑스 귀족들이 커피 찌꺼기가 치아에 끼지 않도록, 커피를 천에 담아 끓이거나 우려내 마신데에서 아이디어가 시작됐다는 견해가 우세하다. 미국에서는 18세기 서부개척 시대에 카우보이들이 애용한 것으로 전해진다. 1902년 미국의 베이커가 천 필터(Cloth-filter)를 부착한 커피 추출기로 특허를 취득했다. 20세기 멜리타를 시작으로 드립 추출이 유행하자, 천

일본식 융 드립

에 커피를 담고 뜨거운 물을 흘려 보내는 방식으로 커피를 추출하는 오늘날의 방식이 널리 퍼졌다. 융드립의 원조가 일본으로 잘못 알려진 것은 바로 잡아야 할 일이다.

2) 추출공식

〈핸드드립 방식〉

커피가루 : 물 = 1 : 15(20g : 300ml)

추출 시간 = 3분(용량에 따라 4분까지도 갈 수 있다.)

커피가루의 굵기 = 중간(Medium)

〈점 드립 방식〉

커피가루 : 물 = 1 : 10(25g : 250ml)

추출 시간 = 8~10분

커피가루의 굵기 = 중간(Medium)

☞ '융 드립'은 물의 양을 재지 않고 감각에 의존하는 경우가 많은데, 처음에는 일일이 측정하며 기준점을 잡는 것이 좋다. 기본 과정을 거친 뒤 원하는 맛에 따라 물줄기에 변화를 주거나 추출시간을 늘리는 방식으로 원하는 맛에 접근하는 법을 터득하는 것이 좋다.

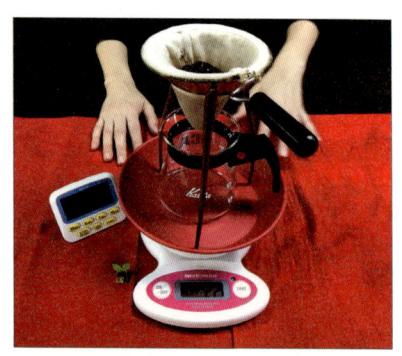

무게와 시간을 측정하며 추출하는 융 드립

3) 추출 순서

〈핸드드립 방식〉

① 천에 커피가루 20g 넣고 저울을 0점 조정한다.

② 물 40ml을 넣어 30초 동안 불린다.

③ 3번에 걸쳐 내린다.
- 1차 물붓기 : 140ml(저울 180ml)
- 2차 물붓기 : 80ml(저울 260ml)
- 3차 물붓기 : 40ml(저울 300ml)
  - ☞ 추출된 커피의 맛이 종이필터를 사용했을 때와 어떻게 다른 지 탐구한다.

④ 3분이 되면 드리퍼를 빼서 추출을 끝낸다.

점 드립식 물붓기

〈점 드립 방식〉

① 융에 커피가루 25을 담는다.

② 가운데에 2~3초에 한 방울씩 물을 떨구고 물이 50m이 될 때까지 붓는다.

③ 500원짜리 동전 크기만한 면적에 점을 찍듯이 물을 부어 40ml 정도 추출한다.

④ 일반 드리퍼를 사용할 때처럼 달팽이 모양을 그리며 물을 부어 나머지 160ml 추출한다.

⑤ 농도가 진한 추출액을 얻을 수 있다.

※ 물을 방울로 만들어 떨구는 이른바 '점 드립' 방식은 추출의 일관성이 떨어지기 때문에 항상 측정하며 추출해야 한다. 같은 커피를 사용했어도 맛이 다를 경우, 추출의 어떤 부분을 다르게 했기에 변화가 일어났는지를 가늠할 수 있어야 한다.

5) 특징

① 지방 성분 추출로 바디감이 부각된다.

② 가루의 팽창이 원활해 상대적으로 불용성분이 잘 추출된다.

6) 융관리

① 융을 처음 사용할 때에는 특유의 냄새를 제거하기 위해 사전에 따뜻한 커피물에 10~15분 담가둔다.

② 세제를 사용하지 않는다.

③ 일주일에 1~2회 사용하기 전에 삶아 주면 좋다.

④ 오랜 기간 사용하지 않았으면 커피가루를 한 스푼 넣어 함께 삶는다.

융 보관

⑤ 밀폐용기에 물에 잠길 듯해서 섭씨 5도 이하 냉장상태로 보관한다.

⑥ 장기간 보관시 완전히 말려 지퍼백에 넣고 서늘한 곳에 둔다.

⑦ 젖은 상태에서 비닐포장해 냉동보관하기도 한다. 이를 사용할 때에는 되도록 자연해동하고 시간이 없다면 미지근한 물로 융을 부드럽게 한다.

⑧ 융필터는 사용할수록 막히게 되므로, 추출 양이 심하게 줄어든다면 교체시기가 된 것이다.

용량에 따른 융 필터 선택
① 1~2인용(커피가루 15~25g): 천의 깊이 10cm x 지름 9.5cm
② 3~4인용(커피가루 30~45g) : 천의 깊이 11.5cm x 지름 11.5cm

용어정리

① 추출(Extraction): 주로 액체 상태의 용매를 사용해 고체 또는 액체 상태의 혼합물 속에서 특정 성분을 용해하여 분리하는 방법. 고체에서 추출하는 경우를 '침출'이라 할 때도 있다
② 침출(Leaching): 고체 원료 중의 목적 성분을 용매로 용해하여 고체 밖으로 추출하는 방법.
③ 삼출(Exudation): 분말에서 특정 성분을 용해하는 용매를 가하여 분리시키는 방법.
④ 용매(Solvent): 용질을 녹여 용액을 만드는 물질(=용제). 액체와 액체로 이루어진 용액에서는 양이 더 많은 쪽을 용매로, 적은 액체를 용질로 본다.
⑤ 용질(Solute): 용매에 용해하여 용액을 만드는 물질. 기체, 액체, 고체에 모두 적용된다.
⑥ 용해(Dissolution): 용질이 용매와 균일하게 섞이는 현상. 용해의 여부는 물질의 극성과 관계가 깊다. 물을 용매로 사용할 경우, 물은 극성이 큰 물질이기 때문에 극성이 큰 용질을 잘 용해시킨다. 반대로 극성이 작은 용질은 잘 용해시키지 못한다.
⑦ 용액(Solution): 두 종류 이상의 물질이 고르게 섞여 있는 혼합물. 물질의 상태에 관계없이 물질들이 균일하게 섞여 있으면 용액이라고 할 수 있다. 대체로 기체, 액체, 고체 상태의 용질이 액체 상태의 용매에 녹아 있는 혼합물을 말한다.
☞ 용질(설탕) + 용매(물) → 용해(설탕이 녹는다) = 용액(설탕물)

7 | 에어로프레스(Aeropress)

1) 탄생

미국 에어로비(Aerobie)사의 대표이자 발명가인 앨런 애들러(Alan Adler)가 2005년 발명했다. 주사기처럼 생겼으며 공기압을 이용해 커피성분을 추출하는 도구이다.

2) 특징

① 에스프레소 머신보다 편하고 모카포트보다 추출이 빠르다.
② 지용성 성분은 에스프레소와 모카포트보다는 적게 추출된다.
③ 향미가 풍성한 커피를 1분~2분에 만들어낼 수 있다.
④ 물과 커피가 함께 있는 시간이 길지 않기 때문에 쓴맛이 강하지 않다.
⑤ 물의 온도가 섭씨 80도~85도로 뜨겁지 않은데다 추출시간도 빨라 다른 추출법에 비해 훨씬 풍부하면서도 산미는 적은 커피를 즐길 수 있다.
⑥ 재질이 젖병에 쓰이는 폴리에스테르와 폴리프로필렌이어서 뜨거운 물 사용에도 안전하다는 평가를 받는다.

에어로프레스의 구성

3) 원리

주사기의 피스톤에 해당하는 플런저(Plunger)와 주사기의 실린더와 같은 챔버(Chamber), 필터캡(Filter cap) 등으로 구성된다. 플런저로 공기압을 가해 물에 녹지 않는 커피의 성분까지 추출한다. 누르는 힘에 따라 추출에 작용하는 압력을 다르게 할 수 있다. 방법이 간단해 일관되게 추출하는 데 유리하다. 하지만 추출 자체가 단순한 과정을 거치는 것은 아니다. 커피가 물에 완전히 잠기는데다 공기압까지 가해져 원하지 않는 향미들이 나오기 쉬우므로 주의해야 한다.

■ 추출 공식 (앨런 앤들러의 레시피)

커피가루 : 물 = 1 : 6(15g : 90ml)

추출 시간 = 1분 30초~ 2분

커피가루의 굵기 = 가늠(Fine)

■ 추출 순서

▶ 정방향 추출(Upright Method)

① 필터 캡에 원형 필터를 넣고 뜨거운 물로 적신다.

② 필터 캡을 체임버에 장착한 뒤 깔때기를 이용해 커피가루 15g을 넣는다.

③ 물 90ml을 붓고 젓는다.

※ 물의 온도는 원두의 로스팅 정도에 따라 섭씨 80도~85도로 한다. 다크로스팅일수록 물의 온도를 범위 내에서 낮게 한다.

역방향 추출(왼쪽)과 정방향 추출

④ 물을 붓고 초시계를 누르고 10초간 젓는다. 일관성을 위해 젓는 횟수를 일정하게 한다.

⑤ 플런저(Plunger)를 연결한 뒤 20~60초 동안 서서히 누르며 추출한다.

⑥ 입맛에 따라 물을 추가해 마신다. (Bypass 방식)

▶ 역방향 추출(Inverted method)

① 에어로프레스을 조립한다. 플런저를 체임버 안으로 넣어 커피가루를 담을 공간을 만들고 주입구를 위로 향하게 놓는다.

② 필터를 뚜껑 안쪽에 놓고 물로 헹궈 종이 냄새를 없앤다.

③ 분쇄한 커피를 용기에 담는다. 도구는 한 번 추출할 양으로는 커피 15g에 물 90㎖를 담을 수 있도록 되어 있다.

필터 헹구기

④ 물을 붓는다. 온도계를 사용해 섭씨 80도~85도인 물을 준비한다. 온도계가 없다면 물을 끓인 뒤 1분 정도 두었다가 사용하면 된다. 10초간 저어주면서 추출력을 최대한 높인다.

⑤ 뜨거운 물로 씻고 예열한 필터를 에어로프레스에 장착한다.

⑥ 에어로프레스를 머그잔 위에 올려놓고, 플런저를 조심스럽게 누른다. 플런저가 바닥까지 내려오는데 20~60초 걸리도록 강도와 속도를 조절한다. 플런저 아래 부분에서 '쉬익'하며 공기가 빠져나가는 소리가 들리면 추출을 끝낸다.

■ 주의할 점

① 추출이 다된 후, 체임버와 플런저를 바로 분리시킨다. 역방향으로 세워 놓고 필터 캡을 먼저 제거 한 후, 체임버를 밑으로 완전히 밀어 내려 플런저 고무 위에 커피 가루가 올라오게 하여 깔끔하게 제거한다. 커피가루를 빨리 제거해야 플런저의 고무를 오래 사용할 수 있다.

② 커피가루의 굵기와 추출시간은 유동적이다. 메시와 시간은 추출하는 사람이 커피의 상태와 마시는 사람들의 기호에 따라 다양하게 시도할 수 있다. 에어로프레스를 발명한 애들러는 에스프레소와 같은 굵기를 선호했다.

③ 기준점을 잡고 1분간 침지하고 30초간 추출하거나 메시 정도에 따라 침지시간을 20~60초로 조정할 수 있다. 다만, 플런저를 눌러 추출하는 시간은 30초로 일관되게 한다.

④ 역방향 추출에서 도구를 바로 세우는 과정에서 커피 가루와 물이 물리적으로 충돌하는 상황이 일어나 정방향 추출에 비해 같은 조건이라면 더욱 강한 맛을 낸다. 그러나 바로 세우는 과정이 지나치게 격렬하면 성분이 과다 추출될 수 있으므로 주의한다.

에어로프레스 추출

8 | 핀 드리퍼(Phin Dripper)

베트남식 커피를 만들 때 사용하는 도구이자 추출법의 명칭이다. 연유를 넣은 아이스커피는 베트남에서 볼 수 있는 특이한 음료이다. 19세기 프랑스의 식민지배를 받던 때 개발된 추출법인 것으로 전해진다. 베트남이 프랑스의 지배를 받던 때에는 가당연유가 시유만큼이나 흔했다. 시유는 더운 날씨에 상하기 쉬웠기 때문이다. 베트남 아이스커피는 시원함과 함께 농축우유의 쫄깃함까지 느끼게 하는 단맛과 다크 로스팅한 커피의 스모키한 향미를 선사했다.

베트남에서는 야근에 이 커피가 제공되는 것이 유행하기도 했다. 로부스타를 주로 사용해 쓴 맛이 강한 커피에게 연유의 단맛은 마치 해독제와 같다. 이 음료는 베트남에서 '카 페 이(Ca phey)'라는 이름으로 불린다. 발음이 교묘하게도 커피처럼 들린다. 베트남 커피는 전통적으로 '핀(Phin)'이라는 필터를 컵 위에 올려놓고 커피를 담은 뒤 물을 붓는 방식으로 추출된다. 만약 이 도구가 없다면 에소프레소를 한 잔 추출해 연유에 부어 즐겨도 좋다.

핀 드리퍼의 구성

1) 추출 공식

커피가루 : 물 = 1 : 10 (10g : 100ml)

커피가루와 물 접촉 시간 = 3분

커피가루의 굵기 = 약간 가늠(Medium Fine)

핀 드리퍼에 물붓기

2) 추출 순서

① 분쇄한 커피 10g과 연유 20~30g을 준비한다.

② 잔에 연유를 붓는다. 취향에 따라 양을 조절하고 가당 연유를 사용해도 좋다.

　※ 연유와 함께 얼음을 채우기도 한다. 얼음은 잔 가득 붓는데, 추출되는 커피의 강도를 보면서 양을 조절한다.

③ 잔 위에 핀을 올려놓고 스푼으로 커피가루를 담는다.

④ 끓는 물을 20g 붓고 초시계를 눌러 30초간 불림을 한다.

⑤ 물을 80g 추가로 붓고 초시계가 3분을 표시할 때까지 추출한다.

⑥ 추출된 커피와 연유를 잘 섞어 마신다.

베트남 달랏의 커피농장

 핀커피는 쓸수록 좋다.(Bitter is better.) 베트남 커피를 가지고 있지 않다면 바디가 강하면서 다크 로스팅한 원두를 찾는다. 오래 볶아 묵직하면서 쓴맛이 강한 커피들은 설탕을 넣은 연유를 만나 온화해진다

9 | 케멕스(Chemex)

1) 탄생

독일의 화학자 피터 쉴럼봄(Peter Schlumbohm)이 1941년 발명했다. 실험기구처럼 생긴 모양만큼이나 커피를 과학적으로 추출하는 방식이다. 가루가 뜨거운 물에 잠긴 뒤 깨끗하고도 풍성한 향미를 만드는 필터를 통과하게 된다. 독특한 모양 덕분에 추출을 보는 것만으로도 우아함을 풍긴다. 디자인을 높이 평가 받아 뉴욕현대미술관이 영구 전시하는 유일한 상업용 커피 추출도구라는 명성도 얻었다.

케멕스 추출

2) 특징

케멕스의 매력은 기본적으로 추출법이 우려내기라는 데에 있다. 우려내기 방식은 보다 깊고 풍성한 향미를 만들어낸다. 물과 커피가 만나는 시간이 길어짐에 따라 감지할 수 있는 향미성분들이 더 많게 된다. 원두의 미묘한 향미들이 분별하기 어렵다고 판단되면, 케멕스 추출을 통해 향미 성분들을 최대한 이끌어내면 보다 확인하기 쉬워진다. 케멕스 필터는 다른 필터들에 비해 묵직하기 때문에 추출 후 잔에 침전물을 남기지 않는다.

3) 추출 공식

커피가루 : 물 = 1 : 10(14g : 140ml)
추출 시간 = 3분(용량에 따라 4분까지도 갈 수 있다.)
커피가루의 굵기 = 약간 굵음(Medium Fine)

케멕스용 종이필터

4) 추출 순서

① 필터를 추출기에 장착하고 뜨거운 물을 부어 깨끗하게 하는 동시에 예열한다. 이 때 흘러나온 물은 버린다.

② 커피가루 28g을 담는다.

③ 막 끓기 시작한 물을 56g 따른다. 물을 붓고 30초를 기다린다.

④ 물붓기: 물 224g을 차분하면서도 고르게 물을 붓는다.

⑤ 원하는 양만큼 추출됐으면 재빠르게 필터를 들어낸다. 필터에서 추출액이 떨어지므로 주의한다. 용기의 추출액을 잔에 따라 풍성한 향미를 즐긴다.

케멕스 물붓기는 '막 붓는다'는 푸어 오버의 상징이다.

10 | 클레버(Clever)

1) 특징

2010년 대만에서 선보인 이후 다양한 제품이 나오고 있다. 드리퍼가 칼리타와 비슷하다. 물이 커피층을 지나면서 성분을 추출하는 여과법이 아니라 커피가루가 일정 시간 물에 잠기는 침지법이 적용된다. 드리퍼의 밑면에 고무패킹으로 이루어진 스토퍼(Stopper)가 장착돼 있어 물을 원하는 시간만큼 가두어 둘 수 있다. 침지가 끝난 뒤에는 장착된 종이필터를 통해 성분과 찌꺼기가 걸러진다. 따라서 여과와 침지가 모두 적용되는 추출법이다. 흔히 프렌치프레스와 핸드드립이 융합된 추출법이라고 말한다.

클레버 추출 도구

2) 추출 공식

커피가루 : 물 = 1 : 15 (12g : 180ml)

추출 시간 = 3분

커피가루의 굵기 = 중간(Medium)

3) 추출순서

① 클레버에 필터를 끼우고 헬륨과 함께 예열을 한다. 헹군 물은 버린다.

② 커피가루 12g을 클레버에 담는다.

③ 섭씨 88도~92도인 물 180ml를 타이머를 누른다.

④ 스틱으로 일정하게 저어 주어도 좋다.

⑤ 3분 뒤 서버에 올려 추출을 끝낸다.

커피가루를 저어 성분 추출을 돕는다.

바닥면을 누르면 커피액이 빠져 나온다.

11 커피 산지(Coffee Regions)

커피나무는 적도를 중심으로 남·북위 25도 범위에서만 자랄 수 있다. 겨울이 없는 열대 또는 아열대 지역이기 때문이다. 커피나무는 추위에 약해 겨울을 견디지 못한다. '커피벨트(Coffee belt)' 또는 '커피반지(Ring of coffee)'라고 불리는 지역에서만 커피나무가 자라며, 산지마다 커피의 향미가 다르다.

1 | 브라질(Brazil)

- 주요 산지: 파라나, 모코카, 상파울루, 세라도
- 향미: 감미롭고 부드러우며 초콜릿맛
- 수확: 4월~10월

브라질은 세계 최대의 커피산지로서 세계 커피의 30% 정도를 생산한다. 1727년에 프란시스코 데 멜로 파헤타(Francisco de Mello Palheta)가 프랑스령 기아나에서 커피씨앗을 가져왔다. 프랑스 총독은 커피씨앗의 반출을 금했는데, 그의 아내가 팔헤타에게 몰래 주었다는 재미있는 사연이 전해진다.

브라질은 국토의 30% 이상이 커피 밭으로 덮여있다. 커피 농장의 80% 가량이 해발 500~1100m에 형성돼 아라비카 종을 재배하고, 나머지는 로부스타 품종을 생산한다. 브라질커피는 대부분 열매를 햇볕에서 말리는 건조가공을 한다. 브라질의 자연환경은 건조가공에 적합하다. 건기와 우기의 구별이 분명해 농작물을 수확하면 꽤 긴 시간을 자연 건조할 수 있다.

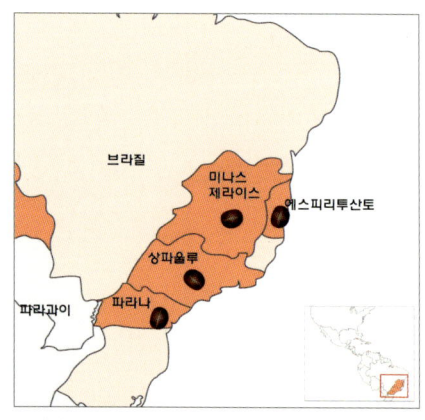

브라질의 주요 커피 산지

브라질커피는 종종 재나 흙의 향미를 지니며 감미롭고 부드럽기로 정평이 나 있다. 이 때문에 에스프레소 블렌딩의 기본 재료가 된다. 브라질 커피를 넣은 블렌딩은 부드럽고 바디감과 단맛을 높여준다. 버번종과 일부 특별한 작은 밭(마이크로랏, Microlot)에서 나는 생두를 제외하고, 브라질커피는 콜롬비아나 중앙 아메리카에서 나는 밝은 산미의 스페셜티 커피(Specialty coffee)를 선호하는 사람들에게는 적절하지 않다.

그렇다고 브라질이 스페셜티 커피를 생산하지 않는 게 아니다. 세라도 지역에 있는 샤파다오 데 페로(Chapadao de Ferro)와 세라 도 살리트레(Serra do Salitre)는 스페셜티 커피를 즐기는 애호가들이 주목하는 산지이다.

2 | 콜롬비아(Colombia)

- 주요 산지: 킨디오, 산탄데르, 카우카, 안티오키아
- 향미: 균형 잡히고 밝음, 시트러스, 견과류
- 수확: 연중

콜롬비아는 1835년부터 커피를 상업적으로 재배했는데, 앞서 1735년 예수회 수사들이 커피 종자를 들여왔다는 견해가 있다. 콜롬비아는 브라질과 함께 커피 대국으로 손꼽힌다. 로부스타를 주로 생산하는 베트남이 때론 생산량에서 콜롬비아를 앞서지만, 향미가 좋은 아라비카 품종만을 따지면 콜롬비아가 압도적으로 앞선다. 세계커피업계에서 콜롬비아의 위상을 높이는 게 따로 있다. 2011 세계바리스타대회 결선진출자 중 6명이 콜롬비아 커피를 택했다. 콜롬비아 아라비카는 일관된 균형감과 발랄함, 좋은 바디로 호평을 받는다.

콜롬비아의 주요 커피 산지

콜롬비아커피는 안데스산맥 경사를 따라 3219km에 걸쳐 펼쳐진 수천 곳의 농장에서 재배된다. 커피밭이 남북으로 길게 이어져 있어 국가 전체적으로는 1년 내내 커피를 수확할 수 있다. 콜롬비아커피를 세계적으로 키우는데 '콜롬비아커피재배자연합(Colombian Coffee Growers Federation)의 역할이 컸다. 1927년 발족한 이 단체는 재배자들의 상업적·금융적 어려움을 해결해주었다. 콜롬비아커피 농부의 대다수가 소작농이어서 커피의 품질을 높이려는 동기부여가 부족하고, 판매하는데 소질이 부족한 경우가 많다. 따라서 연합의 활동은 재배자들에게 오래된 농장의 환경을 개선하도록 설득하는 캠페인에 주안점을 두고 있다.

3 | 멕시코(Mexico)

- 주요 산지: 오악사카와 치아파스
- 향미: 깔끔하고 부드러우며 과일 맛이 남
- 수확: 11월~3월

멕시코는 생산량에서 세계적으로 10위 안에 드는 커피생산국이다. 18세기 말 베라크루즈에 처음 커피가 재배됐으며, 1870년대부터 다양한 품질의 커피를 수출하기 시작했다. 커피는 대부분 남쪽과 남중부 지역에서 재배된다. 이 지역들은 일 년 내내 기온이 일정해 맛을 일관되게 지킬 수 있다. 주로 아라비카 종을 재배하는데, 최고의 산지로는 과테말라와 경계에 있는 치아파스의 소코누스코(Soconusco)가 꼽힌다. 멕시코 커피는 대체로 다크 로스팅해서 블렌딩이나 에스프레소의 근간을 이루는 커피가 된다. 멕시코

멕시코 COE 커피

멕시코산 커피(버본종)

에서 커피는 몇 세기 동안 자랐지만, 20세기에 들어서야 사회 발전을 도모할 상품으로 인식되면서 확산됐다. 멕시코 혁명(1910~1920년)의 결과로 농업혁명이 진행되면서 노동자들은 땅을 받았고, 이들이 빠르게 커피재배자로 변모했다. 지금도 약 50만의 소규모 농가가 커피로 생계를 이어가고 있다. 소규모 자작농 문화는 멕시코커피의 맛과 향미를 매우 다양하고 풍부하게 만든다.

베라크루즈에서 재배된 커피는 치아파스에서 자란 커피와 다르다. 치아파스는 최남단 지역이고, 이곳의 커피는 1500m 이상의 고랭지에서 자란다. 따라서 다른 지역에서 자란 커피보다 더 과일맛이 나는 경쾌한 산미를 지니게 된다. 달콤한 사탕수수와 복숭아가 느껴지는 듯하다. 오악사카에서 생산되는 커피는 산미가 스치듯 은은하다.

4 | 과테말라(Guatemala)

- 주요 산지: 우에우에테낭고, 아까떼낭고, 치말테낭고
- 향미: 미디엄 바디, 스모키하고 스파이시함(참나무가 타는 기분 좋은 냄새가 나고 알싸한 맛이 남)
- 수확: 10월~3월

과테말라에서 커피는 주요 수출품이다. 복합적이면서 매력적인 향미가 멕시코와 중미 주변 산지들의 부러움을 살 만하다. 1750년에 예수회 선교사가 처음으로 커피를 들여왔지만, 이를 산업적으로 꽃피운 것은 1860년에 도착한 독일인이었다. 남서쪽 아마띠뜰란(Amatitlan)과 안티구아(Antigua)에서는 질 좋은 스페셜티 커피를 재배하는 소규모 농장들이 퍼져있다.

과테말라커피의 성공적 요인은 지형이다. 향미가 그윽하면서도 복합적인 아라비카 종을 재배하기에 완벽한 조건을 갖추었다는 평가를 받고 있다. 커피농장 대부분이 해발 1500~2500m에 형성돼 있으며, 무성한 나무들이 그늘을 만들어주고 차디찬 북쪽바람을 막아준다. 커피나무는 그늘에서 천천히 자라는 덕분에 씨앗에 자연 설탕의 농도가 높아지고 향미도 강해진다. 과테말

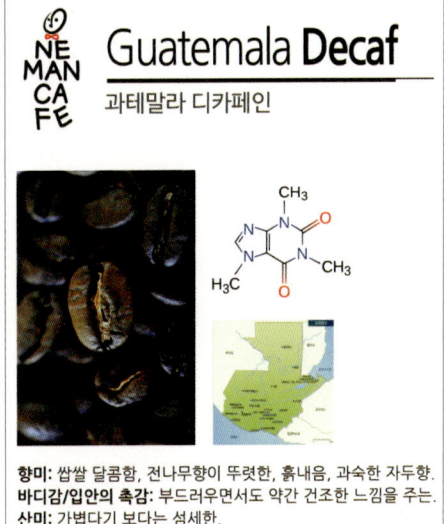

과테말라 디카페인커피

라에서는 커피나무의 98%가 그늘에서 자란다. 계속되는 강우도 과테말라의 커피재배자들에게는 축복이다. 이곳의 강우는 충분하면서도 예측 가능하다. 이와 함께 과테말라의 미세기후들(Microclimates)이 커피 향미를 다채롭게 해준다. 화산, 산, 호수로 인해 나타나는 300여 종의 미세기후가 과테말라커피의 특성을 더욱 고급스럽게 만들어준다.

북쪽 우에우에테낭고(Huehuetenango)의 고지대에서 생산되는 커피는 멋진 과일 산미를 풍기면서 귀한 대접을 받는다. 아까테낭고(Acatenango), 아티트란(Atitlan), 퀴시(Quiche) 등 다른 산지도 부드러운 과일산미로 좋은 평가를 받는다.

5 | 파나마(Panama)

- 주요 산지: 치르키, 바루 볼케이노, 보퀘테
- 향미: 밝은 산미, 꽃향, 과일
- 수확: 10월~3월

파나마는 품질 좋은 커피를 생산하기 위한 천혜의 환경을 자랑한다. 풍부한 강우와 구름이 커피나무를 풍요롭게 키워준다. 고지대와 화산 토양은 커피의 향미를 복합적이고 흥미롭게 만들어 준다. 치르키는 높은 고도와 부드러운 미세기후 덕분에 최상의 커피 생두를 빚어낸다. 치르키의 고랭지는 크게 보퀘테(Boquete)와 볼칸 칸델라(Volcan-Candela)로 나뉜다. 보퀘테는 세계에서 가장 흥미로운 스페셜티 커피의 고향 중 한 곳이다. 반면 볼칸 칸델라는 파나마의 곡창지대로 잘 알려져 있다.

파나마산 게이샤 품종

두 지역 사이에 바루(Baru) 화산이 휴지하고 있다. 해발 3475m로 파나마에서 가장 높은 곳이다. 영양분이 풍성한 토양 덕분에 파나마에서 제일 풍부하고 깊은 향미를 지닌 커피를 생산, 세계의 커피감정가들로부터 호평을 받고 있다. 역사적으로 파나마커피는 중미의 다른 커피 생산국에 비해 무시를 당했다. 이는 품질의 문제라기보다는 이미지 때문이었다. 최근 파나마는 고급커피를 추구하는 열정 넘치는 재배자들의 노력으로 스페셜티 커피 시장에서 명성을 쌓아가고 있다.

1996년 세계적인 커피 값 폭락 사태를 경험한 뒤, 파나마커피 재배자 7명이 '파나마스페셜티 커피협회(SCAP, Speciality Coffee Association of Panama)'를 결성했다. SCAP는 파나마커피의 이미지 개선에 주력했다. 매년 '베스트 오브 파나마대회'를 열어 고급커피 재배자를 독려하는 한편 파나마 고급커피를 세계에 알리며 전문가들의 시선을 끌었다. 2012대회에서는 벤자민 오소리오(Benjamin Osorio)가 '게이샤 아리스타(Geisha Aristar)'를 선보이며 우승을 차지했다.

6 | 코스타리카(Costa Rica)

- 주요 산지: 따라주, 산호세, 웨스트 벨리, 센트럴 벨리
- 향미: 높은 베리 느낌과 감귤류, 견과, 연한 초콜릿
- 수확: 10월~3월

코스타리카에서 커피는 사회와 문화구조를 이루는 중요한 매개체이고 국가적으로 가장 역점을 두는 산업이다. 국민 개개인에게 커피는 일상 그 자체이다. 커피가 전해진 것은 1700년대 말쯤인데, 중앙아메리카 국가들 중에서 코스타리카가 1816년 처음으로 커피를 상업적으로 생산하는 국가가 됐다. 커피를 처음 재배한 인물은 파더 펠릭스 베라드(Father Felix Velarde)이며, 산호세 메트로폴리탄 대성당에서 100m쯤 떨어진 구역에서 커피가 자라기 시작했다.

코스타리카의 드라이 프로세싱

코스타리카는 고품질의 아라비카종을 재배하는데 완벽한 조건을 갖추고 있다. 국립커피연구소인 '아이카페(ICAFE; Instituto del cafe de Costa Rica)'가 1989년부터 로부스타품종 재배를 금지하면서, 아라비카 고급커피 산지라는 명성을 쌓아가게 됐다.

풍부한 화산 토양은 코스타리카의 커피를 다른 산지와는 다른 매력적인 커피로 만들어준다. 낮은 산도는 이상적인 재배 환경에서 자라난 커피라는 사실을 암시하는데, 깨끗하고 균형이 잘 잡혀 있으며 부드러운 맛을 내게 한다. 코스타리카의 낮엔 덥고 밤엔 시원한 기후도 커피가 천천히 숙성돼 더 집중된 향미를 이끌어 낼 수 있게 도와준다. 이러한 완벽한 재배 조건 덕분에 코스타리카 커피는 균형 잡히고 산미가 강하지 않은 부드러운 향미를 지니게 된다. 하지만 코스타리카에서 나는 커피가 모두 같은 맛을 내는 것은 아니다. 코스타리카에서는 웨트 프로세싱(Wet processing)과 드라이 프로세싱(Dry processing)을 모두 활용한다. 물로 점액질을 제거하는 웨트 프로세싱은 산미가 높고 밝은 느낌을 주는 커피를 만드는 반면, 드라이 프로세싱한 커피는 미묘한 꿀의 향미를 낸다.

코스타리카에서 최고의 재배지는 따라주(Tarrazu)이다. 높은 고도와 특유의 미세기후(Microclimate)가 매우 깨끗하면서 고급스러운 향미를 부여한다. 따라주 커피는 좋은 산미에 풀바디의 면모, 초콜릿과 꿀, 카르다몸의 향미를 풍기면서 자메이카의 블루마운틴과 나란히 세계 최고로 대접받는다.

7 | 엘살바도르(El Salvador)

- 주요 산지: 칸톤 일바레즈, 카카후아티퀘, 산타아나
- 향미: 버번은 고전적이며, 파카마라는 이채로움
- 수확: 10월~3월

엘살바도르에서 커피는 100년이 넘는 역사를 가지고 있으며 국가의 경제를 살리는 소중한 자산이다. 그러나 역사적으로 엘살바도르커피에는 아픔이 있다. 우익정치집단이 대량 생산만을 추구함에 따라 스페셜티 커피를 생산하고자 하는 많은 소작농들이 어려움을 겪었다. 다행스럽게 민주주의 운동과 시민전쟁으로 이러한 정치적 외압은 사라졌고, 최근 엘살바도르커피는 빠르게 고급화하고 있다. 엘살바도르에서는 농업 인력의 25% 정도(14만 여명)가 커피에 종사하고 있다.

2011년 월드바리스타대회(WBC)에서 우승한 엘살바도르의 알레한드로 멘데즈(Alejandro Mendez). 커피 생산국 출신이 처음으로 챔피언에 등극하면서 엘살바도르 커피의 우수성을 세계에 알렸다.

엘살바도르는 스페셜티 커피를 생산하기에 완벽한 조건을 갖추고 있다. 국가적으로 아라비카 종만을 재배하도록 감시한다. 80% 가량이 버번(Bourbon) 고유종이고, 15% 정도가 파카스(Pacas), 나머지가 엘살바도르커피를 상징하다시피 하는 파카마라(Pacamara)이다. 이 별난 파카마라종은 1958년 '살바도란커피조사연구소(ISIC, Salvadoran Institute for Coffee Research)'가 파카스와 마라고지페(Maragogipe)를 교배해 만들었다. 파카마라는 커피 녹병에 강하고 생두 크기가 매우 크며 복합적인 허브와 과일의 느낌으로 꽉 차 있다. 베리와 멜론, 감귤류에 초콜릿맛이 살짝 감도는 듯하다.

엘살바도르의 높은 고도와 풍부한 강우량은 최상 품질의 커피가 생산될 것이라는 믿음을 준다. 초록바다처럼 펼쳐진 삼림은 그늘재배(Slow-grown shaded coffee)를 위해 더 말할 나위 없이 완벽한 조건을 제공한다. 엘살바도르 커피의 90% 이상이 그늘에서 서서히 자라는 덕분에 향기가 더 농축되고 풍부하다.

8 | 페루(Peru)

- 주요 산지: 찬차마요, 노르테, 쿠즈코
- 향미: 순한 산미, 온화하고, 향기가 풍성하며 달콤함
- 수확: 4월~10월

페루는 1700년대에 커피를 재배하기 시작했으며, 60% 이상이 아라비카 원종이다. 커피생산 대국으로 명성을 쌓아왔는데, 2000년대에 들어서면서 유기농 커피와 공정무역 커피로 이미지를 새롭게 구축하고 있다. 페루국립커피위원회(Peruvian National Coffee Board, JNC)는 1993년 설립돼 재배자들의 권익보호에 앞장서고 있다. 위원회는 창설이후 11만 소작농 대다수를 공정무역협동조합에 참여시켜 제 값을 받을 수 있도록 노력해왔다. 더불어 재배자들이 유기농법을 통해 자연 그대로의 커피를 생산할 수 있도록 돕고 있다. 페루는 세계적으로 유기농 커피를 선도하는 국가로 발돋움하고 있다.

유기농 커피와 공정무역 커피라고 해서 향미가 반드시 훌륭하다고 할 수는 없다. 또 이런 의미 있는 커피는 소량일 뿐, 확실하게 믿을 수 있는 유기농 커피를 페루에서 찾기는 아직 쉽지 않다. 최고의 페루산 커피는 산미가 미묘하고 발랄하며 향기가 부드럽다. 찬차마요(Chanchamayo)에서 재배되는 커피는 커피애호가들 사이에서 최고로 손꼽힌다. 산지가 숲이 우거진 아마존 분지인데다 고랭지여서 커피의 향미가 풍성하다. 페루가 수출하는 커피의 40% 정도가 찬차마요에서 생산된다.

페루에서 주목받는 또 다른 산지는 북쪽의 카야마카(Cajamarca)이다. 이곳은 고도가 높아 벨벳처럼 부드러우면서 미묘한 과일 향미를 지닌 아라비카 커피가 나온다. 남쪽의 쿠즈코(Cuzco)도 흥미로운 커피를 생산한다. 페루커피는 일반적으로 순하다. 이웃한 콜롬비아와 브라질에서 자라는 커피가 날카로운 산미를 가진 것과 달리 산미가 온순하다. 페루커피는 이 온순함으로 인해 블렌딩하는데 애용된다.

9 | 자메이카(Jamaica)

- 주요 산지: 세인트 앤드류, 블루 마운틴
- 향미: 마일드하고 균형감이 좋다. 쓴맛이 거의 없음
- 수확: 3월~6월

자메이카커피는 부드럽고 달콤한 것으로 정평이 나 있다. 특히 높은 고도에서 재배되는 '자메이칸 블루마운틴 커피(Jamaican Blue Mountain)'는 균형이 잘 잡혀 있고 쓴맛이 덜하다. 프

랑스의 루이 15세가 1723년에 식민지배하던 마르티니크섬에 커피묘목 세 그루를 보냈다. 두 그루는 배로 싣고 가는 도중에 죽고, 세 번째 커피나무가 간신히 살아나 결국 자메이카에까지 전파된 것으로 전해진다. 1814년쯤엔 자메이카섬의 세인트 앤드류(St. Andrew)에서 블루마운틴(Blue Mountains)까지 600여개의 커피농장이 생겼다. 많은 강우와 함께 안개가 자주 끼는 기후이며, 토양은 배수가 좋고 비옥하다. 이런 조건들은 커피 재배에 이상적이다.

고급 자메이카커피는 블루마운틴과 자메이카 프라임 등 2개 등급으로 나뉜다. 블루마운틴 커피는 이름 자체가 세계적으로 품질을 증명하는 표시이다. 이 커피는 세인트 토마스와 세인트 앤드류, 포들랜드의 특정 지역에서만 수확한 것이어야 한다. 이들 지역은 섬의 동쪽에 있고 모두 해수면에서 610~1500m에 형성돼 있다. 따라서 포장지에 '블루마운틴(Blue Mountain)'이라고 적혀 있다면, 그 커피는 바로 이들 지역에서 온 것임을 말하는 것이다.

자메이카 블루마운틴 커피는 일본의 고급화 전략에 따라 오크통에 담겨 판매된다. 이에 대해 긍정적인 평가와 함께 가격을 높이는 '꼼수'라는 지적도 나온다.

'자메이칸 프라임(Jamaican Prime)'은 낮은 고도인 맨체스터(Manchester), 세인트 케서린(St.Catherine), 클라렌든(Clareendon), 세인트 앤(St.Ann), 세인트 엘리자베스(St. Elizabeth) 등의 지역에서 나온다. 블루마운틴보다 낮은 고도에서 재배됨에도 불구하고 자메이칸 프라임은 맛있는 고메 커피(Gourmet bean)인 것으로 널리 알려져 있다.

자메이칸 커피는 순하고 향미의 균형이 잘 잡혀있다. 하지만 블루마운틴 커피마저도 파나마나 코스타리카 커피에 비하면 낮은 데서 자라기 때문에 생두의 밀도가 상대적으로 떨어지는 만큼 섬세하게 로스팅해야 한다. 표준 로스팅(Standard roasting)으로는 콩이 진하게 볶이기 때문에 미묘한 열대의 향미를 이끌어 내기 힘들다. 라이트 로스팅(Light roasting)을 해야 섬세하면서도 감미로운 향미를 얻을 수 있다.

아로마(Aroma), 바디(Body), 산미(Acidity)의 기막힌 균형감은 블루마운틴 커피를 아주 특별하게 만드는 요소들이다. 그러나 블루마운틴을 그 어떤 지역의 커피와 다르게 차별화하는 요인은 특유의 부드럽고 달콤한 후미(Mellow sweet aftertaste)이다.

10 | 에티오피아(Ethiopia)

- 주요 산지: 이르가체페(Yirgacheffe), 하라(Harar)
- 향미: 밝고 감귤과 과일의 느낌. 베리같은 산도와 풍부한 바디
- 수확: 10월~4월

에티오피아는 커피의 탄생지이다. 9세기쯤 칼디(Kaldi)라는 목동이 커피열매를 처음 발견했다는 이야기가 전해지는 곳이다. 아라비카 종이 에티오피아의 카파(Kaffa)라는 지역에서 발견됐다. 칼디는 염소가 야생의 빨간색 체리(커피열매)를 먹기만 하면 활력이 솟구쳐 동작이 왕성해진다는 사실을 눈치챘다.

에티오피아는 가장 흥미로운 향미를 내는 아라비카 커피를 생산하는 곳이라는 명성을 쌓아가고 있다. 그 중에서도 하라(Harar)와 이르가체페(Yirgacheffe)에서 나는 커피는 풍성한 향미

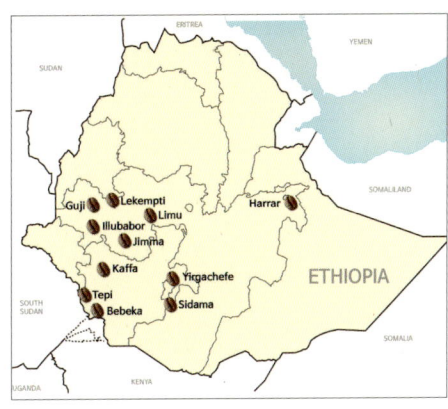

에티오피아의 주요 커피 산지

를 자랑하면서 에티오피아커피의 명성을 드높이는 보석 같은 존재이다.

에티오피아는 매우 넓기 때문에 지역에 따라 커피품질이 다양하다. 에티오피아커피 향미의 다양성은 커피가공방식에서 비롯되기도 한다. 하라, 리무(Limmu), 시다모(Sidamo)에서는 드라이 방식과 워시드 방식이 함께 사용되고 있다. 워시드 가공한 커피는 드라이 가공한 커피에 비해 바디감이 가볍고 흙의 느낌(Earthy)과 야생의 맛(Wild taste)이 약하다. 에티오피아의 동쪽 지역에서 커피가 가장 많이 생산되는 하라에선 종종 열매를 통째로 햇볕에 말리거나 나무에 매달린 채 건조시킨다. 이런 과정을 통해 와인 같은 향미를 지니면서 바디감이 강한 커피가 생산된다. 블루베리의 향미가 풍겨나기도 한다.

하지만 에티오피아에서 최상의 커피로 '에티오피안 커피(Ethiopian coffee)의 정점'이라고 할 수 있는 이르가체페, 그 중에서도 워시드 가공법을 따른 커피를 꼽는 사람들이 적지 않다. 라이트 로스팅한 이르가체페 워시드 커피는 발랄한 레몬 맛과 살구의 향미가 절묘하게 어우러진다. 워시드 이르가체페 커피는 재스민, 감귤, 블랙 다즐링 티(Black darjeeling tea) 등의 향기를 풍긴다. 달고 섬세하며 우아하게 균형이 잡혀 있다. 레몬과 바닐라의 향미가 잘 겹쳐 있는 듯하고 후미에서 청포도의 맛이 난다.

커피벨트_아메리카 (America)

커피벨트_아프리카 (Africa)

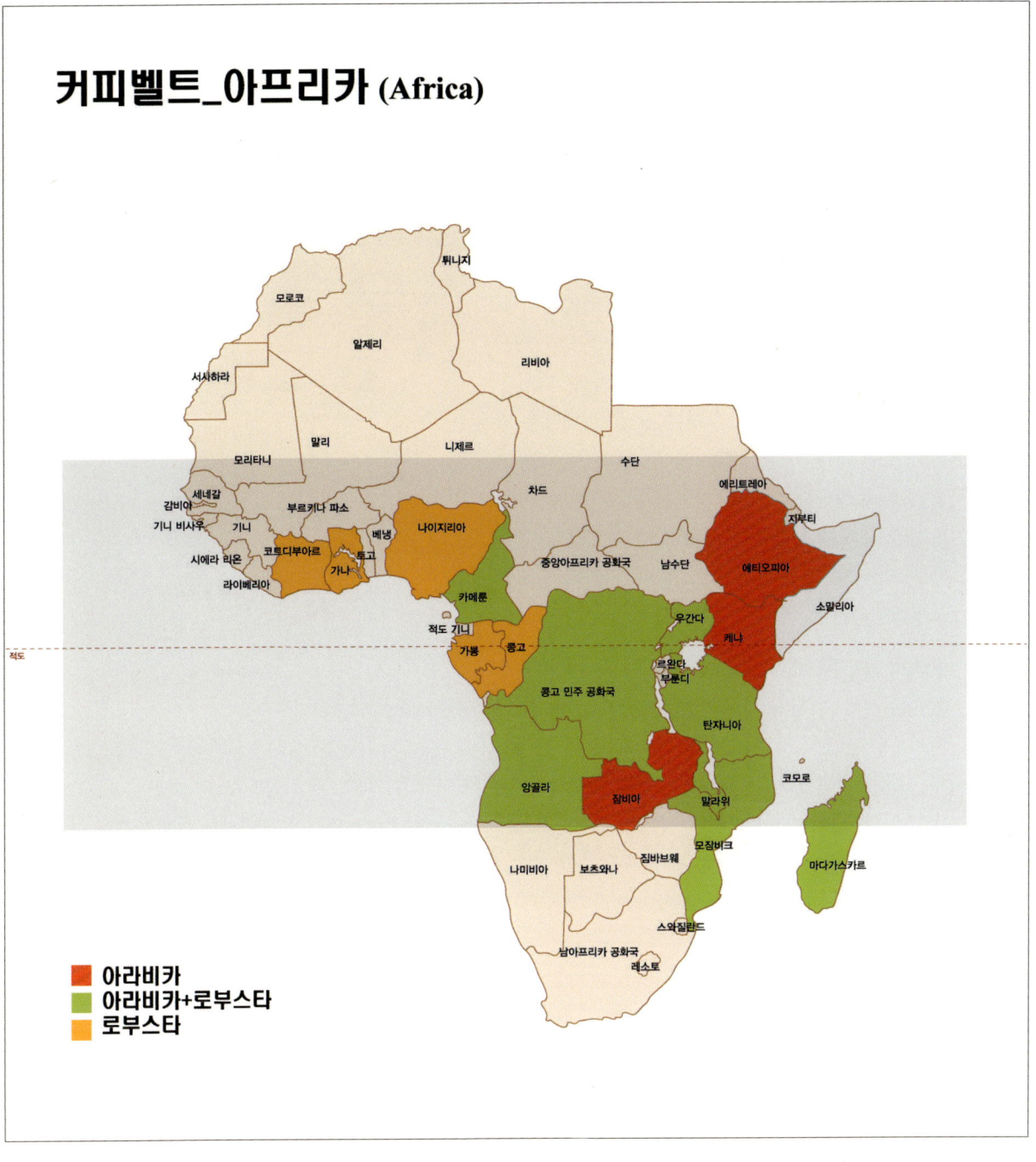

11장 커피 산지 | 171

11 | 케냐(Kenya)

- 주요 산지: 케냐산(Mt. Kenya), 니에리(Nyeri), 엘곤(Mt. Elgon), 나쿠루(Nakuru), 카시이(Kasii)
- 향미: 와인 같은 산미와 묵직한 바디감
- 수확: 3~4월(플라이크롭), 10~11월(메인크롭)

1893년 에티오피아를 통해 커피를 도입했다. 1963년 말 영국으로부터 독립을 쟁취한 후 커피를 주요 수출 품목으로 육성했다. 치밀한 연구 개발과 마케팅 전략, 농가 지원 정책과 기술 교육을 통하여 신뢰받는 커피 생산국으로 자리를 잡았다. 케냐는 광활한 고원 지대, 적절한 토양과 강수량, 기온 등 고급 커피를 생산할 수 있는 자연환경이 주어져 있다. 수십만의 커피 농장을 육성하여 그 농가들을 단위 협동조합으로 구성하고, 별도의 대형 커피 농장도 조성하였다.

단순히 AA, AB 등의 등급에 의해 가격이 정해지고 팔리는 것이 아니라, 전국의 모든 커피는 수도인 나이로비로 집결되고, 이곳에서 경매를 통해 판매된

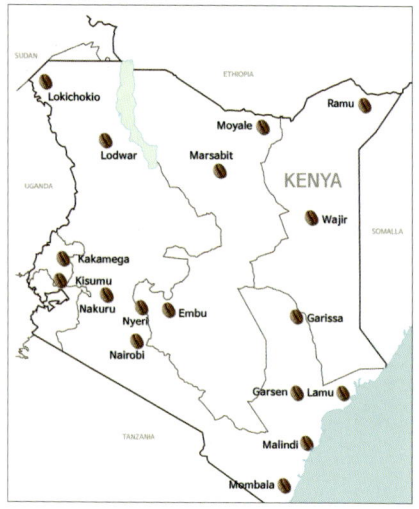

케냐의 주요 커피 산지

다. 그늘경작법은 거의 사용되고 있지 않으나 농약이나 제초제, 화학 비료 등도 거의 사용되지 않고 있다. 습식 가공법으로 아라비카 커피만을 생산한다. 케냐의 커피는 강하면서도 상큼한 맛이다. 짙은 향미와 강한 신맛, 과실의 달콤함, 와인과 딸기의 향미를 가진 커피라고 평가된다.

12 | 르완다(Rwanda)

- 주요 산지: 버룬가 마운틴(Virunga Mountain), 키지오 리프트 벨리(Kizio Rift Valley), 가숀가(Gashonga)
- 향미: 밝고, 산미 있고 감귤맛이 나며 꽃향기가 풍김
- 수확: 3월~7월

동아프리카에 있는 르완다는 커피 생산에 있어서는 신흥국가에 속한다. 1904년에야 독일 선교사에 의해 커피나무가 전해졌는데, 그나마 재배가 활발하지 않았다. 1930년대에 들어서 국가 차원에서 경제부흥을 위해 커피재배를 적극 권했지만 품질은 좋지 않았다. 이런 탓에 르완다커피는 '르완다 올디너리(Rwanda Ordinary)'와 '르완다 스탠다드(Rwanda Standard)'라는

평범한 이름으로 거래되며 별다른 주목을 끌지 못했다. 커피 맛도 퀴퀴한 냄새(Musty)가 나고 흙내와 먼지냄새가 난다는 평가를 받았다. 르완다커피는 저가 판매용이라는 인식이 팽배했다. 2000년도까지 르완다에서는 스페셜티 커피가 생산되지 않았다. 하지만 2008년 아프리카 대륙에서 처음으로 '컵 오브 엑셀런스(COE, Cup of Excellence)'가 열리며, 커피 생두 2455톤을 수출했다.

과육을 벗겨 내기 직전의 르완다 커피체리

1990년대는 세계적으로 인종분쟁이 많았다. 르완다에서도 야만적인 시민전쟁으로 대학살이 벌어졌는데, 참사가 벌어진 뒤 회복하는 과정에서 르완다에서 비로소 스페셜티 커피재배가 왕성하게 이루어지게 됐다. 소규모 농가들이 커피를 돈이 되는 농산물로 인식하면서 커피농장 재건에 힘을 쏟기 시작했다. 스페셜티 커피의 성공적 재배는 르완다가 얼마나 훌륭한 커피 재배 환경을 갖추고 있는지를 역설적으로 보여준다. 르완다는 1000개의 높은 언덕으로 이루어진 나라로 널리 알려져 있다. 대부분 아라비카 종으로 해발 1200~2100m에서 자란다. 수많은 화산 언덕의 토양은 영양분이 풍부해 향미가 넘치는 커피를 생산하는데 이상적이다. 르완다커피는 과일의 느낌과 베리의 향미를 풍기며 밝고 활달한 기분을 선사하는데, 이런 산미는 동시에 미묘한 견과류의 느낌과 균형을 이룬다.

13 | 부룬디(Burundi)

- 주요 산지: 소게스탈 응고지(Sogestal Ngozi), 소게스탈 키리미로(Sogestal Kirimiro)
- 향미: 밝고 경쾌함. 묵직한 촉감과 알싸한 향신료 맛이 어우러지는 감귤의 풍미
- 수확: 4월~9월

1930년대 처음으로 부룬디에 커피나무가 전해졌고, 그 나무가 아직도 자라고 있다고 한다. 커피 생산은 부룬디 국민의 삶과 직결돼 있다. 대략 85만 가구가 각각 50~250 그루의 커피나무를 재배하는 작은 농장들을 운영하고 있다. 국민의 75%가 직간접적으로 커피생산에 관련된 것으로 추산된다. 부룬디는 커피를 훌륭하게 키워내는 자연조건을 갖고 있다. 높은 고도, 기름진 토양, 풍부한 물은 품질 좋은 커피를 생산할 것이라는 믿음을 준다. 부룬디의 고도는 거대한 탕가니카 호수(Lake Tanganyika)가 위치한 770m의 낮은 지대부터 헤하산(Mount Heha)이 뻗어 있는 2000m의 고지대까지 기복이 심하다. 고랭지에서 질 좋은 아라비카종 커피가, 저지대에서는 로부스타 품종이 각각 재배된다. 대부분 아라비카 커피이며, 북쪽지역에서 자란다.

부룬디의 혼란스런 정치투쟁 탓에 커피 품질을 높일 기회가 없었지만, 2003년 평화협정이 이루어진 후 질을 높이려는 노력이 이어지고 있다. 부룬디에 대한 투자가 물결을 이루면서 커피 시장에도 활력이 일고 있다. 전세계 커피애호가들의 주목을 받는 산지는 북중부에 있는 '소게스탈 응고지(Sogestal Ngozi)'와 인근의 '소게스탈 키리미로(Sogestal Kirimiro)'이다.

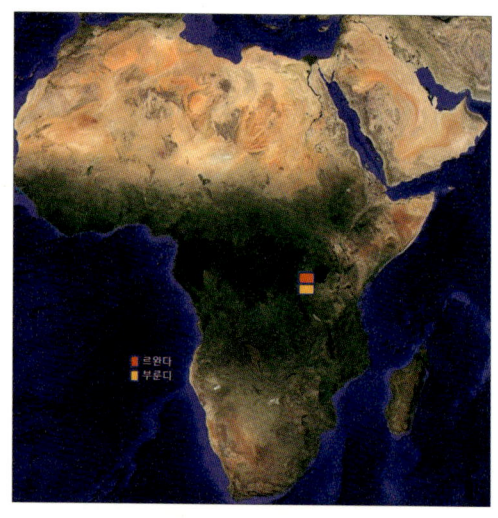

부룬디커피의 향미는 꽃향기를 동반하는 가볍고 발랄한 귤맛의 느낌이 난다고 표현할 수 있다. 이런 맛은 가공 방법에서 비롯되는데, 부룬디 커피생두들은 두 번 발효된다. 이 과정을 통해 커피생두에는 단백질과 아미노산 성분이 증가되고, 한 잔에 담기는 커피는 보다 복잡한 신맛을 낸다.

14 | 인도네시아(Indonesia)

- 주요 산지: 수마트라의 가야 아체(Gajah Aceh in Sumatra), 자바의 이옌(Ijen in Java), 술라웨시의 칼로시(Kalosi in Sulawesi)
- 향미: 부드럽고 풀바다에 낮은 산미
- 수확: 6월~12월

네덜란드인이 1696년 아라비카종 커피를 인도네시아에 전했다. 인도 말라바르(Malabar)의 총독이 바타비아(Batavia, 현 자카르타) 총독에게 커피묘목 한 그루를 보낸 해이기도 하다. 첫 번째 묘목은 재배에 실패했으나, 1699년에 보내진 묘목은 잘 자라나 1711년에는 네덜란드의 동인도 회사를 통해 유럽으로 커피를 수출할 수 있게 됐다. 그 후로 커피 생산은 도약해 인도네시아는 세계적인 커피 산지가 됐다.

커피는 인도네시아의 발전에 큰 역할을 했다. 커피를 재배한 지 3세기가 지나 인도네시아는 세계에서 4번째로 큰 커피 공급국으로 부상했다. 2022년 생두(로스팅 원두, 디카페인 제외) 수출량은 대략 43만4691톤에 달했다. 인도네시아에서 재배되는 커피의 대부분이 로부스타이지만, 아라비카 종의 스페셜티 커피를 재배하려는 노력이 이어지고 있다.

2007년 재배자, 가공업자, 전문가, 로스터, 판매자들이 인도네시아에서 자라는 아라비카 커피를 홍보하고 향상시키기 위해 'Speciality Coffee Association of Indonesia(SCAI)'를 결성했다.

1만8000개가 넘는 섬으로 이루어진 인도네시아는 그 만큼 다양한 향미의 커피가 생산된다. 그러나 수마트라(Sumatra), 자바(Java), 술라웨시(Sulawesi), 파푸아(Papua) 등 몇 개의 큰 섬들만이 아라비카를 재배할 수 있는 높은 고도를 가지고 있다. 수마트라의 린톤(Linton)과 만델링(Mandheling)에서는 부드럽고 타바코(Tobacco)와 코코아(Cocoa)의 느낌이 나는 커피가 생산되고, 자바의 이얀 플라티유(Ijen Plateau)에서 자라는 커피는 풀바디에 달콤하다.

인도네시아의 주요 커피 산지

15 | 인도(India)

- 주요 산지: 카나티카(Karnatica), 케레라(Kerela), 타밀 나두(Tamil Nadu)
- 향미: 마일드하고 달며 향신료가 느껴짐
- 수확: 10월~2월

인도커피의 역사는 17세기 성인이자 학자였던 바바부단(Baba Budan)에게서 시작됐다. 그는 메카를 순례하고 귀국하면서 예멘에서 커피 씨앗 7개를 몸에 숨겨 가지고 갔다. 당시 아랍 상인들은 커피가 다른 나라로 전해지는 것을 엄격하게 단속했기 때문에 바바부단은 큰 위험을 감수했던 것이다. 바바부단은 커피씨앗을 카르나타카(Karnataka)의 마이소르(Mysore) 근처에 있는 찬드라기리 힐(Chandragiri Hill)에 심었다. 바바부단에 의해 아랍의 커피 독점은 막을 내리고, 커피는 더 넓은 지역에서 경작되기 시작했다. 인도

인도 마이소르지역 커피 밭에서 함께 자라고 있는 후추열매를 최우성 CCA 한국본부장이 들어보이고 있다.

를 식민지배하던 영국과 네덜란드 상인들이 커피를 대량 본국으로 보내면서 인도는 거대한 커피수출국으로 부상했다.

인도커피는 주로 남부지역인 카르나타카, 케랄라(Kerala), 타밀 나두(Tamil Nadu)에서 자란다. 이들 지역은 수풀이 무성하고 우기가 규칙적이며 고도가 높아 커피가 자라기에 최적이다. 게다가, 인도커피의 95%가 그늘에서 자라는 덕분에 열매가 천천히 성숙돼 자연적인 당(Natural sugars)의 함량이 높아지고 향미도 더욱 풍성해진다. 그늘재배 커피(Shade-grown coffee)는 자연에 끼치는 영향을 최소화하기 때문에 친환경 커피(Eco-friendly coffee)를 찾는 사람들에게 인기가 있다.

향미의 측면에서, 인도커피는 기분 좋은 향신료 느낌과 함께 달고 순하다. 인도사람들은 일반적으로 커피를 후추, 정향(Clove), 시나몬(Cinnamon), 카르다몸(Cardamom)과 함께 나란히 재배하는데, 이처럼 자라는 과정에서 커피콩은 특별한 향미를 지니게 된다. 또 많은 인도커피들이 농약없이 재배되기 때문에 장기적으로 보면 토양의 질을 향상시키고 숲을 보호하는데 유익하다.

다른 차원의 향미를 즐기려면 인도 '몬순 커피(Monsooned coffee)'가 제격이다. 이 커피는 열린 창고에 보관되는 동안 축축한 몬순 바람을 맞으며 깊고 부드러운 향미를 품게 된다. 이 가공법은 커피에 깊은 바디감과 촉감을 부여한다. 미세한 산미와 강한 향신료의 향기가 어우러지면서 풍성한 향미를 불러일으키고 여운을 길게 이끈다. 달콤하고 맛 좋은 한 잔의 커피에서 시나몬과 코코넛크림의 느낌을 만날 수 있다.

16 | 베트남(vietnam)

- 주요 산지: 부온마투옷, 비엔호아
- 향미: 쓰고 탄맛이 남
- 수확: 12월~1월

베트남에서 커피는 새로운 농작물에 속한다. 1857년 프랑스인에 의해 커피가 들어왔으며, 20세기 초가 되어서야 주요 수출품이 됐다. 커피 후발주자임에도 불구하고 중남미의 거대한 커피산지들을 따라잡고 세계에서 두 번째로 큰 커피산지로 올라섰다. 베트남 전쟁과 내부적으로 1986년까지 진행된 농업의 집산화(Collectivisation of agriculture)를 고

베트남 달랏의 아라비카 커피열매

려하면, 더욱 놀라운 일이다. 그러나 베트남은 스페셜티 커피를 마시는 사람들에게는 명성을 얻지 못했다. 생산되는 커피의 대부분이 로부스타 품종이기 때문이다. 로부스타는 향미가 좋지 않아 인스턴트커피나 블렌드용으로 사용된다. 고급향미를 추구하는 스페셜티커피 애호가들에게는 괄시를 받는다. 그러나 2000년대에 들어서 달랏과 같은 고지대를 중심으로 향미가 좋은 아라비카 종을 재배하면서 커피품질에 대한 반전을 노리고 있다.

베트남에는 커피애호가들의 관심을 끄는 특별한 게 있다. '카 페 촌(Cà phê chồn)' 또는 '위즐커피(Weasel Coffee)'는 별미로 꼽힌다. 토종 긴꼬리 사향고양이가 잘 익은 커피열매만을 골라먹고 배설한 커피이다. 사향고양이가 열매를 소화하는 과정에서 배설되는 커피 생두는 미묘한 향미를 품게 된다. 배설된 커피 생두는 알 수 없는 부드러움을 지니게 되고 쓴맛도 놀라울 정도로 줄어들게 된다.

베트남은 또한 '핀(Phin)'이라고 불리는 도구를 통해 커피를 추출하는 방식을 발전시켜왔다. 컵 위에 핀을 올린 채로 테이블로 가져와 추출을 한다. 가당연유(Sweet condensed milk)를 넣어 로부스타의 쓴맛과 어우러지게 한다. 달게 만든 아이스커피도 베트남에서 인기 있는 커피 배리에이션 메뉴이다.

17 | 하와이(Hawaii)

- 주요 산지: 코나(Kona), 카우아이(Kauai), 몰로카이(Molokai), 마우이(Maui), 오하우(Ohau)
- 향미: 산미가 차분하며 단맛과 바디감이 풍부, 재스민처럼 개운한 피니시
- 수확: 10월~1월

세계적인 최고급 커피인 '코나(Kona)' 커피의 생산지이다. 카우아이, 몰로카이, 오아후, 마우이 섬에서도 커피가 생산되고 있다. 하와이 코나 지역에서 재배한 커피에만 'Kona' 이름을 붙인다. 등급은 크기와 결점에 따라 Kona Extra Fancy, Kona Fancy, Prime 으로 분류한다. 매우 부드러우면서도 상큼하고 향기가 풍부하다. 산지가 낮지만 한낮에 구름이 끼는 특이한 기상현상으로 고산지

하와이 코나의 티피카종

대처럼 평균 기온이 떨어지는 환경이 조성된다. 이 덕분에 커피 생두의 밀도가 높아지고 단맛이 우수해진다. '미국 문학의 링컨'으로 추앙받는 마크 트웨인은 하와이 코나 커피의 맛에 찬사를 보낸 것으로 유명하다.

코나커피는 철저하게 손으로 한알 한알 수확하여 습식 가공으로 생산하는 티피카 품종의 커피이다. 규칙적인 비와 배수가 잘 되는 화산재 토양 그리고 적절한 기온 덕분에 비교적 낮은 고도에서 경작됨에도 불구하고 고지대에서와 같은 고급 품질의 커피가 생산되고 있다. 단맛과 신맛 그리고 산뜻하고도 조화로운 맛과 향을 가진 부드러운 커피로 평가 받고 있다. '카우아이 이스테이트'라고 하는 카우아이 커피는 신맛이 적으면서 바디가 묵직한 커피로 알려져 있다. 몰로카이 섬에서는 '마루아니 이스테이트'와 '몰로카이무레스키너'라는 커피가 유명하다.

18 | 예멘(Yeman)

세계 최초로 커피를 경작한 나라로 한때 최대의 커피 무역항이었던 모카가 있다. 모카항을 통해 수출되었던 모든 커피를 '모카'라고 불렀다. 아라비카라는 품종명은 예멘이 위치한 아라비아 반도의 이름에서 유래됐다. 예멘은 에티오피아에서 발견된 커피를 전 세계로 전파시킨 주역이다. 예멘 사람들은 자연 건조된 커피

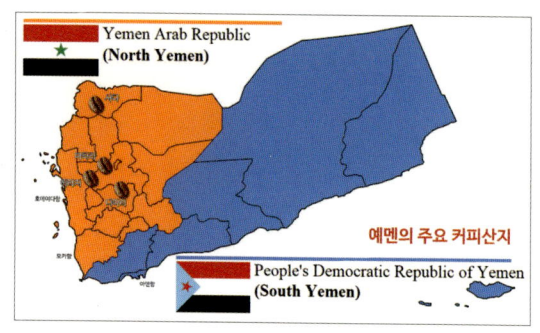

열매를 씨앗을 발라낸 후 통째로 가루로 빻아 그 가루를 뜨거운 물에 넣어 홍차처럼 옅은 색깔의 커피를 주로 즐긴다.

예멘커피는 에티오피아의 하라커피보다 한층 더 강한 맛의 커피로 세계에서 개성이 가장 뚜렷한 커피로 알려져 있다. 생두 모양이 작고 불규칙하다. 생두 가공 수준도 세련되지 못해 생두를 로스팅해 놓으면 원두의 색깔도 제각각이다. 예멘커피는 고지대에서 생산돼 생두의 밀도가 높으며 깊고 풍부한 맛과 향을 자랑한다. 커피 품종은 전통적인 티피카, 버본 등 원종과 함께 지역마다 다양한 개량종이 있다. 이들 커피 중에서 '마타리', '이스마일리'가 유명하다.

- 마타리: 수도 사나의 서쪽에 위치한 베니 마타르 지방에서 생산되는 커피로 예멘 최고의 커피다.
- 이스마일리: 초콜릿과 과일의 향미가 두드러지면서도 마타리보다 부드러운 커피로 평가된다.
- 히라지: 신맛과 과실 맛이 강하면서 마타리보다 부드럽고 가벼운 맛을 지녔다고 평가된다.
- 사나니: 다른 커피들에 비해 약하고 부드러우나 균형 잡힌 맛과 향이 있다고 평가된다.

19 | 탄자니아(Tanzania)

1964년 독립한 탄자니아는 1893년부터 커피를 경작했지만 후진성을 면하지 못하고 있다. 그러나 '탄자니아 킬리만자로'는 명품 커피로 자리를 잡아가고 있다. 탄자니아에서는 아라비카와 로부스타 모두 재배된다. 대부분 커피는 바나나무와 함께 경작되어 자연스러운 그늘경작이 이루어진다. 킬리만자로 커피는 깔끔하고 섬세하면서 맛과 향이 풍부하다는 평가를 받는다. 날카로운 신맛도 지녀 케냐AA와 구별하기 힘들다거나 에티오피아의 워시드 커피를 떠올리게 한다는 말을 듣기도 한다. 크기가 가장 큰 규격을 AA로 표기한다. 북탄자니아 산은 한국과 일본 사람들에게 킬리만자로(Kilimanzaro)라는 명칭으로 더 익숙하다.

20 | 온두라스(Honduras)

신맛과 달콤한 캐러멜향이 인상적이다. 열악한 생산 및 가공 여건으로 인해 품질에 상응하는 가격을 못 받고 있다는 평가를 받는다. 유명 커피로는 '온두라스 SHG'와 '온두라스 HG'가 있다.

21 | 니카라과(Nicaragua)

생산량은 많지 않으나 고급 커피로 평가 받는다. 진한 맛과 깨끗한 향, 조화로운 맛으로 고전적인 커피 맛을 낸다. 다른 중앙아메리카의 많은 고원 지대 커피와는 달리 신맛이 강하지 않다.

22 | 파푸아뉴기니(Papua New Guinea)

가장 큰 섬인 뉴기니 섬의 빌헬름 산을 중심으로 한 고원지대에서 주로 생산된다. 아라비카 커피와 로부스타 커피가 모두 생산된다. 대부분 북아메리카에서 소비된다. 인접한 인도네시아의 커피와는 달리 부드럽고 달콤한 맛과 향을 지닌 깔끔한 커피로 알려져 있다. 하겐 산을 중심으로 한 서부 하이랜드 지역의 '시그리' 커피와 동부 하이랜드 지역의 '아로나' 커피가 유명하다.

23 | 우간다(Uganda)

로부스타 커피 생산으로 유명하다. 시골 농가에서 고급 아라비카 커피가 생산된다. 케냐 접경지역인 엘곤 산 일대에서 생산되는 '부기수'라는 고급 커피는 와인 또는 과실의 맛이 인상적이다. 케냐 커피와 비슷하나 대체적으로 조금 더 거친 느낌을 준다.

우간다는 로부스타 품종을 주로 재배했지만, 수년 전부터 품질이 좋은 아라비카 종을 재배하는 곳이 늘고 있다. 정의윤 CCA트레이너가 우간다의 내추럴 아라비카 생두를 살펴보고 있다.

24 | 짐바브웨(Zimbabwe)

1890년대부터 커피를 재배했지만, 케냐를 모델로 삼아 1960년대 후반부터 상업적으로 생산했다. 아라비카 커피만을 습식 가공으로 생산한다. 주요 산지는 모잠비크(Mozambique) 국경 지역인 치팡가(Chipinge)와 무타레(Mutare) 지역이다. 주요 커피로는 '치팡가', '라루시에', '스말딜' 등이 있다. 미국 시장에서는 짐바브웨 AA급의 고급 커피가 'Code 53'이라는 이름으로 유통되고 있다. 강한 신맛과 상큼한 과실의 맛이 특징이다.

25 | 잠비아(Zambia)

1980년에 독립한 국가로서, 짐바브웨처럼 케냐를 모델로 커피 산업을 육성하고 있다. 주로 대형 커피 농장에서 아라비카 커피를 습식 가공으로 생산한다. 커피의 맛은 케냐와 비슷한데, 대체적으로 향미가 부드럽다는 평가를 받는다. 유명 커피로는 '테라노바', '카핑가' 등이 있다.

'직접 무역(Direct trading)'이 어떻게 커피의 품질을 높인다는 것인가?

좋은 커피를 구별하는 가장 기본적인 요소가 '명확한 산지'이다. 스페셜티 커피를 마시는 사람들은 집요하게 산지를 따진다. 산지를 알면 가공방식과 향미를 가늠할 수 있기 때문이다. 스페셜티커피를 제대로 즐기려면 산지뿐 아니라 어느 농장에서 자란 것인지를 아는 것도 중요하다. 많은 커피애호가들은 커피상인들이 특별한 커피콩을 찾아 재배자들과 직접 거래하기를 기대하지만 그런 경우가 많지 않다.

커피비평가협회(CCA)가 공정무역 캠페인을 벌이고 있는 에티오피아 함벨라 하루(Haru) 마을의 커피재배자들.

커피상인들과 직접 거래하기 위해 재배자들은 공정무역확인서(Fairtrade certification)를 비치해 두고 있다. 이 확인서는 재배자들이 커피를 수확하는 노동자들에게 급료나 처우를 제대로 해주고 있다는 사실을 보증하는 증서이기도 하다. 공정무역의 개념은 빠르게 소비자들 사이에서 윤리운동으로 번지고 있다.

소비자와 재배자간 직접거래는 스페셜티 커피를 확산시키는 동력으로 작용하고 있다. 중개자를 거치지 않고 재배자와 직접 소통하는 것은 좋은 커피를 생산하고 유통케 하는 혁신적인 일이다. 그러나 직접거래 커피를 규정하는 데 명확한 규정이나 세계적 합의가 없는 상태이다. 현재로선 직접거래를 하는 사람들에게서 경험을 듣는 수준이다. 직접거래를 왜 해야 하느냐고 묻는다면, 윤리적인 투명성과 커피 생두의 품질관리, 장기적인 상호신뢰에 대해서만 그 가치를 이야기하는 정도에 그치고 있다.

한국의 커피비평가협회(CCA, Coffee Critics Association)는 많은 커피전문가들이 세계 곳곳의 커피농장을 찾아 다니며 고품질의 커피를 확인하고 이를 인증하는 일을 하고 있다. 직접거래(Direct Trade)에 대한 명확한 정의는 없지만, 적어도 그것은 홍보용이나 보여주기 위한 일회성 거래가 되어선 안 된다.

CCA는 공정무역이나 직접거래라는 용어가 모호하게 사용되고 있는 현실을 개선하기 위해 커피 재배지를 농장 단위까지 구체적으로 밝히는 활동을 벌이고 있다. CCA는 "직접거래는 커피전문가들이 농부와 기념사진을 찍고 한차례 커피를 구매하는 정도에 그쳐선 안 된다"면서 "직접거래 참가자들은 가격이 투명하게 결정돼 공평하게 이익을 나눔으로써 구매자와 생산자간 힘의 불균형을 바로 잡아야 한다는 사명감을 가져야 한다"고 강조했다.

커피 품종 연대기 A Chronology of Coffee Varieties

- 2700만 년 전: 치자나무(꼭두서니과)에서 '커피나무의 조상'이 갈라져 나오다.
- 1400만 년 전: 카메룬 일대에서 커피나무의 조상이 군락지를 형성하다.
- 2000만 년 ~200만 년 전: 지각운동으로 동아프리카 지구대(East Africa Rift Valley)가 형성되다.
- 500만 년 전:
  - 동아프리카 지구대를 통해 커피나무의 조상이 아프리카 전역과 대륙을 종단해 아시아, 오스트레일리아까지 퍼져 나가다.
  - 커피나무의 조상이 각 지역에 적응해나가는 과정에서 카네포라(Canephora) 종과 유게니오이데스(Eugenioides) 종이 생겨나다.
- 100만 년 전: 카네포라와 유게니오이데스 사이에서 '배수화(Polyploidization)에 의한 종분화'로 생겨난 아라비카(Arabica) 종이 에티오피아 고원지대에서 집단 서식지를 이루다.
- AD 575년: 에티오피아의 아라비카 종이 서남아시아의 예멘으로 전해지다.
- 1696년: 예멘의 아라비카 종(티피카, Typica)이 인도네시아 자바(Java)로 전해지다.
- 1706년: 자바의 티피카 종이 네덜란드 암스테르담으로 전해지다.
- 1715~1718년: 예멘의 아라비카 종(버번, Bourbon)이 인도양 레위니옹(Reunion) 섬으로 전해지다.
- 1727년: 프랑스령 기아나에서 브라질 북부로 이식된 커피나무를 내셔널(National) 종으로 명명하다. 브라질로 이식된 최초의 커피 품종이다. 브라질 재래종으로서 '보통'을 의미하는 '코뭄(Comum)' 종이라고도 불린다.
- 1864년: 인도양에 있는 프랑스령 레위니옹(옛 부르봉) 섬에서 버번 벨메료(Bourbon Bermelho) 종이 발견되다.
- 1870년: 브라질 북부 바이아 주의 마라고지페 지방에서 티피카 종의 돌연변이인 마라고지페(Maragogype) 종이 발견되다. 하지만 이 종은 생산성이 낮다. 생두가 커서 '엘리펀트 빈(Elephant bean)'이라고도 불린다.
- 1911년: 인도에서 커피 농장주인 로버트 켄트가 CLR(Coffee Leaf Rust, 커피녹병)에 대한 저항력이 강한 종을 발견해 '켄트(Kent)'라고 명명하다. 티피카 돌연변이종이다. CLR의 새로운 종류가 나오면서 1927년부터 다시 개량해 1946년에는 S288(아라비카와 리베리카의 교배종)과 켄트를 교배한 S795가 나왔다.
- 1920년: 네덜란드가 자바에서 로부스타 품종에서 BP와 SA를 개발하다.
  ※ 성장력이 좋지만 널리 재배 되지는 않는다.
- 1927년경: 동티모르섬에서 티피카 계열과 로부스타 에렉타(Erecta) 계열의 자연 교배로 하이브리드 티모르(Hibrido de Timor)가 탄생하다. 녹병에 강하며 나무가 매우 크고 가뭄에 강하다. 하지만 생산성이 낮고 커피 품질이 떨어진다.
- 1930년경: 엘살바도르의 '돈 알베르토 파카스 피게로아(Don Alberto Pacas Fiueroa) 농장'에서 버번종의 돌연변이인 '파카스(Pacas)'가 발견되다. 나무 크기가 작아 밀식재배가 가능하고 뿌리가 깊어 바람이나 가뭄에 강하다. 생두는 큰 편이며 아로마가 풍부하다. 바디감은 중간 정도이며, 부드러운 산미와 단맛, 전체적인 균형감이 좋다는 평가를 받는다.

- 1931~1932년: 에티오피아 서남부에 있는 게이샤(Geisha) 마을에서 발견된 커피나무가 케냐로 보내지다. 이때 이 커피에 '아비시니안(Abyssinian)' 종과 게이샤(Gesiha)종이라는 이름이 붙다. 이후 탄자니아(1936년), 코스타리카(1953년)를 거쳐 파나마로 전해지다.
- 1935년: 브라질 상파울로에서 버번의 돌연변이인 세라(Cera) 종이 발견되다.
- 1935년: 케냐가 탄자니아에서 들여온 버번 계열의 커피나무에서 CLR과 CBD(Coffee Berry Disease: 커피베리병)에 저항력이 강한 SL28종을 가려내다. 함께 개발된 SL34는 가뭄에 강하고 품질도 좋으나 CLR 저항력이 약하다.
- 1936년: 케냐가 켄트종에서 'K7' 품종을 개발하다. 가지가 많고 줄기가 굉장히 길다. 마디간 간격이 넓고 병충해에 약하며 수확량이 매우 적다.
- 1937년: 브라질에서 버번의 돌연변이로 카투라 벨메료(Caturra Vermlho)가 발견되다. 나무가 작고 마디 사이가 짧아 생산성이 높다. CLR에 강해 품종 개량에 중요한 품종이다.
- 1943년: 브라질 상파울로에서 버번과 티피카(수마트라) 종의 교배종인 '문도 노보(Mundo Novo)'가 발견되다. 카투라, 카투아이와 함께 브라질의 주요 재배 품종이다.
- 1946년: S288(아라비카와 리베리카의 교배종)와 켄트(Kent)가 교배해 S795가 탄생하다. S288과 S795는 세계에서 생산되는 아라비카의 30%를 차지할 정도로 유행하기도 했다.
- 1949년: 엘살바도르에서 부르봉 종에서 작은 크기로 돌연변이된 파카스(Pacas) 종이 발견되다.
- 1950년: 브라질에서 버번(Bourbon)과 로부스타 품종의 교배로 이카투(Icatu) 종이 탄생하다.
- 1951년: 브라질에서 버번의 돌연변인 카투라(Catura) 종이 발견되다.
- 1958년: 엘살바도르가 파카스와 마라고지페를 교배해 파카마라(Pacamara) 종을 만들어내다.
- 1959년: 포르투갈이 카투라(Caturra)종과 하이브리드 티모르(HdT)를 교배해 카티모르(Catimor)를 만들어 내다. 맛은 다소 떨어지나 저지대 생산이 가능하고 성장이 빠르며 수확량이 많다. 커피 품종 개량의 핵심 품종으로 Costa Rica 95, Aztex Gold등이 같은 계열이다.
- 1980년: 브라질에서 개량된 이카투(Icatu)와 카투아이(Catuai)의 교배로 카투카이(Catucai) 종이 탄생하다.
- 1981년: 콜롬비아가 카투라(Caturra)와 하이브리드 티모르(HdT)를 교배해 1971년부터 개량 작업을 거쳐 '콜롬비아(Colombia)'라고 명명하다.
- 1983년: 케냐에서 카티모르(Catimor) 종과 SL28의 교배로 '루이루 일레븐(Ruiru 11)' 종이 탄생하다. 담자균류에 의한 커피녹병(CLR, Coffee Leaf Rust)과 진균류에 의해 발생하는 커피베리병(CBD, Coffee Berry Disease)에 대한 저항력이 강하다. 나무가 작아 같은 면적에 버본종보다 2배 가량 많은 나무를 재배할 수 있다. 맛과 향이 SL품종보다 떨어진다는 평가를 받는다.
- 1984년: 콜롬비아가 카티모르(Catimor)와 카투라(Caturra)를 교배하고 개량해 '베리에다드 콜롬비아(Variedad Colombia)' 종을 만들다. 병충해에 대한 저항력이 좋고 직사광선에 강하다. 상대적으로 짧은 기간에 다수확이 가능하다.

The History of Coffee Cultivation

Transfer & spread of coffee

www.coffeedaily.co.kr
www.cafe.naver.com/italybarista

커피비평가협회 CCA Coffee Critic Association

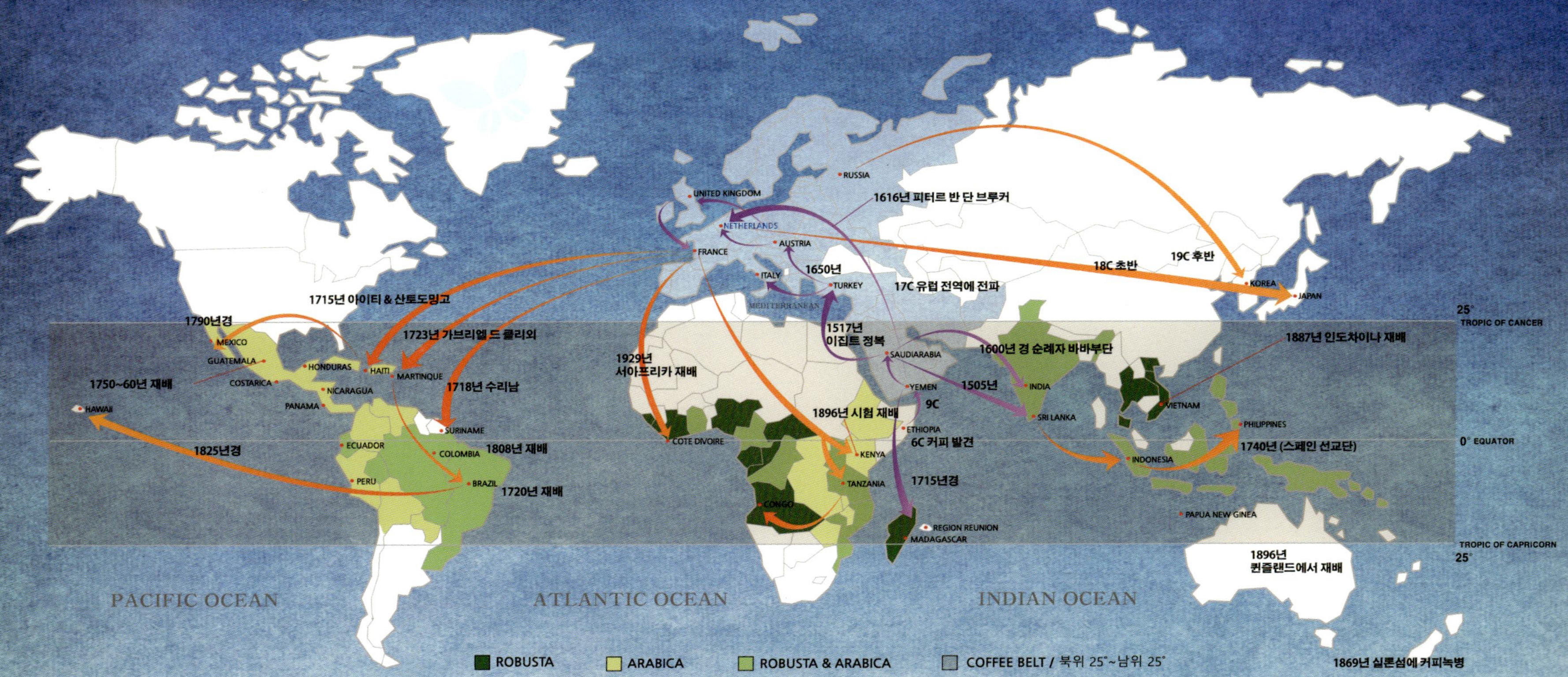

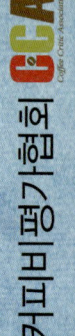

12 로스팅과 맛(Roasting & Flavor)

커피 맛을 결정하는 가장 중요한 요소는 생두의 품질이다. 생두의 품질은 기후와 토양 등 자연 조건과 인간의 열정에 좌우된다. 흔히 "커피의 품질은 신의 손에 달렸다"고 말한다. 그러나 '신이 내린 커피'라고 해도 이를 인간이 제대로 다루지 못하면 순식간에 '쓰레기'가 될 수 있다. 이상적인 커피란 자연의 순리에 따라 잘 키워낸 커피 생두의 향미가 올바로 드러나도록 로스팅해 추출한 것이다. 인간은 로스팅과 추출 단계에서 커피의 맛에 개입한다. 생두에 담겨 있는 향미를 비로소 표현해내는 로스팅은, 따라서 커피의 맛을 좌우하는 두 번째 요소로 손꼽힌다.

바리스타는 커피 생산과정에서 생두의 특성을 불러일으키는 '로스팅'을 올바로 이해해야 한다. 그래야 커피의 이상적인 맛을 올바른 방향으로 추구할 수 있는 것이다.

1 | 과학 이성과 예술 감성의 접점 '커피로스팅'

커피로스팅은 과학의 영역인 동시에 예술의 분야이다. 로스팅에서는 과학자의 정확한 판단과 예술가의 감성이 모두 요구된다.

로스팅에서 온도와 시간은 매우 중요하다. 커피 생두는 온도가 섭씨 200도까지 올라가는 드럼 안에서 8분~20분간 로스팅된다. 생두가 타지 않도록 드럼은 쉬지 않고 돌아간다. 산지가 다르면 커피 생두의 성격이 다르기 때문에 로스팅하는 방법도 달라진다.

예를 들어 고급 아라비카 종은 경쾌한 산미와 꽃향기를 유지하기 위해 약하게 볶는 것이 유익하다. 반면 로부스타 품종은 쓴맛을 부드럽게 하기 위해 보다 진하게 볶는다. 그러나 이는 어렵지 않게 이행할 수 있다. 로스터들은 생두의 종류나 블렌딩 레시피에 따라

로스터에서 배출되는 커피원두

향미를 가장 잘 살려낼 수 있는 프로파일을 가지고 있으며, 로스팅할 때마다 그것을 적용하기만 하면 좋은 결과를 얻을 수 있다.

로스팅 과정의 각 단계는 색깔과 향기의 변화를 보면 알아챌 수 있다. 중요한 단계로 접어들 때는 소리를 내기도 한다. 훌륭한 로스터가 되기 위해선 예리한 시각과 후각을 가져야 하고, 시간에 대한 감각이 민감해야 한다.

SCA기준 아그트론 수치(Agtron Value)와 커피 맛

- #95 – Very Light: 강하고 짜릿한 산미
- #85 – Light: 강한 산미, 가벼운 바디
- #75 – Moderately Light: 강하고 산뜻한 산미
- #65 – Light Medium: 산뜻한 산미와 은은한 향기
- #55 – Medium: 약한 산미, 중간 정도의 바디, 풍부한 향기
- #45 – Moderately Dark: 여린 산미, 강한 바디, 풍성한 향기
- #35 – Dark: 강한 단맛, 강한 쓴맛
- #25 – Very Dark: 약한 단맛, 쓴맛, 탄맛

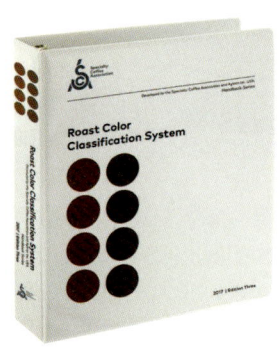

2 | 고가의 색도계가 반드시 필요하지 않은 이유

커피를 볶는 사람들은 로스팅을 일관되게 하기 위해 원두의 색에 집중하게 된다. 커피를 오래 볶을수록 색상이 진해진다. 그러나 같은 시간을 로스팅해도 원두의 색은 서로 다를 수 있다. 높은 열을 주면 겉면은 빨리 진해지는 대신 내부는 상대적으로 덜 익게 된다. 원두의 색상만 보고 로스팅 정도를 확정할 순 없다. 이를 위해 원두의 색상과 분쇄한 가루의 색상을 비교해 로스팅 정도를 가늠하고 기준을 세운다.

커피 색도계는 특정 생두를 가장 맛있게 볶는 지점을 찾기 위해 활용되는 것이 아니다. 눈으로 색을 확인하는 것이 관찰자의 상태나 날씨, 실내 조명에 따라 오차가 커지기 때문에 일관성 있는 색상 관찰을 위해 필요한 것이다. 원두의 색상은 커피를 볶는

커피 원두의 색도 측정

사람에게는 로스팅 과정의 수많은 변수를 한 방향으로 통제하는 기준점이 된다. 기준이 있어야 로스팅의 여러 변수들을 통제할 수 있다.

커피 색도계는 결국 원하는 로스팅 정도를 맞추기 위한 도구인 것이다. 커피 분야에서 색도계는 주로 로스팅에서 이야기 하지만 원두뿐 아니라 생두 색도계가 있고 산지에서는 열매가 잘 익었는지를 구별하기 위한 체리 색도계까지 등장했다.

대표적인 커피 색도 측정 장치는 '아그트론 엠베이직 투(Gatton M-basic II, 이하 Gatton)'이다. 미국 네바다 주에 위치한 아그트론 사에서 만든 분광광도계이다. 원두의 파장별 세기를 측

정해 색채의 정도를 측정한다. 볶은 원두를 통째로 또는 분쇄한 뒤 샘플 트레이에 담고 장치 안으로 넣으면 적외선 파장을 이용해 커피의 볶음 정도를 수치로 나타내준다.

많은 단체와 커피 전문가들이 아그트론 장비로 측정한 수치를 커피 볶음도의 지표로 삼는다. 예를 들어, 스페셜티커피협회(SCA)는 샘플 로스팅과 커핑을 위한 아크르론 수치를 원두 통째로인 홀빈(Whole bean) 상태일 때 58, 분쇄한 상태일 때 63으로 맞출 것을 권한다. 이런 기준에 따라 세계 각국의 커피전문가들이 특정 생두를 같은 조건으로 로스팅해서 향미를 평가하고, 그 결과에 대해 정보를 나눌 수 있다. 그러나 SCA의 이러한 권장 기준은 절대적인 것은 아니다. 생두의 밀도, 함수율, 크기 등 특성에 따라 로스팅을 정도를 이와 달리해 진행할 수 있다.

아그트론처럼 적외선을 이용한 색도측정 도구로 자바리틱스(Javalytics), 로아미(RoAmi), 씨엠100(CM-100) 등이 있다. 백색광을 이용하는 도구로는 컬러레트(Colorette)가 있다.

색도를 측정하는 장비들은 값이 비싸기 때문에 큰 부담이 된다. 로스팅 과정의 다양한 변수를 통제하기 위한 지침으로 삼기 위해 장비가 있다면 물론 좋다. 하지만 육안으로 비교하는 '컬러 타일(Color tile)'만으로도, 일관성을 유지하는데 어느 정도 효과를 거둘 수 있다. 컬러 타일은 로스팅 정도를 눈으로 확인해 볼 수 있도록 아크트론 수치에 따라 달리 나타나는 색상을 8단계로 나눠 색판으로 만든 것이다.

3 | 로스팅 8단계마다 실현되는 향미의 마술

로스터에 따라 로스팅 정도를 결정하는데 사용하는 용어가 다르다. 로스팅 정도는 로스팅을 시작한 지 3~4분 만에 도달하는 '시나몬(Cinnamon)'부터 매우 강하게 볶은 상태인 '프렌치로스트(French Roast)'까지 다양하다. 로스팅 과정에서 진녹색의 생두는 노랗게 됐다가 브라운색을 띄게 되고 최종적으로는 검은색에 가깝게 된다. 어떤 로스터들은 색의 변화만보고 로스팅 정도를 판단하는데, 로스팅에는 그 이상의 무엇인가가 있다. 로스터들은 대부분 생두의 색뿐만 아니라 생두의 질량, 온도, 냄새, 소리를 통해 로스팅 정도를 판단한다.

생두의 색깔이 노랗게 될 때 팝콘의 냄새가 나기 시작한다. 로스팅을 시작한 지 8분쯤 지나면 생두가 균열이 일어나면서 크기가 커진다. 터지는 소리가 나기 시작할 쯤, 생두의 색깔은 갈색이 되고 '커피 에센스'라고 알려진 오일이 표면에 새어 나온다. 원두의 색깔은 세포조직에 균열이 발생하는 2차 크랙 또는 2차 팝핑 때까지 갈수록 어두워진다. 2차 크랙은 곧 진한 커피원두를 의미한다. 에스프레소를 위해, 어떤 로스터들은 2차 크랙을 지나 드럼에서 연기가 날 때까지 로스팅을 진행한다. 이 즈음에 원두의 색이 진한 지 아닌지 구별하기 힘들다면, 원두의 표면이 빛나는지를 체크하는 것도 좋은 방법이다. 원두의 표면이 빛날수록 더 진하게 로스팅된 것이다.

로스팅을 8단계로 나누고, 단계마다 발현되는 향미를 설명하면 다음과 같다.

로스팅 정도에 따른 색상 변화

① **라이트 로스팅(Light Roasting)**: 원두의 색상이 매우 연한 갈색(Very light brown)을 나타낸다. 신맛(Sour acidity)이 강하고 곡류 맛이 난다. 감미로운 향기가 나지만 이 단계에서 커피를 추출하면 깊은 맛이 나지 않는다. 생두가 열을 흡수하면서 수분이 빠져나가기 시작하는 단계이다.

② **시나몬 로스팅(Cinnamon Roasting)**: 라이트 로스팅에서 조금 더 진행된 상태로 연한 갈색(Light brown)을 나타낸다. 산미(Acidity)가 강해지며, 품종의 특성이 뚜렷해진다. 노란색의 원두가 계피색을 띠게 된다. 커피 생두의 외피(Silver skin)가 왕성하게 제거되기 시작하는 단계이다.

③ **미디움 로스팅(Midium Roasting)**: 원두가 중간 정도의 갈색(Moderately Light Brown)을 나타낸다. 이 단계를 '아메리칸 로스트'라고도 한다. 산미가 여전히 강하고 품종의 특성이 뚜렷하게 드러난다. 중후한 맛이 감돌기 시작하는 단계이다.

④ **하이 로스팅(High Roasting)**: 갈색이 더 진해지고(Medium brown), 신맛이 더욱 풍부해진다. 하지만 이 시점부터 단맛이 나기 시작하면서 신맛이 엷어진다. 품종의 특성은 약해지며 묵직한 맛이 나타나기 시작한다. 미국 서부 지역에서 대체로 이 정도의 커피를 즐긴다.

⑤ **시티 로스팅(City Roasting)**: 색상은 중간 정도의 짙은 갈색(Medium dark brown)으로 더욱 진해진다. 상큼한 맛은 약해지며 맛이 더 중후해진다. 생두 자체에서 비롯되는 향보다 로스팅으로 인해 부가되는 향과 맛이 더 두드러진다. 볶은 커피 향기(Roated Coffee flavor)와 달콤하고 쌉쌀한 맛(Bittersweet)이 나타나는 것이다. 당이 분해돼 캐러멜화하고, 상큼한 신맛은 점점 톡 쏘는 맛(Pungent)으로 바뀌게 된다. 독일 사람들이 이 정도까지 로스팅한 커피를 즐긴다고 해서 '저먼(German) 로스트'라고 부르기도 한다.

⑥ **풀시티 로스팅(Full-city Roasting)**: 색상은 더 짙은 갈색(Moderately dark brown)이 된다. 로스팅에서 부여되는 향기와 중후함이 가장 풍부하게 느껴지는 단계이다. 신맛은 거의 사라지고 진한 커피 맛이 우세하다. 커피 표면에서 오일이 비치기 시작한다.

⑦ **프렌치 로스팅(French Roasting)**: 검은 갈색(Dark brown)을 띠며 쌉쌀하면서도 달콤한 (bittersweet) 맛이 두드러진다. 커피 오일이 겉면에 맺힌다.

⑧ **이탈리안 로스팅(italian Roasting)**: 색상은 검은색에 가까운 흑갈색(Very dark brown)이다. 쓰다고 표현할 정도의 진한 맛이 난다. 볶은 커피향(Roasted Coffee flavor)이 강해서 우유를 첨가하는 응용메뉴에 적절하다.

〈로스팅 색상과 특징〉

로스팅 정도는 선호하는 맛과 커피콩의 산지가 어디냐에 따라 다르게 불리기도 한다.

① **연 갈색(시나몬 로스트)**: 로스팅을 시작해 3~4분이면 이 단계에 도달한다. 크랙이 일어나기 전 상태로, 산미가 날카롭고 지푸라기 냄새가 난다.

② **조금 짙어졌지만 아직 밝다(뉴잉글랜드 로스트)**: 1차 크랙 근처, 몇몇의 스페셜티 커피 로스터들은 여기서 멈춰 최대한 밝은 산미를 이끌어낸다.

샘플러(sampler)를 통해 생두가 볶여지는 상황을 파악할 수 있다.

③ **미디엄 브라운(아메리칸 로스트)**: 색이 조금 더 짙어졌다. 바디가 묵직해지고 밝은 느낌이 줄어든다. 1차 크랙이 막 끝난 상태이며, 아직 라이트-미디엄 로스트로 구분된다.

④ **미디엄 브라운(시티 로스트)**: 많은 로스터들이 단맛을 위해 여기서 멈춘다. 2차 크랙 바로 직전이다.

⑤ **다크 브라운(풀시티 로스트)**: 2차 크랙이 시작하는 시점. 풀바디 상태이며 본래의 콩 특성을 잃기 시작한다.

⑥ **다크 브라운(비엔나 로스트)**: 콩이 오일로 덮이기 시작하고 색도 어두워진다. 커피 맛이 쌉싸름하며 달고 알싸(Bittersweet spicy)하다. 아주 조금 밝은 느낌이 들기도 한다.

⑦ **매우 진한 갈색(프렌치 로스트)**: 2차 크랙이 끝날 무렵. 대체로 에스프레소 로스팅을 위한 단계. 대부분 커피 본연의 향미는 사라지고 숯같은 탄맛으로 바뀐다.

⑧ **검은색(이탈리안 로스트):** 콩이 매우 어두워지면서 빛난다. 탄 느낌이 전반적으로 커피 향미를 지배한다.

4 | 맛을 만들어 내는 로스팅의 원리

로스팅에서 요구하는 과학적 지식은 향미에 집중돼 있다. 로스팅 과정에서 생두가 화학적으로 변할 때 향미를 잘 잡아둬야 하고, 그 향미는 한 잔의 커피에 고스란히 담겨야 한다.

로스터에게 커피로스팅이란 모든 감각의 향연이다. 훌륭한 로스터는 로스팅이 진행되는 과정을 시각, 향기, 소리로 판단한다. 로중요한 단계에서 생두의 균열, 오일

화력 조절은 커피의 맛을 좌우하는 중요한 요인이다.스팅의

의 방출, 색깔 변화가 진행된다. 섭씨 288도에 달하는 도가니에서 진행되는 커피로스팅은 연금술과 같은 느낌을 자아낸다.

생두는 로스팅을 통해 향미가 표면화할 때까지 불활성 상태이다. 커피 입장에서 보면, 로스팅은 마술이 일어나는 순간이다. 생두를 로스팅하면 화학적 특성이 바뀐다. 열은 생두를 팽창시키고 색과 맛, 밀도 향기를 변화시킨다. 생두와 볶인 콩은 산, 단백질, 카페인의 함량이 비슷하지만 생두는 향미가 결여돼 있다.

1회 로스팅하는 생두의 양, 즉 배치(Batch) 사이즈가 5kg 이내인 경우에는 통상 1회 로스팅이 8~12분 걸린다. 산업용 대용량인 경우에는 30분간 로스팅하는 경우도 있다. 초기 3~4분 생두에 있는 습기가 많이 증발된다. 생두가 노란색으로 바뀌면 증발이 거의 끝나가는 것을 의미하며, 이쯤 로스터는 드럼의 온도를 조절한다. 6~8분이 지나면 생두의 세포 안에 갇혀 있던 수증기와 가스가 팝콘 터지듯 소리를 내며 방출되는 온도에 이르게 된다. 이 지점이 '1차 크랙(First crack)'이다. 이 대목이 향미를 높여주는 화학적 반응인 '자당의 캐러멜화(Caramelization of sucrose)'가 이루어지는 지점이다.

자당은 커피 생두를 이루는 주된 당으로서, 섭씨 160~180도에서 녹는다. 설탕의 캐러멜화는 생두를 한층 더 갈색으로 만든다. 녹아 내려 결정화한 자당은 캐러멜화한 자당보다 더 달기 때문에 볶을수록 커피의 단맛은 줄어들게 된다. 1차 크랙을 막 지난 원두는 색상이 여리고 풋내로 인해 좋은 향미가 가려질 수 있다는 사실을 유념해야 한다.

1차 크랙을 지나면 발랄한 산미들은 사라지고 바디감이 증가한다. 로스터는 트리고넬린(trigonelline)을 분해함으로써 생두에 내재하는 쓴맛을 없애려고 애쓴다. 트리고넬린은 물에

잘 녹으며 강한 쓴맛을 내는 알칼로이드이다. 섭씨 220도에서 녹기 시작하고 대략 85%가 분해된다. 이쯤 원두는 '미디엄 브라운(Medium brown)'상태. 아직 프렌치 로스트나 이탈리안 로스트만큼 진하지는 않다. 스페셜티 생두들이 이 정도까지 볶인다. 로스팅을 비교적 밝게 유지하면 생두의 향미가 잘 발현된다. 특히 케냐와 부룬디에서 생산되는 밝은 산미의 커피들을 이렇게 로스팅한다.

1) 진하게 로스팅하는 진짜 이유

1차 크랙을 지나면서 로스팅의 중요한 포인트는 밝은 산미와 바디감을 위한 단맛 사이에 균형을 잡는데 집중된다. 궁극적으로 탄맛을 드러내기 위해 약간 콩을 태우기도 한다. 섭씨 240도까지 볶는 프렌치로스트의 경우, 생두의 자연적인 향미가 약간 남아 있다. 섭씨 250도까지 볶는 스페니시 로스트는 숯이 된 원두가 모든 향미를 잡아먹는다. 원두를 지옥불처럼 매우 높은 온도까지 볶는 것은 마치 음식을 태울 때와 같은 탄 향

기름이 배어나올 정도로 진하게 볶은 원두

미를 유발한다. 로스터가 어느 정도까지 로스팅할 지는 생두의 산지, 특성 그리고 어떤 향미를 원하는지 등의 목적에 따라 달라진다.

약하게 볶는 라이트로스트는 싱글 오리진 커피의 향미를 최대한 잘 이끌어 내기 위한 방법이며, 보다 진하게 볶는 다크로스트도 나름대로 필요로 하는 영역이 있다. 에스프레소는 세계적으로 진하게 볶는다. 이 단계에서는 향미가 날아가고 커피에 항상 일정한 특정의 맛을 부여한다. 진하게 볶는 커피의 맛은 산지나 공급자가 바뀌어도 일관되게 유지할 수 있다. 세계적으로는 진하게 볶인 커피를 좋아하는 사람들이 약하게 볶인 커피를 선호하는 사람들보다 많다. 결국 훌륭한 로스팅은 취향, 향미, 개성에 대한 것이다. 그러나 오래 묵은 생두의 잡미를 감추기 위해 기름이 배어 나올 정도로 진하게 볶는 양심 없는 로스팅이 횡행하고 있음을 부인할 수 없다.

진하게 볶으면 카페인이 많아질까?
진하게 볶인 커피가 가볍게 볶인 커피보다 카페인이 더 많다는 것은 잘못된 생각이다. 높은 온도에서 로스팅하는 것이 생두에 든 카페인에 그렇게 큰 영향을 끼치지는 않는다. 많은 연구 결과, 강하게 로스팅해도 생두에 든 카페인의 함량은 많아야 5% 정도만 줄어들 뿐이다.

5 | 날아가지 못한 이산화탄소가 벌이는 심술 '거친 맛'

로스팅을 한 후에는 이산화탄소를 공기 중으로 날려 보내는 것을 디게싱(Degassing)이라고 한다. 이를 '에이징' 또는 '숙성'이라고 부르기도 한다. 이산화탄소가 오래 남아 있으면 거친 맛이 강해진다. 이산화탄소가 커피에 해로운 것만은 아니다. 산소가 들어오는 것을 저지해 산화되는 것을 막는 역할도 한다. 볶은 원두를 포장할 때에는 8~24시간 이산화탄소를 날려 보낸 뒤 실시하는 게 좋

디게싱(degassing) 중인 커피 원두

다. 원두를 대량 포장하는 곳은 가스를 방출하는 동안 산화를 억제하기 위하여 저장 통을 질소 가스로 채우기도 한다.

로스팅을 끝낸 뒤 바로 추출하면 가스로 인한 부풀림이 심한 것을 볼 수 있다. 물이 커피 가루에 들어 있는 고형 물질을 추출하는 과정에서 이산화탄소가 함께 배출되기 때문이다.

1) 잔존한 이산화탄소는 추출을 위한 '필요악'인가

물이 커피 가루에서 성분을 추출할 때 작용하는 물리적인 힘은 세정(Washing)과 확산(Diffusion)으로 나눌 수 있다. 세정은 물이 커피 가루 입자 표면에 있는 성분을 씻어내면서 성분을 추출하는 것을 일컫는다. 반면 확산은 물이 가루 속으로 침투해 내부에 있는 성분을 밖으로 밀어내는 작용을 지칭한다. 뜨거운 물이 커피 가루에 닿으면 세정이 먼저 일어나고 이어 한 템포 늦게 확산이 나타난다. 물이 커피 가루 사이로 스며들어 성분을 끄집어 내는 물리적인 작용을 침출(Percolation)이라고 하는데, 세정과 확산도 포함하는 개념이다. 커피 추출이 침출 또는 퍼콜레이션이라는 용어로 사용되는 경우도 있다.

물이 가루에 들어 있는 성분을 끄집어 내는 과정에서 이산화탄소의 방출이 많으면 적잖은 영향을 받게 된다. 물은 가루 사이를 파고 들려고 하고 가루에서는 마치 이에 저항이라도 하듯 이산화탄소가 방출되면 '난류(Turbulent flow)'라는 물리적 현상이 발생한다. 가스가 격렬하게 불규칙적으로 운동하면서 커피 가루층은 부풀어 오른다. 이산화탄소의 이런 움직임으로 인해 물이 커피 가루를 통과하는 시간이 지체된다. 이로 인해 미세하지만 커피의 성분이 기준보다 과다하게 추출되는 경향을 보이게 된다.

일본식 사무라이 커피 추출에 사용하는 손절구

이 때문에 로스팅을 한 뒤 바로 추출하는 커피는 가루의 분쇄도를 조금 더 굵게 한다. 반면 볶은지 시간이 다소 경과된 원두는 난류로 인한 저항이 없기 때문에, 오히려 물의 흐름이 기준보다 빨라져 성분이 과소 추출되는 경향을 보인다. 따라서 커피의 분쇄도를 가는 쪽으로 조절한다. 커피 가루에 이산화탄소의 잔존량이 많을수록 커피 가루를 굵게 조절함으로써 추출의 수율을 맞추는 것이다.

커피 가루에 이산화탄소가 어느 정도 들어 있는 것은 추출에 유익하다. 단순하게 표현하면, 잔존한 이산화탄소가 방출되는 과정에서 커피의 고형물질과 향기를 끄집어 내는 역할을 하기 때문이다. 이산화탄소의 잔존량이 너무 적으면, 물이 커피 가루 사이에 머무는 시간이 짧아 고형물질이 제대로 배출되지 못한다.

에스프레소를 추출할 때 이산화탄소의 잔존량이 미치는 영향이 가시화한다. 커피가루에 이산화탄소가 너무 없으면 크레마가 거의 생성되지 않는다. 드립커피에서는 뜸들을 할 때 이산화탄소가 많을수록 커피 층이 더 크게 부풀어 오른다. 그러나 부풀어 오르는 정도가 크다고 해서 반드시 커피가 신선하다고 할 수 없다. 왜냐하면 로스팅한 지 어느 정도 지난 커피라도 로스팅을 진하게 한 것이라면 꽤 많이 부풀어 오르는 것으로 보이기 때문이다.

6 | 한 잔의 완성된 커피를 총평하는 커피테이스팅

커피의 향미를 평가하고 음미하는 것은 멋진 예술작품을 감상하는 것과 같다. 산지와 품종을 서로 비교하는 것은 향미의 차이를 이해하는 가장 좋은 방법이다. 최고의 바리스타들은 산지와 품종에 따라 맛이 어떻게 다른 지 알기 위해 매일 커피를 테이스팅하는 훈련을 한다.

테이스팅을 하는 여러 방법들 가운데 커핑(Cupping)은 생두의 품질을 가늠하는데 요긴하게 애용된다. 선택된 커피는 추출돼 로스팅된 콩과 함께 테이블에 올려진다. 테이스터는 향미뿐만 아니라 로스팅된 생두의 향기와 외관도 평가한다. 테이스터는 같은 지역에서 생산된 커피라도 여러 종류를 테이스팅하며 다양한 향미를 찾아내고자 애쓴다. 특정 기준과 상관없이 호감을 끄는 커피를 선택하면 된다.

커피의 향미를 평가하기 위한 테이스팅 준비

다만 테이스팅하는 커피 생두들이 같은 날, 같은 정도로 로스팅되어 향미에 끼치는 서로 다른 영향이 없도록 해야 한다. 커핑은 한 잔에 담기는 완성된 커피의 향미를 평가하지는 못한다. 생두의 품질만을 평가하기 때문에 로스팅이 잘 됐는지, 추출이 잘 됐는지를 가늠할 수 없다. 커핑의 이러한 빈자리를 메워 주는 것이 커피테이스팅이다. 테이스팅은 완성된 커피 음료를 평가 대상으로 하기 때문이다. 〈커핑 요령은 13장 참조〉

〈테이스팅을 위한 지표들〉

① **산미(Acidity)**: 커피의 밝기와 날카로움이다. 중요한 고려요소로서, 꽃향과 과일향이 살아있는 듯하다. (예) 날카로운 케냐 커피에 비해 에티오피아 시다모는 산도가 낮다.

② **바디(Body)**: 커피가 입안에서 만들어내는 무게감이다. 커피를 입에 담은 느낌이 두터운지를 살펴본다. (예) 풀바디의 인도네시아 커피(아라비카)라 해도 마일드한 바디의 베트남 커피(로부스타) 보다는 무겁게 느껴지지 않는다. 아라비카 커피가 아무리 바디가 무겁다고 해도 로부스타 품종이 주는 바디감을 누를 수는 없다는 이야기이다.

③ **향(Aroma)**: 고품질 커피는 향미가 풍부한 만큼 향기도 풍성하다. (예)케냐커피의 풍부한 향과 그 보다는 낮은 수준의 향을 지닌 인도네시아커피를 마시고 비교해본다.

④ **단맛(Sweetness)**: 훌륭한 품질의 커피는 자연적인 단맛을 지니고 있다. 전체적으로 달다는 것을 의미하는 게 아니라 균형이 자연스럽게 잘 잡혀 있냐가 중요하다. 베리류의 향미, 설탕, 초콜릿, 캐러멜 등이 여기에 속한다. (예) 탄자니아 커피는 달콤한 베리의 향미가 인상적이다. 날카로운 신맛의 케냐커피나 초콜릿 느낌이 강한 과테말라 커피를 옆에 두고 마셔봐라.

⑤ **여운(Aftertaste)**: 향미가 얼마나 오래 지속되는가? 커피를 한 모금 마신 뒤 10~15초간 기다렸다가 향이 얼마나 지속되는지를 가늠한다. (예) 인도네시아 커피는 일반적으로 후미가 긴 반면 에티오피아 이르가체페는 이에 비해 짧다.

7 | 로스팅 너머로 또 한 번 펼쳐지는 마술 '커피블렌딩'

한 잔에 담기는 커피의 향미를 다양하게 하기 위해 서로 다른 산지의 원두를 섞는 블렌딩을 한다. 블렌딩을 하면 한 잔의 커피로 여러 맛을 감상할 수 있다. 그러나 블렌딩은 개별적인 원두의 성격을 명확하게 알고 난 뒤에 추구할 일이다. 산지를 명확하게 밝히지 않고 "블렌딩을 했기 때문에 복합미가 좋다"고 주장하는 것은 옳은 태도가 아니다.

블렌딩을 위해 준비한 커피 원두

여러 산지의 커피를 섞는다고 복합미가 좋아지는 게 아니다. 섞는 커피 원두들이 제각각 품질이 좋아야 하고 개성도 명확해야 한다. 연주를 잘하는 사람들이 모여야 교향곡이 비로서 명곡이 될 수 있는 것과 같은 이치이다.

많은 커피숍들이 시그니처 블렌드(Signature blend)를 과시하는데, 소비자들로서는 어떤 커피들이 섞여 있는지 산지까지 따져가며 즐겨야 한다. 소비자들이 그런 노력을 통해 나쁜 커피들이 나돌지 않도록 막아야 한다.

블렌딩을 하는 진정한 목적은 커피의 질과 맛을 높이는 데 있다. 최상의 블렌딩은 특정 커피의 매력을 최대한 이끌어낸다. 시그니처 블렌드는 그 커피숍이나 로스터리 카페의 성공을 의미하는 징표이다. 시그니처 블렌드는 고객들로부터 맛에 대한 공감을 불러일으키면서 다시 그 숍을 찾게 만드는 동력이 된다. 그러나 카페를 유리하게 운영하기 위해 여러 산지의 원두를 블렌딩하는 것은 사라져야 한다. 특정 지역의 커피 값이 오를 경우, 맛이 비슷한 다른 산지의 커피로 대체함으로써 비용을 줄이려는 노림수에서 블렌딩하는 것은 '얄팍한 상술'이 아닐 수 없다.

커피를 잘 블렌딩하면 각 커피들의 합보다 더 좋은 품질과 맛을 만들 수 있다. 이를 성취하려면 커피 향미에 대한 깊은 지식이 있어야 한다. 좋은 블렌드는 전 세계 싱글 오리진(Single origins) 커피들이 펼치는 '향미의 교향곡(Symphony of flavor)'이다.

블렌딩을 하기 전에 싱글 오리진 커피의 다양한 특성을 알아야 하고, 이들 특성이 한 잔의 컵에서 어떻게 하면 잘 어우러질 수 있을지를 고려해야 한다. 예를 들어, 코스타리카의 단맛은 밝은 산미가 특징인 동아프리카 커피들과 잘 어우러진다.

블렌딩은 다크 로스팅에서 비롯되는 향미적 특성과 라이트 로스팅의 깨끗한 맛을 동시에 한 잔의 컵에 담을 수 있는 최선의 방법이다. 산지가 같은 콩을 서로 다른 정도로 로스팅해 섞는 것도 성공적인 블렌딩이 될 수 있다.

예를 들어, 비엔나 스타일로 진한 게 볶은 콜롬비아콩 60%와 1차 크랙이 끝나자마자 배출한 같은 콜롬비아콩 40%를 섞으면, 로스팅 끝단계에서 나오는 깊고 풍성한 향미와 초기 단계에서 우세한 밝은 산미를 동시에 느낄 수 있다.

커피 블렌딩에 도전하려면, 우선 약간의 상상력이 필요하다. 커피를 담고 향미를 분석하면서 어떤 비율로 섞을 지 생각한다. 통상 2~3가지를 가지고 비율을 달리하면서 좋은 느낌에 도달하는 순간을 잡아내는 연습부터 시작한다. 이런 방식으로 찾아낸 좋은 포인트를 토대로 커피의 종류를 늘리고 비율을 조정하면서 원하는 맛을 찾아간다.

〈실전! 커피블렌딩〉

- 사례 1: 가벼운 느낌을 주면서도 바디가 묵직한 맛
  - 40% 콜롬비아(바디감 부여)
  - 30% 멕시코(날카로움 부여)
  - 30% 동아프리카(가벼운 산미 부여)

- 사례 2: 향미가 깊고 풍부하며 초콜릿과 같은 맛
  - 50% 인도네시아 수마트라(바디)
  - 25% 에티오피아 하라(초콜릿)
  - 25% 예멘(이국적인 향신료)

- 사례 3: 에스프레소 블렌딩

에스프레소 블렌딩은 균형을 잘 맞춰야 하고 복합미가 있어야 한다. 일반적으로 에스프레소 블렌딩은 '필터 커피(Filter coffee)' 블렌딩보다 더 신중해야 한다. 필터커피에서 나타나는 맛의 특성이 에스프레소에서는 너무 강하게 느껴질 수 있다. 케냐AA처럼 극도로 밝은 커피는 필터커피에서는 맛있겠지만 에스프레소에선 산미가 너무 강하게 느껴지게 된다.

크레마(Crema)는 에스프레소에서는 생명과 같은 요소이다. 건식 가공(Dry-processed)한 중앙아메리카의 커피는 크레마를 위해서는 가히 하늘이 준 선물이라고 할 수 있다.

산지에 따라 볶는 정도가 다르다.

블렌딩 포인트와 산지

① Brightness-acidity(경쾌한 산미): 르완다, 케냐, 콜롬비아, 과테말라
② Body and Richness(묵직함과 풍성함): 건식가공한 에티오피아, 인도네시아
③ Body and Sweetness(묵직함과 단맛): 건식가공한 브라질 산토스, 인도의 고품질 커피
④ Flavour and Aroma(풍성한 향미): 케냐, 과테말라, 에티오피아 예가체프, 예멘 모카
⑤ High, Top-end Aroma(경쾌한 산미와 향미): 에티오피아 예가체프, 케냐
⑥ Complexity(복합미): 인도네시아 수마트라, 술라웨시
⑦ Chocolate(초콜릿 뉘앙스): 에티오피아 하라, 예멘
⑧ Earthy Notes(흙내음과 보이차 같은): 인도, 예멘
⑨ Crema(풍성한 크레마): 건식가공한 중앙아메리카

커피 로스팅 용어

- 갈변단계: 생두의 색상이 노랗게 변하는 단계.
- 건조단계: 생두에 열을 가해 내부의 수분을 증발시키는 단계.
- 그을음(Soot): 유기물의 불완전연소 또는 열분해에 의해 생기는 흑색무정형의 미세한 분말. 검댕이라고도 한다.
- 대류열: 열원의 열에 의해 데워진 기체의 열. 드럼 내부에 공기의 흐름을 조절할 때 대류열의 영향을 많이 받는다.
- 댐퍼(Damper): 드럼 내부에서 관을 통해 외부로 이어지는 공기 흐름을 조절하는 장치. 댐퍼를 많이 열수록 공기의 흐름이 빨라진다.
- 드럼(Drum): 생두를 넣는 원통형 부품으로 불 위에서 회전하며 안에 들어 있는 생두가 타지 않도록 한다.
- 디지털 로스터(Digital Roaster): 전기를 이용해 복사열과 적외선으로 커피를 볶는 전기로스터(electronic roaster). 프로그래밍 기술을 활용해 로스팅 경험이 많지 않은 사람들도 쉽게 로스팅할 수 있도록 한다.
- 디티알(DTR, Development Time Ratio): 전체 로스팅 시간에서 '발현시간'이 차지하는 비율.
- 램핑(Ramping): 온도를 높이고 낮추는 조작을 일컫는 기술적 용어. '가열 속도/쿨링 속도(heating rate / cooling rate)'로 표기한다.
- 로스터(Roaster): 커피를 볶는 장비 또는 커피를 볶는 사람을 복합적으로 뜻하는 용어.
- 로스팅(Roasting): 커피 생두에 섭씨 200도에 달하는 열을 가해 800~900여 종의 향미 성분들을 만들어내는 작업을 말한다.
- 로스팅 포인트(Roasting Point): 로스팅 과정의 특정한 지점. 볶은 커피의 색상으로 구별한다.
- 로스팅 시간: 생두 투입에서 배출까지 소요된 시간. 결과물의 향미 특성에 가장 큰 영향을 주는 요소이다.
- 마이야르 반응(Maillard Reaction) 구간: 마이야르 반응이 진행되는 구간. 갈변반응의 일종으로, 아미노산과 환원당이 결합하면서 다양한 향미를 만들어낸다.
- 반열풍식 로스터(Semi-Rotating Fluidized Bed Roaster): 직화식 로스터의 변형. 드럼의 한쪽 면에 구멍을 뚫어 고온의 연소가스가 드럼 내부를 지나도록 한다. 팬(fan)이나 모터(mortar)를 이용해 연소가스를 강제로 불어넣는 방식이다.
- 발열반응(Exothermic Reaction): 드럼에 담겨 볶이고 있는 생두가 열을 발산하는 반응을 보이는 것을 지칭한다. 터닝 포인트 이후 열을 흡수하던 생두는 1차 크랙(Crack)을 기점으로 내부의 열을 밖으로 발산한다.

- 발현시간(Development Time): 1차 크랙이 일어나는 시점부터 배출할 때까지 소요된 시간.
- 배치량(Batch Weight): 한 번 로스팅을 통해 볶아내는 생두의 양이다.
- 복사열: 공기 흐름이나 생두의 접촉 없이도 전달되는 열의 형태. 전도열이나 대류열에 비해 열량이 적어 영향력이 낮다.
- 벤틸레이션(Ventilation): 통풍, 공기의 흐름이라는 의미로 로스팅에서는 '브로워'와 같은 의미로 쓰인다.
- 배출온도: 로스팅 종료 시점의 드럼 온도계 또는 배기 온도계 수치.

- 불완전연소(Incomplete Combustion): 물질이 연소할 때 산소의 공급이 불충분하거나 온도가 낮아 그을음이나 일산화탄소가 생성되면서 연료가 완전히 연소되지 못하는 현상이다.
- 브로워(Blower): 공기를 불어넣는 장치로 흔히 '브로아'라고 말한다. 로스터기에서는 드럼과 배기관에 공기의 흐름을 만들어 내는 장치이다.
- 소크 로스팅(Soak Roasting): 생두를 투입한 직후 터닝포인트까지 대체로 1분 30초 동안 화력을 끄거나 줄이는 로스팅 방식이다.
- 수분 함량(Moisture Content): 생두에 들어 있는 수분의 양을 말한다.
- 수분 활성도(Water Activity): 생두에서 물과 고형물질 사이의 결합 강도를 측정하는 단위이다. 수분이 얼마나 쉽게 커피콩 안팎으로 이동할 수 있는지 알려준다.
- 숯불 로스터(Charcoal Roaster): 1970년대에 일본에서 개발했다. 숯에서 나오는 원적외선이 생두의 내부를 가열하여 생두의 겉과 속이 균일하게 볶이는 장점이 있다. 숯이 탈 때 발생하는 연기가 커피에 스며들어 독특한 향을 부여한다.
- 스코칭(Scorching): 커피콩의 표면이 타는 현상.
- 스팟 빈(Spot Bean): 드럼이 너무 가열된 상태에서 생두가 투입되는 바람에 겉면이 부분적으로 탄 콩을 일컫는다.
- 스페셜티 커피(Specialty Coffee): 품질이 좋은 1등급 커피를 말한다. 스페셜티커피협회(SCA: Specialty Coffee Association)의 평가기준으로 80점 이상을 받은 커피이다. 75점 이상이 프리미엄(Premium) 급이다. 그 아래는 커머셜(Commercial)급인데, 70점 이상이면 하이 커머셜(High Commercial) 커피이며, 60점 이하면 로우 커머셜(Low Commercial) 커피이다.
- 시티(City): 로스팅 프로파일에서 1차 크랙을 마치고 휴지기에 돌입한 이후 휴지기 구간의 정 중앙쯤까지 커피를 볶은 정도를 말한다. 시티는 뉴욕시(New York City) 사람들이 즐겨 마시는 로스팅 정도라고 해서 따온 것으로 전해진다

- 싱글 오리진(Single Origin): 단일 국가 또는 한 농장에서 재배되고 수확된 커피이다. 싱글(Single)은 한 지역을 의미한다. 같은 지역에서 생산된 것은 품종이 달라도 싱글 오리진으로 인정한다. 오리진(Origin)은 산지나 농장을 의미한다.
- 알오알(ROR: Rate of Rise): 일정 구간에서 커피 생두의 온도가 상승하는 속도. 그래프에서 곡선 기울기의 변화이다. 온도상승률이라고도 한다.
- 열풍식 로스터(Rotating Fluidized Bed Roaster): 고온의 고속 열풍에 의해 생두가 공중에 뜬 상태로 섞이고 볶인다. 직화식보다 균일하면서도 빠르게 생두를 볶을 수 있다.
- 아그트론(Agtron): 미국 아그트론 사의 분광색도계(Spectrophotometer)이다. 커피에 가시광선보다 파장이 긴 전자기파 적외선을 쏘아 그 파장의 세기를 측정하여 색의 좌표를 읽은 다음 수치화하여 보여주는 기구이다.
- 와류(Vortex, eddy): 어떤 중심 주위로 수많은 물질입자들이 회전하는 운동이다. 유체의 회전운동에 의해 주류와 반대방향으로 소용돌이 치는 흐름이다.
- 완전연소(Complete Combustion/Perfect Combustion): 산소를 충분히 공급하고 적정한 온도를 유지시켜 반응물질이 더 이상 산화되지 않는 상태로 만드는 연소이다.
- 엠티알(MTR: Maillard Time Ratio): 전체 로스팅 시간에서 마이야르 반응이 차지하는 비율.
- 열분해(Thermal Decomposition): 외부에서 열을 가하여 분자를 활성화시켰을 때 약한 결합이 끊어져서 새로운 물질을 만드는 반응이다.
- 워터 퀀칭(Water Quenching): 물을 분사해 빠르게 볶은 원두를 식히는 방식. 물을 뿌리기 때문에 원두의 수분율이 1~2% 증가한다. 원두의 최종 수분함량은 4% 정도가 된다.

- 예열(Preheating): 커피 생두를 볶기 전에 드럼 전체를 데우는 작업이다. 급격히 강한 불을 사용하면 기계에 무리가 가고 세분화한 온도의 체크가 불가능하다. 드럼의 온도를 갑자기 올린 상태에서 생두를 투입하면 겉면이 타기 쉽다.
- 엘티알(LTR: Linked Temperature Roasting): 열풍의 온도와 콩의 온도를 조정하는 로스팅 프로세스로 '온도 연계 로스팅'이라고 부르기도 한다. 콩의 온도가 증가함에 따라 열풍의 온도를 낮춘다.
- 잠열(Latent Heat): 섭씨 100도에서 열을 계속 가해도 온도는 올라가지 않고 액체가 기체로 상변화만 일어난다. 이 때 물체의 상태를 바꾸기 위해서만 사용되는 열을 일컫는다.
- 전도열: 생두와 드럼 또는 생두끼리 접촉함으로 인해 전달되는 열.

- 주철(Cast Iron): 1.7% 이상의 탄소를 함유하는 철은 섭씨 1150도쯤에서 녹는다. 이중 3.0~3.6%의 탄소량에 해당하는 것을 주철이라고 한다. 주철은 난로, 맨홀뚜껑처럼 주물제품으로 사용된다.
- 직화식 로스터(Conventional Roaster, Drum Roaster): 드럼에 구멍이 뚫려 있어 불꽃이 커피 생두에 접촉될 수 있다. 원통형의 드럼을 가로로 눕힌 형태가 대부분이다. 가열된 드럼의 표면과 뜨거워진 공기에 의해 생두가 볶인다.
- 채프(Chaff): 생두 혹은 원두 겉에 붙은 은피(실버스킨), 껍질 등을 일컫는다.
- 커머셜 커피(Commercial Coffee): 생두를 품질에 따라 3등급으로 나눌 때, 스페셜티 커피-프리미엄 커피에 이어 가장 낮은 등급의 커피를 일컫는다.
- 쿨링(Cooling): 높은 온도로 볶은 커피 생두를 식히는 작업이다. 흔히 냉각으로 표기되는데 원두를 얼게 하는 작업이 아니다. 통상 4분내에 40도 아래로 떨어뜨린다.
- 퀘이커(Quaker): 미성숙(Immature) 등의 이유로 성분이 부족해 로스팅을 했을 때 다른 원두들에 비해 색상이 밝게 볶인 원두를 말한다.
- 크랙(Crack): 열로 인해 생두 내부에서 화학적-물리적 변화가 발생함에 따라 수증기와 이산화탄소 등 가스가 세포막과 세포벽 밖으로 방출되는 것. 이 때 소리가 난다.
- 크레쉬(Crash): 생두가 발열하는 로스팅 과정에서 ROR 값이 추락하는 현상. 볶인 원두에서 거칠고 나쁜 쓴맛이 날 위험성이 높아진다. .
- 크레이터(Crater): 배아 부분이 분화구처럼 터지는 현상.
- 터닝 포인트(Turning Point): 생두를 드럼에 투입하면 드럼 온도계의 수치가 떨어지다가 다시 올라가는 지점이 있다. 이 부분을 일컫는 말로 생두 속으로 열이 본격적으로 들어가기 시작하는 지점이다.
- 투입온도: 생두를 투입하기 직전의 드럼 온도계 또는 배기 온도계 수치. 터닝 포인트와 전체 로스팅 곡선에 영향을 미친다.
- 티핑(Tipping): 커피콩의 양쪽 끝부분이 검게 타는 현상.
- 팝핑(Popping): 흔히 크랙과 같은 의미로 쓰인다. 생두 내부에 가스 압력이 높아짐에 따라 조직의 약한 부분이 터지는 것.
- 프리크(Flick): 발열하는 구간에 열이 순간적으로 더 들어가는 바람에 완만히 내려가던 ROR 곡선이 갑자기 위로 튀는 현상이다. 볶인 원두에서 거칠고 나쁜 쓴맛이 두드러진다.
- 현열(Sensible heat): 섭씨 0도에서 가열하면 100도까지 가하는 열량에 따라 온도가 비례적으로 증가하는 구간을 말한다.
- 휴지기: 1차 팝핑이 끝나는 시점에서 2차 팝핑이 시작되기 까지 팝핑이 멈춰 있는 시간을 말한다.
- 흡열반응(Endothermic Reaction): 드럼에 들어가 있는 커피 생두의 입장에서 외부에서 들어 오는 열을 더 이상 발산하지 못하고 내부로 받아 들이는 상황을 뜻한다. 생두의 온도가 올라가면서 내부에서는 다양한 화학반응이 일어나기 시작한다.

13 커피테이스팅(Coffee Tasting)

커피의 품질을 평가할 때, 그 대상은 마땅히 소비자들이 마시는 한 잔의 완성된 커피이어야 한다. 커피의 품질이 우수하다는 평가를 받으려면, 생두 상태만 좋은 것으로는 부족하다. 커피는 생두를 생으로 먹는 게 아니기 때문이다. 커피를 마시려면 생두를 볶고 추출하는 과정을 거쳐야 한다.

제 아무리 좋은 생두를 사용했다고 해도 볶는 과정에서 덜 익거나 정도가 지나쳐 탄 맛이 두드러진다면 좋은 커피가 될 수 없다. 또 잘 볶였다고 하더라도 바리스타가 성분을 추출하는 과정에서 기준에 못 미친다거나 지나친다면 역시 좋은 커피로 대접을 받을 수 없다.

따라서 커피에 대한 품질 평가는 커피를 생산하는 산지와 커피를 즐기는 소비지에서 각각 목적에 맞게 진행되어야 한다. 산지에서는 생두의 품질을 평가하는 '커핑(Cupping)'을, 소비지에서는 커피애호가들이 즐기는 완성된 한 잔의 커피에 대한 '커피테이스팅(Coffee Tasting)'을 진행해야 하는 것이다.

1 | 한 잔의 완성된 커피의 면모를 파악한다는 것

어느 밥이 맛있는 지를 구별하기 위해, 우리는 굳이 벼의 낱알을 쌓아둔 창고로 가서 볍쌀의 품질을 평가할 필요가 없다. 상에 오른 밥을 한 술을 떠 먹어보면 햅쌀로 지은 것인지부터 설익었는지, 조금 탄 것인지, 아니면 물이 좀 부족한 탓에 고두밥이 된 것인지 등 품질을 구별할 수 있다.

커피의 품질 평가도 이와 같다. 잔에 담겨 제공된 커피를 마시는 것만으로 커피가 씨앗에서부터 잔에 담기기까지 거쳐온 과정을 추정할 수 있다. 이런 방식을 '커피테이스팅'이라고 해서 생두의 등급을 매기는 '커핑'과 구별해 사용한다.

세계적 커피석학인 션 스테이먼(Shawn Steiman) 박사는 "커피테이스팅이 향미를 평가하는 기본이며, 이 영역 안에 커핑이 들어 있다."면서 "특히 커피를 소비하는 나라에서 완성된 커피 한 잔의 품질을 평가하려면 커피테이스팅이 보다 중요하다"고 강조했다.

커피의 향미를 평가하는 션 스테이먼 박사

커피테이스팅은 "커피가 씨앗에서 한 잔의 음료가 될 때까지, 곧 '씨드 투 컵(Seed to Cup)의 여정'을 올바르게 거쳤는지를 향미 평가를 통해 가늠하는 작업"이라고 정의할 수 있다. 커피테이스팅은 생두 상태, 로스팅 완성도, 추출의 상태 등을 종합적으로 평가한다.

2 | 'CCA 커피포인트'가 85점을 넘으면 스페셜티 커피

한국에서 커피테이스팅은 커피비평가협회(CCA)에 소속된 '커피테이스터(Coffee Taster)'들에 의해 수행되고 있다. CCA는 커피테이스터를 '한 잔에 담긴 커피의 향미를 올바로 평가하고 묘사하는 향미전문가'로 정의하고, 2016년과 2017년 한국과 중국의 교육서비스 분야에 상표등록을 했다.

커피테이스팅의 결과는 점수로 표시된다. CCA는 커피를 5대 프로파일(Aroma, Acidity, Body, Flavor, Aftertaste)을 지표로 삼아 100점 만점으로 평가하는 'CCA 커피포인트'를 도입했다. 85점 이상을 받은 커피는 '스페셜티 커피(Specialty Coffee)'로 인정을 받는다.

평가에는 추출에 사용한 생두의 산지, 수확일, 가공법 등 관련 정보의 정확성에 관한 커피테이스터의 의견도 반영된다. 아울러 '커피테이스터의 조정 점수(Taster adjustment)'도 합산된다. 조정 점수는 개별 항목의 점수에서 놓칠 수 있는 균형감과 개별 항목의 조화가 만들어 내는 관능적인 호불호, 생두에 관한 정보의 명확성 등이 반영된다. 5대 지표에 점수를 매기는 것은 객관적인 평가이며, 조정 점수는 주관적인 평가(subjective assessment)이다.

■ 커피의 품질을 평가하는 5대 지표

① 향기(Aroma; 아로마)

② 산미(Acidity; 어시디티)

③ 무게감(Body; 바디)

④ 향미(Flavor; 플레이버)

⑤ 여운(Aftertaste: 애프터테이스트)

☞ 각 지표를 10점 만점으로 평가

※ 총점(Overall Rating) = 5대 지표의 점수 합산(50점) + 조정 점수(50점)

- 총점이 CCA 커피포인트이며, 100점 만점에 85점을 넘어야 스페셜티커피로 불릴 수 있다.

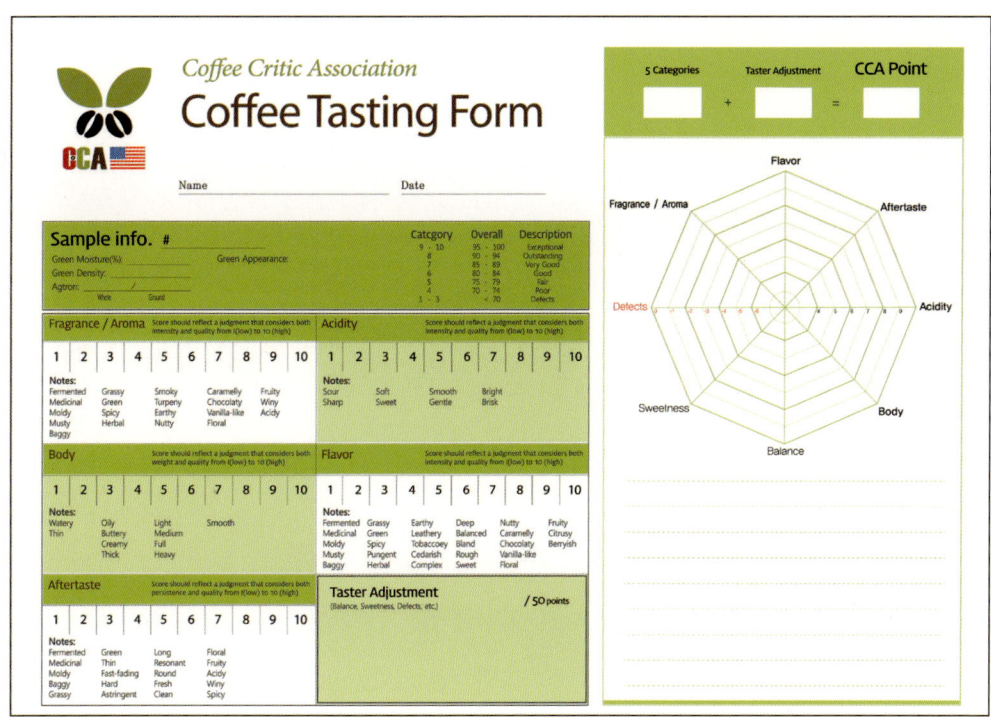

커피의 품질을 평가할 때 사용하는 양식

3 | 5대 지표가 서로 중복되지 않도록 배타적으로 평가하라

커피의 품질을 평가하는 5대 지표의 특성을 설명하면 다음과 같다.

1) Aroma

잔에 담긴 커피의 향기가 얼마나 강렬하고 기분을 좋게 만드는지를 평가한다.

2) Acidity

커피에 생동감을 불어넣는 요소이다. 커피를 마셨을 때, 기분을 얼마나 경쾌하고 가볍게 하는지는 판단한다. 산도가 없으면 커피가 따분하고(Dull), 생동감이 없다(Liveliness). 시큼한 느낌(Sour sensation)이나 톡 쏘는 듯(Astringent)하는 것은 좋은 점수를 받지 못한다.

산미는 기분 좋은 느낌을 드높여주는 풍부한 생동감으로, 케냐커피에서는 깨끗하고 와인 같은 느낌(Overpoweringly clear and wine-like), 페루커피에서는 달달하면서도 섬세한(Sweet and delicate) 감각으로 나타나기도 한다.

3) Body

흔히 '바디감'이라고 일컫는 이 지표는 생수를 입에 담았을 때와 우유를 담았을 때의 관능적 차이로 설명된다. 물은 액체가 주는 느낌이 거의 없다. 반면 우유는 한때 "씹으며 마시는 거야"라는 광고가 나왔을 정도로 물과 비교해 존재감이 두드러진다. 커피를 한 모금 머금고 입안에서 이리저리 돌려볼 때 물에 가까운 느낌이면 바디가 가볍다고 하고, 우유 쪽에 가까운 느낌을 줄 수록 바디가 무겁다거나 묵직하다고 표현한다.

바디는 마우스필(Mouthfeel), 텍스처(Texture)라는 용어로도 쓰인다. 반면 바디는 무게감으로, 마우스필은 촉감으로, 텍스처는 커피 액체가 지닌 질감으로 각각 다르게 구사하는 전문가들도 적지 않다.

4) Flavor

혀(미각)와 코(후각)가 동시에 감지해 내는 향미의 정체성을 평가한다.

Aroma, Acidity, Body를 제외한 커피의 향미적 면모를 파악한다.

풍성하다(Rich), 균형이 잡혔다(Balanced), 복합미가 있다(Complex), 깊이감이 있다(Deep), 깨끗하다(Clean) 등의 방식으로 표현한다.

향미적 특징을 구체적인 사물에 비유해 '잔디 깎는 냄새가 난다(Grassy)', '발효취가 있다(Fermented)', '와인과 같다(Winey)', '과일을 떠올리게 한다(Fruity)', '허브처럼 생동감이 있다(Herbal)' 등으로 표현하기도 한다. .

5) Aftertaste

커피를 삼키거나 뱉은 뒤 지속되는 느낌을 평가한다. 향미가 지속적으로 이어지는지, 사라지는지를 평가한다.

■ 관능을 유발하는 화학적 원인

① 단맛: 환원당, 캐러멜, 단백질

② 짠맛: 재(무기 화합물)

③ 신맛: 클로로겐산, 옥살산, 사과산, 구연산, 타르타르산

④ 쓴맛: 카페인, 트리고넬린, 비휘발성산, 카페익산, 퀸산, 페놀성 화합물

⑤ 향기(Fragrance & Aroma & Nose): 휘발성산, 이산화탄소, 정유

⑥ 바디: 헤미셀룰로오스, 섬유질, 오일

4 | 한 잔에 담긴 커피의 품질을 가늠하는 방법은 무엇일까?

맛이 좋을수록 품질이 우수한 것일 테니 당도(단맛), 산도(신맛), 염도(짠맛), 감칠맛, 쓴맛 그리고 향기의 좋고 나쁨의 정도를 측정해 종합하면 이에 대한 답을 찾을 수 있지 않을까 싶다.

추출 방법을 똑같게 해야 각각의 품질을 올바르게 비교할 수 있다.

당도(Sugar concentration)는 브릭스(Brix)를 재는 도구가 있고, 산도(Acidity)는 수소이온농도(Hydrogen exponent, pH)를 측정하면 된다. 염도는 디지털측정기로 간단하게 알 수 있다. 감칠맛(Savory taste)과 쓴맛(Bitterness)은 각각 그 맛을 유발하는 특정 성분들의 함량을 측정하면 가늠할 수도 있다. 향기는 전자코(Electronic nose)가 감지할 수 있다.

그러나 커피의 품질을 판단하기에는 이것들만으로는 부족하다. 특정 성분의 양과 강도를 측정할 순 있겠지만, 인간의 기분을 좋게 하는지를 알기 힘들다. 한 잔에 담겨 소비자에게 제공되는 커피의 품질을 장비를 활용해 측정하기란 현재의 기술수준으로는 불가능하다.

그렇다면, 소비자들은 커피의 맛에 대해 토를 달지 말고 주는 대로 마시기만 할 뿐인가? 그렇지 않다. 역설적으로 인간의 감각기관만이 커피의 품질을 구별해 낼 수 있는 만큼 적극적으로 이야기하고 시정을 요구해야 한다. 그러기 위해선 커피의 향미를 평가하는데 공감대가 형성돼 있는 몇 가지 포인트를 알고 있어야 한다.

우선, 신맛과 단맛을 어떻게 조합해 관능적으로 평가해야 하는지를 아는 것이 중요하다. 커피 애호가들의 입맛이 까다로워지면서 품질이 좋은 스페셜티 커피(Specialty coffee)를 사용한다는 광고문구가 자주 등장하고 있다. 진정 그들은 스페셜티 커피를 쓰고 있는 것일까?

커피의 신맛과 단맛이 어떻게 돼야 좋은 것인지는 과일을 떠올리면 이해하기 쉽다. 기호음료뿐 아니라 음식 대부분의 품질을 평가하는 데 중요한 축이 되는 것이 단맛이다. 농산물일 때는 더욱 그렇다. 같은 과일이라도 단맛이 있는 쪽이 당도뿐만 아니라 향기도 더욱 풍성하게 느껴진다. 단맛의 시너지 능력이라 할 수 있다.

'단맛과 신맛의 비율(Brix/Acidity ratio)' 또는 당도와 산도의 비율인 '당산비(Soluble solid-acid ratio)'는 감미와 산미가 얼마나 조화를 이루는지를 나타내는 지표이다. 당함량을 산함량으로 나누는 당산비는 값이 클수록 달게 느껴지는 것인데, 과일마다 최상의 맛을 내는 당산비는 다르다. 달거나 새콤하기만 하면 쉽게 질리기 때문에 적정 당산비를 이루는 것은 맛을 위한 황금비율이라고도 할 수 있다.

스페셜티 커피를 알아채는 요령으로 산미의 존재 여부나 강도를 주로 지목하는데, 이 보다 중요한 것이 단맛이다. 단맛이 나지 않는 귤은 고통스럽다. 단맛이 없는 자몽은 찌르

품질 좋은 커피의 산미는 과일을 떠올리게 만든다.

듯 자극적이다. 단맛을 찾기 힘든 망고는 못내 허무하다. 단맛이 약한 복숭아는 지루하다. 애초 단맛이 모자란 사과는 고독하다.

커피의 맛도 마찬가지이다. 단맛이 부족한 상태에서 드러나는 산미는 관능적으로 좋을 수 없다. 좋은 커피를 마시고 블루베리, 파인애플, 키위, 자몽, 패션 프루츠 등 과일을 떠올릴 수 있는 것은 단맛이 뒤를 받쳐주고 있기 때문이다. 좋은 커피는 단순하게 맛이 시다는 느낌을 주는 게 아니라 구체적으로 특정 과일을 떠올리게 하는 부드러운 신맛을 선사한다.

좋은 커피가 나타내는 특정 영역의 당산비를 찾을 필요는 없고 측정하기도 어렵다. 그 능력은 이미 인류의 DNA에 담겨있다. 당분이 들어 있어 몸의 에너지로 작용할 과일을 입맛으로 구별하는 능력을 우리는 타고 난다. 그리고 경험을 통해 단맛과 산미가 균형을 이루는 과일을 선택해 먹음으로써 이상적인 당산비를 과일마다 특유의 향기와 함께 기억하고, 그 맛을 추구하게 된다.

그렇다고, 산미를 무시해선 안 된다. 산미는 홀로 관능에 생명력을 불어 넣는다. 커피에 단맛을 이겨내고 정체성을 나타내는 산미가 있어야 싱그러움이 느껴지고, 기분을 밝게 한다. 그것은 제 아무리 명성이 있는 냉면이라고 해도 식초를 넣어야 비로소 이름값을 하는 것처럼 보이는 것과 같다. 산미가 있어야 우리의 관능은 깨어난다.

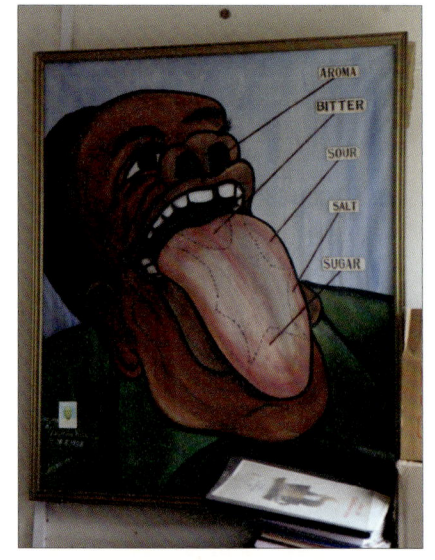
케냐 루이루커피연구소에 걸린 미각 관련 액자

산미는 동식물에서 유래하는 유기산(Organic Acid)과 미네랄에서 비롯된 무기산(Inorganic Acid)이 유발하는 맛이다. 그렇다고 모든 산(Acid)이 신맛을 유발하는 것은 아니다. 커피에 들어 있는 클로로겐산(Chlorogenic Acid)과 퀸산(Quinic

Acid)은 쓴맛을 부여한다. 글루탐산(Glutamic Acid)과 아스파라긴산(Asparaginic acid)은 감칠맛을 내는 성분이다.

커피에 발랄함을 주는 신맛의 원인 성분을 함유량이 많은 순으로 적어보면, 대체적으로 구연산(Citric Acid)-초산(Acetic Acid)-젖산(Lactic acid)-사과산(Malic Acid)-인산(Phosphoric acid) 등의 순이다.

커피의 향미 판별을 어렵게 하는 것 중의 하나는 구연산의 함량이 많다고 귤맛이, 사과산의 함량이 많다고 반드시 사과맛이 두드러지지는 않는다는 사실이다. 커피의 산미가 특정 과일을 유발하는 데에는 산 성분보다는 수많은 향기성분들이 작용하는 바가 절대적으로 크기 때문이다. 따라서 "귤느낌이 나는 것이 더 좋다" "블루베리나 키위 맛이 나야 더 깨끗한 커피다" "살구나 복숭아 맛이 나야 고급 커피다"는 식의 인식은 옳지 않다. 과일을 연상케 한다면 신맛과 단맛이 이루는 하모니 측면에서는 대접해줄 만한 커피라고 봐도 좋다. 어떤 과일의 맛을 내야 좋은 커피인지는 사람마다 다르다. 그것을 가지고 다툴 일은 아니다.

5 | 좋은 커피의 향미는 타고 나는 걸까 만들어지는 걸까

좋은 커피(Good coffee)가 풍기는 멋진 향미는 타고 나는 것일까. 인간이 재배 과정을 통해 만들어 낼 수 있는 것일까?

"미인은 타고 난다"는 말이 있지만, 요즘 의술이 발달한 덕분에 꼭 그렇지만은 않은 것 같다. 그러나 커피는 향미를 타고 나야 한다. 품종(Variety)에 간직된 멋진 향미의 가능성을 그렇지 못한 품종들이 따라잡기는 불가능하다.

품종도 좋아야 하지만 자란 땅도 중요하다. '와인의 왕'하면 세계적으로 프랑스 보르도 와인을 인정해 준다. 보르도 사람들은 세상 그 어디에서 제 아무리 좋은 양조기술을 가지고 와인을 빚는다 해도 보르도 와인을 따라 올 수 없다고 말하기를 즐긴다. 테루아(Terroir) 때문이라는 것이다. 미국, 호주, 칠레 등 이른바 신세계 와인 생산 국가에서는 꽤 오랫동안 이런 주장을 보르도 와인의 마케팅 전략으로 치부하며 노골적인 반감을 드러냈다. 그러나 점차 테루아를 인정하면서, 이 용어는 당당히 영어권의 사전에도 등재됐다.

커피의 맛은 생두를 빚어낸 자연을 따른다. 해발고도 1800m인 콜롬비아 안티오키아에서 가파른 커피 밭을 오르며 수확한 생두 자루를 나르고 있는 재배자.

테루아는 단순히 포도나무가 자라는 토양만 의미하는 것이 아니라 지리적, 기후적 요소를 아우른다. 여기에 재배하는 사람의 열정과 기술까지도 포함하는 개념으로, 포도나무를 자라나게 하는 자연적(인간도 자연의 한 요소) 조건을 모두 이르는 말이다. 이런 철학 때문에 와인 재배자들은 한결같이 "훌륭한 와인은 하늘이 내리는 것이다"고 입을 모은다.

테루아 중에서 품종이 중요한 이유는 테루아마다 가장 잘 어울리는 종자가 있기 때문이다. 테루아에 가장 적합한 품종이 향미를 가장 잘 발현할 수 있도록 자라날 수 있다. 똑같은 아라비카 종(Species)의 티피카 품종(Variety)이라도 하와이 코나나 자메이카 블루마운틴에서 자란 것은 다른 지역에서 자란 같은 품종의 커피들과는 완연하게 다른 멋진 향미를 지니게 된다. 조금 과장하면 향미가 하늘과 땅 차이다. 물론 같은 코페아(Coffea) 속(Genus) 커피라고 해도 아라비카 종과 카네포라 종의 맛은 더욱 큰 차이가 난다.

로부스타로 불리는 카네포라 종은 카페인의 함량이 아라비카 종의 2배나 많은 덕분에 병충해를 잘 견디지만 쓴맛과 잡미가 두드러지는 탓에 향미에 손해를 본다. 반면 아라비카는 병충해에 약한 탓에 해발 1000m가 넘는 고지대에서 살아가고 있지만, 자라는 땅의 평균기온이 낮은 덕분에 나무가 천천히 자라면서 깨끗한 산미와 단맛, 좋은 향미 물질을 많이 지니게 된다.

흔히 한 잔에 담기는 커피의 향미를 결정하는 영향력의 정도를 생두 70%, 로스팅 20%, 추출 10%라고 말한다. 로스팅과 추출의 기술력은 일정 수준을 넘어선 전문가들이라면 그리 큰 차이를 보이지 않는다. 생두의 품질이 향미를 좌우하는 결정적인 요인이라고 단언해도 좋겠다.

이 말은 커피의 맛을 좋게 하는데 인간이 할 수 있는 일이 없다는 것을 의미하는 게 결코 아니다. 마땅히 나무를 잘 키우고, 잘 익은 열매만을 선별해 정성들여 가공하고 건조하는 등 최선을 다할 때 최상의 커피를 가질 수 있다. 그러나 이것만으로는, 인간의 노력만으로는 뛰어넘을 수 없는 '신의 영역'이 있음을 겸허하게 받아들여야 한다는 것이다.

예를 들어, 커피의 원종은 병충해에 약하고 열매를 맺는 비율(생산율)도 낮기 때문에 대량 생산을 원하는 커피 재배자들로서는 망설이게 마련이다. 이 때문에 개량품종이 브라질, 콜롬비아, 인도네시아, 베트남 등 광활한 커피 밭의 대부분을 점령하고 있다. 그러나 개량되거나 돌연변이를 일으킨 커피 품종들은 세계적으로 찬사를 받는 멋진 커피의 반열에 오르기 힘들다. 우리가 흔히 말하는 세계 4대 커피는

하와이 코나의 커피 생두는 색깔이 선명하고 모양이 뚜렷한 게 특징이다.

모두 원종이다. 그렇기 때문에 재배하기 힘들고 수확률도 손해를 감수해야 하지만, 그 향미는 견줄 커피가 없다. 하와이 코나, 자메이카 블루마운틴, 예멘 모카, 파나마 게이샤 등이 인위적으로 품종을 개량하지 않은 자연 그대로의 원종인 커피들이다.

산지에서 만나는 재배자들에게 "당신의 커피가 왜 이토록 맛이 좋으냐"고 하면, 열 명 중에 열 명 모두 "신의 은총입니다"라며 하늘을 우러러 본다. 향미 좋은 커피란 인간의 노력에 대한 신의 응답이다. 따라서 커피란 함부로 마실 게 아니다. 맛을 따져가며 까다롭게 좋은 커피를 가려 마시는 것은 재배자의 노고에 격려를 보내는 일이자 신의 축복을 받는 일이라 할 수 있다.

6 | 커피의 향미를 제대로 묘사하기 위해 알아야 할 것

좋은 커피를 고르는 중요한 기준이 '단맛(Sweetness)'과 '산미(Acidity)'라고 하지만, 그것만으로는 부족하다. 바이올린과 피아노 등 몇몇 악기의 연주가 멋지다고 해서 감동을 주는 교향곡이 될 수 없는 것과 같은 이치다.

▶ 커피의 품질을 평가하는 최고 권위의 커피테이스터(Coffee Taster) 로서, 커피의 프로파일(Flavor, Aroma, Fragrance, Body, Aftertaste)을 100점 만점으로 평가하는 켄 포인트(Ken Point)를 도입했다.

▶ 1998년 커피전문사이트 커피리뷰닷컴(www.coffeereview.com)을 만들어 커피의 본질에 대한 구체적인 정보를 알리고 있다.

커피의 향미 표현을 문학적 수준으로 끌어 올린 케네스 데이비스 박사.

교향곡이 갖춰야 할 중요한 면모는 단연 '조화(Harmony)'이다. 모든 요소가 같은 수준에서 어우러져야 한다. 커피의 향미도 이와 같다. 우리의 관능을 매만져주는 여러 요인들이 튀거나 부족함이 없이 균형을 이루어야 한다. 밸런스를 갖춘 커피야말로 행복감을 준다. 단맛, 산미와 함께 바디(Body), 여운(Aftertaste), 향기(Aroma), 향미(Flavor)의 조화가 커피 맛을 좋게 만든다.

바디는 '아우라(Aura)'다. 우유가 맹물과 다른 질감으로 존재감을 과시할 수 있는 것은, 그 속에 녹아 든 성분들이 많은 덕분이다. 미네랄이 풍부한 토양에서 결실을 맺은 열매의 씨앗에는 장차 생명을 키울 자양분이 잔뜩 농축돼 밀도가 높아진다. 이런 영양분 덩어리가 로스팅을 통해 풍성한 향미를 빚어내면서 강건함(아우라)을 지니게 된다.

바디는 균형(Balance)과 함께 향미를 길게 끌고 가는, 다시 말해 여운을 좋게 만드는 핵심 요소다. 강하게 누른 건반에서 울려 나오는 음이 더 오래 지속되는 것과 같다. 바디의 표현으로는 '가벼우면서도 섬세하다(light and delicate)', '무거우면서도 깊이가 있다(heavy and resonant)', '얇으면서 실망스럽다(thin and disappointing)' 등이 있다.

단맛, 산미, 바디, 여운과 함께 커피의 맛(Taste)을 가늠하는 중요한 지표가 향기와 플레이버다. 맛에서 향기의 중요성은 절대적이다. 향기가 나쁜 커피가 맛이 좋을 순 없다. 물론 향기가 좋다고 반드시 맛까지 좋다고 할 순 없다. 이취(off-flavor)의 원인물질은 대체로 분자량이 큰 탓에 물에 녹아 들거나 미세한 침전물로 숨어있다. 따라서 커피 맛을 정확하게 감별하려면 마시는 과정을 통해 미각적 특성과 후각적 특성의 어우러짐을 체크해야 한다.

플레이버는 aroma, acidity, body에서 경험하지 않는 커피의 면모를 묘사한다. 대표적인 표현들로는 풍성함(Richness), 다양함(Various), 복합미(Complexity), 균형감(Balance), 깊이감(Depth), 깨끗함(Cleanness) 등이 있다. 거친(Rough), 평이한(Flat), 단조로움(Monotone) 등은 부정적인 플레이버를 묘사할 때 동원된다.

커피 맛이 자로 재듯 수치로 명확하게 나타낼 수 없는 오감(관능)의 영역이라지만, 품격을 가늠하는 지표와 표현 단어들은 이처럼 세밀하다. 향미 평가는 관능에 의존해야 하기 때문에, 역설적으로 더 엄격하게 대할 일이다. 그럼에도 "마음이 가는 대로 느끼라"며 없는 맛도 있다고 과장하는 '관능을 속이는 자'와 이를 맹목적으로 좇아 느껴지지 않는 맛에 심취하는 '관능에 속는 자'가 커피애호가들을 슬프게 한다.

7 | 좋은 커피는 쓴맛으로 우리를 괴롭히지 않는다

인간에게 쓴맛은 독(毒)일 위험성이 크기 때문에 본능적으로 거부하도록 진화했다. 그런데 왜 많은 사람들이 쓴맛이 나는 커피에 열광하는 것일까.

우리는 적잖게 쓴맛을 즐긴다. 씀바귀-고들빼기-도라지-두릅-쓸개 등이 그렇고, 하물며 건강을 위해 먹는 한약재가 독할 정도로 쓰다. "입에 쓴 게 몸에 좋다"는 말까지 있으니, 어찌된 일인가. 이 말에는 '몸에 해롭지 않을 정도로 적절하게 쓴'이라는 중요한 전제가 생략돼 있다.

좋은 생두를 골라 올바르게 로스팅하면 꽃, 과일, 너트, 캐러멜, 향신료 등의 향기가 풍성하게 피어난다. 맛을 보면 산미와 단맛, 감칠맛, 쓴맛이 하모니를 이루며 기분 뿐 아니라 표정까지 밝게 만든다. 이런 스페셜티 커피의 향미를 표현하면서 '쓰다'는 단정적인 한 마디는, 커피를 낸 사람에게는 가슴을 도려내는 비수보다도 아프다.

커피의 쓴맛을 탐구하는데 카카오 관능평가훈련은 매우 유익하다.

커피에는 분명 쓴맛을 내는 성분이 있다. 퀸산(Quinic acid), 트리고넬린(Trigonelline), 카페인(Caffeine), 펩티드(Peptide) 등은 미각세포의 수용체와 결합해 뇌를 향해 쓴맛으로 느끼라는 신호를 보낸다. 쓴맛은 뇌를 불쾌하게 만들어 즉시 뱉어내도록 근육을 움직이게 한다. 커피를 한 모금 마셨더니 쓴맛만 강하게 느껴져 표정이 일그러질 정도라면 당장 뱉어내는 게 정상이다. 우리의 DNA는 그렇게 진화해왔다.

좋은 커피(Good coffee)라면 쓴맛으로 우리를 괴롭힐 리 없다. 재스민-장미-라벤더를 연상케 하는 그윽한 꽃향, 잘 익은 오렌지-포도-살구-복숭아-베리의 과육을 베어 문 듯한 기분 좋은 산미, 캐러멜-사탕수수-꿀-시럽과 같은 달콤함 등이 쓴맛을 보듬어 주는 덕분이다. 쓴맛은 때론 시나몬-정향-바닐라-아니스 등 향신료들과 어우러져 고급 커피들만이 자아낼 수 있는 깊이감(Depth)과 복합미(Complexity)로 승화한다.

그렇다고, 커피의 쓴맛이라는 게 감춰야 하는 결점인 것은 아니다. 쓴맛이 없이 산미와 단맛만 있는 커피는 주스와 다를 바 없다. 쓴맛은 커피에게 존재감(Existence)이어야 하지 정체성(Identity)으로 두드러져서는 곤란하다.

'커피 테이스터(Coffee Taster)'들은 쓴맛을 평가할 때 그 자체보다 관능을 어떻게 터치하는 지에 집중한다. 쓴맛이 혀를 부드럽게 매만지는 듯하면서 여린 단맛으로 이어지면 '다크 초콜릿'이라고, 발랄한 산미로 어깨를 가볍게 만들면 '카카오'라고 표현한다.

커피를 맛보고 아무런 설명 없이 '쓰다'고 짤막하고 단호하게 표현한다면 오해를 부를 수 있다. 평소 마시는 커피가 아무런 여운을 주

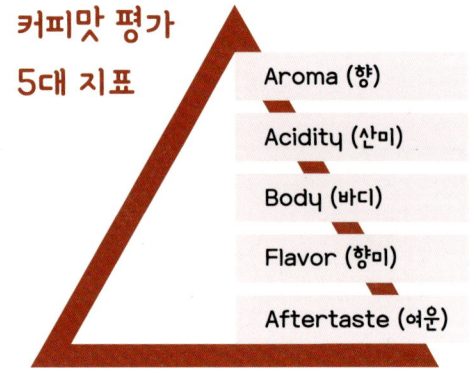

지 않고 쓰다고 느껴진다면, 그것은 떫은맛일 가능성이 높다. 떫은맛은 쓴맛과 다르다. 떫은맛과 쓴맛을 구별하는 데에서 커피테이스터의 소질을 기르는 것도 좋은 출발점이다.

8 | 신맛이 나야 고급커피가 될 수 있다는 어설픈 상술

커피전문점에서 아메리카노를 주문해 마시면 이내 속이 상할 때가 적지 않다. 맛이 없는 탓에 기분이 좋지 않았고, 자극적인 신맛 때문에 속도 쓰렸다. 커피의 향미를 탐구하고자 한다면, 커피를 마실 때마다 맛을 따지려고 노력해야 한다. 바리스타나 주변에 누가 될까 싶어 표현하지 않고 속으로 읊조려서는 맛을 표현하기가 더욱 어려워진다.

커피액이 혀에 감도는 순간 즉각적으로 좋지 않은 신맛이 느껴졌다. 곳곳을 찌르는 자극 때문에, 평소 첫 모금에서 과일을 떠올리는 기쁨을 누리지 못했다. 식초를 친 단무지를 한 입 베어 물었을 때 전해지는 느낌에 가까웠다. 이어지는 단맛 역시 난감했다. 인위적으로 시럽을 넣은 양 어색한 탓에 커피의 모든 향미가 겉돌았다. 저고리에 양복바지를 입은 느낌이라고 할까. 이런 느낌을 준다면 좋은 커피가 아니다.

산미와 단맛이 하나로 어우러지지 않는 것에는 여러 이유가 있는데, 위 경우는 원두가 오래 묵은 탓이라는 인상이 강하다. 한 모금을 삼킨 뒤 기도를 타고 올라와 입천장(Palate) 위쪽 후각세포에 전해지는 향기의 성격이 불쾌하기 짝이 없다. 또 떫은맛으로 인해 입안이 말라붙는 듯하다. 혀는 물을 부어 달라고 아우성친다. 교향악을 즐기러 갔다가 손톱으로 칠판 긁는 소리를 듣고 뛰쳐나온 기분이다. 이것은 커피가 스스로 품질이 좋지 않다고 외치는 절규와 같은 것이다.

좋은 커피에서 느껴지는 기분 좋은 산미가 어떤 성분에서 비롯되는 지는 명확하게 밝혀지지 않고 있다. 커피추출액에 상대적으로 많이 함유된 구연산(Citric acid), 사과산(Malic acid), 초산(Acetic acid) 등이 신맛을 좌우한다고 이해하고 있다. 하지만 수많은 염류(Salts)와 인산(Phosphoric acid), 퀸산(Quinic acid), 주석산(Tartaric acid), 클로로겐산(Chlorogenic acid) 등 신맛을 내는 다른 산들로 인한 복잡한 완충효과(buffering effects) 때문에 정확한 메커니즘은 아직 알 수 없다.

그러나 불쾌한 자극을 주는 신맛이 나는 이유는 명확하다.

첫째, 제 아무리 비싼 파나마 에스메랄다 게이샤(Panama Esmeralda Geisha)나 하와이안 코나(Hawaiian Kona) 커피라고 해도, 산패(Rancidity)하면 식초가 된다. 인류는 상한 음식에서 나타나는 신맛을 잘 구별할 줄 아는 DNA만이 살아남아 진화했다. 신맛은 원초적으로는 즐기기 위한 것이 아니라 몸에 해로운 것을 구별하는 신호인 것이다.

둘째, 단맛이 부족한 등급이 낮은 커피는 신맛이 자극적이다. 커피는 씨앗에 들어 있는 성분을 추출한 것으로, 산성(pH5 정도)이다. 그럼에도 고급커피의 신맛이 불쾌하지 않은 것은 튀어나온 신맛을 매만지듯 감싸주는 단맛 덕분이다. 농부가 과일을 키우면서 당도를 높이기 위해 노력하는 것처럼, 커피재배자들도 커피의 씨앗에 단맛이 많이 깃들기를 소망한다. 단맛이 풍성해야 산미가 부드럽고 과일의 뉘앙스가 피어난다.

셋째, 같은 생두라도 로스팅을 제대로 하지 못하면 신맛이 날카로워진다. 커피를 너무 옅게 볶으면 풀 내가 나고 찌르는 듯 한 신맛이 난다는 사실은 제법 널리 알려졌다.

로스팅을 너무 길게 끌어도 신맛으로 인해 커피의 향미를 망치게 된다. 퀸산은 커피의 성분 가운데 위장 장애(Stomach problems)를 유발하는 나쁜 녀석(?)인데, 진하게 볶을수록 함량이 높아진다.

끝으로, 좋은 생두를 잘 볶아 추출했더라도 시간이 지나면 신맛이 날카로워진다. 이를 조금이라도 줄이기 위해, 추출한 커피를 핫플레이트(Hot plate)에 올려놓는 카페가 있지만 맛이 나빠지는 것은 계절이 바뀌는 것처럼 숙명적이다.

9 | 쓴맛과 떫은맛을 똑같이 취급하는 오류에서 벗어나라

좋은 커피가 지녀야 할 가장 중요한 덕목은 단맛이다. '든자리는 몰라도 난자리는 안다'는 속담은, 커피에선 단맛을 두고 하는 말이다. 신맛, 쓴맛, 감칠맛도 물론 커피의 맛을 좋게 한다. 하지만 그 맛들은 없다고 해도, 단맛이 없을 때만큼 치명적이지는 않다.

나쁜 커피의 정체를 알기 위해 거꾸로 생각해보자. 과연 나쁜 커피가 짊어진 치명적인 맛의 결함은 무엇일까? 보다 쉽게 말해, 어떤 맛이 느껴질 때 나쁜

커피의 맛을 표현하기 위해 다양한 향을 경험하고 훈련하는 것이 필요하다.

커피라고 단언할 수 있는 것인가. 쓴맛일까, 신맛일까, 아니면 짠맛일까. 얼얼한 매운맛일까. 정답은 떫은맛이다.

사실 떫은맛은 맛이 아니라 자극이다. 맛은 특정 화학물질에 반응하는 수용체가 있어야 한다. 수용체가 발견된 것은 단맛, 짠맛, 신맛, 쓴맛, 그리고 21세기에 들어서면서 뒤늦게 발견된 감칠맛(우마미) 등 5가지 밖에 없다.

떫은맛은 혀와 입천장 등의 점막이 수축할 때 유발되는 미각이다. 그래서 영어권에서는 떫은맛을 '쪼그라듦', '수렴성', '입이 마름' 등을 의미하는 '아스트린젠시(Astringency)'로 표기한다. 향미의 여운이 일시에 단절되고 껄끄러운 막이 혀를 덮는 듯한 불쾌감이 드는 것은 특정 물질들이 혀의 단백질 분자에 달라붙어 변성을 일으키기 때문이다. 이렇게 되면, 미각신경을 마비시키는 듯 자극이 일어나고, 그것을 우리의 뇌는 떫은맛으로 인식해 눈살을 찌푸리게 한다.

떫은맛을 유발하는 '특정 물질'에는 무기염류(Mineral), 폴리페놀(Polyphenol), 배당체(Glykosid), 타닌(Tannin), 옥살산(Oxalic acid) 등이 있다. 우리가 즐기는 식음료에서 떫은맛을 유발하는 가장 흔한 물질은 폴리페놀이다. 생강의 시네올(Cineole), 메밀의 루틴(Rutin), 커리의 쿠르쿠민(Curcumine), 초콜릿의 카카오매스 폴리페놀(Cacaomass polyhphenol), 가지의 안토시아닌(Anthocyanin), 두부의 아이소프플라본(Isoflavone), 양파의 퀘르세틴(Quercetin) 등이 폴리페놀이다. 녹차의 떫은맛은 카테킨(Catechin), 맥주의 쓰고 떫은 느낌은 잔토휴몰(Xanthohumol)에서 비롯된다. 와인의 떫은맛은 때론 고급와인이 갖추어야 할 자질인데, 바로 탄닌 덕분이다.

커피에 들어있는 유력한 폴리페놀은 클로로겐산(Chlorogenic acid)인데, 이 물질은 로스팅 과정에서 카페익산(Caffeic acid)과 퀸산(Quinic acid)으로 분리된다. 이 물질은 떫은맛보다는 커피의 '정체성'인 쓴맛에 기여한다.

쓴맛과 떫은맛은 함께 오기도 하지만, 진정한 커피애호가라면 두 가지를 구별할 줄 알아야 한다. 한쪽은 맛이고, 한쪽은 자극이다. 쓴맛은 수용체 결합에 따른 신경전달이기 때문에 물을 마시거나 단맛을 주면 희석되거나 사라진다. 하지만 떫은맛은 혀의 단백질을 변성시키는 물질들에 의한 것이므로 쉽게 사라지지 않고, 혀에 눌러 앉은 채 커피가 주는 다른 좋은 향미들을 모두 쫓아낸

커피테이스터는 미세한 떫은맛을 구별하는 능력을 기르는데 차를 활용한다.

다. 그래서 떫은맛이 나타나면 여운도 금새 끊기고 향기도 입체감을 잃고 땅에 떨어진 진흙처럼 평편해진다.

향미를 그르치는 떫은맛은 대개 썩은 콩이나 덜 익은 생두 등 결점두에서 빚어진다. 하지만 소비자들이 일상에서 더 자주 당하는 떫은맛은 볶은 지 오래된 원두가 원인인 경우가 태반이다. 묵은 원두는 오일 성분이 산패함에 따라 미각세포에 눌어붙는 물질들이 많게 된다. 그것은 말린 지 오래된 생선에 느껴지는 떫은맛과 비슷하다. 묵은 건어는 지방이 산패하면서 유리지방산과 여러 형태의 알데히드(Aldehyde)가 생긴다. 나쁜 커피는 이와 같은 현상이 벌어졌기 때문에 떫게 된 것이다.

쓴맛과 떫은맛을 똑같이 취급하면 쓴맛은 억울하다. 듣기 싫거나 감정을 자극하는 대응에 대해 "내 말이 떫냐?"라고는 해도 "내 말이 쓰냐?"라고는 하지 않는다. 그 만큼 쓴 것과 떫은 것에 대한 우리의 감정은 다르다. 커피가 주는 쓴맛과 떫은맛이 다르기는 이와 같다.

커피테이스터가 하는 일이란?

커피테이스터는 생두를 평가하는 큐그레이더(Q-grader)와 달리, 한 잔에 담긴 커피의 향미를 평가하고 묘사하는 전문가이다. 따라서 생두뿐만 아니라 로스팅(Roasting)과 브루잉(Brewing) 등 커피의 향미에 영향을 주는 복잡한 단계에 대한 전문적 식견을 갖춰야 한다. 커피테이스터가 되기 위해선 평소 생두에 대한 정보를 확인하고 커피를 마신 뒤 내 몸이 어떻게 반응하는지를 살피는 습관을 지니는 게 중요하다. 커피의 맛과 향기를 평가하는 교육프로그램을 활용해 보다 체계적으로 공부하는 것도 권할 만하다.

CCA Coffee Taster란?

한 잔에 담긴 커피의 향미를 올바로 평가하고,
관능에 솔직하게 묘사하는 전문가

커 피 비 평 가 협 회

커피 테이스팅을 위한 '가비(GABI)'

Note 13

로스팅된 여러 원두들의 품질을 평가하기 위해선, 무엇보다 똑같은 조건으로 성분을 추출하는 것이 중요하다. 추출 방법이 다르면 공정하게 평가할 수 없다. 커피의 품질을 원두 상태에서부터 평가할 때는 추출하는 사람의 '개인기', 곧 '손맛'을 배제해야 한다. 따라서 핸드드립 방식은 적절하지 않다. 물 붓는 방식만으로도 차이가 날 수 있다. 테이스팅에서는 미세한 차이가 등급을 다르게 할 수 있다.

2016년 한국에서 개발된 '가비(Gabi) 드립'은 전문 커피테이스터(Coffee Taster)를 위해 태어났다고 해도 좋겠다. 가비는 커피를 우리말로 표기한 것이다. 가비 드립은 추출의 일관성을 유지하는데 좋다. 물을 부으면 바닥에 난 16개의 구멍으로 물이 자동으로 내려간다. 중요한 것은 물이 줄기를 이루지 않고 방울로 떨어져 중력만이 작용하게 했다는 점이다. 방울로 떨어지는 물은 커피가루의 성분을 차분하고 일관되게 이끌어낸다. 일반 핸드드립 도구를 활용하고 싶다면, '가비 드로퍼(Gabi Dropper)'만 있으면 된다. 물을 부으면 자동으로 물방울을 만들어주는 도구이다.

■ **가비 추출**

1. 필터컵에 종이필터를 장착한 뒤 분쇄한 커피 10g을 담는다.
2. 물통부와 물분산 공급장치를 결합한다.
3. 서버 위에 원반 모양의 '멀티'를 장착한 뒤 필터컵을 올린다.
4. 필터컵 위에 물통부를 올린다.
5. 뜨거운 물(섭씨 92~95도)을 물통부의 '150'이라고 적힌 표기선까지 붓는다.
- 커피가루: 물 = 1 : 15
- 추출시간: 3분

■ **가비 드로퍼 사용**

1. 멜리타, 칼리타, 고노, 하리오 등 각각의 드리퍼를 평소 사용할 때처럼 세팅한다.
2. 물을 바로 커피가루 층에 붓지 말고 '가비 드로퍼'에 따른다.
3. 바닥에 난 21개의 구멍을 통해 자동으로 물방울이 만들어져 커피층으로 고르게 떨어진다.
4. 가비 드로퍼는 이너서클(Inner circle)과 아우터서클(Outer circle)로 이루어져 있는데, 커피 용량을 늘려 물을 많이 부어야 할 경우에는 아우터서클까지 물이 넘치도록 부으면 된다.
5. 아우터서클의 바닥에도 12개의 구멍이 있어 자동으로 물방울을 만들어 낸다.

※ 점드립: 가비 드로퍼가 있으면 굳이 주전자를 오래 붙들고 따르는 고생을 하지 않아도 된다. 이너서클에 물을 부으면 자동으로 물방울이 생겨 커피층을 차분하면서도 고르게 적셔 준다.

가비(Gabi) 드립

14 커핑과 수율(Cupping & Yield)

커핑(Cupping)은 스페셜티커피협회(SCA)가 만들어낸 커피 생두의 품질을 평가하는 방식이다. SCA는 이 방식을 '커피의 품질을 가장 정확하게 측정할 수 있도록 한 가이드라인(These guidelines will ensure the ability to most accurately *assess the quality of the coffee.)'이라고 주장한다. 많은 커피전문가들이 커피의 품질을 평가하는 수단으로 커핑을 수행하며 그 결과를 가지고 정보를 주고 받는다. 하지만 유념할 것은 커핑은 커피 생두의 품질을 평가하고자 하는 것이므로, 로스팅과 커피 추출의 기술력은 배제해야 한다는 사실이다.

■ 관능평가(Sensory Testing)를 하는 3가지 이유

① 고유한 향미의 차이점을 구별.
   (To determine the actual sensory differences between samples.)
② 고유한 향미를 묘사.
   (To describe the flavor of samples)
③ 상품성 또는 선호도를 결정.
   (To determine preference of products)

1 | 올바른 커핑을 위해 준비해야 할 이것저것

SCA 산하 통계표준위원회(The Statistics & Standards Committee)가 권장하는 커핑표준안을 살펴보면 다음과 같다.

1) 필요한 도구(Necessary Equipment) 및 준비

① 로스팅 준비 : 샘플로스터, 아그트론(또는 색도측정기), 그라인더

② 주변 환경 : 밝고 청결한 곳, 방해되는 냄새가 없는 곳, 조용한 곳, 온도가 적절한 곳, 전화기 등 산만한 요인이 없는 곳
③ 커핑 준비 : 커핑테이블, 저울, 커핑잔 & 뚜껑, 스푼, 온수기, 커핑폼(Cupping form), 클립보드 & 필기구

커핑 준비

2) 샘플 준비(Sample Preparation)

① 로스팅(Roasting)

커핑을 하기 전 24시간 이내에 커피를 볶아 최소 8시간 일산화탄소와 이산화탄소 등 로스팅 과정에 발생한 가스를 날려야 한다. 로스팅 시간은 8~12분이 되도록 한다. 로스팅을 한 지 8시간~24시간 범위에서 커핑을 진행해야 한다. 로스팅 정도(Roast profile)는 라이트(light)~라이트 미디엄(Light medium)이 되도록 한다.

아그트론 수치(Agtron scale)는 각각 원두(Whole bean) 58±1, 분쇄한 상태(Ground bean) 63±1이 되도록 로스팅한다. 통상 "커핑을 하기 위해 아그트론 수치가 55~60이 되도록 커피를 볶아야 한다"고 말한다. 아그트론 수치를 측정할 장치가 없는 경우는 SCA 로스트 타일(Roast tile)로 55번(#55)의 색상과 일치할 정도로 볶으면 된다.

샘플마다 로스팅 정도를 일치시켜야 한다.

로스팅 정도를 측정하는 것은 커피를 볶은 지 30분~4시간 범위에서 실시한다. 샘플을 볶을 때에는 스코칭(Scorching)이나 티핑(Tipping) 등 타는 부위가 없도록 해야 한다. 탄 맛이 커피 고유의 향미를 억눌러 관능을 왜곡할 수 있기 때문이다. 샘플로 사용할 커피는 로스팅 후 냉각단계를 거칠 때 공기로만 식혀야 한다. 물을 뿌려선 안 된다(No water quenching). 이와 함께 샘플로 사용될 커피는 밀봉해 어두운 곳에 보관하는데, 냉장이나 냉동이 아닌 실온(20℃) 상태가 좋다.

② 분쇄

분쇄는 커핑을 실시하기 전 15분 이내의 범위에서 진행한다. 커피는 가늘게(fine ground) 갈아야 하는데 모든 분쇄 입자의 70~75% 정도가 미국 표준 20번 체를 통과하는 굵기이다. 이는 종이필터 드립 추출에 사용하는 커피의 분쇄도보다 약간 굵은 정도이다. 분쇄 표준을 정하는 것은 추출 수율이 18~22%의 범위에 들도록 하기 위한 조치이다.

③ 물

커피가루와 물은 8.25g 대 150ml(약 5oz)가 되도록 한다. 비율이 1 대 18인 것이다. 이 비율로 커피가루의 성분을 추출하면 가용성 성분의 농도가 1.1~1.3%가 된다. 컵의 크기에 따라 커피가루의 양은 ±0.25g 범위에서 조절해 8~8.5g을 사용할 수 있다.

커핑에 사용되는 물은 깨끗하고 냄새가 없어야 한다. 증류수(Distilled)나 연수(Softened)는 사용하지 않는다. 이상적인 총용존고형물(TDS, total dissolved solids)은 125~175ppm이다. 시중에서 판매되는 생수와 경도(Water hardness)가 비슷하다. 100ppm보다 낮거나 250ppm을 초과해선 안 된다.

가루가 모두 적셔지도록 물을 과감하게 붓는다.

신선한 물을 끓여 대략 섭씨 93도일 때 붓는다. 물이 커피가루에 닿을 때 온도가 섭씨 93도 정도인 것이다. 단, 물은 고도에 따라 온도를 조절한다(Temperature needs to be adjusted to elevation). 고산지대에서는 물이 더 낮은 온도에서 끓기 때문이다.

물을 분쇄가루에 직접 붓되 가장자리로 움직이면서 가루 전체가 고르게 젖도록 한다. 물을 붓고 3~5분 건드리지 않고 그대로 둔 뒤 평가를 진행한다..

④ 컵

컵의 재질로는 강화 유리나 도기가 적절하다. 용량은 5~6oz(150~180ml)인 것을 사용한다. 컵의 지름은 3~3.5인치(7.6~8.9cm)가 되어야 한다. 샘플당 5개의 컵이 필요하다. 샘플을 컵마다 따로 담아 무게를 재고 개별적으로 분쇄한다.

⑤ 스푼

재질은 열 전달이 좋은 것으로 한다. 많은 전문가들이 은으로 만든 스푼을 선호한다. 크기는 한 스푼에 4~5ml의 커피액을 담을 수 있는 것이 좋다.

2 | 평가 절차마다 체크해야 할 지표에 집중하라

커핑을 통한 평가(Evaluation)는 커피가 식어가면서 변화하는 향미에 기초해 아래와 같이 크게 4단계로 진행한다. 단계마다 집중해야 할 지표들이 정해져 있다.

모든 샘플은 공정성을 위해 동시에 절차를 진행한다.

- 1단계: 향(Fragrance/Aroma)
- 2단계: 향미(Flavor), 여운(Aftertaste), 산미(Acidity), 바디(Body), 균형감(Balance)
- 3단계: 단맛(Sweetness), 균일성(Uniformity), 깨끗함(Cleanliness)
- 4단계: 점수매기기(Scoring)

1단계

① 분쇄한 커피를 5개의 컵에 8.25g씩 담는다.
② 평가를 시작하기 전까지 뚜껑을 덮어 향기가 소실되지 않도록 노력한다.
③ 커피를 분쇄한 지 15분이 초과하지 않도록 한다.
④ 뚜껑을 열고 마른 가루(Dry fragrance)를 킁킁거리며 향기를 맡는 스니핑(Sniffing) 방식으로 평가한다.
⑤ 물을 붓고 최소 3분~최대 5분간 크러스트(Crust) 상태로 둔다.
⑥ 약속한 시간(3~5)분이 지나면 브레이킹(Breaking)을 한다. 스푼으로 크러스트를 3번 밀쳐내면서 차분히 스니핑 방식으로 젖은 향(Wet aroma)을 평가한다.
⑦ 점수를 매긴 뒤 Dry/ Wet 항목에 표기한다.

스니핑(sniffing)

2단계

① 물을 부은 지 8~10분 지나 샘플의 온도가 섭씨 71도에 근접할 때 커피액에 대한 평가를 시작한다. 비강의 후각점막세포가 증기를 감지하기 가장 좋은 온도이다.

② 커피액을 흡입하기 위해 컵 표면의 거품을 스푼 2개를 이용해 조심스럽게 걷어낸다.

거품 걷어내기

③ 혀와 입천장(Palate)을 되도록 많이 뒤덮을 수 있도록 커피액을 강렬하게 역분사(Slurping)한다. 샘플이 식어감에 따라 여러 온도에서 같은 방식으로 2~3회 평가를 실시한다.

역분사(slurping)

④ 먼저 Flavor와 Aftertaste를 평가한다. 커피액의 온도가 섭씨 60에 근접하면 Acidity, Body, Balance 항목을 평가한다. Balance는 Flavor, Aftertaste, Acidity, Body가 시너지 조합(Synergistic combination)을 이루는지에 대해 주관적으로 평가를 내리는 항목이다.

※ 표기 요령: 16점 척도의 체크표시(Tick-mark)에 동그라미를 한다. 이 평가를 바꿔야 한다면 가로 척도의 다른 부분에 또 동그라미 표시를 한다. 최종 결정되는 동그라미 쪽으로 화살표를 그리면 평가가 변한 과정도 알 수 있다. .

3단계

① 물의 온도가 약 섭씨 37도가 되면 Sweetness, Uniformity, Clean cup 항목을 평가한다.

② 컵마다 개별적으로 평가해 2점씩 최대 10점을 부여한다.

③ 커피액의 온도가 섭씨 21도에 이르면 평가를 종료한다.

④ 속성 전체를 평가한 점수(Overall Score)를 토대로 주관적인 평가도 내려 '커퍼 점수(Cupper's Points)'에 표기한다.

4단계

① 샘플 평가를 마친 뒤 합산한다.

② 합산한 점수를 오른쪽 위 'Total Score' 박스에 적는다.

③ 디펙트를 감점 처리한 뒤 최종 점수는 'Final Score'의 박스에 적는다.

커피 점수 합산

3 | 커핑의 지표마다 서로 다르게 평가해 점수 내는 법

항목별 평가 요령(Individual Component Scores)은 다음과 같다.

① 긍정적인 속성(Positive Attribute)의 2가지 체크표시 척도(Tick-mark Scales)
 - The vertical (up and down)/세로(상하)척도: 관능 요소의 강도를 측정(정량적).
 - The horizontal (left to right)/가로(좌우)척도: 관능 요소의 품질을 측정(정성적).

② Fragrance(마른 상태): 물을 붓기 전 컵에 든 분쇄가루를 스니핑(Sniffing)해 평가한다.

마른 커피가루 향(fragrance) 평가

③ **Aroma(젖은 상태):** 크러스티를 깨는 동안 발산하는 향이나 물에 잠긴 커피의 향을 스니핑해 평가한다.
 - 퀄리티(Quality) 항목: 특정한 향(Specific aromas)을 구체적으로 적는다.

젖은 커피가루 향(wet aroma) 평가

④ **Flavor:** 미각과 후각이 동시에 작용하는 관능적 정체성이다. 첫 인상인 아로마에서 산미를 거쳐 여운에 이르는 과정에서의 '중간적 미감'이라고도 표현한다. 미각(Taste bud)과 입에서 코로 통하는 후각 점막 세포가 감지하는 아로마가 어우러지며 주는 관능적 인상이다. 혀가 느끼는 맛과 후각이 느끼는 향기의 강도, 품질, 복합미 등을 모두 고려해 평가한다.

⑤ **Aftertaste:** 플레이버(미각과 후각의 조합)의 긍정적 면모가 얼마나 오래 유지되는가(Length of positive flavor)를 측정해 표기하는 항목이다. 입천장 뒤편에서 감지된다. 커피를 뱉거나 삼킨 후 남아 있는 긍정적 향미의 지속시간이다. 여운이 짧거나 불쾌하다면 낮은 점수를 준다.

Acidity: 신맛의 퀄리티는 원산지와 볶음도, 사용 목적 등 다른 요소들을 감안해 평가한다. 케냐커피처럼 신맛이 많이 날 것으로 예상되거나 수마트라커피처럼 신맛이 많지 않을 것으로 예상되는 커피들은 강도 평가가 다를지라도 각각 높은 선호도 점수를 받을 수 있다.
 - 산뜻함(Brightness): 슬러핑하자마자 단맛과 신선한 과일의 특성이 동시에 살아남.
 - 시큼함(Sour): 지나치게 강하거나 압도적인 불쾌한 신맛. 과도한 신맛(Excessive acidity).

Body: 혀와 입천장 사이에서 감지되는 촉감. 바디가 강한 수마트라커피와 바디가 낮은 멕시코커피는 비록 강도 평가가 다르다 해도 선호도 점수는 똑같이 높을 수 있다.
 - Heavy Body: 추출 콜로이드와 자당(Brew colloids and sucrose)이 영향을 준다.
 - light Body: 묵직하지 않아도 입안에서 좋은 느낌을 내 높은 점수를 받을 수 있다.

Balance: 향미, 여운, 신맛, 바디 등의 요소들이 어떻게 어우러지는가를 평가한다. 서로 보완하는지 대조를 이루는지를 살핀다. 특정 향이나 맛 속성이 부족하거나 압도적이라면 낮은점수를 받는다.

Sweetness: "단맛 뿐 아니라 기분을 좋게 하는 충만한 향미(Sweetness refers to a pleasing fullness of flavor as well as any obvious sweetness.)"를 의미한다. 탄수화물이 원인 물

질이다. 이 속성을 보여주는 컵에 2점씩 부여한다. 단맛은 직접적으로 감지하지 못하는 상황이라도 다른 향미 속성들에 영향을 미친다. 향미적으로 단맛의 반대는 시큼(Sour), 떫음(Astringency), 풋내(Green) 등이다.

⑩ **Clean Cup**: 풀어서 표현하면 '투명성(Transparency of cup)'이다.

다섯 개의 샘플은 균일해야 한다.

입에 댈 때부터 여운에 이르기까지 부정적인 면이 끼어 있지 않는 정도를 평가한다. 마시는 순간부터 삼키거나 뱉어내기까지의 총체적인 향미 경험을 종합해 평가한다. 커피답지 않은 향미가 있는 컵은 개별적으로 실격처리하고, 클린컵의 속성을 보여주면 2점을 부여한다.

⑪ **Uniformity**: 샘플을 담은 컵마다 향미의 지속성(Uniformity refers to consistency of flavor of the different cups of the sample tasted.)을 평가한다. 각각의 컵에서 다른 맛이 나면 낮은 점수를 준다. 같은 향미적 속성이 나는 컵에 2점씩 부여한다. 다섯 개의 컵이 모두 같으면 10점을 준다.

⑫ **Overall**: 통합 평가에서 평가자의 개인적 선호도를 반영하는 항목이다. 요소별 점수가 좋더라고 종합했을 때 그다지 인상적인 향미를 느낄 수 없었다면 낮은 점수를 준다. 원산지의 특성을 잘 반영하고 특정한 향미가 기대치를 충족시켜 주면 높은 점수를 준다. 속성의 개별 점수로 충분한 점수를 부여하지 못했다고 생각하는 부분을 총괄에서 이른바 '가점'을 줄 수 있는 항목이다.

⑬ **Defects**: 커피의 품질을 떨어뜨리는 부정적이거나 나쁜 향미(off-flavor)가 있을 때 감점을 하는 항목이다. 먼저 Taint인지, Fault인지를 분류한다. 시큼(Sour), 고무내(Rubbery), 발효취(Ferment), 페놀(Phenolic) 등 기술어를 적는다. 결함이 드러난 컵의 개수에 2 또는 4를 곱하여 총점에서 뺀다.

- Taint(흠): 나쁜 향미이지만 압도적이지 않은 경우이다. 흔히 아로마에서 감지된다. 강도 항목에서 2점을 감점한다.
- Fault(결함): 압도적이거나 샘플을 맛없게 만드는 나쁜 향미로서 4점을 감점한다. 흔히 맛에서 감지된다.

향미에 부정적인 면모가 있으면 감점을 당한다.

4 | 수율과 농도는 서로 차원이 다른 이야기

커피를 추출하는 사람들에게 수율(Solubles yield)과 농도(Solubles concentration)는 적잖게 스트레스를 주는 요소들이다. 이런 용어들은 커피를 부담 없이 즐기고자 하는 커피애호가들에게 자못 긴장감을 준다. 커피를 마주하는 행복한 순간을 과학 탐구의 진지한 시간으로 만드는 용어들은 최근 커피에서 어렵지 않게 찾아볼 수 있다.

보이지 않는, 손에 잡히지 않는 커피의 향미와 그것을 만들어 내는 메카니즘에 대해 객관적인 기준점을 잡기 위해서 과학적인 접근은 불가피한 측면이 있다. 그러나 그것이 모든 것이 되거나 주된 것이 되는 것도 바람직하지 않다. 커피의 향미란 인간의 뇌 기능에 관련된 영역이고, 이 분야는 과학기술이 제법 발전했다고 해도 아직 걸음마 수준임을 부인하기 어렵기 때문이다.

따라서 커피에서 수율과 농도를 대할 때는 그것을 절대적인 지표로 삼기 보다는 한 잔에 담기는 커피의 완성도를 높이기 위해 참조하는 정도가 되는 것이 좋다.

커피를 마실 때 수율은 원두에 들어 있는 성분을 얼마나 빼내느냐의 문제이고, 농도는 빼낸 성분을 얼마나 연하게 또는 진하게 마시느냐의 문제이다. 수율과 농도는 커피 추출에서 단계가 다른 사안이고, 더욱이 맛을 따질 때는 차원이 다른 문제인 것이다.

커피의 성분을 얼마나 추출하느냐에 따라 수율이 달라진다.

1) 추출 수율(Extraction Yield)

추출 수율이란 커피 원두에서 얼만큼 성분을 끄집어 냈느냐를 나타내는 지표이다.

예를 들면 이렇다. 커피 원두 100g을 사용해서 커피 한 통을 만들었다. 한 통의 커피에 녹아 들어간 성분들이 몇 g인지 안다면 수율을 구할 수 있다. 이를 알기 위해선 물을 모두 날려보내고 남은 가루의 무게를 측정하면 된다. 가루의 무게가 20g이라면, 추출된 커피 한 통의 수율은 20%인 것이다.

다양한 방법으로 추출했다고 하더라도 수율을 적절하게 맞추지 못하면 소용이 없다.

이 경우 적정 수율인 18~22% 범위에 들었으므로, 커피를 추출한 방식이 올바르게 진행됐다는 평가를 받는다.

이렇게, 수율은 커피 가루에서 어느 정도 성분이 물로 빠져 나왔는지(추출됐는지)를 나타내는 지표이다. 수율이 어렵게 느껴지는 것은 물에 녹아 든 성분의 양을 측정하는 방식 때문이다. 실제 커피 한 잔에 담겨 있는 물을 모두 날려보내고 가루의 무게를 재는 '오븐 방식'은 번거로운 일이다. 따라서 TDS 측정기(TDS meter)를 사용한다. TDS는 '총용존고형물(Total Dissolved Solids)의 약자로, '물 속에 들어 있는 고형물질'을 뜻한다.

오랫동안 TDS 측정기는 전기전도도를 응용한 것을 사용했다. 하지만 이 방식은 고형물질이 많을수록 전기전도도가 가속적으로 증가하는 성향 때문에 오차가 컸다. TDS 측정기는 물이 오염됐는지를 파악하기 위해 만들어졌다. 따라서 고형물질의 양이 물보다 차원이 다르게 많은 커피 한 잔을 측정하기에는 무리가 따른다. 게다가 온도에 따른 오차 보정력도 떨어지고 전극에 스케일이 발생하면, 그 정도가 더욱 심해지는 등 측정에 적절하지 않다는 평가가 많다.

이에 따라 VST, Atago 등 시료액의 농도에 비례해 변화하는 굴절도를 측정해 농도를 추정하는 TDS 굴절계(TDS refractometer)가 최근 애용되고 있다. 그러나 이들 도구도 굴절 정도를 측정하는 프리즘에 흠집이 나거나 이전 시료물의 흔적이 남은 경우 측정치가 왜곡될 수 있다.

① 수율 계산

커피의 추출 수율(Extraction yield)을 알아내려면 '추출 농도(Extraction Strength)'와 '추출 비율(Brew ratio)'을 알아야 한다. 추출 농도는 TDS측정기로 재면 되고, 추출 비율을 사용된 커피가루와 추출수의 무게를 달아 계산하면 된다.

- 추출 수율(Extraction Yield): 추출에 사용된 커피 가루 중 얼마만큼의 성분이 물로 빠져나왔는지를 나타내는 지표(%).
- 추출 농도(Extraction Strength): 커피 안에 녹아 있는 고형물(커피 성분)과 물의 비율. 커피 한 잔에 어느 정도의 강도로 고형성분이 들어 있는지를 나타낸다. TDS 수치로 표기한다.
- 추출 비율(Brew Ratio): 추출에 사용된 커피 가루의 양과 추출에 사용된 물의 비율. 몇 g의 물을 사용해 몇 g의 커피 가루를 추출했는지를 측정해 계산한다.

이 관계를 종합하면, 〈추출 농도(TDS) = 추출 비율(Brew Ratio) x 추출 수율(Extraction Yield)〉임을 알 수 있다. 추출 수율은 곧 '추출 농도'를 '추출 비율'을 나눈 것이다. 예를 들어 풀어 보자. 커피 가루 20g을 사용해 300g인 커피 한 잔을 만들었다. TDS 측정치는 1.25%이었다. 이 커피의 수율은 얼마일까?

각 지표를 측정해 공식에 대입하면 〈TDS(1.25%) / 추출 비율(6.66%) = 수율(?)〉이다.

추출 비율(20g/300g)은 6.66%이므로, 1.25%를 6.66%으로 나누어 수율이 18.76%임을 알 수 있다. 이 커피의 수율은 적정 범위(18~22%)에 있으므로 '성분이 적절하게 추출됐다'고 평가할 수 있다.

2) 추출 농도(Extraction Strength)

커피 가루에서 성분을 얼마나 빼냈느냐를 나타내는 지표가 수율인 반면 '추출 농도'는 커피가 진하냐 흐리냐를 보여주는 지표이다. 추출 수율이 똑같은 커피라도 물을 붓는 양에 따라 농도를 달리해 마실 수 있다. 이 말을 뒤집어 보면, 한 번 추출된 커피는 물을 붓는다고 해도 수율은 달라지지 않는 것임을 알 수 있다.

수율과 농도를 잘 맞춘 커피는 본연의 향미가 잘 살아난다.

물에 커피 성분이 어느 정도 들어 있는지를 TDS 측정기로 정확하게 알아낼 수 있지만, 사실 정확도가 떨어진다. 측정기의 정밀도만의 문제가 아니다. 물에 추출돼 한 잔에 담기는 커피의 성분에는 TDS 측정기로 측정할 수 있는 고형물 외에 다른 것들이 있다. 커피의 성분은 수용성과 불수용성으로 나뉜다. 수용성 성분은 고형물과 기체로, 불수용성 성분은 고형물과 오일로 다시 나누어 볼 수 있다.

따라서 커피의 맛은 수율 만으로 가늠할 수 있는 게 아니다. 수율은 처음 추출 조건을 맞출 때 정확한 지점을 알려주는 나침반과 같고, 어떤 조건에서도 추출의 일관성을 유지할 수 있도록 안내하는 등대와 같다. 커피를 추출할 때, 수율이 적절하면 고형물(TDS) 뿐만 아니라 가용성분(TSS: Total Soluble Solids)과 기체, 오일 등 다른 성분들도 적절하게 추출될 것이라는 믿음을 깔고 있다.

커피의 맛은 오로지 수율에 의지할 게 아니다. 커피의 향미는 TDS 수치가 보여주는 고형물질뿐만 아니라 여러 성분들이 이루는 비율에 따라 달라진다.

■ TDS 측정방법(VST 사용)

① 측정할 커피를 추출한다.

② VST를 켜고 측정범위를 설정한다.

③ 커피를 조금 식힌 뒤 VST에 방울방울 따른다.

④ 기포나 이물질이 있으면 굴절률에 오차가 생기므로 주의한다.

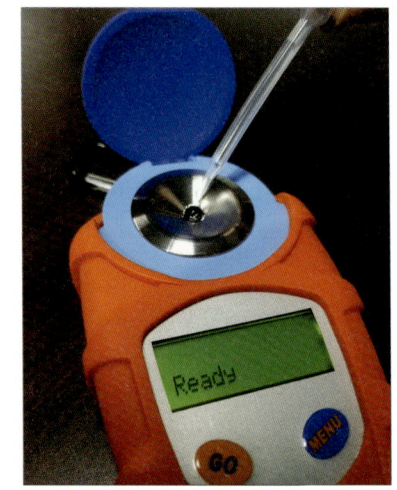

TDS 측정

⑤ 커피 액이 뜨거울수록 TDS가 낮게 나오고, 식을수록 높아지는 경향이 있으므로 측정수치의 변화를 체크한다.

⑥ TDS는 대개 1.15~1.55%가 표시될 때 긍정적인 평가를 받을 가능성이 높다.

> ※ VST 굴절계 앱(App)을 이용한 수율 계산
> i. VST 굴절계 앱을 다운로드 한다.
> ii. 앱에 표기된 BW(Brew Water Weight), DOSE, %TDS를 선택해 수치를 입력하면 수율이 자동으로 계산돼 표시된다. 앱을 사용할 때 상단의 CBR(Coffee Brew Ratio)는 추출에 사용한 물과 커피가루의 비율을 말한다.

3) 커피 브루잉 컨트롤 차트(Coffee Brewing Control Chart)

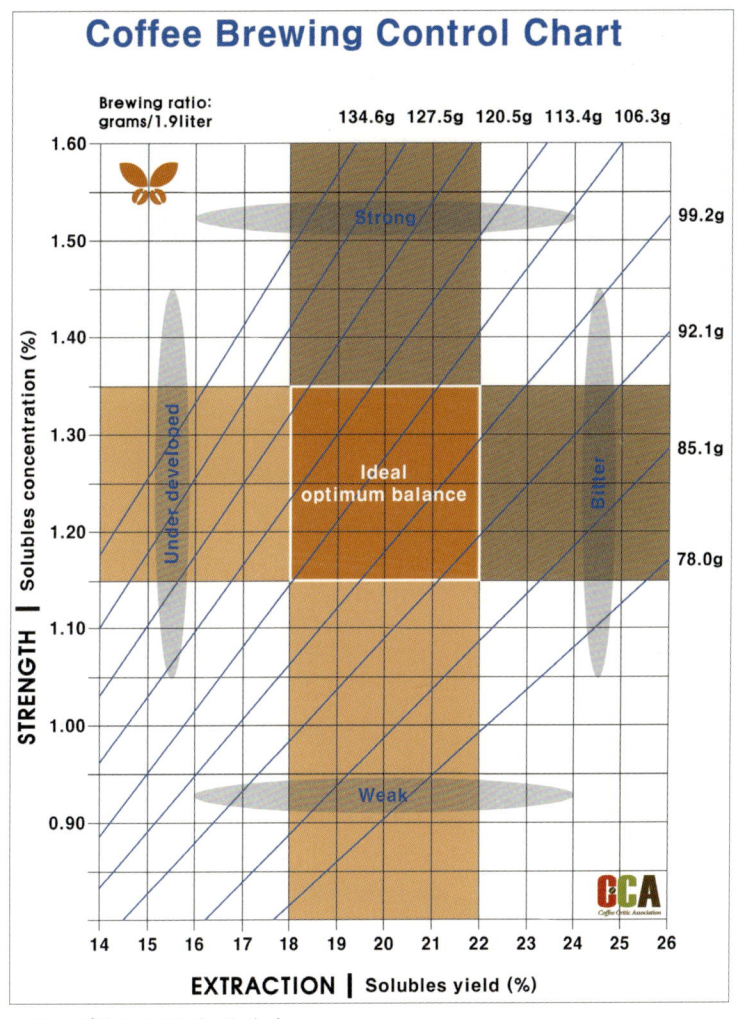

록 하트의 '커피 브루잉 컨트롤 차트'

미국의 록 하트(Rock Heart) 교수팀이 1950년부터 10여년간 커피 추출(Brewing)을 연구해 완성한 커피 추출 도표이다. 강도(농도), 추출(수율), 추출 비율 등 3가지 변수의 상호 관계를 하나의 표에 담았다.

Y축은 강도(strength)이다. 추출된 커피 한잔의 고형성분을 퍼센트로 표기한 것이다. 하트 교수팀의 연구결과, 선호하는 농도는 미국(1.15%~1.35%), 유럽(1.2%~1.45%) 등 지역에 따라 달랐다. 노르웨이가 1.3%~1.55%로 가장 높은 농도를 선호하는 것으로 나타났다.

흔히 다크 로스팅을 즐기면 농도가 진한 커피를 좋아하고, 라이트 로스팅을 선호하면 연한 커피를 좋아할 것이라고 생각하지만, 수율과 농도의 개념에서 보면 이는 잘못된 선입견이다. 커피 한잔에 담긴 고형성분의 양은 추출에 따라 달라진다. 로스팅에 따라 추출양상이 바뀌긴 하지만 추출 시간, 분쇄도, 물 온도 등에 따라 수율과 농도는 달라진다.

TDS가 높을수록 진하고 맛있는 커피가 되는 것은 아니다. TDS가 2% 이상이면 진하고 쓰다는 느낌이 우세해진다. 1% 미만인 경우는 밋밋하다는 불평이 나오기도 한다. 사실 맛은 TDS가 적절한가 보다 다양한 성분들이 조화롭게 추출되느냐에 달렸다. 이런 측면에서 X축의 수율(Solubles yield)은 중요한 의미를 지닌다. 커피 가루는 73%가 물에 녹지 않는다. 나머지 27%만이 필터를 빠져 나와 한 잔에 담기는데, 경험적으로 수율이 18%~22%일 때 향미가 좋았다. 따라서 커피 추출은 먼저 수율을 이 범위에 맞춘 뒤 농도를 조절하는 방식으로 이루어진다. 수율을 맞추면 농도는 물의 양에 따라 손쉽게 조절할 수 있기 때문이다.

커피 향미를 묘사하는 단어들 Coffee Tasting Vocabulary

Note 14

Acidity 커피에 생동감을 부여하는 요소. 신맛의 강도보다 기분을 상쾌하게 하는지를 평가

Aftertaste 커피를 삼키고 난 뒤 코로 방출되어 올라오는 향기. 예) Carbony, Chocolaty, Spicy

Agave 백합목 용설란과의 식물. 데킬라(Tequila)를 만드는 원료

Ale 상면발효 방식으로 생산되는 영국식 맥주. 색이 짙고 향미가 강함

Amaretto 아몬드 향을 지닌 리큐어

Animal-like 가죽, 땀 등 향미가 강한 커피를 묘사. 적절할 땐 고급커피의 지표

Aroma 막 추출한 상태에서 방출되어 나오는 향기. 예) Fruity, Herby

Ashy 재와 같은 느낌. 다크 로스팅한 콩에서 잘 나타나는 특징

Balsamic vinegar 포도즙을 나무통에 넣고 숙성시킨 식초. 시나몬과 캐러멜을 가미함

Basil 민트과. 향긋하고 상큼한 향에 약간 매운맛

Bergamot 베르가못. 오렌지 향미, 꽃에서 분비되는 꿀의 단맛

Bergamot orange 신맛이 강해 먹을 수 없고, 잎차나 목욕제로 쓰임

Bitter 증류주에 꽃, 열매, 향신료, 허브 등을 넣어 쓴맛. 칵테일 재료

건과류

Bitterness 혀 뒤쪽에서 감지되는 맛. 커피의 퀴닌, 카페인, 다른 알칼로이드 성분이 원인이며 쓴맛이 없으면 개성이 없는 커피 맛. 밸런스가 잡힌 전제 하에 강한 느낌을 주는 요소

Bland 단조로운 느낌. 혀 가장자리에서 감지하는 부드럽고 온화함의 정도. 향이 희미한 커피를 묘사

Body 농도에 따른 무게감과 밀도에 대한 감각적인 인상. 예) Light, Thin, Medium, Full

Bouquet 향기에 대한 모든 용어의 총칭. Fragrance, Aroma, Aftertaste에서 맡을 수 있는 향 등을 포함

Bright 밝고 경쾌한 산미

Briny 짠맛을 표현. 추출된 커피를 다시 데웠을 때의 짠맛

Burnt 탄내

Buttery 오일감이 풍부하게 나는

Caramelly 사탕이나 시럽을 연상케 하는 단맛

Carbony 탄맛을 연상시키는 향미. 아로마에서도 감지

Caustic 소다와 같은 맛. 부식성의 거친(harsh), 찌르는 듯한 쓴맛

Chiness cinnamon 계피. 계수나무 껍질. 매운 맛이 두드러짐

Chocolaty 애프터테이스트에서 감지. 다크초콜릿이나 바닐라의 맛을 연상케 하는 향기로운 맛

Cilantro 미나리과. 코리앤더의 잎. 버터 향에 매운맛이 어우러지는 느낌

Cinnamon 시나몬, 육계나무 껍질, 단맛이 더 두드러짐

Clean 맛의 깔끔함의 정도. 생두 가공 과정과 직접적 관련. 예) Bright, Clear

Clear 깨끗하고 깔끔한 맛

Coarse 거칠고 자극적인

Coffee pulp 과육의 발효향, 단맛이 도는 과육의 생동감

Coriander seed 감귤향에 달고 매운맛

Cranberry 톡 쏘는 신맛

Crema 크레마, 주로 이산화탄소와 수증기가 들어차고, 계면 활성 성분이 녹아 들어간 액상막으로 둘러싸인 방울로 구성된 에스프레소 거품, 고형물 에멀전화된 오일, 부유하는 커피 세포벽 파편도 포함

Creosoty 정도가 심한 탄내, 진하게 볶은 커피의 찌르는 듯한 향미

Cumin 미나리과, 톡 쏘는 신맛

Curry powder 카레가루, 정향, 커민, 계피, 딜, 너트메그, 고수 등이 어우러진 향미

Delicate 신맛과 단맛이 조화를 이루며 길게 이어지는 잘 익은 커피체리로 만든 커피

Diffusion 확산 액체의 농도가 높은 곳에서 낮은 곳으로 이동하는 것

Dill 단맛이 돌며 캐러웨이 같은 상쾌한 향

Dirty 디펙트 빈으로 인한 잡미가 심한 경우 케케묵은 맛, 곰팡이내

Dull 특징이 없는, 지루한

Earl Grey 베르가모트 향을 입힌 녹차. 진한 오렌지색

Earthy 생두를 건조하는 과정에서 스며듦

Emulsion 에멀전, 유화, 오일과 액체가 섞이지 않은 채 오일의 방울들이 부유하고 있는 상태

Eucalyptus 유칼립투스

Exotic 이국적인, 일반적이지 않은 향미, 예) Berry, Floral

Fermented 발효취

Figs 무화과. 단맛과 사과산, 시트릭산이 섞인 뉘앙스

Fine 미분. 분쇄 시 발생하는 커피 세포의 파편

Flat 부케가 거의 느껴지지 않음. 생두 보관상의 문제로 야기된다.

Flavor 향미, 커피의 맛과 향에 관한 복합적인 표현. 미각과 후각이 동시에 작용

Fragrance 커피 가루의 향, 예) Floral, Spicy

Fruit compote 과일을 통째로 설탕으로 조림한 것

견과류

허브

Fruity 시트러스나 베리류의 과실 향

Full 향미가 입안에 가득한

Gin 주니퍼 베리로 향기를 내는 증류주

Ginger 생강

Grassy 풀내, 잔디 깎는 냄새를 연상

Green 로스팅에서 열을 충분히 받지 못해 나타나는 풀맛

Hard 산미가 자극적

Harsh 거친 맛, 맛의 결이 거칠게 느껴짐

Hay 건초, 말린 풀

Herby 야채나 풀의 풋내

Hidy 가죽내

Insipid 무미건조한, 활기가 없는, 싱거운, 김빠진

Juniper berry 노간주나무 열매, 진(Gin)의 재료

Lemon peel 레몬의 껍질을 삶은 후 설탕에 조려 만듦

Licorice 감초, 달콤한 뿌리라는 뜻, 독특한 풀향

Lychee 여지. 섬세한 꽃향기에 달콤한 멜론향이 곁들여짐

Mace 육두구 나무의 씨에서 껍질만 가려내 보다 부드럽고 고급스러운 향이 남

Malty 엿기름 냄새. 식혜의 뉘앙스

Masala 매운 향식료의 혼합체, 계피, 정향, 카르다몸, 육두구, 후추 등

Medicinal 약품냄새, 진하게 볶는 로스팅에서 나타나는 특징적인 느낌. 적절하면 고급커피의 면모를 이룸

Mellow 익은 과실의 달콤함. 산도가 높지 않고 부드러움

Mild 튀거나 자극적인 구석이 없음

Mouthfeel 입안에서 느껴지는 질감. 음료가 자아내는 입안의 촉각

Muddy 탁한, 진흙투성이의 생두 가공과정에서 오염

Multiphasic 다면상. 여러 상(phase)이 섞여 있는

Musty 곰팡이 냄새와 같은 묵은내

Neutral 부정적인 표현. 뚜렷한 맛이 느껴지지 않음. 특성이 없는

Nippy 쌀쌀한, 날쌘, 매콤한, 날카로운 자극이 있는

Nougat 설탕, 꿀 등에 말린 과일, 견과류, 초콜릿 등을 섞어 만든 캔디

Nutmeg 육두구, 사향향기가 나는 호두라는 뜻, 단맛 쓴맛의 자극

Nutty 고소한 향, 견과류의 느낌

과일

Onion 단맛과 유황화합물 특유의 자극적인 향미

Orange Blossom 진에 오렌지 주스와 얼음을 넣어 만든 칵테일

Panela 사탕수수즙을 끓인 것, 설탕을 정제하지 않은 것

Parfait 과일시럽, 계란, 생크림을 휘핑해 만든 빙과후식

Parsley 진한 풀향, 상큼한 맛

Passion Fruit 감귤, 파인애플, 오렌지향이 나며 단맛이 감도는 열대과일

Praline 설탕에 졸인 견과류

Pungent 톡 쏘는 듯한, 날카로운, 신랄한, 자극적인, 얼얼한, 아린

Quakery 로스팅이 완전하지 않아 덜 여문 콩과 같은 느낌이 나는, 또는 미성숙두로 인해 제대로 향미가 드러나지 않은

Quatre epices 콰트르 에피스. 후추, 정향, 육두구, 생강가루 등 4가지 향신료가 들어간 소스

Rancid 지방성분이 산화할 때 생성되는 좋지 않은 냄새

red velvet 버터밀크, 설탕, 코코아, 바닐라, 크림치즈로 만든 빨간색의 케이크

Rich 부케가 풍부한

Rioy 요오드와 같은 자극적인 신맛

Rotten 부패한 듯한 냄새

Rough 거친. 입을 말리는 듯한 느낌

Rubbery 고무와 같은 뉘앙스. 체리가 부분적으로 익은 것도 원인

Rum 당밀이나 사탕수수 즙을 발효시켜 증류한 술

Salt 짠맛, 맛을 날카롭게 함. 짠맛이 주되게 나타나면 빈 상태가 좋지 않음. 적절한 짠맛은 입맛을 돋우고 활력을 불러일으키기도 함, 예) Bland, Sharp

Sangria 스페인의 대중적인 술. 적포도주에 오렌지주스와 소다수 섞음

Scale 스케일. 물에 탄산칼륨이 침전된 것.

Scorched 그을린 향, 정도는 낮지만 탄내

Smoky 연기냄새. 로스팅 정도에 따라 나타나는 특성

Soft 향이 조화를 이룬 부드러운 맛. 충분히 익은 체리에서 비롯되는 편안함. 마시기에 좋은

Sour 부정적인 신맛, 시큼한 맛

Spicy 향신료, 로스팅 과정에서 건류반응을 거쳐 나타나는 향미

Stale 신선하지 않은, 쾨쾨한, 밋밋한 맛

Straw 지푸라기

Strength 에스프레소의 고형물(커피에서 수용성 물질)의 농도

Sugar Cane 사탕수수

맥주와 와인

Suspended fine 부유하는 미분

Sweaty 땀냄새가 나는, 축축하면서도 자극적인

Sweet 단맛, 결함이 없는 커피, 거친 맛이 없고 감미로움

Taint 오염된 좋지 않은 맛

Tamarind 타마린드, 새콤한 과일맛에 달콤하기도, 커리의 주재료

Tapioca 열대작물인 카사바의 뿌리에서 채취한 식용 녹말

Tart 신맛이 나고 자극적인 맛

Tequila 용설란 수액으로 만든 멕시코 원산의 술

Terpeny 송진 향기

Thin 산미가 느껴지지 않고 생기가 없음

Tipped 양끝이 탄 콩에서 비롯되는 약한 탄맛

Tobacco 시가향, 적절할 땐 좋은 커피의 지표

Toffee 설탕, 버터, 물을 함께 끓여 만든 과자; 사탕수수 농축액

Turmeric 생강목, 강황 뿌리를 말려 빻은 노란색 향신료, 가을울금

Vanilla 달콤한 꽃향기, 열매 발효하면 바닐린(Vanillin) 생성

Vapid 김빠진, 활기가 없는, 지루한(Dull), 맛없는

Watery 묽은 추출로 인해 성분의 함유량이 떨어지게 느껴짐

Weak 향미가 약한, 성분이 과소 추출된 커피의 향미

Wild 활력이 느껴질 때, 거친

Winey 산미가 생동감이 있고 와인을 연상케 함

Woody 원두가 오래돼 목질의 느낌이 나고 향미가 떨어짐

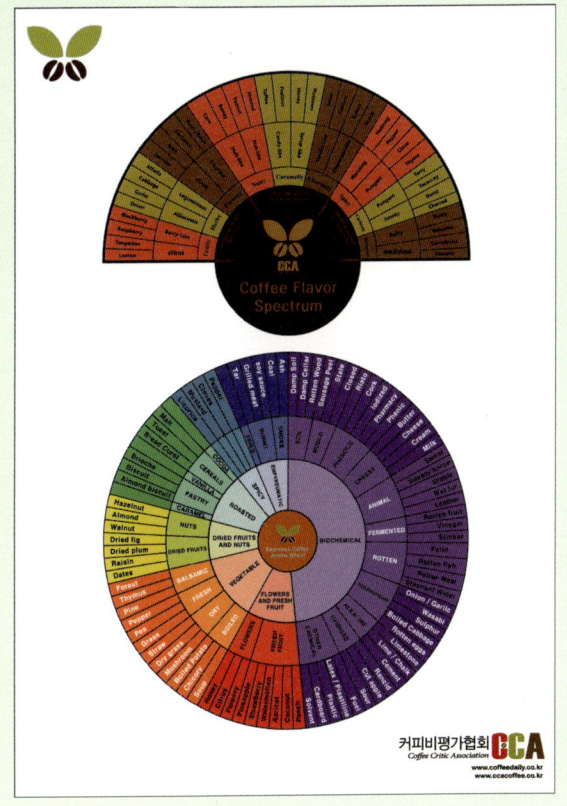

15 커피디저트(Coffee Dessert)

"커피를 잘하는 집은 디저트가 별로일 것이다", "디저트가 맛있는 집은 커피가 별로일 것이다". 고 생각하는 사람들이 적지 않다. 그래서 많은 사람들이 커피와 디저트 중 한 가지에 집중할 생각으로 카페를 창업한다. 손님들도 대체로 카페에 들어설 때 커피와 디저트가 모두 훌륭할 것이라고 기대하지는 않는 눈치다.

하지만 커피를 제대로 추출한다는 전제하에서 디저트를 활용해 페어링, 하모니, 밸런스, 그리고 시너지를 성공적으로 달성하면 금상첨화가 아닐 수 없다. 디저트만 강조하면 애써 준비한 품질 좋은 커피가 소외 당할 수 있다. 그렇다고 디저트를 적당히 만들어 내놓았다가는 덩달아 커피뿐 아니라 카페 전체에 대한 신뢰를 잃을 수 있다.

이런 우려 때문에 커피 외에 아무것도 판매하지 않겠다고 마음 먹었다면 다시 생각해볼 일이다. 누구나 인정하는 '커피디저트'를 준비할 수 있다면 여러 기회를 잡을 수 있다. 디저트는 쳐다보지 않고 오직 맛있는 커피만을 찾는 커피애호가들과 커피와 디저트의 페어링(Pairing)을 추구하는 사람들이 공존하는 카페라면 성공의 가능성은 일단 두 배로 커진다.

커피와 잘 어울리는 디저트는 커피를 더욱 돋보이게 만든다. 하지만 "커피를 마실 때 디저트를 먹으면 커피 맛을 알 수 없지. 커피를 디저트와 함께 먹는다면 진정한 커피애호가라 할 수 없잖아!" 라고 말하는 사람들을 주변에서 어렵지 않게 보게 된다. 사실 누구나 한번쯤 이런 생각을 했을 것이다.

향미를 추구하는 커피애호가들이 늘면서, 커피의 향미를 드높여주는 디저트를 찾는 사람들도 눈에 띄게 늘고 있다. 커피를 마시지 않았던 사람들도 유행에 뒤처지지 않으려는 듯 커피와 친해지려고 애를 쓰고 있다. 디저트는 그들을 커피로 안내하는 하나의 도구가 될 수 있다.

디저트를 한입 베어 물고 커피를 마셨을 때 이제껏 경험하지 못한 향미를 느꼈다면, 그 커피디저트와 함께한 순간은 지울 수 없는 추억이 될 것이다. 향미를 추구하는 것이란 바로 행복에 관한 것이다.

디저트가 더 강렬하게 미각을 일깨울 수 있다. 커피도 그 자체만으로 관능적 만족감을 선사하는데 모자람이 없다. 그러나 제 각각의 아름다움은 조화에서 우러나오는 아름다움을 쫓아갈 수 없다. 우리는 그것을 '풍성함'이라고 말한다. 한 잔의 커피가 어우러지면 디저트만으로는 자아낼 수 없는 복합미와 우아함, 때로는 섬세함을 불러 일으킬 수 있다. 커피의 향미가 디저트의 빈 공간을 가득 채워 '완벽한 한입'을 선사하는 '신의 한 수'라 할 만하다.

어찌 보면, 커피디저트는 처음부터 한 단어야 했을지 모른다. 커피와 디저트의 만남은 개개의 요소를 합한 것보다 더 큰 행복을 준다. 향미란 바로 이런 것이다. 마술과 같은 것이다. 이것을 달성하기 위해선 서로의 궁합, 즉 환상적인 페어링이 중요하다. 좋은 페어링은 커피와 디저트를 더욱 돋보이게 한다. 커피애호가와 디저트마니아를 모두 만족시키는 '밸런스 커피디저트(BELEN'S Coffee Dessert)' 가운데 작은 카페에서도 손쉽게 만들 수 있는 12종의 레시피를 소개한다.

1 | 에스프레소와 화이트초코 판나코타

– 황금빛 크레마와 화이트초코가 빚어낸 차원 다른 '커피초콜릿'

자체만으로도 완벽한 에스프레소가 굳이 디저트와 페어링을 해야 한다면 그럴만한 이유가 있어야 할 것이다. '화이트초코 판나코타'는 씬스틸러(Scene Stealer)처럼 영화를 더욱 빛나게 함으로써 '천만관객'을 불러들이는 마지막 퍼즐 조각과 같은 역할을 한다. 화이트초코는 밀크 또는 다크초콜릿과 달리 쓴맛을 유발하는 카카오매스를 함유하지 않는다. 그 허전함을 황금빛 크레마를 지닌 에스프레소가 채워주면서 새로운 카테고리의 '커피초콜릿'을 탄생시킨다. 이것은 밀크초콜릿이나 다크초콜릿이 섞인 커피와는 엄연히 다르다. 카카오매스 성분이 커피 본연의 향미를 다치게 할 수도 있는데, 화이트초코는 그러한 위험요소가 없기 때문에 둘은 원래 하나의 몸이었던 것처럼 완벽하게 융화된다. 하지만 화이트초콜릿 조각을 단순하게 에스프레소에 빠뜨린다면 카카오버터가 먼저 녹아내려 에스프레소 위에 둥둥 뜨게 된다. 이렇게 해선 '촛농' 이상의 어떠한 감흥도 불러일으킬 수 없다. 화이트초코 판나코타는 크림(Panna)을 익히는(Cotta) 과정에 화이트초콜릿도 함께 녹아들게 함으로써 크림 분자들 사이에 화이트초콜릿 성분들이 골고루 혼합되게 한 것이다. 그 맛은 에스프레소와 타이밍을 맞출 때 비로소 환하게 빛나는 시너지(Synergy)를 발휘한다.

• 준비물

미니 투명 컵, 냄비, 내열 고무주걱, 휘퍼(whipper), 체, 볼(bowl), 저울, 가스레인지 혹은 인덕션, 냉장고

- 재료 (6-7컵 분량)

판젤라틴 6g, 생크림 300g, 우유 60g, 화이트초콜릿 120g

- BELEN'S Recipe(밸런즈 레시피)

① 판 젤라틴을 찬물에 미리 불려두고 물기를 꼭 짜서 볼에 담는다.

 TIP 물의 온도가 충분히 차갑지 않으면 젤라틴이 물속에 녹아 정량 사용이 불가능하므로 반드시 찬물 또는 얼음물을 이용한다.

② 생크림, 우유, 화이트초콜릿을 한 냄비에 넣고 휘퍼로 저으며 중불에서 가열한다.

③ 충분히 끓기 시작하면 불을 끄고, 미리 준비해둔 젤라틴 위에 부어준다.

④ 젤라틴이 완전히 녹을 때까지 섞어주고, 체에 거르며 컵에 부어 마무리한다.

체에 거르며 부어주면 작업 중 생성된 기포를 어느 정도 제거할 수 있다. 제거되지 않은 채로 굳어버리면 기포가 판나코타의 외관을 훼손시킬 수 있다.

⑤ 4시간 동안 냉장휴지해 충분히 굳힌다.

2 | 아메리카노와 뉴욕치즈케이크

– 깔끔함과 그립도록 길게 이어지는 묵직함의 하모니

아메리카노와 뉴욕치즈케이크는 미국에서 탄생한 대표적인 카페메뉴. 다양한 문화가 공존하는 속에서 발전된 메뉴인 만큼 세계 각지 많은 사람들의 사랑을 받고 있다. 사실 아메리카노와 치즈케이크는 그 명성에 어울리게 어떤 상대를 만나도 멋지게 품어낼 수 있는 향미적 잠재력을 가지고 있다. 하지만 이 둘이 만날 때 서로의 단점을 채워주는 사이좋은 관계가 된다. 아메리카노는 에스프레소에 물을 첨가해 만드는데, 그 비율을 잘 맞추면 에스프레소에서는 느낄 수 없었던 섬세한 맛들을 감상할 수 있다. 물을 만난 에스프레소는 혀에 닿는 촉감과 무게감이 달라지면서 깔끔하게 마무리되는 매력을 드러낸다. 뉴욕치즈케이크는 유지방이 진하게 농축돼 있어 맛의 여운을 길게 남긴다. 피니시(Finish)가 길게 이어지는 것은 매력적인 면모가 아닐 수 없다. 그러나 깔끔한 성격의 아메리카노를 만나 뉴욕치즈케이크의 기나긴 여운이 절제되는 순간을 체험하는 것이야말로 '관능적 사치'라고 표현할 수 있겠다. 아메리카노는 혀에 남게 되는 치즈케이크의 달달하고 부드러운 유지방을 흡수하면서 자신에게 부족했던 오일리(Oily)한 마우스필(Mouthfeel)과 스위트니스(Sweetness)를 공급받으면서 더욱 풍성한 향미를 내뿜을 수 있게 된다. 이 얼마나 멋지고 아름다운 페어링인가?

• 준비물

원형 케이크 팬(지름18cm), 테프론 시트(케이크 팬 바닥용 & 옆면용), 유산지(약 40cm 길이로 길게 접은 유산지 2장 & 케이크 팬 윗면에 덮을 유산지 1장), 은박 호일, 중탕용 팬, 뜨거운 물, 밀대, 내열 고무주걱, 휘퍼, 체, 볼, 저울, 오븐, 냉장고

• 재료 (1판 분량)

- 시트: 통밀쿠키(p242 참조) 150g, 황설탕 13g, 녹인 버터 75g
- 필링: 크림치즈 440g, 설탕 100g, 계란 2개, 중력분 10g, 그릭요거트 190g, 생크림 210g, 레몬즙 2g

• BELEN'S Recipe

1. 사전 준비 작업

① 케이크 팬 겉면을 은박 호일로 감싼다.
② 길게 접은 유산지 2장을 케이크 팬 옆면 위로 충분히 노출되도록 해서 케이크 팬 바닥에 X자로 깐다.

> 완성 후 틀에서 빼낼 때 제품에 손을 대지 않고 안전하게 분리하기 위한 손잡이 역할을 한다. 바닥분리형 케이크 팬을 사용하면 더욱 편리하다.

③ 케이크 팬 바닥과 옆면에 테프론 시트를 깐다. 이때 옆면 테프론 시트는 팬의 옆면보다 높아야 한다.
④ 중탕용 팬 위에 준비된 케이크 팬을 올려둔다.
⑤ 물을 미리 끓여 준비한다.
⑥ 오븐을 섭씨 150도로 예열한다.

2. 시트 작업

① 통밀쿠키를 비닐에 넣은 채로 밀대를 이용하여 가루가 될 만큼 부순다.
② 설탕을 넣고 같이 섞는다.

③ 녹인 버터와 혼합 후, 케이크 팬 바닥에 평평하게 누르듯 깐다.

3. 필링 작업

① 크림치즈를 휘퍼로 풀어주다 설탕을 넣고 휘핑하여 부드럽게 만들어 준다.
② 계란을 나눠 넣으며 휘핑한다.
③ 체친 박력분을 넣고 고무주걱으로 혼합한다.
④ 그릭요거트와 생크림을 넣고 혼합한다.
⑤ 레몬즙을 넣고 혼합하여 마무리한다.
⑥ 케이크 팬 바닥에 깔아둔 쿠키시트 위에 반죽을 부어준다.

4. 마무리 작업

① 케이크 반죽에 직접적으로 닿지 않도록 주의하며 케이크 팬 위로 유산지를 살짝 덮어준다.
② 케이크 팬을 올려둔 중탕용 팬에 뜨거운 물을 넘치지 않을 정도로 채운다.
③ 섭씨 150도에서 30분간 굽고, 오븐 문을 잠시 열어 수증기를 뺀다.
④ 다시 섭씨 150도에서 1시간 10분간 굽고, 이어 섭씨 120도에서 20분간 굽는다.
⑤ 중탕용 팬은 제거하고 케이크 팬 통째로 하루 동안 냉장 휴지시켜 완전히 굳힌다.
⑥ 냉장휴지를 마치면, 케이크를 팬에서 분리하고 테프론 시트를 떼어낸 후 냉장 보관한다.

3 | 카푸치노와 아몬드 비스코티

– 꺼끌꺼끌한 비스코티를 보듬듯 품어내는 카푸치노의 관능

비스코티(Biscotti)는 먼 길을 떠나는 사람들이 상하지 않고 오래 먹을 수 있도록 수분기를 빼기 위해 '두 번(bis) 구워(cotti)' 만든 데서 비롯됐다. 비스코티는 그 어떤 쿠키들보다 건조한 상태이기 때문에 액체를 빠르게 흡수해 잘 풀어진다. 우유가 들어간 카푸치노나 카페라테는 에스프레소나 아메리카노보다 길게 비스코티의 향미를 가둬 둘 수 있다. 가열된 우유에서 나오는 단맛과 특유한 고소함이 아몬드 비스코티의 향과 식감을 더욱 드높여준다. 베이스의 묵직한 음성이 바닥을 채워 줄 때 바리톤의 부드러움이 더욱 감미롭게 들리는 것과 같은 이치이다. 우유의 지방 성분이 아몬드의 너티한 오일 성분과 함께 어우러지면서, 마치 "감미로움이란 바로 이런 것이다"며 뽐내는 듯하다. 카푸치노의 풍성한 거품은 비스코티의 꺼끌꺼끌한 식감을 보듬듯 끌어안으며 또 다른 차원으로 비스코티의 맛을 승화시킨다. 자칫 지루할 수 있는 카푸치노의 담백함은 비스코티의 바삭바삭한 텍스처(Texture)를 만나 흥미로운 입체감을 얻게 된다. 식감의 다양성이 카푸치노와 아몬드 비스코티 페어링의 매력이다. 비스코티의 짝으로서 카페라테보다도 카푸치노를 추천하는 이유이다.

• 준비물

오븐 팬, 유산지, 칼, 고무주걱, 휘퍼, 체, 볼, 계량스푼, 저울, 오븐, 냉장고

• 재료 (20-24조각 분량)

버터 50g, 황설탕 112g, 소금 1/3tsp, 계란 2개, 박력분 140g, 아몬드가루 80g, 베이킹파우더 1tsp, 통아몬드 40g

• BELEN'S Recipe

① 오븐을 섭씨 170도로 예열한다.

② 버터를 휘퍼로 풀어주다 황설탕과 소금을 넣고 휘핑하여 크림화시킨다.

③ 계란을 나눠 넣으며 휘핑한다.

 **TIP** 필요이상으로 휘핑하면 분리현상이 일어날 수 있으므로, 완전히 섞일 때까지만 최소한으로 휘핑한다.

④ 체친 박력분, 아몬드가루, 베이킹파우더를 넣고 고무주걱으로 혼합한다.

⑤ 통아몬드를 넣고 혼합하여 마무리한다.

⑥ 30분 동안 냉장 휴지시킨다.

⑦ 오븐 팬에 유산지를 깔고, 전체 반죽을 폭 14cm 두께 2.5cm의 길고 넓적한 덩어리로 만들어 팬닝한다.

⑧ 섭씨 170도에서 20분간 굽고 오븐에서 꺼내 충분히 식혀둔다.

⑨ 오븐을 섭씨 150도로 예열한다.

⑩ 충분히 식은 구운 반죽 덩어리를 가로로 길게 놓고 1.5cm 두께로 일정하게 썰어준다.

TIP 충분히 식히지 않은 채로 썰면 부스러질 수 있다.

⑪ 자른 단면이 보이도록 눕혀서 팬닝한다.

⑫ 섭씨 150도에서 15~20분간 굽는다. 이때 비스코티의 양면에 고르게 색이 나게끔 중간에 뒤집어준다.

4 | 카페라테와 오렌지 파운드케이크

— 버터와 설탕 사이로 스며들어 마침내 오렌지를 만나다.

카페라테는 우유를 스티밍해 만드는 에스프레소 베리에이션 중 거품이 없는 편에 속한다. 따라서 플레인 우유와 어울리는 디저트와 비교하면 향미적 하모니를 이해하기 쉽다. 우유와 잘 어우러지는 디저트로 꼽히기 위해선 입 속에서 우유를 빠르게 흡수하는 동시에 우유에 새로운 향미를 부여해야 한다. 그러기 위해서는 우유에 쉽게 풀어지지 않도록 어느 정도 밀도가 있어야 한다. 이런 점에서 단단하고 촉촉하면서도 보슬보슬한 질감이 특징인 파운드케이크가 가장 적합하다. 파운드케이크 한 입을 베어 물고 우유를 한잔 마시면, 파운드케이크 입자 사이사이로 우유가 스며든다. 파운드케이크의 버터와 설탕 입자가 우유에 녹아 들어 씹을수록 향미가 입 안을 가득 채운다. 오렌지 파운드케이크를 카페라테에 추천하는 또 하나의 이유는 시트러스 계열의 케이크가 우유와 향미적으로 궁합이 잘 맞기 때문이다. 시트러스 특유의 새콤달콤한 맛과 향, 오렌지 껍질에서 비롯되는 발랄한 청량감이 우유와 시너지를 이루며 밝은 기운이 감도는 부드러운 맛을 창출해 낸다. 오렌지가 카페라테에게는 부족한 상큼함을 부여하면서 맛의 단조로움을 없애준다. 그러면서도 카페라테의 점잖고도 부드러운 매력을 압도하지 않고 밸런스를 맞춰준다. 카페라테가 지닌 커피의 향미는 버터리하면서도 오일리한 파운드케이크의 향미를 느끼함으로 치우치지 않도록 잡아준다. 파운드케이크가 곁에 있다면 '시럽 추가'는 필요 없다. 파운드케이크는 카페라테에게 본연의 맛을 드러내 보일 수 있도록 도와주는 좋은 친구이다.

• 준비물

중 파운드 팬(16×8×8), 고무주걱, 휘퍼, 체, 볼, 계량스푼, 저울, 오븐

• 재료 (2개 분량)

버터 260g, 설탕 120g, 물엿 60g, 계란 4개, 박력분 260g, 베이킹파우더 1.5tsp, 오렌지즙 70g, 오렌지 필 60g, 박력분 약간(오렌지 필 코팅용), 살구 잼 적당량과 동량의 물

• BELEN'S Recipe

① 오븐을 섭씨 180도로 예열한다.

② 오렌지 필을 큐브 모양으로 자르고, 박력분 약간을 오렌지 필 겉면에 입힌다.

> 오렌지 필이 파운드케이크에 고르게 분포할 수 있도록 도와준다.

③ 버터를 휘퍼로 풀어주다 설탕을 넣고 휘핑하여 크림화시킨다.

④ 물엿을 넣고 휘핑한 후, 계란을 나눠 넣으며 휘핑한다.

⑤ 체친 박력분과 베이킹파우더를 넣고 고무주걱으로 혼합한다.

⑥ 오렌지 즙을 넣고 혼합한 후, 오렌지 필을 넣고 혼합하여 마무리한다.

⑦ 파운드 팬에 80%까지만 채워 팬닝한다.

⑧ 섭씨 180도에서 5분간 굽고, 섭씨 170도로 내려 25~30분간 굽는다.

⑨ 살구 잼과 물을 동량으로 혼합하고 가열한 후, 파운드케이크가 다 구워지면 겉면에 붓으로 발라준다.

> 광택제 역할을 한다.

5 | 플랫화이트와 캐러멜 견과류 타르트

– 벨벳처럼 부드러운 우유 거품, 거친 캐러멜을 순화시키다.

카페라테나 카푸치노보다 농밀한 향미를 즐길 수 있는 플랫화이트는 단맛이 강한 디저트에 제격이다. 특히 우유에 녹아들어 더 빛을 발하는 디저트라면 금상첨화일 것이다. 우유에 녹았을 때 더 돋보이게 되는 것이라면 단연 캐러멜이다. 캐러멜 자체가 맛을 표현하는 용어가 될 만큼 특징적이다. 설탕에 열을 가하면 갈색으로 변하는 '캐러멜화 반응'을 통해 특유의 '쓴맛'이 생성된다. 이 쓴맛이 단맛과 함께 시너지를 발산해 사람들을 그토록 캐러멜의 맛에 열광하게 만든다. 캐러멜은 종류가 다양하지만, 그 중에서도 흔히 '캐러멜 맛'이라는 것은 우유의 성분이 들어간 '밀크 캐러멜'을 일컫는다. 사람들의 인식 속에 캐러멜과 우유의 조합은 이미 하나의 정체성으로 깊게 자리를 잡았다. 이것은 둘의 조합이 흠잡을 데 없이 완벽하다는 것을 의미한다. 캐러멜이 우유와 어우러지면서 특유의 맛이 살아나고 혼자 있을 때 다소 거칠게 느껴지던 쓴맛과 뾰족한 느낌도 부드럽게 바뀐다. 플랫화이트의 벨벳처럼 곱고 부드러운 우유 거품은 진한 갈색의 거친 캐러멜을 순화시키는 천사와 같은 존재다. 플랫화이트의 질감은 타르트에 들어 있는 견과류의 메마른 감촉도 멋지게 중화해 낸다. 우유의 부드러운 느낌과 대조되는 바삭바삭한 타르트 시트의 질감은 자칫 밋밋해질 수 있는 전반적인 식감에 재미를 더해주는 요인이기도 하다.

• 준비물

1호 타르트 팬(13×2), 냄비, 온도계, 내열 고무주걱, 밀대, 휘퍼, 체, 볼, 계량스푼, 저울, 오븐, 가스레인지 혹은 인덕션, 냉장고

• 재료 (4개 분량)

- 시트: 버터 100g, 박력분 200g, 아몬드가루 20g, 흑설탕 80g, 소금 1/2tsp, 계란 1개
- 필링: 흑설탕 110g, 물엿 76g, 생크림 240g, 버터 30g, 각종 견과류

• BELEN'S Recipe

1. 시트 작업

① 오븐을 섭씨 160도로 예열한다.

② 체친 박력분, 아몬드가루와 흑설탕, 소금을 함께 담은 볼에 버터를 넣고, 버터가 팥알만 해질 때까지 고무주걱으로 쪼개듯 섞어준다.

③ 계란을 넣고 고무주걱으로 혼합한 후, 15분 동안 냉장 휴지시킨다.

④ 밀대를 이용하여 3mm 두께로 밀어 펴고, 타르트 팬에 맞춰 팬닝 후, 포크로 바닥에 구멍을 내준다.

> 바닥에 구멍을 내주지 않으면, 굽는 과정에서 공기가 빠져 나갈 수 있는 틈이 없어 타르트 시트의 바닥 부분이 위로 들뜰 수 있다.

⑤ 섭씨 160도에서 25분간 굽는다.

2. 중간 작업

① 완성된 타르트 시트가 식으면, 시트 속을 원하는 견과류로 채워 준비한다.

3. 필링 작업

① 흑설탕, 물엿, 생크림을 한 냄비에 넣고 혼합한다.

② 온도계를 이용하여 혼합물의 온도가 섭씨 120도가 될 때까지 내열 고무주걱으로 저어가며 중불에서 가열한다.

③ 섭씨 120도가 되면 불을 끄고, 실온에 둔 버터를 냄비에 넣고 혼합한다.

TIP 혼합물의 온도가 120도를 넘어가지 않도록 하기 위해서, 불을 끄고 곧바로 버터를 투입시켜 더 이상 온도가 올라가는 것을 막아야 한다.

④ 버터가 다 혼합되면, 준비해둔 타르트 시트 위로 부어 채워준다.

 작업실 온도에 따라 캐러멜이 빨리 굳을 수 있으므로, 버터를 혼합하고 최대한 빨리 시트 위로 부어주어야 한다.

⑤ 실온에서 굳을 때까지 휴지시킨다.

6 | 카페 마키아토와 아메리칸 쿠키

— 에스프레소, 라테, 초콜릿, 마카다미아가 빚어내는 향미의 교향곡

카페 마키아토는 진한 에스프레소를 부드럽게 마실 수 있게 해주지만, 여전히 에스프레소 함량이 높아 부드럽기보다는 자극적이다. 그래서 우리 혀에서는 카페 마키아토에 함유된 우유 이상으로 뭔가를 더 요구할지 모른다. 많은 사람들이 카페 마키아토에 설탕을 뿌리거나 시럽을 타 먹는 이유이기도 하다. 달달한 아메리칸 쿠키를 곁들이면 굳이 설탕이나 시럽을 찾을 필요가 없다. 평소 단맛이 강한 디저트를 즐기는 분이라면 굳이 커피를 찾지 않을 수도 있겠다. 그러나 향미가 주는 행복을 누리고 싶다면 아메리칸 쿠키에 카페 마키아토가 필요하다. 다양한 재료를 취향대로 골라 넣을 수 있는 아메리칸 쿠키는 다크초코 청크 쿠키와 화이트초코 마카다미아 쿠키가 가장 대중적이다. 다크초콜릿 청크 쿠키는 다크초콜릿이 그 자체로도 달면서 동시에 쌉싸래한 맛이 일품이다. 화이트초코 마카다미아 쿠키는 화이트초콜릿에 카카오매스 성분이 없기 때문에 쌉싸래한 자극이 없다. 이 때문에 느끼할 수 있는 단맛을 담백한 마카다미아가 적절하게 밸런스를 잡아 준다. 하지만 이 쿠키들은 여전히 달기 때문에 커피의 정체성을 지닌 카페 마키아토가 필요하다. 카페 마키아토에 들어 있는 감미로운 우유 성분이 쿠키의 중심을 이루고 있는 초콜릿을 만나 입 안을 부드러움과 향긋함으로 가득 채워준다. 그것은 차라리 '향미의 교향곡'이다. 진한 에스프레소보다도 카페 마키아토가 아메리칸 쿠키와 더 궁합이 좋은 이유가 여기에 있다.

• 준비물

오븐 팬, 유산지, 고무주걱, 휘퍼, 체, 볼, 계량스푼, 저울, 오븐, 냉장고

• 재료 (20개 분량 - 다크초코 청크 쿠키 / 화이트초코 마카다미아 쿠키 각 10개)

버터 150g, 황설탕 180g, 소금 1/2tsp, 물엿 40g, 계란 1개, 강력분 215g, 베이킹파우더 1tsp, 다크초콜릿칩 100g, 초코청크 100g, 화이트초콜릿칩 100g, 마카다미아 70g

• BELEN'S Recipe

① 버터를 휘퍼로 풀어주면서 황설탕과 소금을 넣고 휘핑한다.

② 물엿을 넣고 휘핑하고 다시 계란을 넣고 빠르게 휘핑한다.

③ 체친 강력분과 베이킹파우더를 넣고 고무주걱으로 혼합한 후 30분간 냉장 휴지시킨다.

④ 오븐을 섭씨 155도로 예열한다.

⑤ 반죽을 30g씩 분할하고 토핑 재료와 함께 공 모양으로 뭉친 후 팬닝한다.
  – 다크초코 청크 쿠키: 반죽 30g당, 다크초콜릿칩 10g과 초코청크 10g
  – 화이트초코 마카다미아 쿠키: 반죽 30g당, 화이트초콜릿칩 10g과 마카다미아 7g

⑥ 섭씨 155도에서 20분간 굽는다.

7 | 라테 마키아토와 레몬마들렌

– 바닐라 빈, 레몬, 라테, 에스프레소가 보여 주는 향미의 경지

가리비 모양이 특징인 마들렌(madeleine)은 기본적으로 레몬향이 나기 때문에 굳이 "레몬마들렌"이라고 언급하지 않아도 마들렌이라는 용어에 이미 레몬향이 담겨있다. 그렇기 때문에 앞서 '카페라테와 오렌지파운드케이크'에서 시트러스 계열과 우유가 멋진 하모니를 이룬 것처럼 라테 마키아토는 기본 마들렌과도 충분히 어울린다. 그러나 우유와 시트러스의 만남은 향미적으로 은근슬쩍 넘어갈 수 있는 궁합이 아니기 때문에 '레몬마들렌'이라는 명확한 명칭을 쓰고 레몬즙과 레몬 제스트를 충분히 넣어 마들렌의 레몬 향미를 풍부하게 살린 뒤 라테 마키아토와 페어링할 것을 추천한다. 레몬에서 비롯되는 새콤함과 청량감은 라테 마키아토가 품고 있는 시럽의 단맛을 만나면서 환상적인 맛을 만들어낸다. 새콤달콤이라는 단어가 있을 정도로 새콤함은 달콤함에 의해, 달콤함은 새콤함에 의해 좋은 맛으로 승화된다. 마들렌의 전형적 특징 중 하나가 바닐라이다. 바닐라는 혼자만으로도 관능적 완벽함을 이루지만 바닐라 라테의 인기에서 알 수 있듯이, 라테 마키아토와 어우러지면 누구도 범접할 수 없는 향미적 경지에 오른다. 바닐라 라테에는 바닐라 시럽을 넣어 그 향을 불러일으키고자 했다면, 라테 마키아토와 마들렌의 조합은 실제 바닐라 빈이 들어감으로써 본연의 향미를 발산한다. 이 덕분에 고급스러운 느낌을 줄 뿐만 아니라 화학적인 향미에 민감한 분들에게도 좋은 선택이 될 수 있다.

• 준비물

마들렌 팬, 냄비, 짤주머니, 칼, 고무주걱, 휘퍼, 체, 볼, 계량스푼, 저울, 오븐, 냉장고

• 재료 (21개 분량)
- 마들렌: 계란 2개, 녹인 버터 130g, 설탕 90g, 꿀 26g, 우유 70g, 레몬 제스트 4g, 박력분 130g, 베이킹파우더 1.5tsp, 바닐라 빈 1/2개
- 글라사쥬: 슈가파우더 240g, 레몬즙 32g, 물 16g

• BELEN'S Recipe

1. 마들렌 작업

① 레몬을 깨끗이 씻고 껍질을 최대한 얇게 썬다.

 껍질 안쪽 흰색 부분은 최대한 제거해 쓴맛이 나지 않도록 주의한다.

② 우유와 바닐라빈을 냄비에 넣고 끓기 직전까지 데운 후 불을 끄고 레몬 제스트를 넣어 3분간 우려낸다. 3분 뒤 제스트는 체에 걸러 제거한다.

③ 계란, 설탕, 꿀을 한 볼에 넣고 휘퍼로 풀어준다.

④ 앞서 만들어둔 우유를 넣고 휘퍼로 혼합한다.

⑤ 체친 박력분과 베이킹파우더를 넣고 고무주걱으로 혼합한다.

⑥ 녹인 버터를 넣고 혼합한다.

⑦ 최소 1시간 동안 냉장 휴지시킨다.

 하루 동안 냉장 휴지시키면 맛과 질감이 훨씬 좋아진다.

⑧ 오븐을 섭씨 180도로 예열한다.

⑨ 짤주머니를 이용하여 마들렌 팬에 80%만 채워 팬닝한다.

⑩ 섭씨 180도에서 5분간 굽고, 섭씨 160도로 내려 10~12분 더 굽는다.

2. 글라사쥬 작업

① 볼에 슈가파우더, 레몬즙, 물을 넣고 섞는다.

② 완성된 마들렌 겉면에 원하는 만큼 바르고 실온에서 굳힌다.

8 | 캐러멜 카페 마키아토와 통밀쿠키

– 자극과 부드러움, 씁쓸함과 단맛이 빚어내는 '역설의 미학'

'건강의 대명사'인 통밀과 '악마의 유혹'인 캐러멜은 누가 봐도 서로 다른 길 위에 있다. 그 둘이 만나 이렇게 어마어마한 하모니를 이루게 될지 누가 알았으랴. 캐러멜 카페 마키아토는 마땅히 단맛을 즐기기 위한 음료이다. 찌르는 듯하면서도 자극적이지만, 그 단맛에 누구도 이의를 제기하지 않는다. 반면 통밀은 그 자체가 주는 무게감 때문인지 더 건강해야 할 것만 같고, 따라서 조금이라도 자극적이어선 안될 것만 같다. 하지만 캐러멜은 단어가 주는 감미로운 느낌과 달리 씁쓸한 면이 있고, 통밀은 거칠어 보이지만 깊은 내면에 단맛을 숨기고 있다. 캐러멜과 통밀은 각각 잠재된 가능성을 서로 이끌어내 주는 운명적 조력자의 관계를 맺기 위해 태어나고 존재해 왔던 것은 아니었을까? 씁쓸하고 고소한 향미와 거친 식감을 가진 통밀쿠키는 홀로서기에는 미덥지 않은 구석이 있는 것 같다. 목을 타오르게 하는 듯 강렬하면서도 부드러운 단맛을 과시하는 캐러멜 카페 마키아토 역시 매력적이지만 완벽함을 위해선 무엇인가 필요하다. 그것이 바로 통밀이겠다. 캐러멜 카페 마키아토의 단맛이 절정에 다다랐을 무렵 통밀쿠키 한 입의 등장은 그 씁쓸함이 되레 라테의 감미로움을 더욱 부각시켜 줌으로써 고소함을 클라이맥스(climax)에 이르게 만들어 준다. 자극과 부드러움, 씁쓸함과 단맛의 역설적 조합은 잊을 수 없는 향미의 경험을 안겨준다. 씹을수록 고소함을 주는 통밀 속의 풍부한 식이섬유소는 우유와 함께 섞일 때 몇 배로 더 고소해진다. 미숫가루나 선식을 물 대신 우유에 타 마셨을 때 드러나는 바로 그 고소함과 같은 것이다. 캐러멜 카페 마키아토와 통밀쿠키가 빚어내는 관능의 하모니는 우리를 자연으로 이끌어준다.

• 준비물

오븐 팬, 유산지, 원형 쿠키커터(지름6cm), 밀대, 포크, 고무주걱, 체, 볼, 계량스푼, 저울, 오븐, 냉장고

• 재료 (18개 분량)

통밀가루 225g, 베이킹파우더 1tsp, 버터 120g, 소금 3/4tsp, 슈가파우더 90g, 우유 60g

• BELEN'S Recipe

① 체친 통밀가루, 슈가파우더, 베이킹파우더, 소금을 함께 담은 볼에 버터를 넣고, 버터가 팥알만 해질 때까지 고무주걱으로 쪼개듯 섞어준다.

② 우유를 넣고 혼합한 후, 15분간 냉장 휴지시킨다.

③ 오븐을 섭씨 160도로 예열한다.

④ 밀대를 이용하여 반죽을 5mm 두께로 밀어 편다.

⑤ 원형 쿠키커터로 자른 후 팬닝한다.

⑥ 포크로 모양을 내준 뒤, 섭씨 160도에서 25분간 굽는다.

 바싹 구워야 통밀의 고소한 맛을 충분히 느낄 수 있다.

9 | 카페 비엔나와 그리시니
– 짭조름과 감미로움이 빚어내는 '단짠단짠' 유혹의 맛

달달한 휘핑크림이 푸짐한 카페 비엔나를 제대로 즐기기 위해서는 크림과 커피를 섞어선 안 된다. 크림이 올려진 그대로 컵에 입을 대고 기울이며 음료를 마셔야 한다. 그래야 휘핑크림과 커피의 향미적 어우러짐을 즐길 수 있다. 쭈뼛쭈뼛 했다가는 크림만 잔뜩 먹게 된다. 그렇다고 빨대를 사용하면 크림 없이 커피만 마시게 돼 굳이 카페 비엔나를 찾을 이유가 사라진다. 커피 한입, 크림 한입 동시에 제대로 즐겼다면 상당한 단맛을 경험했을 것이다. 그 단맛의 피니시가 길게 이어지기 때문에 담백한 디저트와의 페어링이 필요하다. 이럴 때 그리시니(grissini)는 카페 비엔나를 더욱 빛나게 만드는 오브제가 된다. 그리시니는 설탕이 전혀 들어가지 않아 짭짤하고 고소한 맛이 인상적으로 드러나는 이탈리아식 브레드스틱이다. 그리시니의 짭조름한 맛이 식욕을 당겨주지만, 담백함으로 마무리되어 입맛을 해치지 않기 때문에 이탈리아에서 식전 빵으로도 애용되고 있다. 단맛이 극에 치달았을 때 짠맛의 역할은 돋보이게 마련이다. 부정적으로 넘어갈듯한 단맛을 짠맛이 붙잡아 밸런스를 맞춰줌으로써 전에 없던 긍정적인 향미를 이끌어낸다. '단짠단짠'이라는 말이 생겨날 정도로 많은 사람들이 단맛과 짠맛의 조화를 추구하고 있다. 단짠단짠이란 한마디로 떨쳐 버릴 수 없는 유혹적인 맛이다. 젊은이들 사이에서는 "단 것을 먹으면 짠 것이 먹고 싶고, 짠 것을 먹으면 단 것이 당겨 끝없이 반복 가능한 순환" 통한다. 카페 비엔나와 그리시니가 단짠단짠을 불러 일으키는 사례라 할 수 있다.

- 준비물

오븐 팬, 유산지, 랩(wrap), 붓, 고무주걱, 볼, 계량스푼, 저울, 오븐

- 재료 (21개 분량)

강력분 63g, 통밀가루 63g, 인스턴트 이스트 1/4tsp, 소금 1/2tsp, 따듯한 물 62g, 버터 28g, 소금우유 (소금 1/4tsp + 우유 30g)

- BELEN'S Recipe

① 볼에 강력분, 통밀가루, 이스트, 소금을 넣고 물을 부어 반죽한다.
② 한 덩어리가 되면 버터를 넣고 탄력이 생길 때까지 반죽한다.
③ 반죽이 마르지 않도록 볼에 랩을 씌우고, 반죽크기가 2배로 부풀 때까지 따듯한 곳에서 1차 발효를 한다.
④ 10g씩 분할해 둥글리기를 한 후 랩을 씌우고 실온에서 10~15분 중간 발효를 한다.
⑤ 반죽을 길쭉한 막대모양으로 만들어 팬닝한 후 랩을 씌워 따듯한 곳에서 15분간 2차발효를 한다.
⑥ 오븐을 섭씨 200도로 예열한다.
⑦ 붓을 이용하여 반죽 윗면에 소금우유를 바른 후 섭씨 200도에서 10~15분 굽는다.

10 | 깔루아 커피와 티라미수

– 돌고 돌아 결국 만나게 되는 운명 같은 사랑

술을 마실 때 마저 커피를 찾는다면 진정 커피를 사랑한다고 할 수 있지 않을까? '깔루아 커피'는 커피를 사랑하는 애주가, 스피릿(증류주)을 좋아하는 커피애호가를 모두 만족시키는 음료이다. 알코올과 커피의 은밀한 만남이 주는 낭만이란… 깔루아(Kahlua)는 원두, 사탕수수, 바닐라 등을 사용하여 만든 커피 리큐어(liqueur)이다. 알코올 도수가 소주와 비슷한 20도로 칵테일(cocktail)에 애용되는데, '커피를 품은 럼(rum)'이라 할 수 있다. 따라서 커피와의 궁합에 대해서는 두말할 필요가 없겠다. 깔루아는 제과영역에서도 커피와 관련한 디저트에 빠지지 않고 등장하는 리큐어 중 하나다. 티라미수(tiramisu) 역시 커피의 향미를 가진 디저트이다. 많은 티라미수 레시피들이 깔루아를 포함하고 있다. 깔루아가 들어간 티라미수는 고급스럽고 다양한 향미를 선사한다. 그러나, 티라미수의 마스카포네(mascarpone)가 주는 깊고 풍성한 고소함과 고급스러운 질감을 모두 즐길 수 있도록 알코올을 과감히 뺄 필요도 있다. 바닐라와 커피를 첨가하면 깔루아가 주는 다양한 향미를 어느 정도 누릴 수 있다. 하지만, 알코올 섭취가 가능하다는 전제하에 자신의 의지로 깔루아 커피를 선택한 분에게는 단연 티라미수를 추천한다. 알코올로 무장(?)한 깔루아 커피에는 위벽을 보호해주고 속을 든든히 채워줄 수 있는 고지방의 티라미수가 제격이다. 더불어, 깔루아에서 풍기는 단맛, 쓴맛, 구운 밤 같은 고소함과 감칠맛이 마스카포네의 느끼함은 잡아주고 고소함은 배로 살아나게 한다. 그야말로 둘의 시너지는 엄청나다고 할 수 있겠다.

- **준비물**

티라미수 컵, 냄비, 짤주머니, 고무주걱, 휘퍼, 체, 볼, 계량스푼, 저울, 냉장고

- **재료 (6컵 분량)**

– 시트: 통밀쿠키(p182 참조) 6개, 바닐라시럽 20g, 에스프레소 100ml

– 크림: 노른자 4개, 설탕 40g, 마스카포네 400g, 슈가파우더 20g, 생크림 400g

– 데코레이션(decoration): 코코아파우더

• BELEN'S Recipe

1. 시트 작업

① 볼에 에스프레소와 바닐라시럽을 넣고 혼합한다.

② 통밀쿠키를 앞뒤로 5초씩 담그고 뺀 후, 티라미수 컵 바닥에 깔아준다.

2. 크림 작업

① 생크림에 슈가파우더를 넣어가며 단단해질 때까지 휘핑하고, 잠시 냉장고에 보관해둔다.

 휘퍼를 세웠을 때 크림이 완전히 흘러내리지 않고 독수리 부리처럼 휘어진 채로 고정될 때까지 휘핑한다.

② 냄비에 노른자와 설탕을 넣고 베이지색이 될 때까지 휘핑하며 중불에서 가열한다.

 온도가 너무 올라가면 노른자가 응고되므로 주의한다.

③ 불을 끄고, 마스카포네가 담긴 볼에 부어 휘퍼로 섞어준다.

④ 위의 마스카포네 반죽에 냉장 보관해둔 휘핑크림을 두세 번으로 나눠 거품이 꺼지지 않도록 고무주걱으로 살살 혼합해준다.

3. 마무리 작업

① 완성된 크림을 짤주머니에 넣어 준비해둔 티라미수 컵에 채워준다.

② 크림 위로 코코아파우더를 뿌려 마무리한다.

③ 4시간 이상 냉장 휴지시킨다.

11 | 아포가토와 브라우니

— 태어날 때부터 하나였다고 해도 과장이 아닐 둘의 만남.

아포가토처럼 디저트의 이미지가 강한 에스프레소 베리에이션도 충분히 다른 디저트와 페어링이 가능하다. 특히나 아포가토에게는 어려운 일이 아니다. 연예계 공식 커플처럼 아포가토의 아이스크림에게는 브라우니라는 '공식적인 짝'이 있다. 평소 브라우니에 아이스크림을 얹어 먹거나 아이스크림에 브라우니를 작게 잘라 토핑으로 올려 즐기는 사람들을 주변에서 흔하게 볼 수 있다. 그 중에서도 아포가토에 자주 쓰이는 바닐라 아이스크림과는 특히나 잘 어울린다. 초콜릿에 바닐라를 넣어 만든 것, 커피에 바닐라시럽을 넣어 만든 것, 커피에 초콜릿을 넣어 만든 것, 초콜릿에 커피가루를 넣어 만든 것은 근처 편의점만 가도 바로 접할 수 있다. 그만큼 이들의 조화는 굳이 설명이 필요하지 않겠다. 에스프레소, 바닐라 아이스크림, 브라우니, 이 셋이 뭉치는 것에 대한 이견은 있을 수 없다. 그러나, 이 궁합에 대해 살짝 의구심이 들 수 있다. '너무 달지 않을까' 하는 두려움이다. 아이러니하게도 브라우니는 아이스크림과 함께 먹으면 덜 달게 느껴진다. 우리의 혀는 차가울 때 단맛을 느끼는 감각이 둔해진다. 그러니 이 둘의 만남이 부담스러울 것이라는 걱정은 접어두어도 좋다.

• 준비물

사각 케이크 팬(20cm), 유산지, 냄비, 내열 고무주걱, 휘퍼, 체, 볼, 저울, 오븐

• 재료 (1판 분량)

버터 200g, 다크초콜릿 200g, 계란 2개, 설탕 190g, 생크림 100g, 중력분 80g, 소금 한 꼬집

• BELEN'S Recipe

① 오븐을 섭씨 180도로 예열한다.

② 버터와 초콜릿을 함께 녹여 둔다.

 TIP 냄비에 직접 가열해 녹여도 되고 전자레인지로 녹여도 된다.

③ 볼에 계란과 설탕을 넣고 휘핑한다.

④ 버터초콜릿 혼합물이 어느 정도 식으면, 실온에 두어 미지근한 상태의 생크림과 휘퍼로 빠르게 혼합해준다.

⑤ 초콜릿반죽과 계란반죽을 섞고 휘퍼로 혼합한다.

⑥ 체친 중력분과 소금을 넣고 고무주걱으로 혼합한다.

⑦ 사각 케이크 팬에 유산지를 깔고, 팬의 50%까지만 팬닝한다.

⑧ 섭씨 180도에서 20분간 굽는다.

12 | 핸드드립 커피와 스콘

- 스콘이라는 도화지 위에 드립커피의 다양한 향미를 채워 넣다.

드립용 원두는 에스프레소용 원두보다 약하게 로스팅하기 때문에 생두가 지닌 정체성을 보다 섬세하게 느껴볼 수 있다. 드립커피를 마실 때는 커피가 만들어지는 시간을 기다리는 여유가 필요하다. 아울러 커피를 한 모금 한 모금 천천히 마시며 향미들을 음미하는 자세가 필요하다. 드립커피는 에스프레소에 비해 상대적으로 연해서 '부드럽다'는 인상을 준다. 그러나 원두에 들어 있는 여러 가지 향미 성분이 하나하나 섬세하게 추출되기 때문에, 마시는 사람에 따라서는 더 풍성하고 더 강력한 것으로 받아들일 수도 있다. 드립커피는 향미적으로 복잡하지 않고 단순한 향미와 안정적인 식감을 주는 디저트와 페어링하는 것이 좋다. 이런 점에서 스콘은 우리의 주목을 끈다.

스콘은 담백하며 식감이 유난스럽지 않고 묵직하고 안정적이기 때문에 드립커피의 향미에 대한 집중을 흐트러트리지 않는다. 드립커피의 향미를 위한 참된 짝꿍이라 할 수 있다. 영국에서는 오래 전부터 브런치에서 스콘과 홍차를 자주 페어링했다. 스콘이라는 도화지에 홍차가 가진 꽃, 과일, 풀 등의 다양한 향미를 하나하나씩 그려 넣는 장면을 떠오르게 한다. 흩어져있던 향미들이 한자리에 모아져 입체적인 향미로 발전한다. 홍차와 드립커피는 풍부한 향미를 가졌다는 공통점이 있다. 드립커피를 마실 때도 스콘이라는 도화지를 빌려 향미의 향연을 묘사해 보자.

- 준비물

오븐 팬, 유산지, 원형 쿠키커터(지름7cm), 밀대, 붓, 고무주걱, 체, 볼, 계량스푼, 저울, 오븐, 냉장고

- 재료 (6개 분량)

버터 30g, 박력분 200g, 설탕40g, 베이킹파우더 1tsp, 소금 1/4tsp, 생크림 95g, 계란 1개, 노른자 약간

- BELEN'S Recipe

① 체친 박력분, 베이킹파우더, 설탕, 소금을 함께 담은 볼에 버터를 넣고, 버터가 팥알만 해질 때까지 고무주걱으로 쪼개듯 섞어준다.

② 계란과 생크림을 넣고 혼합한다.

③ 3시간 이상 냉장 휴지시킨다.

 하루 동안 냉장 휴지시키면 맛, 부피, 질감이 훨씬 좋아진다.

④ 오븐을 섭씨 190도로 예열한다.

⑤ 밀대를 이용하여 반죽을 3cm 두께로 밀어 편다.

⑥ 원형 쿠키커터로 자른 후 팬닝하고, 붓을 이용하여 반죽 윗면에 노른자를 칠해준다.

⑦ 섭씨 190도에서 20분간 굽는다.

커피디저트 용어 풀이

- **강력분**(hard flour, bread flour): 단백질 함량이 높아 글루텐(gluten)이 잘 형성되어 쫄깃하고 거친 식감의 제빵을 만들 때 사용된다.

- **광택제**(glaze): 제품 표면에 발라 윤기를 내고 수분의 손실을 막아주는 역할을 하여, 제품의 신선도 유지와 보관 기간을 늘려준다.

- **글라사쥬**(glaçage): 제품 표면에 잼, 시럽, 퐁당, 초콜릿 등을 발라 광택을 내주고 마르지 않도록 하는 것을 말한다. 광택제를 뜻하는 '글레이즈(glaze)'의 프랑스어이다.

- **냉장휴지**(chilling): 냉장고에 반죽을 넣어 어느 정도 안정성이 형성될 때까지 기다리는 과정이다. 반죽 속 수분이 고르게 퍼지고 녹아있던 유지가 굳어 손질이 용이해진다. 모양유지가 잘 되는 상태로 변한다.

- **마스카포네**(mascarpone): 가열한 생크림에 산(acid)을 첨가해 유장(whey)을 분리시켜 만든 이탈리아 치즈로, 농도가 진한 크림의 질감을 가진다.

- **바닐라**(vanilla): 멕시코를 원산으로 하는 향신료이다. 바닐라 꼬투리 안에는 씨앗으로 가득 차 있고, 그것을 바닐라 빈(bean)이라 한다. 바닐라 빈을 사용하고 남은 꼬투리는 잘 말린 후 설탕과 함께 갈아 '바닐라 설탕'으로 사용한다.

- **박력분**(soft flour): 단백질 함량이 낮아 글루텐 형성이 약하다. 부드럽고 바삭한 식감의 제과를 만들 때 자주 사용된다.

- **분리현상**(curdling): 지방 함량이 높은 반죽에 갑자기 많은 양의 수분이 들어가 지방과 수분이 잘 섞이지 못하고 분리되는 현상을 말한다.

- **브레드스틱**(breadstick): 이름 그대로 막대(stick) 모양의 빵(bread)으로, 일반적인 빵과는 달리 수분 함량이 적어 딱딱하고 바삭한 식감을 가진다. '그리시니(grissini)'를 브레드스틱이라고 부르기도 한다.

- **슈가파우더**(confectioners' sugar): 설탕 90%와 전분 10%로 이루어진 입자가 고운 가루이다. 설탕 100%로 이루어진 분당과 혼용되어 사용되기도 한다.

- **시트**(sheet): 제과에서 보통 두 가지 의미로 사용된다. '시트지(paper sheet)'처럼 바닥에 까는 물건을 의미하기도 하고, 타르트나 케이크에서 위의 재료들을 받치고 있는 가장 아래에 있는 반죽을 지칭하기도 한다.

- **시트러스**(citrus): 오렌지, 자몽, 레몬, 라임 등을 포함하는 감귤류 과일을 일컫는다. 산미가 있고 청량감과 싱싱한 느낌의 풋풋한 향을 표현할 때 쓰이는 용어이기도 하다.

- **오렌지 필**(orange peel): 직역하면 '오렌지 껍질'이라는 뜻이다. 당에 절인 두툼한 오렌지 껍질을 의미하는 경우도 있다. 이 책의 레시피에서는 후자의 의미로 사용했다.

- **1차 발효**(bulk fermentation): 반죽이 끝나고 분할하기 전, 반죽을 통째로 발효시키는 과정이다. 발효 전 반죽 크기의 2~3배가 될 때까지 진행한다.

- **2차 발효**(final proofing): 모든 정형을 마친 후 오븐으로 들어가기 전 마지막으로 진행시키는 발효이다. 원하는 제품 크기의 80%로 부풀 때까지 1시간 정도 발효시킨다.

- **인스턴트 이스트(instant yeast)**: 제빵 팽창제인 이스트(yeast)의 한 종류이다. 보관이 힘들고 유통기한이 짧은 생이스트(fresh yeast)와 사용 전 미리 따뜻한 물에 넣고 발효를 시켜야 하는 드라이이스트(dry yeast)의 단점을 보완하여 편리하게 쓸 수 있도록 만든 이스트이다. 유통기한이 길고 밀가루에 바로 투입하여 사용할 수 있으며 적은 양으로도 발효가 잘 되는 장점이 있다.
- **제스트(zest)**: 오렌지나 레몬 껍질의 안쪽 흰색 부분을 제거한 껍질을 말한다.
- **중간발효(intermediate proofing)**: 분할과 둥글리기를 한 후 최종 모양을 잡기 전 10~15분 반죽을 휴식, 발효시킴으로써 긴장된 반죽을 이완시켜주는 과정이다.
- **중력분(all-purpose flour)**: 단백질 함량과 글루텐 형성이 박력분과 강력분의 중간이며, 주로 면을 만들 때 사용된다.
- **카카오 매스(cacao mass)**: 카카오 빈을 발효, 건조, 로스팅한 후, 외피와 배아는 제거하고 배유(닙스)만을 가지고 분쇄하여 열을 가해 끈적해진 반죽형태의 초콜릿 원액(chocolate liquor)을 말한다.
- **카카오 버터(cacao butter)**: 카카오 매스에서 기름 성분만 추출한 것으로, 실온에서 연한 노란 빛의 고체 형태로 존재한다.
- **캐러멜화(caramelization)**: 고온에서 분해된 당의 산화반응을 통해 독특한 향미를 가진 갈색물질이 생성되는 현상을 말한다.
- **크림화(creaming)**: 유지가 설탕과 함께 휘핑되면서 공기를 포집해 부드러운 크림상태로 되는 현상이다.
- **통밀가루(whole wheat flour)**: 통밀 그대로를 갈아 만들어 섬유질, 무기질, 비타민이 풍부한 밀가루이다. 잘 부풀지 않고 특유의 향미가 있어 일반 밀가루처럼 대중적으로 사용되고 있지는 않지만, 건강한 제품을 만들고자 할 때 자주 이용되는 재료이다.
- **테프론 시트(Teflon sheet)**: 불소수지 성분의 황갈색을 띤 베이킹 시트의 상품명이다. 높은 온도에서도 특성이 변하지 않고 반영구적으로 사용 가능하며 끈적한 재질에도 잘 달라붙지 않아 제과제빵에 자주 사용된다.
- **판 젤라틴(leaf gelatin, gelatin sheet)**: 액체를 젤리형태로 응고시켜주는 젤라틴은 가루형태의 '가루 젤라틴'과 투명한 종이형태의 '판 젤라틴'으로 나뉜다. 판 젤라틴은 사용 전 차가운 물에 불린 후 물기를 꼭 짜서 사용한다.
- **팬닝(panning)**: 반죽을 팬에 넣음으로써 정형이 완료되거나 이미 정형이 완료된 반죽을 팬에 나열하는 과정을 말한다.
- **필링(filling)**: 제품을 채워 완성시키는 재료를 일컫는다. 예를 들면, 파이, 슈, 에끌레어의 속을 채우는 충전물이나 무스케이크와 치즈케이크의 시트 위에 채우는 크림반죽을 '필링'이라고 한다.
- **황설탕(brown sugar)**: 정제된 백설탕에 다시 당밀을 첨가하여 만든 황색 빛을 띠는 설탕이다.
- **흑설탕(black sugar)**: 사탕수수를 끓여 당밀을 제거하지 않고 만든 어두운 갈색 빛을 띤 설탕으로, 불순물이 많고 특유의 향미를 가진다.

16 매장 관리(Coffee Shop Management)

바리스타가 매장을 잘 관리하기 위해 수행해야 할 구체적인 기능(능력단위요소)들은 ① 위생관리 ②영업준비 ③영업마감 ④기물관리 ⑤안전관리 등 5가지로 나눌 수 있다.

1 | 커피매장 위생관리

바리스타는 개인 위생을 철저히 함으로써 병원균의 오염과 식중독 발생을 원천적으로 예방하고 관련 법을 준수해야 한다.

1) 식품위생법 등 관련 법규

커피전문점이 가장 많이 위반하는 부분이 '위생 교육'이다. 위반할 경우에 과태료가 부과된다. 과태료는 1차 위반 20만원, 2차 40만원, 3차 60만원이다. 다음으로 위반이 많은 것은 '건강진단 미실시'로, 종업원 수 기준에 따라 1차 위반 20만~50만원, 2차 40만~100만원, 3차 60만~150만원의 과태료가 부과된다.

출처: 보건복지부

'이물혼입 및 영업장 이외의 영업'도 위반이 많은 경우인데, 시정명령 대상으로 즉시 법규를 따라야 하며 이를 어길 시 영업정지 처분을 받게 된다. 유통기한 경과제품 판매 및 보관은 원칙적으로 영업정지 15일 처분을 받는다. 그러나 이 경우에는 과징금 납부도 가능하다.

〈식품위생법 관련 용어〉

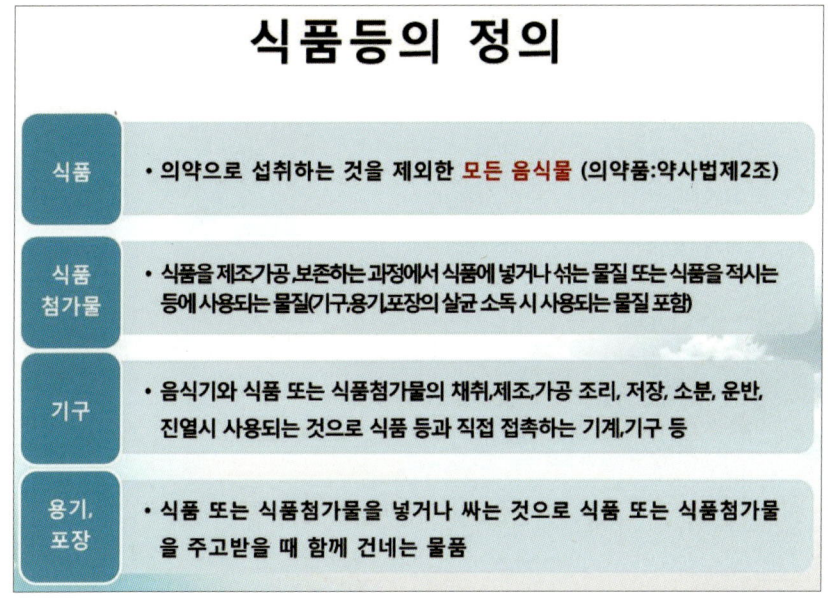

출처: 보건복지부

- 식품: 모든 음식물(의약으로 섭취하는 것은 제외).
- 식품첨가물: 식품을 제조 · 가공 · 조리 또는 보존하는 과정에서 감미(甘味), 착색(着色), 표백(漂白) 또는 산화방지 등을 목적으로 식품에 사용되는 물질. 이 경우 기구(器具) · 용기 · 포장을 살균 · 소독하는 데에 사용되어 간접적으로 식품으로 옮아갈 수 있는 물질을 포함.
- 화학적 합성품: 화학적 수단으로 원소(元素) 또는 화합물에 분해 반응 외의 화학 반응을 일으켜서 얻은 물질.
- 기구: 식품 또는 식품첨가물에 직접 닿는 기계 · 기구나 그 밖의 물건(농업과 수산업에서 식품을 채취하는 데에 쓰는 기계 · 기구나 그 밖의 물건 및 「위생용품 관리법」 제2조 제1호에 따른 위생용품은 제외).
- 용기(포장): 식품 또는 식품첨가물을 넣거나 싸는 것으로서 식품 또는 식품첨가물을 주고받을 때 함께 건네는 물품.
- 위해: 식품, 식품첨가물, 기구 또는 용기(포장)에 존재하는 위험요소로서 인체의 건강을 해치거나 해칠 우려가 있는 것.
- 표시: 식품, 식품첨가물, 기구 또는 용기(포장)에 적는 문자, 숫자 또는 도형.
- 영양표시: 식품에 들어있는 영양소의 양(量) 등 영양에 관한 정보를 표시하는 것.
- 영업: 식품 또는 식품첨가물을 채취 · 제조 · 가공 · 조리 · 저장 · 소분 · 운반 또는 판매하거나 기구 또는 용기(포장)을 제조 · 운반 · 판매하는 업.

- 식품위생: 식품, 식품첨가물, 기구 또는 용기(포장)을 대상으로 하는 음식에 관한 위생.
- 식품이력추적관리: 식품을 제조·가공단계부터 판매단계까지 단계별로 정보를 기록·관리하여 그 식품의 안전성 등에 문제가 발생할 경우 그 식품을 추적하여 원인을 규명하고 필요한 조치를 할 수 있도록 관리하는 것.
- 식중독: 식품 섭취로 인하여 인체에 유해한 미생물 또는 유독물질에 의하여 발생하였거나 발생한 것으로 판단되는 감염성 질환 또는 독소형 질환.

2) 세정제 사용

- 1종 세제 : 과일이나 야채를 씻어서 먹을 수 있는 세제
- 2종 세제 : 식기류에만 사용하는 주방세제
- 3종 세제 : 자동식기 세척기나 산업용 식기류, 식품의 가공기구 및 조리기구용

3) 홀 위생관리

- 정기적인 세균 검사
- 기구 및 기구의 소독 관리 리스트 작성
- 작업장은 정기 방제소독
- 방충망 설치로 동물, 곤충 등 구제

4) 바리스타 개인위생 수칙

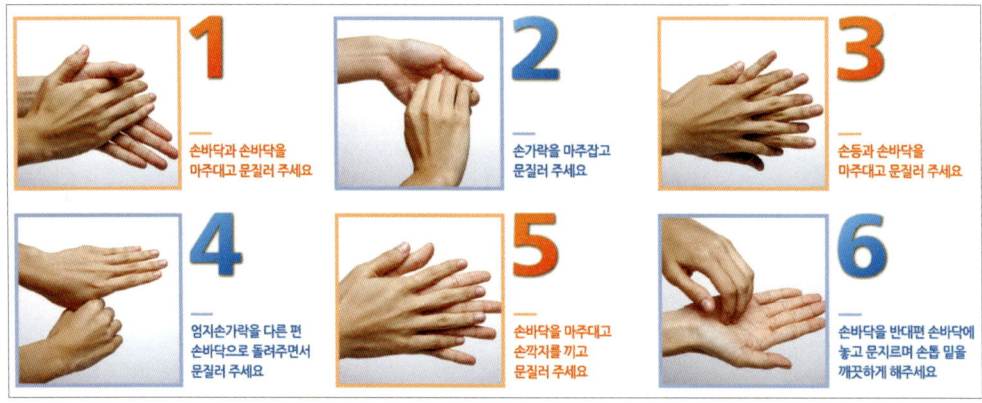

출처: 질병관리본부

- 청결한 복장과 두발 상태 유지
- 질병에 노출된 직원으로부터 전염 방지
- 손과 손톱을 청결하게 유지
- 과도한 액세서리 착용 금지
- 지나친 향수 사용 삼가

- 고객에게 불편을 끼치는 이취 유의
- 근무 중 흡연, 음주, 취식, 약물에 대한 규정 준수
- 정기적인 의료검진

2 | 위생 관리를 위한 체크리스트

1) 개인 위생

① 모자, 머리핀, 장갑을 착용하였는가?
② 개인용 타월을 사용하는가?
③ 보석 또는 장신구를 착용했는가?
④ 주방에서 취식하는가?
⑤ 유니폼을 단정하게 착용했는가?

식품위생교육 (법 제41조)

교육 대상		교육시간
기존 교육	집단급식소를 포함하는 모든 영업자	3시간
신규 교육	식품제조·가공업자, 즉석판매제조·가공업자, 식품첨가물제조업자	8시간
	식품운반업자, 식품소분판매업자, 식품보존업자, 용기포장류제조업자	4시간
	식품접객업자, 집단급식소 설치 운영자	6시간

출처: 보건복지부

2) 식품 안전

[냉장고 정전 시 식품 종류별 폐기 여부 판단]

5°C 이상의 온도에서 2시간 이상 방치 시	
폐기해야할 식품	사용 가능한 식품
육류·가금류·수산물	생과일, 캔과일
개봉된 캔 식품	버섯류, 생채소, 말린 과일
절단된 채소	땅콩버터, 케찹
우유·유제품	와플·베이글·팬케이크
두부	김치, 된장·고추장

출처: 행정안전부

① 음식물이 바닥에 떨어져 있는가?
② 상하기 쉬운 음식이 실온에 방치되어 있는가?
③ 냉장고 및 냉동고 온도가 적정한가?
④ 식재료 보관용 포장상태와 라벨표기가 적절한가?
⑤ 부패한 식재료로 인한 교차오염 위험이 있는가?
⑥ 조리된 음식과 날음식이 분리되어 있는가?
⑦ 식재료의 유통기한을 준수하는가?

3) 식재료 보관 창고

① 선입선출이 올바로 이루어지고 있는가?
② 식자료는 바닥에서 15cm이상 떨어져 보관되고 있는가?
③ 빈 상자는 잘 접어서 처리하는가?
④ 벌레, 쥐들의 잠입 흔적이 있는가?
⑤ 단위포장 식재료는 적합한 용기에 보관하는가?
⑥ 무거운 식품은 아래에 보관하고 있는가?
⑦ 바닥은 청결하고 부스러기가 없는가?

4) 기타 장비 보관소

① 기물, 도구들은 깨끗이 닦여 있는가?
② 구급약은 사용이 가능한 상태인가?
③ 도마를 사용한 후에 위생처리 했는가?
④ 소화기는 제 위치에 있으며 사용가능한 상태인가?

3 | 커피매장 영업 준비

바리스타는 매장의 문을 열기 위해 식재료의 상태, 주방과 홀의 위생상태를 점검하는 동시에 포스시스템의 상태도 확인해야 한다. 아울러 메뉴 제조에 차질이 빚어지지 않도록 에스프레소 머신과 그라인더 등 장비와 도구의 상태를 점검해야 한다.

1) 시설 및 공간

① 출근과 함께 매장청소를 실시한다.
② 출입구 깔판, 입간판, 유리창 상태를 점검한다.
③ 배송 물품이나 택배를 제품별로 정돈한다.

행정제제의 종류

- **행정처분**: 행정주체가 법규에 의거하여 구체적 사실에 대해 법집행으로서 하는 공법상의 단독행위
  (시정명령, 품목제조정지, 품목류제조정지, 영업정지, 시설개수명령, 영업소폐쇄 등)
- **벌 칙**: 국가 또는 지방자치단체의 법규에서 그 법규 위반 행위에 대한 제재로서 형벌이나 행정벌을 과할 것을 정하는 규정(징역, 벌금)
- **과 징 금**: 국가가 국민에게 부과징수하는 금전 중에서 조세를 제외한 총칭으로서 영업정지 등 행정처분에 갈음하여 금전으로 부담하는 것
- **과 태 료**: 벌금이나 과료와 달리 형벌의 성질을 가지지 않는 법령위반에 대하여 과해지는 금전벌로서 행정의무불이행시 부과(건강진단, 위생교육의무 위반 등)
- **벌 금**: 일정금액을 국가에 납부하게 하는 형벌로서 과료·몰수와 더불어 재산형의 일종으로 그 금액이 많음
- **과 료**: 범인으로부터 일정액의 금액을 징수하는 형벌로서 벌금보다는 그 금액이 적고 비교적 경미한 범죄에 대하여 과해진다는 점에서 벌금과 다름

출처: 행정안전부

④ 정수기와 커피 머신 등이 작동하는지 확인한다.
⑤ 장비 주변은 고객이 없을 때 수시로 마른 걸레로 청소한다.
⑥ 진열대의 제품 상태와 조명, 청결상태를 확인한다.
⑦ 방향제를 설치해 이취를 제거한다.
⑧ 화장실 청소를 일 3회 이상 실시하고 점검한다.
⑨ 업무 분담(접객 및 테이블 안내, 포스 및 카운터 담당, 메뉴 제조 등)을 확인한다.
⑩ 오픈 시간을 늘 준수한다.

2) 장비 및 기물 점검

① 커피 추출 관련 장비와 기물의 오작동 여부를 확인한다.
② 교환 또는 교체해야 할 장비와 기물이 있는지 살핀다.
③ 포스 시스템 오작동 여부를 확인한다.
④ 포스의 시재를 확인하고 잔돈을 파악한다.
⑤ 예비 커피 추출을 통해 원두의 상태를 확인한다.
⑥ 식재료의 유통 기한을 점검하고 주문 여부를 결정한다.

3) 매장 배경 음악

① 시간대별로 고객을 고려해 음악을 튼다.
② 매장 내부와 외부에 동일한 음악을 튼다.
③ 음악 소리는 고객의 대화에 방해되지 않도록 조절한다.
④ 음악이 끊어지지 않도록 담당자를 정한다.
⑤ 음악의 음질을 수시로 확인한다.

4) 일일 체크 사항

① 커피 원두와 식자재 재고 상태를 확인한다.
② 유제품의 상태 및 재고를 파악한다.
③ 금일 영업에 사용할 식재료를 확인한다.
④ 매장 내 및 테이블 청결 상태를 점검한다.
⑤ 예약고객의 테이블을 준비한다.
⑥ 기물의 청결상태를 확인한다.
⑦ 식자재 및 비품을 발주한다.
⑧ 주말과 공휴일을 고려해 식자재 및 비품의 재고를 유지한다.

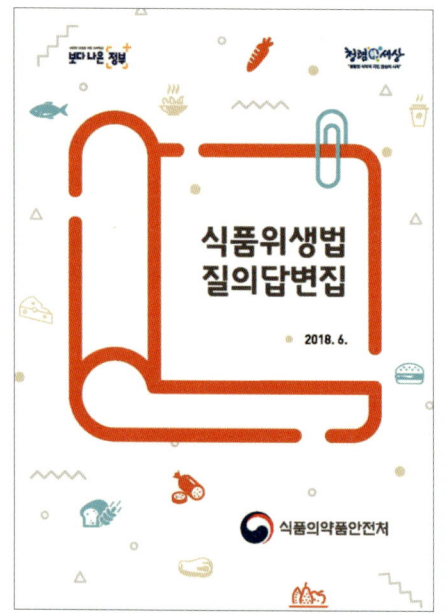

인터넷 검색을 통해 본문 전체를 볼 수 있다.

5) 포스 시스템(POS system) 점검

포스(POS)는 'Point Of Sales'의 약자로서, 컴퓨터를 이용해 정보를 분석하고 활용하는 시스템이다. 매장에서 판매와 동시에 품목, 가격, 수량 등 정보를 처리해 매출 및 재고자료를 분석할 수 있다. 이 시스템을 원활하게 운용하기 위해 아래 3가지를 점검해야 한다.

① POS 단말기(Terminal) : 금전 등록기의 역할 점검
② 미들웨어(Middleware) : 단말기에서 발생된 데이터를 메인 서버에 전달하는 통신 부문 점검
③ 메인 서버(Main Server) : 단말기에서 전달된 데이터를 수집, 분석하는 서버 점검

〈매장을 열기 위해 바리스타가 할 일〉

① 매장 오픈을 위한 주요 사항을 체크한다.
  : 전기 상태, 출입구 주변, 바닥 및 정수기, 머신 주변 및 진열대, 방향제, 화장실, 테이블, 카운터, 근무조

② 매장기물 및 장비점검의 주요 사항을 체크한다.
  : 장비 및 기물 점검, 포스시스템 점검, 커피추출 시연, 식재료의 유통 기한 점검

③ 매장 배경 음악의 주요 사항을 체크한다.
  : 매장 내부와 외부 음질 상태, 음악 종류

④ 일일 점검 등 주요 사항을 체크한다.
  : 금일 영업 식재료, 매장청결, 예약고객, 식자재 및 비품 발주 상태, 주말-공휴일 식자재 공급 확인

⑤ 포스시스템(POS system) 주요 사항을 체크한다.
  : POS 단말기(Terminal), 미들웨어(Middleware,) 메인 서버(Main Server)

6) 매장 영업 마감

바리스타는 영업을 마감할 때, 우선 위생 상태를 확인함으로써 매장 내부의 오염과 전염원을 없애야 한다. 아울러 기구와 기물을 점검하고 식자재 재고를 파악해 다음 날 영업에 지장이 없도록 준비해야 한다. 포스시스템을 활용해 정산하고 화재와 안전사고가 없도록 위험요인을 확인하는 것도 잊어선 안 된다.

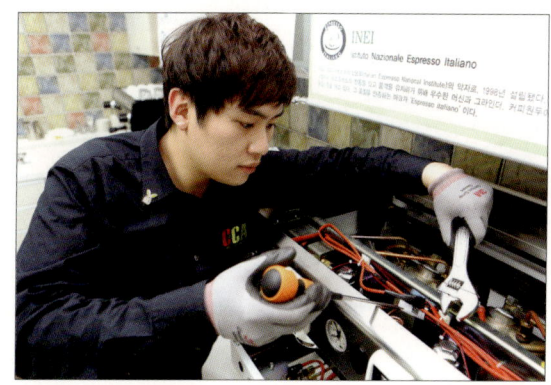
수시로 머신을 점검해야 한다.

① 위생상태 점검
- 사용한 기물과 작업대를 청소한다.
- 작업장(bar) 동선을 따라 바닥을 청소한다.
- 개인 복장 및 개인 기물 위생처리 한다.

② 에스프레소 머신 점검
- 드립 트레이(Drip tray)를 머신에서 분리해 물로 깨끗하게 씻는다.
- 드립 트레이 그릴(Drip tray gill)도 분리해 물로 청소한다.
- 스팀파이프(Steam pipe : 스팀노즐)을 청소한다.
- 온수 디스펜서(Hot water dispenser)를 분리해 청소한다.
- 그룹 개스킷(Group gasket)을 물로 닦아낸다.
- 샤워 홀더(Shower holder)를 청소한다.
- 필터 홀더(Filter holder)를 청소한다.

③ 기물 및 기구 점검
- 그라인더(Grinder) 안의 커피가루를 제거한다.
- 스팀 피처(Steam pitcher)를 씻는다.
- 호퍼(Hopper) 안에 기름때를 타월로 닦아낸다. 3일에 한번 물청소를 한다.
- 탬퍼(Tamper)를 씻는다.
- 퍼밍 스푼(Firming spoon), 샷 글라스 등 소도구를 세척한다.
- 드립포터(Drip porter)를 씻는다.
- 제빙기의 작동여부를 확인한다.
- 냉장고와 냉동고를 정돈하고 청소한다.
- 싱크대는 수시로 청소한다.

④ 에스프레소 머신 청소
- 그룹 헤드의 필터를 풀어 청소한다.
- 그룹 헤드를 백 플러싱으로 청소한다.
- 플라스틱 브러시로 그룹헤드에 낀 커피 찌꺼기를 청소한다.
- 스팀노즐의 팁을 분리해 우유 찌꺼기를 제거한다.

〈백 플러시(Back Flush)〉

i. 블라인더 포터필터에 세정제 4g정도(1/2 티스푼) 넣고, '10초간 작동-10초간 정지'를 5회 반복한다.
ii. 정상 포터필터를 장착하고 '10초간 작동-10초간 정지'를 5회 반복하며 물을 흘려 보낸다.
iii. 청소 후 추출하는 첫 잔은 버린다.
    ※ 부품 담그기(Soak): 뜨거운 물 1리터에 세정제 8g 정도(1 티스푼) 풀고 포터필터 부품을 30분간 담가 놓은 뒤 헹군다.
    ※ 커피메이커 세척: 2리터 용량인 경우, 세정제 4g 정도를 필터에 직접 뿌린 뒤 용기에 물이 다 찰 때까지 머신을 작동시킨 뒤 30분간 둔다. 이어 각 용기를 비우고 모든 부품을 헹궈낸 뒤 깨끗한 천으로 닦는다.

영업마감 때 실시하는 그룹헤드 청소

7) 포터필터 청소 순서

① 바스켓을 분리한다.
② 스프링을 분리한다.
③ 스파우트(추출구)를 분리한다.
④ 넉박스에 머신용 2종 세정제와 물을 넣고 거품을 낸다.
⑤ 넉박스에 바스켓, 스프링, 스파우트를 담근다.
⑥ 브러시로 닦아 건조한 뒤 조립한다.

8) 식재료 재고 파악

① 원두와 우유의 재고를 파악한다.
② 다음 날 영업에 필요한 식자재를 다음 날 근무자에게 전달한다.
③ 필터, 냅킨, 등 일회용 소비재를 점검하고 정리한다.

④ 선입선출을 할 수 있도록 재고량을 정리한다.

9) 포스 마감
① 당일 입출금 내역을 확인하고 예비 시재금을 준비해둔다.
② 상황에 따라 매출을 점검하고 마감한다.
③ 매출을 확인하고 종류별 메뉴 분석한다.
④ 다음 날 영업시 숙지할 사항(예약, 고객불만, 매장 보수 등)을 일지에 기록하고 다음 날 근무자에게 전달한다.

10) 보안 유지 및 안전 점검
① 수도, 전기, 가스, 화재예방을 점검한다.
② 바(Bar)와 홀(Hall)의 시설 안전을 확인한다.
③ 컴퓨터를 끄고 잠근다.
④ 문단속 상태를 확인한다.

출처: 국민재난안전포털

4 | 매장 기물관리

바리스타가 기물을 한 가지라도 소홀하게 여길 경우, 미생물에 의한 오염으로 인해 다른 기물들도 오염되기 쉽다. 바리스타는 항상 정해진 위치에 기물을 보관하고 건조 상태를 확인하는 습관을 길러야 한다. 특히 손님에게 제공하는 잔은 온도를 확인해 한 잔에 담기는 식음료의 향미가 최상의 상태가 되도록 정성을 기울여야 한다.

1) 기물 관리를 위한 체크리스트
① 세척 & 소독
- 커피 그라인더 청소하기
- 에스프레소 커피 머신 청소하기
- 연수기, 정수기, 배수관 청소하기
- 댐퍼, 필터, 샷 글라스, 스팀 피처, 온도계 청소하기
- 커피 잔과 유리 기물 청소하기

② 보관 위치 및 상태.
- 예열 판의 컵 및 기물
- 스팀 레버, 스팀 노즐 위치
- 그룹헤드 부품
- 추출 레버 부품
- 압력게이지 상태
- 잔과 유리 기물 위치
- 테이블 세팅
- 잔과 접시, 유리 기물 건조 상태

③ 잔의 온도
- 예열 판 위에 잔과 기물
- 냉장고 보관 잔과 기물

잔은 항상 예열 상태를 확인해야 한다.

5 | 매장 안전관리

바리스타는 항상 전기상태와 소방시설을 점검하는 습관을 가져야 한다. 아울러 미끄럼 사고가 발생하지 않도록 매장 바닥의 물기 상태를 점검하고 수시로 제거해야 한다.

1) 안전 관리를 위한 체크리스트

① 전기안전 관리
- 전선이 산화성 물질이나 고열물질, 날카로운 모서리에 노출됐는가?
- 전원 스위치와 전원 플러그는 상태가 양호한가?
- 전선의 피복이 벗겨진 곳이 없는가?
- 전기제품은 건조한 상태에 있는가?
- 허용된 전압과 용량(110/220V)에 맞게 사용하고 있는가?
- 물청소로 인해 전기제품에 물기가 스며들지 않았는가?
- 사용하지 않는 전기제품은 전원 플러그가 뽑혀져 있는가?
- 전기안전 점검일지를 작성했는가?

② 소방안전 관리
- 소화기 사용법을 올바로 알고 있는가?
- 소방전 사용법을 올바로 알고 있는가?
- 매장의 소방 설비 작동법을 알고 있는가?
- 비상등, 비상시 대체 조명 등의 준비 상태를 점검했는가?

- 비상구와 비상 방송설비의 위치와 작동법을 알고 있는가?
- 비상시 행동요령을 숙지하고 있는가?
- 실제 대피훈련을 실시한 경험이 있는가?

출처: 국민재난안전포털

③ 기타 안전사고
- 부주의로 인한 안전사고 발생요인 점검
- 시설물 결함에 의한 사고 발생요인 점검
- 장비나 도구로 인한 사고 발생요인 점검
- 보행 안전사고 발생요인 점검
- 출입문 사고 발생요인 점검

④ 사고보상처리 준비 상태
- 화재 및 상해에 관한 보험가입 유무
- 보험 규약에 위배되는 행동 숙지

출처: 행정안전부

6 | 바리스타 자가진단

1) 매장 위생 관리하기

① 나는 개인/주방/홀의 위생상태 점검 목록을 작성하고 숙지하고 있다.
② 나는 식품위생법 등 위생 관련 법규를 찾아볼 수 있고 숙지하고 있다.

2) 매장 영업 준비하기

① 나는 영업 시작 시 필요한 기계/기구/기물 점검 목록을 작성하고 숙지하고 있다.
② 나는 직업인으로서 지켜야 할 윤리와 덕목에 대해 공감하고 실천할 의지를 갖고 있다.

3) 매장 영업마감 관리하기

① 나는 영업 마감 시 필요한 기계/기구/기물 점검 목록을 작성하고 숙지하고 있다.
② 나는 직업인으로서 영업마감 시 지켜야 하는 직업 윤리를 준수할 의지를 갖고 있다.
③ 나는 포스시스템을 마감하고 정산할 수 있다.

4) 매장 기물 관리하기

① 나는 기물을 위생적으로 안전하게 관리할 수 있다.
② 나는 음료의 맛을 유지하기 위해 잔과 기물의 온도를 확인할 수 있다.

바리스타는 항상 작업장을 점검하고 메모해야 한다.

5) 매장 안전 관리하기

① 나는 세부적인 안전 사항을 확인하고 사전에 조치를 취하는 등 문제를 해결할 능력이 있다.

바(bar)를 깨끗하게 유지하는 것은 바리스타의 기본이다.

에스프레소 머신의 역사(History of Espresso Machine)

1878년: 독일 구스타브 케셀(Gustav Kessel), 머신 설계도 특허.
1884년: 이탈리아 안젤로 모리온도(Angelo Moriondo), 토리노박람회에 스팀머신 출품.
1901년: 이탈리아 루이기 베제라(Luigi Bezzerra), 포터필터 적용한 머신 특허. 보일러에서 가열-가압된 물이 탬핑된 커피가루를 통과하면서 성분을 추출하는 원리.
1905년: 이탈리아 데시데리오 파보니(Desiderio Pavoni), 베제라에게서 머신 특허권 구입. 첫 대중화한 에스프레소 머신 '이데알레(Ideale)' 생산.
1922년: 이탈리아 피에르 테레시오 아두이노(Pier Teresio Arduino), 노란 재킷 남자의 포스터 & 독수리 장식 머신. 기발한 마케팅으로 머신 수출의 시대를 열다.
1939년: 이탈리아 피렌체의 라마르조코(La Marzocco) 회사, 수평형 보일러 첫 개발, 대류열의 효율성 높임.
1948년: 이탈리아 아칠레 가찌아(Achille Gaggia), 스프링 피스톤 레버를 이용해 추출압력 2기압의 장벽을 넘다. 추출압력 9기압 넘으면서 크레마 생성.
1961년: 이탈리아 에르네스토 발렌테(Ernesto Valente), 모터펌프로 9기압의 추출압력을 만드는 '페마(Faema) E61 머신' 생산. '안정적인 압력 구현'
1970년: 라마르조코, 듀얼 보일러 첫 개발. '안정적인 온도 구현'
1978년: 라마르조코, 미국 진출(1983년 스타벅스, 라마르조코의 리네아 Linea 모델 사용)
2009년: 라마르조코, 가변압 머신 '스트라다(Strada) 개발.

- **에스프레소 머신 체크포인트**

① 추출수가 안정적인 온도를 유지하는가?
  - 온도제어 장치(PID: Proportional/Integral/Derivative) 장착 여부
② 보일러의 온도 회복 능력은 어느 정도인가?
  - 보일러 용량과 개수, 히터의 성능 확인
  - 싱글보일러, 열교환보일러, 듀얼보일러, 독립보일러 등 4종
③ 추출압력이 일정하도록 펌프가 올바로 작동하는가?
  - 가변압 장치가 있더라도 내구성과 비용 고려
  - 바이브레이션 펌프, 로터리 펌프, 기어 펌프 등 3종
④ 그룹헤드는 초당 커피가루에 닿는 물의 양이 일관되도록 작동하는가?
  - 그룹헤드는 추출시 여과와 침출의 비율을 결정짓는 중요한 요소
  - 일반형, E61, 거위넥 등 3종

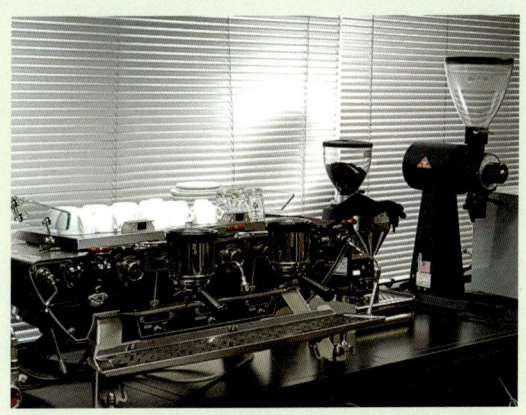

좋은 머신이라도 관리를 제대로 하지 않으면 소용이 없다. 자체적으로 관리 대장을 만들어 정기적으로 점검해야 한다.

17 고객 서비스(Customer Service)

바리스타는 매장에 들어오는 고객에게 먼저 밝게 웃으며 인사를 건네고, 요구에 적극적으로 응해야 한다. 고객이 매장에서 볼일을 마치고 나갈 때까지 친절함을 잃지 않아야 하며, 고객의 요구가 있을 때에는 그에게 집중해 원하는 것을 해결하는 자세를 취해야 한다.

1 | 고객서비스와 매너에 대한 이해

1) 바리스타의 서비스는 행복을 주는 것.

바리스타는 고객과 소통하며 원하는 것을 적극적으로 해결해야 한다. 이것이 현대적인 개념의 서비스(Service)이다. 서비스를 안 해도 될 것을 '덤'으로 제공하는 것쯤으로 인식해서는 안 된다. 서비스는 바리스타와 고객의 관계를 정서적으로 맺어주는 좋은 도구라 할 수 있다. 특히 바리스타는 "자신이 제공하는 서비스가 고객의 삶에 행복함이라는 무형의 가치를 부여하는 소중한 활동"임을 명심해야 한다.

2) 바리스타의 서비스란 느껴지게 하는 것

바리스타가 서비스를 제공할 때는 '보여 주기' 보다 '느껴지게 하겠다'는 마음가짐을 가져야 한다. 이를 위해 서비스의 속성을 잘 이해해야 한다. 서비스의 일반적인 특징은 아래와 같이 4가지로 설명할 수 있다.

스타벅스 창업자인 하워드 슐츠(Howard Schultz)의 어록 가운데 "기술보다는 잘 웃는 사람을 직원으로 뽑는다"는 특히 바리스타들 사이에 자주 언급된다. 그는 "기술은 3주 프로그램을 통해 가르칠 수 있지만, 친절을 몸에 배게 하는 것은 쉽지 않다"며, 바리스타가 갖출 덕목으로 호스피텔리티(hospitality)를 최고로 꼽았다.

① **무형성(Intangibility):** 서비스는 실체가 없어 품질을 미리 내보이기가 쉽지 않다. 따라서 고객들이 서비스 구매를 결정할 수 있도록 물적 증거를 제공하는 노력이 필요하다. 이는 바리스타가 서비스를 제공한 뒤 고객과 소통을 강화

하는 것으로 보완해 나갈 수 있다. 서비스를 받은 고객들이 만족감을 표출한다면 무형성으로 인한 어려운 점을 해결할 수 있다.

② **비분리성(Inseparability)**: 서비스는 생산하는 동시에 소비가 이루어지기 때문에 분리해 생각할 수 없다. 또한 서비스를 제공받는 고객이 생산과정에 참여하는 경우도 적지 않으므로 바리스타와 고객간 상호작용이 매우 중요하다.

③ **이질성(Heterogeneity)**: 바리스타가 제공하는 서비스는 사람에 따라, 근무 여건에 따라 차이가 발생하기 때문에 표준화하기 어렵다. 따라서 매뉴얼을 만들어 실행함으로써 서비스를 일관성 있게 제공해야 한다.

④ **소멸성(Perishability)**: 바리스타가 제공하는 서비스는 저장되지 않고 생산되는 즉시 소멸되는 특성이 있으므로, 제공 시점과 횟수(서비스 공급량)를 적절하게 맞추어야 한다.

3) 서비스 품질이 곧 부가가치

많은 연구결과, 고객은 예상되는 서비스만으로 가치를 판단하지 않고 부가적으로 제공되는 서비스의 질로 전체적인 서비스의 품질과 가치를 판단하려는 속성을 보이는 것으로 드러났다. 이름이 있거나 고급스러운 매장에서 판매되는 커피의 가격이 높게 형성되더라도 큰 거부감이 없는 것은 무형적인 서비스의 가치에 대한 기대 때문이다. 고객이 비싸거나 싸다고 느끼는 결정적 요인은 서비스의 질에 달렸다. 그 중에서도 바리스타가 직접 제공하는 서비스가 매우 중요하다. 바리스타는 마음에서 우러나오는 서비스뿐만 아니라 커피에 대한 전문적인 지식과 기술로 고객의 지적 호기심까지 만족시켜야 하는 것이다.

4) 바리스타가 지녀야 할 서비스 정신이란?

할리스(Hollys)는 스타벅스 시애틀 본사에서 근무하던 여성 바리스타의 이름에서 따온 것이다. 할리스라는 여성이 얼마나 친철했는지, 1998년 이를 설립한 강훈씨는 아예 프랜차이즈의 이름으로 정했다.

바리스타는 무엇보다 청결하고 차림새가 단정해야 한다. 이런 원칙을 토대로 한 상태에서 자신만의 개성을 드러내는 트렌디한 차림새는 바리스타의 경쟁력이기도 하다. 호감을 끄는 외모는 서비스의 출발점이라 할 수 있다.

바리스타는 이와 함께 커피 추출과 제공에 관한 전문적인 지식을 숙지해 본질적인 임무수행에 차질이 없도록 해야 한다. 바리스타는 커피를 제조함과 동시에 고객을 접촉하는 역할도 담당하기 때문에 매장 전체에 대해 고객이 갖게 되는 이미지를 형성하는데 큰 영향을 미친다.

바리스타는 보다 좋은 품질의 커피를 생산하고 제공한다는 직무에 대한 철학과 신념이 약하면 매장에서 많은 문제점을 발생시킨다. 따라서 스스로 아래의 명제를 거듭 다짐하면 좋다.

"바리스타는 청결성(Cleanliness), 정직성(Honesty), 환대성(Hospitality)의 중요성을 인식하고 언제나 자발적이면서도 긍정적인 자세로 서비스를 제공해야 한다."

① **용모** : 바리스타의 외모는 서비스 품질에 대한 기대감을 높이는 중요한 '첫 인상'이다. 그렇다고 차림새가 화려하고 요란해서는 역효과를 볼 수 있다. 단정하면서도 시대의 유행을 선도한다는 느낌을 주고, 바리스타의 직무를 수행하는 마음가짐과 열의를 표출할 수 있으면 좋다.

② **태도:** 바리스타가 손님을 대하는 태도야말로 충성 고객을 창출하는 핵심 요인이다. 수십 번을 잘해도 한 번의 경솔함이 매장 전체에 대한 만족도를 단숨에 무너뜨릴 수 있다는 사실에 유의해야 한다. 바리스타는 언제 문을 열고 들어와 무슨 요구를 할지 모를 고객에 대비하고, 항상 친절하며 적극적인 태도로 고객을 대해야 한다.

③ **인사:** 바리스타가 고객에게 건네는 인사는 고객에게 첫 번째 감동을 줄 수 있는 기회이다. 밝은 표정과 음성으로 '환영한다'는 마음을 담아 전달할 수 있는 인사이면 좋다. 인사동작은 상황에 따라 다르다. 통상 허리를 숙이는 각도에 따라 목례(15도), 보통례(30도), 정중례(45도)로 구분된다.

5) 바리스타의 태도에 고객에 대한 존경심이 담겨야

바리스타는 고객을 가르치려 해선 안 된다. 고객이 묻지도 않았는데, 메뉴를 권하거나 특정한 맛을 강요해서는 더더욱 안 된다.

문을 열고 들어오는 고객의 눈을 보면서 마치 "행복할 준비가 되셨나요?"라고 묻듯이 밝은 표정으로 미소를 짓는다. 윗입술과 아랫입술 사이에 윗니가 가지런하게 보이는 정도가 멋진 미소인

바리스타는 언제나 웃음을 잃지 말아야 한다. 바리스타는 커피뿐 아니라 행복을 선사해야 한다.

것으로 꼽힌다. 이 때 양 쪽의 입꼬리가 처지지 않도록 하기 위해 평소 '위스키', '와이키키'를 발음하며 미소 짓는 연습을 한다.

인사말은 창조적일수록 좋겠다. 그렇다고 파격적인 것을 시도할 필요는 없다. 예를 들어, '안녕하세요', '어서오세요'도 좋지만, '환영합니다' '커피 마시기 좋은 날이죠' '와우! 오늘의 7번째 손님이십니다. 행운을 가지고 오셨겠지요' 등 너무 길지 않은 범위에서 재치 있는 말을 만들어 보는 것도 좋겠다.

> **상황에 따른 인사말**
> - 자주 방문하는 고객: "어서 오세요, 그동안 안녕하셨습니까?"
> - 머뭇거리는 고객에게: "무엇을 도와드릴까요?"
> - 사과할 때: "고객님, 대단히 죄송합니다."
> - 반복해서 물을 때: "죄송합니다만, 다시 한번 말씀해 주시겠습니까?"
> - 안내할 때: "이쪽으로 오시겠습니까? 제가 도와드리겠습니다."
> - 지나가다 부딪혔을 때: "죄송합니다. 실례했습니다."
> - 질문할 때: "실례하지만, 성함이 어떻게 되세요?" "죄송합니다만, 누구를 찾고 계신가요?"
> - 불평을 들을 때: "정말 죄송합니다. 곧 조치하겠습니다."
> - 기다리게 할 때: "죄송합니다만, 잠시만 기다려 주십시오."
> - 대기 시간이 길 때: "오래 기다리게 해서 죄송합니다."
> - 제지할 때: "죄송합니다만, 이곳은 금연구역입니다."
> - 모르는 질문을 받았을 때: "잠시만 기다려 주세요. 알아보겠습니다."

6) 말하기보다 들어주는 바리스타가 되어라

흔히 "대화를 통해 고객의 마음을 끌어라"는 말이 있지만, 바리스타는 무엇보다 고객의 말을 경청해야 한다. 상대가 표현하지 않는 바를 지레 넘겨짚고 행동하는 것을 "센스있는 행동"이라고 생각한다면 많은 위험을 감수해야 할 것이다.

그렇다고, 고객이 질문을 하는데 말을 아껴서는 안 된다. 특히 바리스타의 전문영역에 대한 질문이 들어오면 논리적으로 충분히 설명하는 게 좋다. 다만 중간 중간 고객과 호응하면서, 이해하고 있는지를 체크하는 동시에 보충 질문을 할 기회를 줘야 한다.

바리스타의 전문성과 관련해 고객들에게서 많이 받는 질문들은 대체로 △ 커피 원산지 및 품종 △ 로스팅 포인트 △ 커피 추출법 △ 커피 향미 평가 및 묘사 등 3가지로 나눌 수 있다. 이와 관련해 바리스타는 최소한 자신이 취급하는 커피 원두의 품종과 산지, 로스팅 프로파일과 그에 따른 맛의 차이, 커피 추출과 관련한 과학적 원리, 제공된 커피에 관한 향미 평가 및 묘사 등에 대해 숙지하고 있어야 한다.

고객들이 한 잔의 커피를 대하면서 행복과 즐거움을 누리는 것은 바리스타의 미소와 맛뿐이 아니라 커피에 담겨 있는 많은 이야기들이다. 커피에 관한 올바른 이야기를 과장 없이 논리 정연하게 구사하는 것이야말로 고객의 마음을 끄는 비결이다.

바리스타가 가슴에 새겨야 하는 대화의 원칙

① 표정을 밝게 하고 미소를 지으며 표준어와 존대어를 사용한다.
② 고객의 입장에서 이해하기 쉬운 단어를 사용한다.
③ 전문용어라도 한글로 번역이 돼 사용되는 것은 되도록 한글 용어도 함께 밝혀준다.
④ 고객의 관심사를 신속하게 파악해 흥미를 가질 수 있는 주제로 이야기를 나눈다.
⑤ 바리스타의 업무와 관련이 없는 농담이나 유행어, 저속한 언어는 사용하지 않는다.
⑥ 틀린 부분이 확인되면 솔직하게 시인하고 변명하지 않는다.
⑦ 고객의 말을 중간에 끊지 말고 끝까지 경청한 뒤 대응한다.
⑧ 단정형보다는 공감형으로, 부정형보다는 긍정형으로 표현한다.
⑨ 견해가 다를 때에는 옳고 그름을 따지지 말고 관점의 차이임을 받아들인다.

2012년 한국바리스타챔피언에 오른 이효선 바리스타. 밝게 웃는 것은 바리스타가 지녀야 할 기본 자세이다.

2 | 커피음료 주문 받기와 계산

바리스타는 음료 선택을 어려워하는 고객에게는 메뉴를 추천해야 하는 경우를 종종 겪게 된다. 바리스타는 사용하는 원두의 특성과 다양한 재료의 특성을 파악해 완성품의 향미적 특성을 설명할 줄 알아야 한다. 아울러 제조에 걸리는 시간을 고객에게 알려줌으로써 기다리는 시간을 예측할 수 있도록 배려해야 한다.

1) 메뉴 주문 받기

바리스타는 고객의 취향을 파악해 적절한 메뉴를 추천할 줄 알아야 한다. 이를 위해 음료 제조 방법과 제조시간, 향미적 특징, 가격 등을 내용을 숙지해야 한다. 주문을 받을 때에는 적은 인원이라도 반드시 메모를 함으로써 거듭 고객에게 질문하는 상황을 만들지 말아야 한다.

자주 방문하는 고객일 경우에는 '게스트 히스토리(guest history)'를 작성해 고객의 기호에 맞는 서비스를 선제적으로 제공하면 더 큰 감동과 행복을 선사할 수 있다.

① 커피 메뉴의 종류

- 룽고(Lungo): 길게(Long) 추출해서 양을 40~50ml로 많이 추출한 에스프레소.
- 에스프레소 마키아토(Macchiato): 에스프레소 위에 우유 거품을 2~3스푼 올려 에스프레소 잔에 제공.
- 카페 꼰 빠나(Caffè con Panna): 에스프레소에 휘핑크림을 넣어 에스프레소 잔에 제공.
- 카페 프레도(Caffè Freddo): 에스프레소를 얼음이 담긴 잔에 부어 만든 메뉴.
- 카페 라떼(Caffè latte): 에스프레소 + 우유. 카푸치노보다 거품이 적고 액체 상태의 우유가 많다. 150~200ml 도자기잔에 제공.
- 카푸치노(Cappuccino): 에스프레소 + 우유. 같은 양의 우유를 사용해 거품을 냈지만 카페 라떼보다 상대적으로 거품이 많다.
- 카페 오레(Caffè au Lait): '프렌치 로스트' 정도로 진하게 볶은 커피를 드립으로 추출한 뒤 데운 우유를 혼합.
- 카페 모카(Caffè Mocha): 모카(mocha) = 초콜릿. 에스프레소 + 초콜릿 시럽(소스) + 데운 우유 + 휘핑크림 + 초콜릿 시럽 또는 파우더.
- 카페 꼬레또(Caffè Corretto): 꼬냑 등의 알코올류를 첨가한 에스프레소.

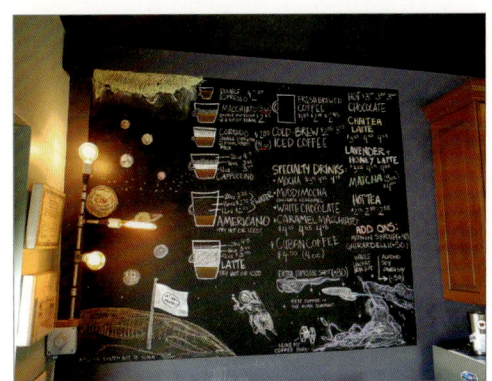

카페 메뉴(미국 오리건주 포틀랜드)

카페 메뉴(미국 노스캐롤라이나주 롤리)

카페 메뉴(미국 매사추세츠주 보스턴)

- 카페 샤커라토(Caffè Shakerato): shakerato=shaking. 얼음이 든 잔에 에스프레소를 넣고 세게 흔들어 거품을 만든다.
- 카페 로마노(Caffè Romano): 에스프레소에 레몬이나 즙을 넣은 메뉴
- 카페 알렉산더(Caffè Alexander) 아이스커피 + 브랜디 + 카카오 크림
- 모카치노(Mochaccino): 카푸치노 + 초콜릿 시럽 또는 초콜릿 소스
- 카페 아란치아타(Caffè Aranciata): 에스프레소 + 오렌지 주스
- 아포가토(Affogato): 에스프레소 + 젤라또(아이스크림)
- 카페 로얄(Caffè Royal): 에스프레소 + 브랜디. 왕족의 커피. 나폴레옹이 즐겨 마셨던 음료
- 카페 지뉴(CaféZinho): 주전자에 물을 끓여 설탕, 커피 넣고 천 드립으로 찌꺼기 걸러낸 후 데운 우유 섞어서 마시는 브라질의 커피 음료.
- 아이리시 커피(Irish coffee): 블랙 커피와 위스키를 3대 2의 비율로 잔에 부은 다음, 갈색 설탕을 섞고 그 위에 두꺼운 생크림을 살짝 얹은 커피.
- 깔루아(Kahlua): 테킬라, 커피, 설탕을 주성분으로 만들어진 멕시코산의 커피 리큐르(Liqueur).
- 에스프레소 솔로(Espresso Solo): 이탈리아에서 보통 카페(caffe)라 하며, 25~30ml의 커피를 데미타세에 제공.
- 도피오(Doppio): 더블 에스프레소(Double espresso), 투 샷(Two shot), 더블 샷(Double shot). 사용하는 커피의 양과 추출되는 커피의 양이 모두 솔로의 2배.
- 리스트레토(Ritsretto): 추출시간을 짧게(10~15초)해 양이 적은(15~20ml) 진한 에스프레소.

2) 계산 및 영수증 발급

고객이 음료를 계산하는 방법은 다음과 같이 4가지로 나뉜다. 계산서를 제공할 때에는 테이블 번호와 제공된 음료의 품목과 수량, 가격을 거듭 확인해 고객과 마찰이 발생하지 않도록 해야 한다. 계산서 작성 및 계산방법은 다음과 같은 정산 방법이 있다.

① **현금지불(Cash)**: 고객이 지불한 금액과 계산서 상의 합계액을 확인한 뒤 영수증과 함께 고객에게 준다.

② **신용카드(Credit card)**: 먼저 계산서를 제시하고 카드를 요구한다. 고객의 서명을 받은 후 영수증과 함께 카드를 돌려 준다.

③ **쿠폰(Coupon)**: 마케팅의 한 방법으로 음료를 주문할 경우 현금을 대체할 수 있도록 발행된 증표로서, 현금 계산과 같은 절차를 거친다.

④ **포스(POS) 시스템**: 위 3가지를 간편하게 전산 처리할 수 있다.

3) 포스 시스템(Point of sales) 사용

판매정보를 집중적으로 관리하는 '점포 판매 시스템'이다. 'POS 단말기'는 금전 등록기와 온라인 단말기, PC의 기능을 합한 것이다. 매장의 주문처리시스템과 메인 컴퓨터를 연결하는 기능을 갖추어 매출 정보와 상품정보를 즉시 조회할 수 있다.

포스 시스템

① POS 시스템의 3요소

- POS 단말기(Terminal) : 금전 등록기의 역할
- 미들웨어(Middleware) : 단말기에서 발생된 데이터를 메인 서버에 전달하는 통신 부문
- 메인 서버(Main Server) : 전달된 데이터를 수집, 보관, 집계, 분석

② POS 시스템의 특징

- 온라인 시스템 : 매장에서 거래가 발생하는 동시에 데이터를 서버에 입력한다.
- 실시간 시스템 : 모든 데이터를 판매 시점에서 실시간으로 파악하여 활용한다.
- 집중관리 시스템 : 여러 대의 POS 단말기를 메인 서버에서 집중 관리할 수 있다.
- 거래정보 수집 : 현금, 신용카드, 미결, 취소, 할인 등 거래에 관한 모든 정보 수집과 분석이 가능하다.

③ POS 시스템의 도입 목적

- 매출 등록에 걸리는 시간과 오류를 줄일 수 있다.
- 간편하고 신속하게 업무를 정산할 수 있다.
- 불량고객(승인거부자)을 즉시 판별해 불량매출을 예방할 수 있다.
- 상품 및 매출 정보를 다양하게 분석해 활용할 수 있다.

④ POS 시스템의 기대 효과

- 전표를 작성할 필요가 없어 고객의 정산대기 시간을 줄일 수 있다.
- 매입, 매출, 재고, 입출금 관리를 통해 고객 만족도를 높일 수 있다.
- 전자주문 시스템과 연계해 신속하고 적절하게 물품을 구매할 수 있다.
- 재고의 적정화, 물류관리의 합리화, 판촉 전략의 과학화를 이룰 수 있다.

3 | 매장 정리정돈

1) 개점 전 체크리스트

주문을 받는 곳과 음료를 만드는 곳을 명확하게 분리하는 것이 좋다. 사진은 모카프라푸치노가 탄생한 미국 보스턴의 조지 하웰(George Howell) 커피전문점

① 매장 내 진열상태, 청소상태, 재고상태를 파악하고 당일 입고 예정 상품 점검

② 상품의 유통기한과 신선도 확인

③ 인적 현황을 점검하고 주요 사항 전달을 위한 미팅 실시

④ 행사 상품을 점검해 정보제공에 오류가 없도록 직원교육 실시

2) 영업 중 체크리스트

① 점포주변, 내부 청소 및 정리정돈
② 주기적인 화장실 청소를 실시하고 체크리스트 작성
③ 테이블 세팅과 냉난방 상태 확인
④ 배경음악, 조명상태 점검하여 날씨나 분위기에 맞는 분위기 연출
⑤ 직원들의 업무배치 확인
⑥ 입점 상품 및 창고 확인
⑦ 냉장-냉동고의 온도관리 및 정돈 상태 확인

3) 폐점 시 체크리스트

① 당일 판매현황을 점검(진열변경, 가격변경, 행사실시 및 발주 조절)
② 직원과의 미팅을 통해 전달사항 확인 및 고객의 소리 점검
③ 매장 내 조명을 비롯한 각종 전기기구 점검
④ 가스 및 화재요인 점검
⑤ 냉장-냉동고 체크
⑥ 주방점검, 위생/청결/안전관리
⑦ 테이블점검, 쓰레기통-재떨이 등 화기여부
⑧ 식자재창고를 비롯한 후방설비점검

4) 청결 및 위생을 위한 체크포인트

① 정수기 관리: 필터 교체주기 확인, 물때 및 주변 청소
② 점포 외관: 점포 주위에 각종 오물이나 파손된 부분 확인
③ 홀: 매장 내 쓰레기 청소, 각종 POP 등 장식물 청소
④ 주방: 음식물 쓰레기 정리, 주방기기 정돈 및 청결 상태 유지
⑤ 화장실: 변기청소, 휴지통 비우기, 휴지, 비누확인, 냄새확인

> **청결 유지를 위한 4대 수칙**
> ① 오염 발생을 확인한 순간, 즉시 손질한다.
> ② 수시로 주위를 살피고 정돈한다.
> ③ 할당된 구역을 매일 정해진 매뉴얼대로 청소한다.
> ④ 주기적으로 청소 체크리스트를 작성한다.

5) 화장실 청소

① 곰팡이 제거: 세면대와 변기 주변 실리콘에 발생하는 곰팡이를 청소하는 것이 골칫거리이다. 우선 곰팡이가 발생하지 않도록 평소 환기를 잘 시켜 습기가 차지 않도록 관리한다. 곰팡이가 이미 발생했다면 염소표백제로 적신 휴지를 곰팡이가 생겨 검게 변한 자리에 5~6시간 두었다가 물로 씻어낸다.

② 변기 안쪽: 변기의 안쪽 물이 나오는 곳에 찌든 때가 생기기 쉬우므로 꼼꼼하게 세정제를 뿌려 청소한다.

③ 벽면과 바닥: 벽면이나 바닥타일은 전용세제를 분무한 후 수세미로 닦고 물로 씻어낸다. 타일과 타일 사이의 홈은 솔을 이용해 닦는다.

④ 세면대 녹: 베이킹파우더나 땅콩버터를 휴지에 묻혀 닦아낸다.

⑤ 수도꼭지 물때: 전용세정제나 오래된 치약을 이용해 닦으면 청소와 함께 오염을 방지할 수 있다.

⑥ 배수구: 머리카락이나 오물을 꺼낸 후 소다를 묻힌 칫솔로 안쪽까지 닦아내고 염소표백제를 푼 물을 흘려 보낸다.

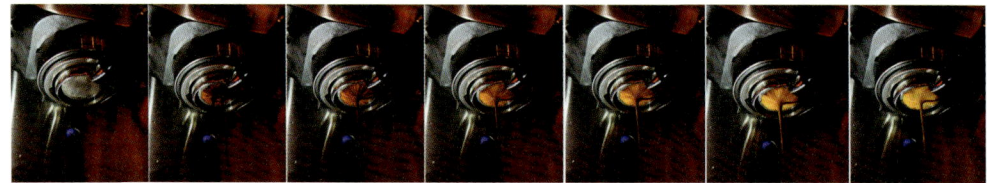

커피가 묻는 곳은 오염되기 쉬우므로 항상 청결에 신경을 써야 한다.

① 행주: 소재는 면이나 마직물이 좋고, 용도에 따라 구분해서 사용한다.

② 짙은 색 타월: 쉽게 더러워지는 곳은 짙은 색의 물수건용 타월을 사용한다. 자주 삶거나 일광 소독을 한다.

③ 행주 관리: 잘 세척한 행주라도 젖어 있으면 세균이 증식하므로 건조한 뒤 사용한다. 자주 염소계 표백제로 살균해 사용한다.

④ 싱크대 배수구: 망에 걸린 찌꺼기를 수시로 제거하고 물과 식초를 1대1 비율로 섞어 살균한다.

⑤ 가스레인지 버너: 버너에 이물질이 끼면 열 효율이 떨어지는데다 화재의 우려가 있으므로 희석한 중성세제를 분무기에 넣고 뿌려 때를 불린 뒤 칫솔로 문질러 청소한다.

⑥ 가스레인지 삼발이(청결링): 뜨거운 물에 5분 정도 담근 뒤 중성세제로 씻은 후 마른 걸레로 물기를 제거한다.

⑦ 가스레인지 후드에 낀 먼지와 기름때: 가스레인지 불을 쐬어 준 후 불을 끄고 신문을 펼쳐 두면 기름이 녹아서 떨어진다. 이어 수세미와 세제를 이용해 망에 남은 기름때를 제거한다. 후드의 패드는 2~3개월마다 교체한다.

4 | 고객의 불평불만에 대응하기

고객의 불평이나 불만을 신속하게 처리하지 않으면 나쁜 소문이 퍼지면서 많은 잠재고객을 잃을 수 있다. 불평불만 사례들을 분석해 리스트로 만들고 대응방법을 매뉴얼화 해 대비해야 한다. 고객의 불평과 불만을 어떻게 처리하느냐에 따라 고객을 잃을 수도 있고 오히려 충성고객을 만들 수 있다. 가장 중요한 것은 고객으로부터 지적이나 불평이 발생했을 경우 긍정적인 자세로 임하면서 신속하게 조치를 해야 한다는 점이다.

1) 고객 불평의 종류와 원인

① **시설에 대한 불평**: 매장 환경에 대한 불만은 주로 냉난방시설, 테이블과 의자, 조명 등과 같은 매장 내부에서 발생한다. 엘리베이터, 주차장, 화장실, 대기실과 같은 고객 편의 시설에서도 발생한다. 이런 불만들은 즉시 처리하기 힘들다. 따라서 고객의 불만을 경청하고 기록하면서 공감하고 있음을 보이는 게 좋다. 경청하는 것만으로도 불만의 상당부분이 해소될 수 있다.

② **종업원 태도에 대한 불평**: 고객의 자극적인 말이나 태도에 동요하지 말고 침착함을 유지하며 경청하는 태도를 보여야 한다. 설령 고객이 잘못한 경우라도 고객의 불만에 공감을 표시하면서 받아들이는 마음이 필요하다. 불평불만을 어떻게 처리하느냐에 따라 고객이 매장에 어떠한 감정을 갖느냐가 결정된다.

③ **시스템에 대한 불평**: 영업시간이나, 휴무일, 쿠폰처리업무, 환불 등의 제도는 내부의 지침과 원칙도 중요하지만, 매장의 위치나 지역성을 고려해 탄력 있게 적용해야 한다. 고객의 편의를 최대한 고려하는 쪽으로 제도를 운용하는 게 좋다.

2) 불평 처리 방법

고객을 단골로 만들기 위해선 많은 시간이 걸리지만 고객을 잃는 것은 한 순간이다. "고객을 만드는데 10달러, 고객을 잃는데 10분, 고객을 되찾는데 10년이 걸린다"는 말을 가슴에 새기며 냉철함과 차분함을 잃지 않아야 한다.

불평불만이 발생할 경우에는 다음의 개념을 순서대로 떠올리면서 대응하면 도움이 된다.

① **신속한 응대**: 고객의 불만을 끝까지 경청하면서 문제를 파악한 뒤 고객의 요구를 들어준다.

② **관심과 공감:** 고객의 입장에서 불편함을 파악하고 감정이입을 통해 정서적으로 하나가 되는 것이 중요하다. 경청한 내용을 간단명료하게 정리해 고객에게 설명함으로써 고객의 요구를 파악하고 공감하고 있다는 점을 전달한다. 고객이 자신의 불만을 잘 이해했다고 느끼면 큰 벽은 넘어선 것이다.

③ **변명 금지:** 고객과의 언쟁은 아무런 도움이 되지 않는다. 잘못된 것은 인정하고 빨리 사과하는 것이 좋다. 불만을 늘어놓는 고객에게는 그 순간 어떠한 설명도 변명으로 받아들여질 뿐이다. 변명은 고객을 더 화나게 만들 뿐이다.

④ **문제 파악:** 고객의 불평을 경청하고 기록하면서 핵심적인 문제를 파악하고 조치하겠다는 뜻을 밝혀야 한다. 이 과정에서 항상 성의 있는 태도를 보이며 잘못을 되풀이 하지 않겠다는 다짐도 밝히면 좋다.

카페 공간에 감성을 순화할 수 있는 예술적 아이템을 연출해 놓는 것도 서비스의 중요한 포인트이다.

⑤ **책임자 대응:** 고객은 직책이 높은 사람과 이야기를 할수록 자신을 인정해 준다고 생각하는 경향이 있다. 직원 문제인 경우에는 불만을 일으킨 직원의 상사가 나서 불만을 처리하는 것이 더욱 효과적이다.

⑥ **장소 변경:** 고객이 언성을 높여 불평할 경우에는 다른 고객들이 보이지 않는 곳으로 자리를 옮긴다. 불만을 가진 고객이 군중심리를 자극하지 않도록 해야 한다. 장소를 이동한 후에는 앉아서 대화하는 것이 감정을 진정시키는데 도움이 되고 시원한 음료수를 제공해 생각할 시간을 갖도록 한다.

⑦ **정중한 사과 및 문제해결:** 불만의 핵심을 파악한 뒤 정중하게 고객에게 사과하고 신속하게 문제를 해결할 방안을 마련한다.

⑧ **재발 방지 대책 수립 및 일지 작성:** 동일한 상황이 재발하지 않도록 문제점을 기록하고 대책을 수립한다.

3) 고객 불만 일지

고객의 불평불만은 육하원칙에 따라 기록해 종업원 교육자료로 활용한다. 일지를 잘 작성하면 고객의 기호를 파악하는데 도움이 된다. 일지에 밝혀야 할 6가지 요소는 다음과 같다.

① Who: 주체적 인물

② When: 시간

③ Where: 장소

④ What: 내용

⑤ Why: 왜

⑥ How: 처리방법

카페 공간은 액자 하나라도 되도록 커피에 관한 것으로 꾸미는 게 좋다.

Note 17

고객의 불평불만을 대하는 자세

1. 고객은 나에게 개인적인 감정이 있어 화를 내는 것이 아님을 명심하라.
   - 사적인 감정으로 흘러 고객과 말싸움을 벌여선 안 된다.
2. 고객을 화나게 한 동료 직원을 찾느라 초기대응 시간을 놓치지 마라.
   - 고객은 누구의 책임이냐보다 불만을 해결할 자세가 돼 있느냐를 먼저 따진다.
3. 일단 즉각 사과함으로써 고객의 감정이 끓어오르는 것을 막는다.
   - 형사사건이 아닌 한 고객과 시시비비를 따져 이긴 종업원은 거의 없다.
4. 감정이 읽히지 않도록 표정관리에 유의하라.
   - 친절을 잃지 않는 표정만으로 문제가 저절로 해결된 경우가 적지 않다.
5. 설명은 길어질수록 변명이 될 수 있음을 주의하라.
   - 고객보다 말을 많이 해서 문제가 해결된 경우를 찾기 힘들다.
6. 고객의 오해로 인한 불만은 스스로 인정할 때까지 상황을 설명하라.
   - 고객의 잘못을 따져 책임을 묻는 듯한 태도는 그 고객을 영원히 잃게 만든다.
7. 불만을 해결하는 최고의 경지는 되레 고객에게서 호의를 이끌어내는 것임을 잊지 말라.
   - 고객의 입장을 배려하는 자세는 불만처리의 결과와 상관없이 감동을 준다.

• **직원간 불만을 말하는 법**

1. 불만의 당사자만 있을 때 말하라.
   - 불만을 이야기하는 것이 그 사람을 망신주는 게 되어선 안 된다.
2. 불만을 말한 자신도 문제 해결을 위해 노력할 것임을 표현하라.
   - 불만의 원인을 상대의 일방적인 잘못으로 몰고 가선 안 된다.
3. 불만을 일으킨 상대의 행동을 다른 사람과 비교하지 말라.
   - 목표는 불만 해소이다. 되레 조직 내의 불란을 야기해선 안 된다.
4. 가장 시급한 한 가지의 불평 또는 불만만 털어 놓으라.
   - 해결해야 할 불만이 선명하고 단순할수록 명쾌하게 해결된다.
5. 불만과 함께 해결 방법을 제시하도록 노력하라.
   - 대안 있는 비판은 사람을 긍정적으로 보게 만든다.
6. 불만을 밝힌 데 대한 당사자의 의견을 끝까지 경청하라.
   - 불만의 원인이 자신의 오판에 따른 것일 수 있음을 간과해선 안 된다.
7. 불만을 말하기 전에 그 사람에게 고마웠던 점을 몇 가지 말하라.
   - 칭찬은 불만에 관한 대화가 감정적으로 치닫게 하는 것을 막아준다.

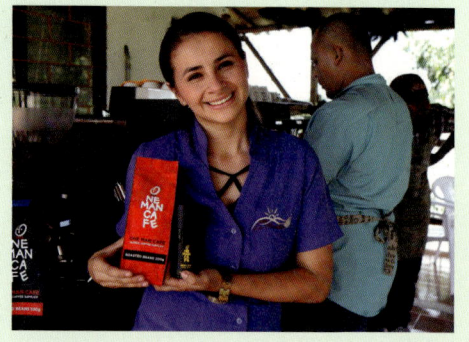

커피 향미를 위한 세계지도

CCA

WORLD COFFEE FLAVOR MAP
Top 20 coffee producing countries

1. BRAZIL
2. VIETNAM
3. COLOMBIA
4. INDONESIA
5. ETHIOPIA
6. INDIA
7. HONDURAS
8. UGANDA
9. MEXICO
10. GUATEMALA
11. PERU
12. NICARAGUA
13. CÔTE D'IVOIRE
14. COSTA RICA
15. KENYA
16. TANZANIA
16. PAPUA NEW GUINEA
18. EL SALVADOR
19. ECUADOR
20. CAMEROON

#1-20 is the rank of coffee producing volumes / source = ICO

- NUT
- SPICE
- SWEET & SUGARY
- EARTHY
- CHOCOLATE
- FLORAL
- FRUIT
- COFFEE BELT

참고문헌

Andueza, S., Maeztu, L., Dean, B., Paz de Pen.a, M., Bello, J., Cid, C., 2002.「Influence of water pressure on the final quality of Arabica espresso coffee. Application of multivariate analysis.」, Journal of Agriculture and Food Chemistry 50, pp.7426~7431, 2002.

Andueza, S., Maeztu, L., Pascual, L., Iba´n.ez, C., Paz de Pen.a, M., Cid, C., 2003.「Influence of extraction temperature on the final quality of espresso coffee.」, Journal of the Science of Food and Agriculture 83, pp. 240~248.

Andueza, S., Vila, M.A., de Pen.a, M., Cid, C., 2007. Influence of coffee/water ratio on the final quality of espresso coffee. Journal of the Science of Food and Agriculture 87, pp.586~592.

Anette Moldvaer,「Coffee Obsession」(DK Publishing, 2014), pp.64~70, 92~95, 111, 117, 120.

Anne Vantal,「Book Of Coffee」(Hachette Illustrated, 1999), pp.20~36.

Ares, G., Jaeger, S.R., 2015. Examination of sensory product characterization bias when check-allthat-apply (CATA) questions are used concurrently with hedonic assessments. Food Quality and Preference 40, pp. 199~208.

Baggenstoss, J., Perren, R., Escher, F.,「Water content of roasted coffee: impact on grinding behaviour, extraction, and aroma retention.」, (European Food Research and Technology , 2018) pp. 1357~1365.

Baggenstoss, J., Thomann, D., Perren, R., Escher, F., 2010.「Aroma recovery from roasted coffee by wet grinding.」, Journal of Food Science 75 (9).

Bamforth, C.W., 2004. The relative significance of physics and chemistry for beer foam excellence: theory and practice. Journal of the Institute of Brewing 110 (4), pp. 259~266.

Barron, D., Pineau, N., Matthre-Doret, W., Ali, S., Sudre, J., Germain, J.C., Kolodziejczyk, E., Pollien, P., Labbe, D., Jarisch, C., Dugas, V., Hartmann, C., Folmer, B., 2012. Impact of crema on the aroma release and the in-mouth sensory perception of espresso coffee. Food & Function 3, pp. 923~930.

Bennett Alan Weinberg & Bonnie K. Bealer,「The World Of Caffeine: The Science and Culture of the World's Most Popular Drug」(Routledge, 2002), pp.3~26.

Betty Rosbottom,「Coffee: Scrumptious Drinks and Treats」(Chronicle books, 2006), pp.6~11.

Bhumiratana, N., Adhikari, K., Chambers, E., 2014. The development of an emotion lexicon for the coffee drinking experience. Food Research International 61, pp. 83~92.

Bhumiratana, N., Adhikari, K., Chamberst, E., 2011. Evolution of sensory aroma attributes from coffee beans to brewed coffee. LWT - Food Science and Technology 44, pp. 2185~2192.

Blumberg, S., Frank, O., Hofmann, T., 2010. Quantitative studies on the influence of the bean roasting parameters and hot water percolation on the concentrations of bitter compounds in coffee brew. Journal of Agriculture Food and Chemistry 58, pp.3720~3728.

Britta Folmer,「The Craft and Sciences of Coffee - 1st Edition」(Academic Press, 2017), pp. 181~203, 311~328, 355~380, 399~417.

Charles, M., Romano, A., Yener, S., Barnaba, M., Navarini, L., Ma¨rk, T.D., Biasoli, F., Gasperi, F., 2015. Understanding flavour perception of espresso coffee by the combination of a dynamic sensory method and in-vivo nosespace analysis. Food Research International 69, pp.9~20.

Clarke, R.J., Macrae, R., Coffee Technology, vol. 2., (Eds, 1985)

Claudia Roden,「Coffee: A Connoisseur's companion」(Random House, 1994), pp.10~39.

Claudia Roden,「Coffee」(Penguin Books, 1977), pp.78~94.

Corby Kummer, 『The Joy Of Coffee: The Essential Guide To Buying, Brewing And Enjoying』(Houghton Mifflin Company, 1997), pp.151~169.

Corrochano, B.R., Melrose, J.R., Bentley, A.C., Fryer, P.J., Bakalis, S., 2015. A new methodology to estimate the steady-state permeability of roast and ground coffee in packed beds. Journal of Food Engineering 150, pp.106~116.

Daniel Lorenzetti & Linda Rice Lorenzetti, 『The Birth Of Coffee』(Clarkson Potter Publishers, 2000), pp.16~59.

David C. Schomer, 『Espresso Coffee 2013: Tools, Techniques And Theory』(Peanut Butter Publishing, 2013), pp.1~14.

Elizabeth Ambrose, 『For The Lovers Of Coffee: Quick And Easy Delicious Coffee Beverages, Cocktails And Desserts Recipes』(CreateSpace Independent Publishing Platform, 2014), p.7.

Elisabetta Illy, 『Aroma Of The World: A Journey Into The Mysteries And Delights Of Coffee』(White Star Publishers, 2012), pp.71~80.

Feria-Morales, A., 2002. Examining the case of green coffee to illustrate the limitations of grading systems/expert tasters in sensory evaluation for quality control. Food Quality and Preference 13, pp. 355~367.

Francesco Illy & Riccardo Illy, 『The Book Of Coffee: A Gourmet's Guide』(Abbeville Press, 1992), pp.129~157.

Frank, O., Zehentbauer, G., Hofmann, T., 2006. Bioresponse-guided decomposition of roast coffee beverage and identification of key bitter taste compounds. European Food Research and Technology 222, pp.492~508.

Frankie Buckley, 『Meet Me For Coffee』(Harvest House, 1997).

Giovanni Mastronardi, 『Quality Of Coffee: Effects of Origin and Roasting Process on the Aromatic and Sensorial Composition of Coffee』(Edizioni Accademiche Italiane, 2014), pp.1~18.

Gloess,A., Scho¨nba¨chler, B.,Klopprogge,B., D'Ambrosio, L.,Chatelain, K.,Bongartz, A., Strittmatter, A., Rast, M., Yeretzian, C., 2013. Comparison of nine common coffee extraction methods: instrumental and sensory analysis. European Food Research and Technology 236, pp.607~627.

Hanna Neuschwander, 『Left Coast Roast: A Guide To The Best Coffee And Roasters From San Francisco To Seattle』(Timber Press, 2012), pp.29~37.

Illy, E., Navarini, L., 2011. Neglected food bubbles: the espresso coffee foam. Food Biophysics 6,pp.335~348.

International Trade Centre, 『Coffee An Exporter's Guide』, (ITC, 2012), pp. 16~35.

Isabel Nelson Young, 『The Story Of Coffee: History, Growing, Preparation For Market, Characteristics, Vacuum Packing, Brewing』(Literary Licensing, 1931), pp.3~13.

James Hoffmann, 『The World Atlas Of Coffee』(Firefly Books, 2014), pp.42~46.

Jean Nicolas Wintgens, 『Coffee: Growing, Processing, Sustainable Production』(WILEY-VCH, 2012), pp.425~477.

Jill Yates, 『Coffee Lover's Bible』(Clear Light, 1998), pp.2~12.

Jon Thorn, 『The Coffee Companion: The Connoisseur's Guide To The World's Best Brews』(Running Press, 1995), pp.8~23.

Jonathan Rubinstein & Gabrielle Rubinstein & Judith Choate, 『Joe: The Coffee Book』(Lyons Press, 2012), pp.2~21.

Kenneth Davids, 『Coffee』(Mattin's Griffin New York, 2001), pp.11~20.

Kenneth Davids, 『Home Coffee Roasting』(St. Martin's Griffin, 2003), pp.15~20.

Kevin Knox & Julie Sheldon Huffaker, 『Coffee Basics: A Quick And Easy Guide』(John Wiley & Sons, Inc.. 1997), pp.15~18.

Kevin Sinnott, 『Great Coffee』(Bridge Logos, 2001), pp.19~24.

Kevin Sinnott, 『The Art and Craft of Coffee: An Enthusiast's Guide to Selecting, Roasting, and Brewing Exquisite Coffee』(Quarry Books, 2010), pp.35~43.

Kreuml, M.T.L., Majchrzak, D., Ploederl, B., Koenig, J., 2013. Changes in sensory quality characteristics of coffee during storage. Food Science & Nutrition 1 (4), pp. 267~272.

Labbe, D., Ferrage, A., Rytz, A., Pace, J., Martin, N., 2015. Pleasantness, emotions and perceptions induced by coffee beverage experience depend on the consumption motivation (hedonic or utilitarian). Food Quality and Preference 44, pp. 56~61.

Labbe, D., Sudre, J., Dugas, V., Folmer, B., 2016. Impact of crema on expected and actual espresso coffee experience. Food Research International 82, pp.53~58.

Lee, J.-S., Kim, M.-S., Shin, H.-J., Park, K.-H., 2011. Analysis of off-flavor compounds from overextracted coffee. Korean Journal of Food Science and Technology 43 (3), pp.348~360.

Lindinger, C., Labbe, D., Pollien, P., Rytz, A., Juillerat, M.A., Yeretzian, C., Blank, I., 2008. When machine tastes coffee: instrumental approach to predict the sensory profile of espresso coffee. Analytical Chemistry 80, pp.1574~1581.

Lingle, T.R., 『Coffee Cuppers' Handbook』, (SCAA, 1984).

Mark Pendergrast, 『Uncommon Grounds: The History Of Coffee And How It Transformed Our World』(Basic Books, 1999), pp.63~75.

Mary Banks, 『The World Encyclopedia Of Coffee』(Hermes House, 2010), pp.55~65.

Mary Banks & Christine Mcfadden, 『The Complete Guide To Coffee』(Lorenz Books, 2000), pp.10~21.

Mary Banks, 『The World Encyclopedia Of Coffee』(Hermes House, 2010), pp.9~41.

Masella, P., Guerrini, L., Spinelli, S., Calamai, L., Spugnoli, P., Illy, F., Parenti, A., 2015. A new espresso brewing method. Journal of Food Engineering 146, pp.204~208.

Mestdagh, F., Davidek, T., Chaumonteuil, M., Folmer, B., Blank, I., 2014. The kinetics of coffee aroma extraction. Food Research International 63, pp.271~274.

Michaele Weissman, 『God In A Cup: The Obsessive Quest For The Perfect Coffee』(Wiley, 2008), pp.35~43.

Morton Satin, 『Coffee Talk: The Stimulating Story Of The World's Most Popular Brew』(Prometheus Books, 2011), pp.163~195.

Navarini, L., Rivetti, D., 2010. Water quality for Espresso coffee. Food Chemistry 122 (2), pp.424~428.

Norman Kolpas, 『A Cup Of Coffee: From Plantation to Pot, A Coffee Lover's Guide To the Perfect Brew』(Grove Press, 1993), pp.12~27.

Parenti, A., Guerrini, L., Masella, p., Spinelli, S., Calamai, L., Spugnoli, P., 2014. Comparison of espresso coffee brewing techniques. Journal of Food Engineering 121, pp.112~117.

Petit, C., Sieffermann, J.M., 2007. Testing consumer preferences for iced-coffee: does the drinking environment have any influence? Food Quality and Preference 18, pp. 161~172.

Petracco, M., Marega, G., 『Coffee grinding dynamics: a new approach by computer simulation.』 (Proceedings of the 14th ASIC Colloquium 14, 1991), pp. 319~330.

Philip Search & Lorrie Mahieu & Jeff Burgess, 『Seattle Barista Academy: Barista Training Manual』(GrayPoint, 2009), pp.24~26.

Pineau, N., Folmer, B., Engel, K.H., Barron, D., Hartmann, C., 2011. Influence of foam structure on the release kinetics of volatiles from espresso coffee prior to consumption. Journal of Agricultural and Food Chemistry 59, pp.11196~11203.

Pineau, N., Goupil de Bouille´, L., Lenfant, F., Schlich, P., Martin, N., Rytz, A., 2012. The role of temporal dominance of sensations (TDS) in the generation and integration of food sensations and cognition. Food Quality and Preference 26, pp. 159~165.

Pineau, N., Schlich, P., 2015. Temporal dominance of sensations (TDS) as a sensory profiling technique. In: Delarue, J., Lawlor, J.B., Rogeaux, M. (Eds.), Woodhead Publishing Series in Food Science, Technology and Nutrition, Rapid Sensory Profiling Techniques. Woodhead Publishing, pp. 269~306.

R. J. Clarke and R. Macrae,『Coffee: Volume 1 Chemistry』(Elsevier Applied Science, 1985), pp.1~39.

Robert W. Thurston & Jonathan Morris & Shawn Steiman,『Coffee: A Comprehensive Guide to the Bean, the Beverage, and the Industry』(Rowman & Littlefield, 2013), pp.35~40.

Rosanne Daryl Thomas,『Coffee: The Bean Of My Existence』(An Owl Book, 1995).

Sally Ann & Dara Diane,『The Espresso Bartenders Guide To Espresso Bartending』(Hooked On Espresso, 1994). pp.1~3.

Severini, C., Ricci, I., Marone, M., Derossi, A., De Pilli, T., 2015. Changes in the aromatic profile of espresso coffee as a function of the grinding grade and extraction time: a study by the electronic nose system. Journal of Agriculture and Food Chemistry 63, pp.2321~2327.

Scott F. Parker & Michael W. Austin,『Coffee: Philosophy For Everyone』(Wiley-Blackwell, 2011), pp.89~99.

Shawn Steiman,『The Little Coffee Know-it-all: A Miscellany For Growing, Roasting, And Brewing, Uncompromising And Unapologetic』(Quarry Books, 2015), pp.32~33.

Stephen Cherniske, M. S.,『Caffeine Blues: Wake Up To The Hidden Dangers Of America's #1 Drug』(Warner Books, 1998), pp.48~59.

Stewart Lee Allen,『The Devil's Cup: A History Of The World According To Coffee』(Ballantine Books, 2003), pp.115~121, 153~172.

Sunarharum, W.B., Williams, D.J., Smyth, H.E., 2014. Complexity of coffee flavor: a compositional and sensory perspective. Food Research International 62, pp. 315~325.

Tanja Dusy,『Coffee And Espresso』(Silverback Books, 2004), pp.4~8.

Timothy James Castle,『The Perfect Cup: A Coffee-Lover's Guide To Buying, Brewing, And Tasting』(Aris Books, 1991), pp.29~32.

Timothy James Castle and Joan Nielsen,『The Great Coffee Book』(Ten Speed Press, 1999), pp.29~55.

Tolessa, K., Rademaker, M., De Baets, B., Boeckx, P., 2015. Prediction of specialty coffee cup quality based on near infrared spectra of green coffee beans. Talanta 150, pp. 367~374.

Torz Jeremy,『Real Fresh Coffee』(Pavilion, 2016), pp.148~153.

Tristan Stephenson,『The Curious Barista's Guide To Coffee』(Ryland Peters & Small, 2015), pp.10~21.

Varela, P., Beltra´n, J., Fiszman, S., , 2014. An alternative way to uncover drivers of coffee liking: Preference mapping based on consumers' preference ranking and open comments. Food Quality and Preference 32, pp. 152~159.

William H. Ukers,『All About Coffee - 2nd Edition』, (Martino Pub, 2011), pp. 6~30, 306~320, 575~622, 733~744.

World Coffee Research, 2016. Sensory Lexicon, Unabridged Sensory Definition and References.

Yu, T., Macnaughtan, B., Boyer, M., Linforth, R., Dinsdale, K., Fisk, I.D., 2012. Aroma delivery from spray dried coffee containing pressurized gas. Food Research International 49, pp. 702~709.

Zhang, C., Linforth, R., Fisk, I., 2012. Cafestol extraction yield from different coffee brew mechanisms. Food Research International 49, pp.27~31.

강경미,「NCS기반 바리스타 직무능력단위요소의 중요도와 만족도에 관한 연구」, 동의대학교 대학원 석사학위논문, 2018.

강란기,「수프리모 커피의 가공처리조건에 따른 이화학적 특성 및커피 애호가의 구매 특성에 관한 연구」, 호서대학교대학원 박사학위논문, 2011.

권훈태,「원산지별 싱글 오리진 원두커피의 화학적 및 관능적 특성 비교 연구」, 중앙대학교 의약식품대학원 석사학위논문, 2017.

고재광,「콜롬비아 커피 생두의 가공법과 로스팅에 따른 관능적 품질 특성」, 경희대학교 대학원 석사학위논문, 2017.

김관중,「커피원두의 배전공정중 화학적 성분 및 관능적 특성 변화에 대한 연구」, 경희대학교 대학원 박사학위논문, 2001.

김계영,「로스터리 커피전문점의 커피품질이 지각가치 및 재구매에 미치는 영향 연구」, 경기대학교 대학원 석사학위논문, 2017.

김미령,「원두의 품질과 커피브랜드가 소비자의 커피선호도에 미치는 영향」, 세종대학교 관광대학원 석사학위논문, 2018.

김상희,「고객은 진실로 서비스 실패기업을 용서하였는가?; 기업회복 노력의 진정성과 고객의 용서과정」, 경영학연구, 39(2), 665-706쪽, 2010.

김성권,「커피추출머신의 기능적서비스품질과 사용자만족 및 경영성과의 관계」, 서울벤처대학원대학교 석사학위논문, 2015.

김영애,「로스팅 정도에 따른 커피의(Coffea Arabica) 쓴맛 유도 화학성분과 관능 특성」 서울벤처대학원대학교 석사학위논문, 2013.

김지나,「로스팅 강도에 따른 아라비카 대비 로부스타 추출 커피의 알칼로이드 성분 변화와 원두의 구조 변화」, 서울벤처대학원대학교 석사학위논문, 2013.

김진채,「콜롬비아 커피 추출양에 따른 화학성분 함량의 비교분석과 선호도에 관한 연구」, 서울벤처대학원대학교 석사학위논문, 2012.

남상운,「핸드드립커피를 용이하게 추출하는 기구의 개발과 유효성분에 대한 비교 연구」, 경희대학교 동서의학대학원 석사학위논문, 2017.

매트 로빈슨, 커피비평가협회 옮김, 『Coffee Lover's Handbook』(커피비평가협회, 2015), 15~58, 75~115, 118~127쪽.

박은지,「서비스 회복의 공정성과 진정성이 고객의 행동 의도에 미치는 영향; 회복만족의 매개효과를 중심으로」, 순천대학교 대학원 박사학위논문, 2014.

박형정,「분쇄입도에 따른 에스프레소 커피의 성분 차이와 맛의 상관관계」, 서울벤처대학원대학교 석사 학위논문, 2015.

서연덕,「추출방법에 따른 더치커피의 이화학적 특성」, 성균관대학교 대학원 석사학위논문, 2016.

서한석,「커피의 배전 강도에 따른 이화학적, 관능적 특성 및 항산화성 연구」, 서울대학교 대학원 석사학위논문, 2002.

소유림,「Kenya AA 콜드브루 커피의 침출조건에 따른 이화학 및 관능적 특성」, 호남대학교 대학원 석사학위논문, 2018.

송영주,「RTD(Ready-to-drink) 콜드브루커피의 묘사분석 및 소비자 기호도 분석」, 세종대학교 대학원 석사학위논문, 2018.

신우리,「커피원두의 분쇄입도에 따른 에스프레소의 품질특성」, 경희대학교 대학원 석사학위논문, 2011.

여윤지,「핸드드립커피 및 홍차용 도자 도구 개발 연구 : 현대 차 문화 중심으로」, 계명대학교 대학원 석사학위논문, 2017.

오지선,「커피의 추출시간에 따른 성분변화에 관한 연구」, 서울벤처정보대학원대학교 석사학위논문, 2011.

우성욱,「발효커피의 항산화활성과 영양성분 및 카페인 분석」, 대구한의대학교 대학원 석사학위논문, 2017

이석룡,「추출공정에 따른 커피 향기성분 분석 비교」, 충남대학교 대학원 석사학위논문, 2018.

이아람,「국산과 외국산 커피의 성분에 따른 아로마 노트 분석」, 연세대학교 공학대학원 석사학위논문, 2018.

조신재,「원두커피의 로스팅 조건과 추출시간에 따른 카페인 및 항산화물질의 성분 변화 연구」, 청운대학교 산업기술경영대학원 석사학위논문, 2014.

지희진,「서비스 실패 심각성과 통제성이 회복 공정성과 신뢰·만족에 미치는 영향; 진정성과 ATC 조절효과를 중심으로」, 충신대학교대학원 박사학위논문, 2013.

윤순원,「추출방식에 따른 커피의 품질 특성」, 단국대학교 정보미디어대학원 석사학위논문, 2014.

장상희,「볶은 커피의 보관 조건에 따른 이화학적 성분 변화에 관한 연구」, 서울벤처정보대학원 대학교 석사학위논문, 2011.

표진희,「커피전문점에 대한 브랜드 신뢰 및 전환의도에 영향을 미치는 커피전문점 직원의 조작의도와 진정성이 결여된 서비스간의 비교 연구」, 세종대학교 대학원 박사학위논문, 2018.

홍나리,「공정무역커피에 대해 소비자는 정확히 지각하고 있는가?: 공정무역커피 구매의도 결정과정 분석」, 부산대학교 대학원 석사학위논문, 2017.

홍준표,「국내 유통되는 인스턴트커피에 함유된 휘발성 향기 성분 분석」, 충남대학교 대학원 석사학위논문, 2013.

푸어오버 - 필터레이션
Pour Over - Filteration

수율	커피가루 : 물 = 1: 15 (20g : 300ml)
추출 시간	3분~4분 (용량에 따라 달라진다.)

추출 순서

1. 종이필터를 드리퍼에 올려두고 뜨거운 물로 헹궈주면서 서버와 드리퍼를 예열한다. 동시에 잔도 미리 예열해 둔다.
2. 커피를 20g 분쇄한 후 필터에 올려둔다. 저울을 0점 조정한다.
3. 물 40ml(저울: 40g)을 커피가루가 전반적으로 잘 적시게 부어준 뒤 30초 동안 불린다.
4. 물을 3차에 걸쳐 붓는다. 이때 물은 나선형을 그리면서 붓는다.

    1차 물붓기: 140ml (저울: 180g)
    2차 물붓기: 80ml (저울: 260g)
    3차 물붓기: 40ml (저울: 300g)

5. 3분이 되면 추출을 끝낸다.
    Tip! 용량에 따라 추출 시간이 달라집니다. 아래 표를 참고하세요.

용량에 따른 커피 추출법

x인분	1		2		3		4	
커피가루(g)	10		20		30		40	
불림(g)	150		300		450		600	
	물량	저울	물량	저울	물량	저울	물량	저울
1차추출(g)	70	90	140	180	210	270	280	360
2차추출(g)	40	130	80	260	120	390	160	520
3차추출(g)	20	150	40	300	60	450	80	600
목표 추출시간	3분		3분15초		3분30초		4분	

에스프레소 추출 Checklist

훈련생: _____
교사: _____

카테고리	#	내용	확인 훈련생	확인 교사
준비 (Preparing)	1	복장(앞치마)을 갖추고 위생을 위해서 머리나 용모를 단정히 한다.		
	2	진한 화장이나 향수는 커피 향미를 위해 피한다.		
	3	손을 깨끗이 닦는다.		
	4	작업공간의 배치와 동선을 확인한다.		
	5	린넨 1장과 행주 3장(우유스티밍용, 도구건조용, 주변청소용)를 준비한다.		
	6	재료(원두, 우유)의 상태를 확인한다.		
그라인딩 (Grinding)	7	호퍼와 도저의 청결상태를 확인한다.		
	8	원두의 산지와 조성을 확인한 뒤 호퍼에 담는다.		
	9	작동 소리와 분쇄된 가루 점검을 통해 칼날의 마모상태를 추정한다.		
도징 (Dosing) & 레벨링 (Leveling)	10	포터필터 바스켓의 청결상태를 확인한다.		
	11	포터필터를 저울에 올려 무게를 측정하고 영점조절한다.		
	12	분쇄된 원두 14g 포터필터에 고르게 담는다.		
	13	바스켓에 담긴 커피가루를 고르게 편다. 커피가루에 손이 닿지 않도록 주의한다.		
탬핑 (Temping)	14	탬퍼바닥의 청결상태를 확인한다.		
	15	바스켓에 담긴 커피가루가 수평이 되도록 조심스레 템퍼로 누른다.		
	16	탬퍼를 누르는 압력은 5~20kg이다. (가해지는 압력이 일정하도록 저울을 활용해 연습한다.)		
	17	탬핑 후, 바스켓에 담긴 커피가루가 수평을 이루는지 확인한다.		
	18	탬핑 후, 포터필터에 묻은 가루를 머리, 귀, 목의 순서로 털어낸다.		
플러싱 (Flushing) & 풀링 (Pulling)	19	잔의 예열상태를 확인한다.		
	20	그룹헤드의 열수를 흘려준다.		
	21	행주로 트레이의 물기를 닦아낸다.		
	22	포터필터를 그룹헤드와 세게 부딪치지 않도록 조심스럽게 장착한다.		
	23	에스프레소 두 잔을 포터필터의 양쪽 스파우트 아래에 놓는다.		
	24	버튼을 눌러 추출을 시작함과 동시에 초시계를 누른다.		
	25	추출되는 에스프레소의 점도, 색상, 물줄기 상태를 관찰한다.		
	26	25초에 25ml가 추출되도록 위의 절차를 반복하며 그라인더의 분쇄도를 맞춘다.		
클리닝 (Cleaning)	27	포터필터를 그룹헤드에서 분리한다.		
	28	열수를 흘려 그룹헤드 내부에 묻은 찌꺼기를 제거한다.		
	29	바스켓 내부의 커피찌꺼기를 넉박스로 털어낸다.		
	30	행주로 머신과 그라인더의 외관과 주변을 깨끗이 닦아 청결을 유지한다.		

우유 스티밍 Checklist

훈련생: _____
교사: _____

카테고리	#	내용	확인 훈련생	확인 교사
준비 (Preparing)	1	우유를 냉장고에 넣어 차갑게 유지한다.		
	2	우유를 사용할 때에는 반드시 육안으로 상태를 확인한다.		
	3	되도록 차가운 상태인 피처에 우유를 200g 담는다.		
	4	우유를 거품낸 뒤 반씩 나눌 보조피처는 예열해둔다.		
	5	스팀노즐 조작을 위한 행주는 깨끗한 것으로 준비해 적셔 둔다.		
	6	스팀노즐을 열어 노즐에 응결된 물을 제거한다.		
공기 주입 (Foaming)	7	스팀노즐의 끝부분을 피처의 중앙 또는 중앙과 벽면 사이에 위치시킨다.		
	8	스팀노즐의 팁을 1~2cm 우유에 잠기게 한다.		
	9	수증기 압력이 가장 강하도록 밸브 또는 노브를 열어 우유를 회전시킨다.		
	10	우유가 안정적으로 움직이는 것을 확인하는 즉시 피처를 조금씩 움직여 공기가 주입되는 위치를 잡는다.		
	11	피처를 두 손으로 잡고 공기가 날카로운 소리를 내며 주입되는 지점에서 멈춰 4~5초간 공기주입을 진행한다.		
	12	우유의 온도가 섭씨 37도에 근접하는 시간을 많은 연습을 통해 체득해 이 온도가 넘지 않도록 주의한다.		
우유 스티밍 (Steaming)	13	스팀노즐의 팁을 3~4cm 우유에 담가 더 이상 공기가 들어가지 않도록 한다.		
	14	팁은 피처의 중앙이든 중앙과 벽면 사이든 우유가 일정하게 잘 회전되는 지점에 둔다.		
	15	팁이 벽면이나 바닥에 닿으면 그 주변이 과도하게 온도가 올라 이취가 발생하므로 주의한다.		
	16	피처 안에서 형성되는 우유 거품의 상태와 양을 관찰해 2배 가량 부피가 늘어났을 즈음 데우기를 종료할 준비를 한다.		
	17	우유 온도가 섭씨 65~70도이면 데우기를 종료하는데, 피처에 닿은 손이 '앗! 뜨겁다'고 느껴질 즈음이다. (연습을 반복하면 점차 커지는 소리를 통해서도 종료 시점을 찾을 수 있다.)		
	18	밸브나 노브를 닫아 데우기를 종료했다고 하더라도 우유의 움직임이 멈출 때까지 기다렸다가 팁을 밖으로 꺼낸다. 팁을 빼는 순간 남아 있는 수증기의 분사로 인해 거친 거품이 생기지 않도록 유의한다.		
클리닝 (Cleaning)	19	젖은 행주로 스팀노즐의 팁을 감싸고 수증기를 트레이 쪽으로 안쪽에 낀 우유 찌꺼기를 제거한다.		
	20	젖은 행주로 스팀노즐의 겉면에 묻은 우유 찌꺼기를 말끔하게 닦아낸다.		
우유 붓기 (Pouring)	21	거품낸 우유의 절반 이상을 예열된 보조피처에 과감하게 붓는다.		
	22	보조피처의 거품우유를 다시 주피처로 부어 양쪽의 양을 같게 한다.		
	23	추출한 에스프레소에 우유를 넣어 카푸치노를 만든다.		

바리스타 트레이너를 위한 자가진단

1. 작업 전 이미지 트레이닝(image training) 능력?

- 에스프레소를 제조하기 위해 필요한 도구를 빠짐없이 준비할 수 있는가?
- 카푸치노를 제조하기 위해 필요한 도구를 빠짐없이 준비할 수 있는가?
- 제조에 직접적으로 필요한 도구 이외에 안전 및 청결을 위해 필요한 도구를 준비할 수 있는가?

2. 향미를 지키지 위한 예열 습관?

- 잔은 섭씨 65~70도(손으로 3초 이상 만지기 힘들 정도)가 되어 있는가?
- 스팀피처에 온도계를 장착했는가?
- 추출 수의 온도를 체크했는가?
- 추출 수의 지속적 온도 유지 여부를 파악하기 위해 게이지를 체크했는가?
- 보일러의 압력과 추출 수 온도와의 관계를 알고 있는가?

3. 품질을 추구하는 문화적 수준?

- 추출 수의 품질을 고려하는가?
- 물의 경도가 추출에 끼치는 영향을 고려하는가?
- 연수와 정수의 차이를 설명할 수 있는가?
- 우유의 신선도를 추구하는가?
- 우유의 종류를 몇 가지 알고 있는가?
- 저지방 우유의 유용성은 무엇인가?
- 우유 거품의 균일성과 고운 정도가 왜 중요한 것인가?

4. 안전과 위생관리에 대한 인식.

- 작업 공간의 정돈 상태는 적절한가?
- 에스프레소 머신과 그라인더 주변의 물기와 커피가루 오염상태를 체크하는가?
- 커피기계, 그라인더 등 청결한가?
- 행주는 용도에 따라 구별해 사용하는가?
- 싱크대의 배수구 상태를 체크했는가?
- 쓰레기를 처리하기 위한 준비는 잘 돼 있는가?
- 우유 쓰레기를 어떻게 처리하고 있는가?
- 각 장비의 전원 콘센트는 올바로 연결돼 있는가?
- 바닥의 미끄러움 상태와 물기를 점검했는가?
- 화재발생 시 초기 대처 및 대피요령을 알고 있는가?

5. 에스프레소 머신 체크

머신의 예열 상태가 적절한 지를 어떻게 체크하는가?
게이지를 통해 무엇을 체크하는 지 알고 있는가?
보일러 압력 게이지를 정상 범위가 되도록 조작할 수 있는가?
추출 압력 게이지를 정상 범위가 되도록 조작할 수 있는가?
추출 수의 온도를 조절할 수 있는가?
스팀의 강도를 조절할 수 있는가?
머신에서 나는 소리에서 어떤 정보를 얻고 있는가?
트레이를 열어 배수상태를 확인하는가?
그룹헤드의 샤워 스크린 상태를 점검하는가?
그룹헤드의 개스킷 상태를 점검하는가?

6. 바리스타와 함께 움직이는 포터필터.

포터필터의 온도를 체크하는가?
포터필터의 정결 상태를 체크하는가?
포터필터의 무게를 알고 있는가?
포터필터를 이용해 백플러싱 할 수 있는가?
포터필터를 분리해 찌든 커피 오일을 청소할 수 있는가?
포터필터 청소에 사용되는 세정제를 알고 있는가?
바스킷의 물리적 구조가 추출에 끼치는 영향을 알고 있는가?
바닥이 없는 보텀리스(bottomless) 포터필터의 유용성을 알고 있는가?
에스프레소 추출 뒤 바스킷을 어떻게 청소하는가?

7. 바리스타의 지상과제 '그라인더 정복'

그라인더의 구성과 명칭, 역할을 설명할 수 있는가?
호퍼(hopper)의 상태를 체크하고 청소하는가?
칼날(blade)을 분리해 청소할 수 있는가?
칼날의 교체시점을 판단하는 요령을 알고 있는가?
칼날의 형태(flat burr 또는 conical burr)에 따른 장단점을 설명할 수 있는가?
도저(doser) 또는 디스펜서(dispenser)를 분리해 청소할 수 있는가?
도징 챔버(dosing chamber)의 역할을 설명할 수 있는가?
메시(mesh)를 맞추는 그라인더 세팅을 올바르게 수행할 수 있는가?
커피가루를 최대한 낭비하지 않고 14g을 포터필터에 담는 습관을 길렀는가?
자동그라인더와 수동그라인더의 장단점을 설명할 수 있는가?

8. 바리스타 동작의 상징 '탬핑(Tamping)'

사용하는 탬퍼의 무게를 확인하는가?
탬핑을 하기 전 탬퍼의 바닥을 체크하는가?
탬핑의 압력이 일정하도록 동작을 습관 들였는가?
커피 가루의 윗면이 수평이 되도록 하는 동작을 습관 들였는가?
탬핑할 때 손목에 무리가 가는지 체크하며 동작을 습관 들였는가?
바닥이 볼록하게 나온 탬퍼의 유용성을 알고 있는가?
탬핑을 한 뒤 육안으로 수평상태를 확인하는가?
수평을 맞춰야 하는 이유를 설명할 수 있는가?
태핑(tapping)의 장점과 단점을 설명할 수 있는가?
추출 시 채널링이 생기면 어떤 영향을 주는 지 설명할 수 있는가?

9. 포터필터 장착과 프리인퓨전

탬핑한 뒤 몇 초 만에 포터필터를 그룹헤드에 장착하는지 측정하는가?
그룹헤드의 물 흘림을 언제 그리고 왜 하는지 설명할 수 있는가?
포터필터를 장착할 때 그룹헤드에 부딪치지 않겠다고 의식하는가?
포터필터를 그룹헤드에 장착한 지 몇 초 만에 추출을 시작하는지 측정하는가?
'프리인퓨전(pre-infusion)'을 하는 이유를 설명할 수 있는가?
추출 버튼을 누른 지 몇 초 만에 커피 액이 떨어지는 지 측정하는가?
추출되는 에스프레소 커피의 점성과 색깔의 변화를 체크하는가?
추출이 끝난 뒤 그룹헤드의 밸브에서 트레이로 물이 빠져 나가는 이유를 설명할 수 있는가?

10. 에스프레소 추출 미학.

왜 커피가루 14g을 담아 25초에 25ml를 추출하는 상태를 기준으로 잡는가?
추출되는 상태를 보면서 추출을 적정 시점에서 멈출 수 있는가?
에스프레소 추출을 10초 단위로 3단계로 나눠 맛의 변화를 설명할 수 있는가?
에스프레소 추출 상태를 보고 성분 과다 및 성분 과소 추출 여부를 설명할 수 있는가?
성분 과다와 성분 과소의 특징을 에스프레소의 맛과 연관 지어 설명할 수 있는가?
'추출 수율(Extraction Yield)'의 의미를 설명할 수 있는가?
추출한 커피의 TDS(Total Dissolved Solids, 총용존고형물)가 지니는 의미를 설명할 수 있는가?
TDS로 표기되는 '추출 농도(Strength)'를 추출 수율과 비교해 설명할 수 있는가?
추출 비율(Brew Ratio)이 갖는 의미를 추출 수율과 비교해 설명할 수 있는가?
추출 수율을 측정하고 계산할 수 있는가?

11. 완성된 에스프레소 평가

향기로 평가할 때 첫 인상에 대한 기준점을 가지고 있는가?
크레마의 색상, 색감, 명도를 관찰해 품질을 추정할 수 있는가?
크레마의 질감과 밀도, 지속성을 관찰해 품질을 추정할 수 있는가?
크레마의 외관 평가에서 다크 브라운, 밝은 연갈색 주름, 호피무늬, 하얀 점, 촘촘함이 갖는 의미를 알고 있는가?
크레마만 마셨을 때의 맛이 에스프레소 전체의 맛과 어떻게 다른 지 묘사할 수 있는가?
긍정적인 향인 꽃, 과일, 구운 빵, 카카오, 바닐라, 꿀, 감귤류, 캐러멜을 지표로 삼아 그 유무를 구별할 수 있는가?
부정적인 향인 풀, 썩은 꽃, 짚, 고인 물, 젖은 삼베, 상한 와인 코르크, 페놀, 묵은 기름걸레 냄새를 가려낼 수 있는가?
향기로 평가할 때 코 인두에 남는 여운에 대한 기준점을 가지고 있는가?
에스프레소의 온도가 섭씨 65도를 넘으면 미각 평가에 어떤 영향을 끼치는가?
잔을 예열하는 것이 향미적으로 어떤 영향을 미치는 지 알고 있는가?
잔의 재질(촉감)과 모양(입안으로 흘러 들어 오는 커피의 양)이 향미에 미치는 영향을 알고 있는가?
에스프레소에서 단맛을 찾을 수 있는가?
에스프레소에서 자극적인 신맛과 좋은 신맛을 구별할 수 있는가?
에스프레소의 균형미를 깨는 〈단일한 맛의 돌출〉, 〈공격적인 맛〉, 〈금속성의 맛〉을 구별할 수 있는가?
종합적인 향미 분석은 추출 후 1분 이내에 완료해야 하는 이유를 알고 있는가?

12. 이탈리아 정통 카푸치노(Cappccino)의 진수

카푸치노의 유래를 설명할 수 있는가?
카푸치노와 카페라떼의 차이점을 설명할 수 있는가?
이탈리아 국립에스프레소연구소(NIIE)가 2007년 제시한 카푸치노의 기준을 알고 있는가?
이탈리아가 "반드시 25ml의 에스프레소에 거품을 낸 우유 125ml(우유 100ml)를 섞어 도자기 잔에 150ml를 담아 제공한다"고 기준을 세운 이유를 설명할 수 있는가?
커피에 우유를 넣어 마신 것을 처음 기록한 것은 1685년 프랑스 내과의사 시외르 모닌(Sieur Monin)의 처방전이다. 당시 우유의 쓰임새에 대해 이야기할 수 있는가?

13. 스팀 완드(wand)의 조작과 관리.

스팀 밸브(valve), 스팀 파이프(pipe), 스팀 노즐(nozzle), 스팀 팁(tip)의 역할을 설명할 수 있는가?
스팀 노브(knob)와 스팀 레버(lever)의 다른 점을 설명할 수 있는가?
스팀 완드의 노즐을 피처에 담긴 우유에 적절한 깊이로 담글 수 있는가?
스팀 완드를 우유 거품내기나 데우기에 사용하기 전 잠시 분사하는 이유를 알고 있는가?
스팀 완드를 우유 데우기에 사용한 뒤에도 잠시 분사하는 이유를 알고 있는가?
머신 사용을 종료하면서 전용세제로 스팀 완드를 청소하는 법을 알고 있는가?
스팀 파이프와 노즐 이음새 또는 팁 구멍에 낀 찌꺼기를 노즐을 분해해 청소할 수 있는가?

14. 우유 선택과 포밍(foaming)의 비밀

사용하는 우유의 신선도를 확인하는 법을 알고 있는가?
사용하는 우유의 온도를 체크하는가?
우유를 선택할 때 지방과 단백질의 함량을 확인하는가?
뜨거운 수증기로 인해 우유에 거품이 생성되는 원리를 물의 표면장력으로 설명할 수 있는가?
뜨거운 수증기로 인해 우유에 거품이 생성될 때 단백질이 하는 역할을 설명할 수 있는가?
지방의 함량이 상대적으로 많은 우유가 고운 거품을 만드는 데 유리한 이유를 설명할 수 있는가?
거품을 낼 때 사용하는 우유와 피처의 온도가 섭씨 4~5도의 냉장 상태인 것이 좋은 이유를 알고 있는가?
공기주입을 우유의 온도가 섭씨 37도 구간에 달하기 전까지 완료해야 하는 이유를 설명할 수 있는가?

15. 우유 스티밍(steaming)의 과학

우유의 온도가 섭씨 65~70도 구간에 들어갈 때까지만 데우기를 하는 이유를 설명할 수 있는가?
우유 데우기가 정도를 벗어날 때 이취가 발생하는 원인을 단백질 변성(protein denaturation)으로 설명할 수 있는가?
우유 데우기가 과할 때 이취가 발생하는 원인을 지방 변성(fatty degeneration)으로 설명할 수 있는가?
우유를 스티밍할 때 스팀 노즐을 너무 깊게 담그지 않아야 할 이유를 설명할 수 있는가?
데워진 우유가 향미적으로 어떻게 변화했는지를 설명할 수 있는가?

16. 카푸치노 또는 카페 라테의 품질 평가

드라이 폼(dry foam)과 웨트 폼(wet foam)의 외관 차이를 설명할 수 있는가?
드라이 폼(dry foam)과 웨트 폼(wet foam)을 각각 만드는 방법을 알고 있는가?
우유 거품의 상태에 따라 '우유거품스푼'을 어떻게 활용하는지를 설명할 수 있는가?
같은 양의 에스프레소와 우유로 제조했을 경우 드라이 폼과 웨트 폼인 카페 라테의 향미적 차이를 설명할 수 있는가?
같은 양의 에스프레소에 스팀 노즐로 거품을 낸 우유를 넣은 것과 미지근한 우유를 섞은 것이 향미적으로 어떤 차이가 나는 지를 설명할 수 있는가?
카푸치노나 카페 라테를 만들 때 에스프레소와 우유의 비율을 1 대 4로 만드는 습관을 갖는 것은 어떤 의미를 지는 것인가?
완성된 한 잔의 카푸치노의 맛에 더 기여하는 것이 에스프레소인지, 거품 우유인지 둘 중 하나를 선택해 설명할 수 있는가?
카페 라테를 제조할 때 진하게 볶아 산미를 낮춰야 좋다는 의견에 반론을 펼 수 있는가?

17. 라테 아트의 원리

물보다 비중이 큰 우유가 커피액 위로 뜨는데 크레마가 기여하는 바를 설명할 수 있는가?

라테 아트의 3요소로 에스프레소 추출(brewing), 우유거품내기(foaming), 붓기(pouring) 등이 꼽히는 이유를 각각의 역할을 들어 설명할 수 있는가?

라테 아트로 완성된 한 잔이 카페 라테의 맛을 결정하는 요소들로서 〈사용된 원두와 로스팅 상태〉, 〈오일성분의 에멀전(emulsion)〉, 〈고형성분 혼합체〉 〈우유의 버터팻(butterfat)〉, 〈크레마〉 등이 기여하는 바를 설명할 수 있는가?

크레마 형성에 추출압력(9bar)이 어떤 역할을 하는지 설명할 수 있는가?

크레마를 이루는 성분(수용성 물질, 콜로이드, 오일, 가스 등)에 대해 설명할 수 있는가?

18. 에스프레소 머신의 원리와 관리

에스프레소 머신의 구성 요소를 설명할 수 있는가?

추출 압력과 보일러의 압력이 어떤 상태인지 확인할 수 있는가?

추출 수의 온도를 체크할 수 있는가?

추출 압력을 조정할 수 있는가?

보일러 압력을 조정할 수 있는가?

추출수의 온도를 조정할 수 있는가?

그룹 헤드의 개스킷(gasket)을 교체할 수 있는가?

그룹 헤드의 디퓨저(diffuser)를 분리해 청소할 수 있는가?

2way와 3way 전자 밸브(solenoid valve)의 역할을 설명할 수 있는가?

플로우 미터(flow meter)의 역할을 설명할 수 있는가?

보일러(boiler)의 구성 요소를 설명할 수 있는가?

에어밸브(vacuum valve)와 과압력 방지 밸브(안전밸브; safety valve)의 역할을 각각 설명할 수 있는가?

19. 머신과 그라인더 응급조치

그라인더를 구성하는 요소를 설명할 수 있는가?

그라인더 칼날(burr)을 교체할 수 있는가?

호퍼(hopper)를 청소할 수 있는가?

도저(doser)를 분리해 청소할 수 있는가?

추출 레버를 분리해 작동원리를 확인할 수 있는가?

그라인더 칼날이 회전할 때 발생하는 열이 커피 추출에 끼치는 영향을 설명할 수 있는가?

플랫 버(flat burr)와 코니컬 버(conical burr)의 회전수와 열발생 정도를 비교해 설명할 수 있는가?

칼날의 교체 시점을 어떻게 확정할 수 있는지 설명할 수 있는가?

칼날의 크기가 커피 향미에 끼치는 영향을 설명할 수 있는가?

그라인더를 분해 청소할 수 있는가?

그라인더를 분해하지 않고 세정제로 청소할 수 있는가?

20. 커피 향미 평가와 묘사

프래그런스(fragrance; dry aroma)를 설명할 수 있는가?
웨트 아로마(wet aroma)를 평가할 수 있는가?
산미(acidity)를 묘사할 수 있는가?
바디(body)를 평가할 수 있는가?
플레이버(flavor)를 묘사할 수 있는가?
향미의 균형감(balance)이 중요한 이유를 설명할 수 있는가?
단맛(sweetness)의 중요성을 설명할 수 있는가?
좋은 커피와 나쁜 커피를 구별할 수 있는가?
"내 입맛에 맞으면 좋은 커피다"는 주장에 반론을 제기할 수 있는가?
스페셜티 커피(specialty coffee)란 무엇인지 설명할 수 있는가?

트레이너가 더 알아야 할 것들에 대해
스스로 항목을 늘려나가고 공유합시다!

| 박영순

커피비평가협회(CCA) 협회장
2017-2018 세계인명사전 마르퀴즈 후즈후 등재
단국대 문화예술대학원 커피학과 외래교수
저서: 〈커피인문학〉 〈커피음료와 커피칵테일〉 〈영상학습의 혁명〉 〈Coffee Lover's Handbook/번역〉 〈NCS기반의 커피 관리〉

| 박서영

밸런스커피디저트 대표
르꼬르동블루 파리 제과디플로마
미국 뉴욕 CIA 플레이버마스터

| 오종욱

커피비평가협회(CCA) 트레이너센터장
커피인문학강사(1,2급) 인스트럭터
2021 WCC(세계커피대회) Brewing 부문 우승

| 최우성

커피비평가협회(CCA) 고문
인덕대학교 외래교수
저서: 〈알고보면 재미있는 커피인문학〉

| 김태환

커피비평가협회(CCA) 부산본부장
스페셜티커피협회 서티파이어(SCA Certifier)
쇼콜라티에 인스트럭터

| 신진호

커피비평가협회(CCA) 교육홍보 이사
빅터뉴스 대표이사
CCA 커피자격증 과정 인스트럭터

| 안영서

커피비평가협회(CCA) 전북본부장
CCA 바리스타 & 로스터 인스트럭터
미국 커피테이스터(USA Coffee Taster)

| 이동형

커피비평가협회(CCA) 경기본부장
용인예술과학대 베이커리학과 겸임교수
CIA(미국요리대학) 플레이버마스터

이유있는 바리스타

ⓒ 박영순, 2019

초판 1쇄 2019년 1월 10일 펴냄
초판 5쇄 2024년 7월 17일 펴냄

지은이 | 박영순, 박서영, 최우성, 신진호, 이동형, 오종욱, 김태환, 안영서
펴낸이 | 박영순
편집 | 박세영, 박상구, 조서봉
디자인 | 박지영
펴낸곳 | 커피비평가협회(CCA)
출판등록 | 2014년 7월 23일 제2014-000062호
주소 | (08504) 서울시 금천구 서부샛길 648 대륭테크노타운 6차 704호
전화 | 02-859-7787
팩스 | 02-859-7797
www.ccacoffee.co.kr | twitnews@naver.com
ISBN 979-11-964825-0-3 03590
값 29,000원

이 저작물의 내용을 쓰고자 할 때는 저작자와 커피비평가협회(CCA)의 허락을 받아야 합니다.
파손된 책은 바꾸어 드립니다.
이 도서의 국립중앙도서관 출판시도서목록(CIP)은 서지정보유통지원시스템 홈페이지(http://seoji.nl.go.kr)와
국가자료공동목록시스템(http://www.nl.go.kr/kolisnet)에서 이용하실 수 있습니다.(CIP제어번호:2018041684)